W0244761

Florence Rush
DAS BESTGEHÜTETE GEHEIMNIS:
Sexueller Kindesmißbrauch

übersetzt von
Alexandra Bartoszko

Im Vorspann:
Alice Miller im Gespräch mit der Autorin

sub rosa Frauenverlag

Im Anhang sind Adressen von Rechtsanwältinnen und Kinder-
schutz-Einrichtungen enthalten. Wer darüber hinaus Hilfe benötigt, kann sich vertrauensvoll an den *sub rosa Frauenverlag*
wenden. Wir werden jeden Brief beantworten.

sub rosa Frauenverlag
c/o Frauenbuchvertrieb
Mehringdamm 34
1000 Berlin 61

1. Auflage 1982
Alle Rechte vorbehalten
sub rosa Frauenverlag Berlin
Originaltitel: The best kept secret:
Sexual Abuse of children
Prentice-Hall, Inc., Englewood Cliffs, New Jersey
aus dem Amerikanischen von Alexandra Bartoszko

Bestellung über:
Frauenbuchvertrieb
Mehringdamm 32
1000 Berlin 61

ISBN 3-922166-11-3

Für Eleanor, Matthew und Thomas
und all die Frauen, die zuhörten, während ich sprach,
und die sprachen, während ich zuhörte.

Sofern nicht anders angegeben, wurden alle in diesem Buch zitierten Aussagen entweder gegenüber der Autorin oder ihrer Forschungsassistentin Helene Silverstien gemacht.

Die Erlaubnis zur Verwendung dieser Aussagen wurde von allen Betroffenen erteilt. Zum Schutz all derer, die mir ihre Gefühle und Erfahrungen so großzügig zur Verfügung stellten, wurden diese Aussagen stark getarnt.

INHALT

Dieses Gespräch führte die Psychoanalytikerin Alice Miller mit Florence Rush im April 1982 in New York.

Alice Miller: Mir ist ihr Buch »THE BEST KEPT SECRET« («DAS BESTGEHÜTETE GEHEIMNIS«) zugeschickt worden, nachdem ich mich selber in »DU SOLLST NICHT MERKEN« mit dem Problem des sexuellen Mißbrauchs des Kindes und deren Folgen für seine Entwicklung ausführlich befaßt habe. Nach meinen Erfahrungen wird diese Tragik der Kinder zumindest unter meinen Fachkollegen meistens geleugnet oder zumindest heruntergespielt und bagatellisiert. Die Fragen, die ich aufgeworfen habe, mobilisieren sehr viel Angst und Widerstand, und ich war daher sehr erstaunt und erfreut, in Ihrem Buch einer Frau zu begegnen, die der ganzen Problematik nicht nur nicht ausweicht, sondern klar, direkt und mit emotionaler Beteiligung über die Opferung des Kindes schreibt, ohne etwas zu beschönigen oder zuzudecken; die das, was sie gefunden hat, ertragen kann, ohne es wieder zurückzunehmen, wie das so oft geschieht. Sie haben mit Ihrem Buch sehr deutlich gemacht und auch wissenschaftlich belegt, daß in unserer Kultur nicht der sexuelle Mißbrauch der Kinder wirklich verboten ist, sondern das Sprechen darüber. Nun wollte ich Sie fragen, was Ihnen die Kraft und den Mut gegeben hat, dieses großartige Buch zu schreiben.

Florence Rush: Ich denke, daß sehr viel Kraft und Mut aus meiner Überzeugung kam, daß hier ein schreckliches Unrecht geschieht, aber ich muß sagen, daß ich zuerst gar nicht sehr hoffnungsvoll war, weil ich mich an die Kinder aus meiner Arbeit erinnerte, die weder mit den Eltern noch mit den Sozialarbeitern oder Psychiatern bereit waren, über ihre Traumen zu sprechen. Das habe ich erst voll verstanden, als ich in den Bibliotheken entdeckte, daß überall den Tätern verziehen wurde, während die Opfer für den sexuellen Mißbrauch verantwortlich gemacht wurden. Ich begann mich an eigene Erfahrungen aus der Kindheit zu erinnern, und ich realisierte zum ersten Mal, wie schwer das für mich damals gewesen war. Ich war sexuell ausgebeutet worden, man hatte mir meine Geschichte nicht geglaubt, ich hatte mich plötzlich isoliert in meiner bisher vertrauten Umgebung gefühlt und mich nicht mehr auf mein Gefühl der Realität verlassen können.

Ich fing an, meine Kindheitserinnerungen anderen Menschen zu erzählen, besonders Frauen, die auch von ihren Erfahrungen erzählten, und das ermutigte mehr und mehr Frauen, darüber zu sprechen, was ihnen geschehen war. In dieser Zeit bekam ich eine Menge Briefe, fast täglich, von verschiedenen Menschen, die schrieben, daß es für sie richtig sei über diese Dinge zu sprechen. Ich hatte zwar vermutet, daß mehrere Frauen diese Erfahrungen gemacht hatten, aber es war erstaunlich zu entdecken, **wie** viele. Es schien mir fast ein universales Problem. Ich hielt einmal einen Vortrag in einer Frauenversammlung, in der etwa 150 Frauen saßen und habe da die Frage gestellt, welche von ihnen sich erinnert, daß sie als Kind sexuell mißbraucht worden war, und 95% dieser Frauen haben ihre Hand erhoben. Ich muß andererseits sagen, daß ich auch schon Frauen getroffen habe, die sagten: »Nein, so etwas ist nie geschehen, ich kann mich an gar nichts erinnern.« Und dann erzählte ich ihnen meine Erfahrungen vom Zahnarzt, vom Onkel Willy, dem Mann an der Ecke, der mich in das Hinterzimmer einlud, um mir sein Kätzchen zu zeigen, und plötzlich seine Hände unter meinem Röckchen hatte, der Exhibitionist auf der Straße, der sich entblößte, um einen Schock in mir zu provozieren usw. Es war erstaunlich, wieviele Frauen in dem Moment, als ich darüber anfing zu sprechen, sagten: »Ah ja, ich kann mich erinnern, ich ging ins Kino, und da waren plötzlich fremde Hände unter meinem Kleid, ich hatte einen Cousin, der nahm uns zu einer Familienzusammenkunft mit, nahm mich dann in ein anderes Zimmer, küßte mich auf eine Art und Weise, die mir Angst machte, ja natürlich, das war auch ein sexueller Mißbrauch.«

Alice Miller: Daher ist es so wichtig, daß Sie diesen ersten Schritt machten. Wie fühlten Sie sich, als Sie zuerst über ihre eigenen Erfahrungen sprachen?

Florence Rush: Ich fühlte mich wundervoll, es war eine totale Erleichterung, daß ich endlich, endlich etwas erzählen konnte, das ein ganzes Leben mit Gefühlen von Schuld und Scham verbunden war, und daß ich hier mit Menschen zusammen war, die mir die Freiheit gaben, auszudrücken, was ich zu sagen hatte, ohne Scham, ohne Befangenheit und ohne Schuld. Ohne diese Frauen, die mir zuhörten, mir glaubten und mich ernstnahmen, hätte ich es nie geschafft.

Alice Miller: Aber es ist sehr wichtig, daß Sie den ersten Schritt machten, daß Sie es wagten, das Tabu zu berühren. Wie waren die Reaktionen der Leserinnen?

Florence Rush: Ich erhielt viele viele Briefe, ich habe sie nicht gezählt. Auch von sehr jungen Frauen und sogar von 11- und 12jährigen Mädchen, die irgendwie zu meinem Buch gekommen sind, es lasen und mir dann schrieben, wie dankbar sie sind zu wissen, daß dieses Problem, das sie so viele Jahre allein mit sich herumtrugen, auch für andere Frauen bestünde, daß auch andere daran leiden. Sie waren froh, bestätigt zu bekommen, daß sie ausgebeutet wurden und daß man gar nicht anders kann und soll, als darüber zornig zu sein. Sie waren sehr erleichtert, daß sie das Recht hatten, zu fühlen, daß etwas Falsches mit ihnen getan wurde und daß sie das Recht hatten, ihre Ängste, ihre Konfusionen, ihre Wut auszudrücken. Aber ich habe auch Feindseligkeit erfahren, obzwar in viel kleinerem Maße.

Alice Miller: Das ist klar. Wenn Sie ein großes Unrecht aufdecken, von dem bestimmte Menschen profitieren, werden Sie sie immer gegen sich haben. Aber das hat den Vorteil, daß diese Männer, sich damit deutlicher profilieren, daß sie ihre wahre Gesinnung zum Ausdruck bringen, indem sie das Unrecht bagatellisieren. Sie erzählen in Ihrem Buch, wie die Feministin Josephine Butler im 19. Jahrhundert »Männer der Rechten wie der Linken« gegen sich hatte, als sie den Kinderhandel und die sexuelle Sklaverei öffentlich ausleuchtete. Ich habe eine ähnliche Erfahrung gemacht, als ich in meinem Buch über die Erziehung zu zeigen versuchte, daß der Mensch nicht an angeborenen Trieben, wie Freud behauptete, sondern an erlittenen Grausamkeiten der Kindheit, die er verdrängen muß, seelisch krank wird. Es war bezeichnend, daß ich sowohl von rechtskonservativen orthodoxen als auch von sogenannten progressiven linken Psychoanalytikern fast mit den gleichen Worten angegriffen wurde. Sie warfen mir Sentimentalität und unzulässige Vereinfachung der Vorgänge vor, weil doch für den Wissenschaftler alles viel viel komplizierter sei usw. Sobald sie also versteckte Grausamkeiten beim Namen nennen, werden Sie zum Sünder gemacht, und zwar von denen, die bewußt oder unbewußt daran interessiert sind, daß die Sache geheim bleibt. Denn wer darüber aufgebracht ist, daß schreckliches Unrecht ans Tageslicht kommt, muß irgendwie von dessen Geheimhaltung profitieren. Diese Erfahrung machen jetzt täglich die Frauen, die aufgehört haben, »den Mund zu halten« und über Vergewaltigung und

10

andere Formen von Mißhandlungen sprechen. Insofern ist das Schreiben auch ein brauchbarer Test um herauszufinden, welche Menschen und Gruppierungen wirklich daran interessiert sind, einem Übel entgegenzuwirken, und welche zwar den Fortschritt gepachtet zu haben vorgeben, aber im Grunde alles tun, um klare Tatsachen zu vernebeln. Ein Mann von heute, der von der Unwissenheit der Frauen, der Kinder und der Patienten/innen weiter profitieren will, wird dies natürlich nicht offen zugeben. Aber wenn er viel auf seine »Wissenschaftlichkeit« hält, wird er jede Aufklärungsarbeit als banales Gerede bezeichnen und die Frauen, die wie Josephine Butler und Sie hartnäckig die Zusammenhänge aufzeigen, diffamieren, lächerlich machen oder belehren. Er wird auch Frauen finden, die brave Töchter geblieben sind und von ihm jeden Unsinn kritiklos abschreiben, wie es die Schülerinnen des Patriarchen Freud getan haben. Sie übernahmen den Unsinn über den Penisneid, die Kastrationsangst und den Ödipuskomplex und ließen außer acht, was in ihren Zeiten tatsächlich mit kleinen Mädchen und kleinen Jungen gemacht wurde und was sie selber empfanden, wenn sie von solchen Theorien hörten. Solche »Wissenschaftlerinnen« werden auch heute Ihr Buch bekämpfen. Aus den vielen positiven Reaktionen sehen Sie aber, daß Sie den Finger auf etwas gelegt haben, das bereit war, entdeckt zu werden. Diese Erfahrung mache auch ich täglich mit den Leserbriefen. Haben Sie das gespürt, als Sie anfingen, das Buch zu schreiben?

Florence Rush: Es ist seltsam, ich muß gestehen, daß der erste Schritt eher intellektuell war. Eine Gruppe von Frauen in New York organisierte einen Kongress über Vergewaltigung und fragte mich, ob ich einen Vortrag über den sexuellen Mißbrauch der Kinder halten wollte. Sie ahnten nichts von meinen persönlichen Erfahrungen, sondern fragten mich, weil sie wußten, daß ich als Sozialarbeiterin diese Probleme kannte.Zuerst habe ich abgelehnt, sie haben dann sehr gedrängt. So ging ich mal in die Bibliothek, um mir die Literatur anzuschauen. Da entdeckte ich, daß die meisten Fachleute immer noch das mißbrauchte Kind beschuldigen und dem Täter verzeihen. Das hat mich so wütend gemacht, daß ich anschließend sagte, doch, ich würde diesen Vortrag schreiben. Plötzlich kamen dann auch meine eigenen längst vergessenen Erinnerungen, die ich nicht mehr aufhalten konnte, und ich erzählte darüber, noch bevor ich den Vortrag hielt. Und die anderen Frauen erzählten von ihren Erfahrungen, und so bekam ich ein Feedback und eine Unterstützung, und es ergab sich eine Interaktion, die dem Vortrag vorausging.

Alice Miller: Es wurde mir eine Statistik zugeschickt, die angibt, daß 1981 eine Million Kinder in Amerika sexuell mißbraucht wurden. Das sind ja nur die gemeldeten Fälle, so muß die Zahl noch viel größer sein.

Florence Rush: Was die Statistiken betrifft, so glauben wir nicht an die eine Million, weil wir von Berechnungen ausgehen, die fast 25 Millionen Kinder im Jahr in unserem Land erfassen. Sie beruhen auf repräsentativen Studien von Kinsey und David Finkelhor, von denen ich in meinem Buch genauer berichtet habe. So ist die eine Million in meinen Augen nur der Gipfel eines Eisbergs. Da es sich um das bestgehütete Geheimnis handelt, über das gar nicht gesprochen wird, kann man annehmen, daß 80% von Fällen verschwiegen werden.

Alice Miller: Es ist faszinierend, bei Ihnen nachzulesen, mit welch raffinierten Mitteln die Gesellschaft mühevoll errungene Fortschritte wieder beseitigen kann, für den Zeitgenossen meistens undurchschaubar und immer im Interesse der Machthaber. Nachdem einzelne mutige Menschen dank schweren Kämpfen endlich erreicht haben, daß eine neue Gesetzgebung den Kinderhandel für Prostituiertenzwecke erschwerte, also Ende des 19. Jahrhunderts, begann sich gerade Freuds psychoanalytische Theorie auszubreiten, die das kleine Kind als Subjekt intensiver, auf den gegengeschlechtlichen Elternteil gerichteter, sexueller Bedürfnisse sieht. Nun schloß sich wieder die entstandene Lücke, und man konnte Kinder nach Lust und Laune gebrauchen in der Überzeugung und mit dem guten Gewissen, daß man deren Wünsche erfüllte. Diese Leute haben Sie entlarvt. Ich will damit nicht sagen, daß Freud bewußt pädophile Tendenzen in der Gesellschaft unterstützte, er tat es aber unbewußt, indem er seine Schüler/innen mit falschen Informationen verwirrte und diese wiederum dazu brachte, daß sie unbewußt auch ihre eigenen Schüler/innen und Patient/innen, d.h. auch zukünftige Eltern, verwirrten. Es scheint mir daher sehr wichtig, daß die Öffentlichkeit, d.h. die Medien und dadurch auch die Eltern, mehr Informationen über die Konsequenzen des sexuellen Mißbrauchs bekommen, damit das Kind nicht von der Mutter beschuldigt wird., wenn es ihre Unterstützung braucht.

Florence Rush: Das ist leider wahr. Ich kenne viele Situationen, in denen Kinder versuchten, der Mutter zu erzählen, was passiert war. Die Mutter verteidigte den Vater, den Großvater oder den Onkel und sagte dem Kind, es hätte sich eine Lüge ausgedacht oder den Mann verführt oder das Mädchen sei einfach eine Hure. Wenn später wieder etwas passiert, wird das Kind nie mehr der Mutter davon erzählen, das Geheimnis bleibt tiefer und tiefer verborgen, es bleibt die Scham, das Schuldgefühl, das im späteren Leben explodieren wird. Die Lebensfähigkeiten dieses Mädchens sind furchtbar beeinträchtigt. Diese Frauen brauchen Unterstützung, eine von der anderen, indem sie darüber sprechen, es in die Öffentlichkeit bringen und die Überzeugung gewinnen, daß das Unheil nicht nur ihnen allein geschehen ist, sondern überall geschieht. Sie können eine der anderen helfen, indem sie von der furchtbaren Beeinträchtigung sprechen, die ihnen oder ihren Töchtern zugefügt wurde, und indem sie versuchen, verschiedene Wege herauszufinden, um dieses entsetzliche Schweigen zu besiegen. Denn gerade dieses Schweigen verhindert es, daß ein schreckliches soziales Problem aufgedeckt und gelöst wird.

Alice Miller: Wenn ich mit Kollegen über dieses Problem spreche, höre ich immer wieder, daß ich die Bedeutung der kindlichen Phantasie nicht ernst genug nähme und den Kindern alles glauben würde, was sie erzählen. Selbstverständlich ist mir klar, welche große Rolle die Phantasie im Leben eines Kindes spielt, aber ich meine, daß die Phantasie, gerade weil sie dem Kind zum Überleben hilft, eher die Eltern idealisiert als ihnen böse Taten unterstellt. So kann das Kind z.B. versuchen, den Vater zu schützen, indem es eine Angst vor Pferden entwickelt und von erfundenen Gefahren erzählt, aber die in diesen phantasierten Geschichten verborgene Angst ist echt und führt immer auf reale Bedrohungen zurück. Haben Sie in ihrer Erfahrung als Sozialarbeiterin je ein Kind gesehen, daß seine Eltern schlechter darstellt als sie wirklich waren?

Florence Rush: Nein, das habe ich nicht, im Gegenteil, die Kinder entschuldigen immer das Verhalten der Eltern. Sie haben recht. Sie bagatellisieren auch die größten Grausamkeiten. Man darf nicht vergessen, daß oft der Täter, der Verfolger jemand ist, den das Kind liebt, von dem es abhängig ist, jemand, den es braucht. Und wenn diese Person, die es beschützen sollte, zugleich der Mißbraucher ist, kann ein Kind mit dieser Situation nicht umgehen. An wen sollte es sich wenden, um Hilfe, Liebe, Schutz zu bekommen? So versucht das Kind zu glauben, daß das alles nicht so schlimm ist und wird später sagen - wie ich es oft gehört habe - »Mein Vater befühlte mich und fummelte an mir herum, aber er war ein so lieber Mensch, so gefühlvoll, er meinte es nicht böse.« Andere wieder sagen: »Mein Vater war so kalt und distanziert, und das war die einzige Form von Liebe, die er mir gab, und ich nahm es sogar dankbar an, sonst hätte ich nichts.« Das scheint mir so traurig und so schrecklich traggisch, daß ein Kind den sexuellen Mißbrauch akzeptieren muß, weil es keine andere Form von Liebe und Zuwendung erhält.

Alice Miller: Was Sie jetzt sagten, zeigt die tragische Isolierung dieser Frauen, die in ihrer Kindheit den eigenen Verfolger schützen mußten. Und dann wiederholt sich das, wenn sie erwachsen sind, in eine psychoanalytische Behandlung kommen und erfahren, daß es **sie** waren, die mit ihrem Vater schlafen wollten und daß ihre Erinnerungen an die realen Erlebnisse nur Phantasien oder Ausdruck ihrer eigenen sexuellen Wünsche seien. So wird doch die Patientin noch mehr verwirrt und isoliert, als sie es schon in der Kindheit war, und beschuldigt sich wieder für alles, was **ihr** angetan wurde. Ich habe in meinem letzten Buch sehr viel Aufmerksamkeit dieser Frage gewidmet, und es interessiert mich, welche Erfahrungen Sie als Sozialarbeiterin damit gemacht haben.

Florence Rush: Was in einer solchen Therapie geschieht, ist, daß sich die Patientin dauernd fragt: Was ist falsch an mir, daß ich verärgert und traurig bin, daß ich finde, etwas war falsch? Ich habe keinen Grund, so böse und verwirrt zu sein, ich muß mich ändern, ich tue jemandem unrecht mit meinen Phantasien. Die Patientin bekommt Schuldgefühle, und wenn die Behandlung das reale Trauma nicht ernstnimmt, wächst die Isolierung der Patientin; sie hat keinen Kontakt mehr zu ihren Gefühlen, sie meint, die seien nicht wichtig und irreführend, sie sollten anders sein, als sie sind. Für mich ist eine solche Behandlung, auch wenn sie sich Therapie nennt, völlig irreführend, es ist eine totale Ablehnung der Person. Schon in der Kindheit hören die Kinder, daß die Gefühle, die sie haben, nicht richtig sind, und ich nenne dieses Phänomen »gaslighting« oder die Leugnung der Realität des andern. Wenn wir einmal die Realität einer Person, d.h. ihre eigenen Wahrnehmungen und Gefühle leugnen, sagen wir, daß das, was sie fühlt, was sie erlebt, falsch ist. So wird das Kind sehr schnell diese Konzepte der Gesellschaft, der Eltern gegen sich selbst wenden und versuchen, anders zu fühlen als es fühlt und sich seine Wahrnehmungen auszureden. Dieses Kind ist dann in einem ständigen Kampf mit sich selbst, es kann sich nicht voll ausdrücken, es verliert den Sinn für Freiheit und Spontaneität, es beobachtet sich ständig, fürchtet das Versagen und kann auch leicht zum Versager werden. Denn dieser Mensch wird sich schwer auf seine Wahrnehmungen verlassen können, nachdem man sie ihm ausgeredet hat.

Alice Miller: Es hat mich sehr fasziniert, was Sie in Ihrem Buch über Hexen des Mittelalters schrieben. Diese Hexen litten offenbar unter den gleichen Symptomen wie die Patientinnen Freuds um die Jahrhundertwende, und es wird aus Ihrem Buch deutlich, daß diese Symptome nicht so sehr aus dem sexuellen Mißbrauch wie vor allem aus dem Zwang zur Geheimhaltung dieses Mißbrauchs verständlich werden. Das geht aus Ihren Darstellungen sehr klar hervor.

Florence Rush: Ich zeigte in meinem Buch, daß die Frauen, die später als »Hexen« verbrannt wurden, tatsächlich mißbraucht worden waren, von Priestern und Vätern der Kirche. Manche Frauenklöster waren richtige Bordelle, die den Mönchen ermöglichten, sich zur Befriedigung ihrer Bedürfnisse Novizinnen und jüngere Klosterfrauen zu holen.

Alice Miller: Als ich das las, wußte ich nicht, ob ich lachen oder weinen sollte, denn wenn diese Frauen später erzählten, sie hätten mit dem Teufel geschlafen, dann haben sie doch nicht gelogen.

Florence Rush: Wenn sie einen Priester genannt hätten, hätte ihnen niemand geglaubt. So mußten sie den Teufel oder die Dämonen nennen. Genauso wie ein Kind Angst vor Pferden entwickelt, um nicht seine eigenen Eltern zu nennen, wie der »kleine Hans« bei Freud. Die Angst bezieht sich auf ein reales Ereignis, das man verschweigen muß, und die Verschiebung auf andere Personen oder Objekte macht die Gefahr der Bestrafung kleiner.

15

Alice Miller: Wie sind Sie auf diese Geschichten über die mittelalterlichen Hexen gekommen? Ich glaube, es ist nicht schwer, haarsträubende Geschichten in Bibliotheken zu finden, aber niemand kümmert sich drum. Die Wissenschaftler sind dafür geschult, bestimmte Dinge sorgfältig zu übersehen, um ja niemandem weh zu tun. Doch Ihr Buch zeigt, wie wichtig es für unser Zusammenleben wäre, mehr über die Dinge Bescheid zu wissen, denen die Wissenschaftler gewöhnlich keine Aufmerksamkeit schenken.

Florence Rush: Ja, genau. Das war meine wunderbare Erfahrung beim Schreiben dieses Buches: Zunächst wollte ich ja nur beschreiben, was ich selber erfahren und was ich in den Familien gesehen habe, etwas, was **heute** geschieht. Aber plötzlich sah ich mich immer weiter zurückgehen, immer weiter in der Geschichte zurück, und überall fand ich die gleichen Sachen: die Kinderehen, die Kinderprostitution, die Vergewaltigung, die immer wieder in neuen Formen geschah. Es liegt alles ganz offen da, ganz nahe, es war nicht schwer, es zu entdecken. Und trotzdem, die Menschen gehen daran vorbei, weil sie so daran gewöhnt sind. Und jetzt sagen viele: »Ach, das alles geschah vor hundert Jahren, heute nicht mehr«, aber im Grunde setzen wir diese Tradition fort, wir machen das Gleiche unter anderen Vorzeichen.

Alice Miller: Das Neue bei Ihnen ist, daß Sie Ihren Augen geglaubt haben. Sie sahen, was mit den Kindern in den Familien geschah, und dann fanden Sie das Gleiche in der Geschichte und in unserer Kultur. Aber wenn jemand nicht glauben darf, was er sieht, sondern an Theorien glauben muß, kann er auch die Relität der Vergangenheit nicht sehen. Ich meine, es war bei Ihnen ein Schneeballeffekt. Zuerst entdeckten Sie etwas in Ihrer eigenen Vergangenheit, dann in Ihrer Umgebung, und Sie haben sich geweigert, nicht daran zu glauben, was Sie gesehen haben.

Florence Rush: Ich glaube, wir unterschätzen die Bedeutung der Heuchelei in unserem Leben: wir geben vor, daß wir sehr viel für die Kinder tun, daß wir in einer kindheitszentrierten Gesellschaft, in einer kinderfreundlichen Welt leben, das sind lauter Lippenbekenntnisse. Denn in Wirklichkeit geben wir den Kindern nicht den Vorrang, nicht die Aufmerksamkeit und nicht den Schutz, die sie brauchen und auf die sie ein Recht haben. Warum das so ist? Vielleicht weil die Kinder nichts zu unserem materiellen Wohlstand beitragen, sie verkörpern keine Macht und sie repräsentieren die Hilflosigkeit.

Alice Miller: Aber auch das Leben!

Florence Rush: Ja, sie sind unsere Zukunft, und wir dürfen nicht vergessen, daß das, was Ihnen heute zustößt, die Welt von morgen formen wird.

Alice Miller: Ja, nur glaube ich, daß wir nicht den Kindern Respekt geben können, wenn wir ihn selber nicht erfahren haben, wenn wir nie erfahren haben, was es heißt, einen Schwächeren zu achten. In unserer Erziehung lernen wir nur den Respekt für den Stärkeren. Die Achtung für den Schwächeren, für die Kinder und die Patient/innen müssen wir erst lernen, und darin ist unsere Generation eigentlich ohne Vorbilder.

Florence Rush: Ja, wir sind in einem Teufelskreis. Was wir erlitten haben, geben wir unseren Kindern weiter, und es wird immer schlimmer und schlimmer. Ich glaube, daß wir diesen Teufelskreis nur durchbrechen können, indem wir uns über die Gefahren bewußt werden. Wir müßten anfangen, unseren Kindern zuzuhören, ihnen zu glauben, sie zu beschützen, ihnen Respekt zu geben und anzuerkennen, daß ihre Körper ihnen gehören, daß sie das Recht haben zu wissen, von wem sie berührt werden möchten und von wem nicht. Daß sie die Macht haben sollten, ihr eigenes Leben zu kontrollieren, anstatt von uns versklavt zu werden und mit diesen Gefühlen von Verwirrung und Hoffnungslosigkeit leben zu müssen.

DANKSAGUNGEN

Als ich spät im Leben den Schritt von arbeitender Mutter zu aktiv-feministischer Schriftstellerin unternahm, begrüßten meine guten Freunde Sylvia Friedman, ihre Töchter Alix und Diane, Edith Ballin, Anita Roberts und Arthur und Marilyn Baily diese Verwandlung einhellig und, wie ich vermute, mit Stolz. In den Phasen des Zweifelns und schwindenden Selbstvertrauens, die zwangsläufig mit solch radikaler Veränderung einhergehen, verloren meine Tochter Eleanor und mein Sohn Matthew, nie den Glauben an dieses Unterfangen. Meine Brüder David und Emil, meine Schwägerinnen Minda und Lucy, sowie meine Mutter Bessie Kortchmar - trotz ihrer Zweifel an »modernen Frauen« - gaben mir beständig Auftrieb.

Zu meiner großen Freude wurde meine Arbeit während der siebziger Jahre von verschiedenen Gruppen, die im Zug der anwachsenden Frauenbewegung entstanden, mit Beifall aufgenommen. Mein Dank gilt der National Organisation of Women, den New York Radical Feminists, der Older Women's Liberation, den Women against Ponography, den Frauenzentren und Frauenarbeitsgruppen an Colleges und Universitäten und den zahlreichen Organisationen im ganzen Land, die sexuelle Überfälle auf und Gewalt gegen Frauen und Kinder bekämpfen; sie haben mir die Möglichkeit gegeben, meine Gedanken vorzutragen und sie mit anderen auszutauschen. Ebenso möchte ich mich all den mutigen, unter Personal- wie Geldmangel leidenden Publikationen wie *Women's World, Prime Time, Majoroty Report, Off Our Backs, the Radical Therapist, Women: a Journal of Liberation,* der in London erscheinenden *Women Speaking, Plexus, Notes From the Third Year, Time Change Press* und *Chrysalis* dafür bedanken, daß sie mir für den gleichen Zweck zur Verfügung standen.

Es ist mir unmöglich, all diejenigen aufzuzählen, die mich unterstützt haben, doch ich möchte allen, die mein Manuskript gelesen und kommentiert haben, mich unablässig mit Informationen gespeist und sonstwie zu meinem Werk beigetragen haben, meinen aufrichtigen Dank aussprechen: Paul Adams, Jane Albert, Louise Armstrong, Kathy Barry, Minda Bickmann, Sol und Ray Chernoff, Phyllis Chesler, Marjory Collins, Lucy Cores, Helen Duberstein, Andrea Dworkin, Holly Forsman, Leah Fritz, Jan Goodman, Susan Griffin, Kirsten Grimstad, Lolly Hirsh, Mimi Joulicour, Iris Kantor, Pam Kearan, Barbara Kolber, Joyce Levine, Joyce Lippman, Barbara Mehrhof, Evan Morely, Robin Morgan, Allison Owings, Helen Payne, Rosetta Reitz, Susan Rennie, Adrienne Rich, Gloria Roddy, Ruby Rorlich, Lainnie Ross, Lynne Tschirhart Sanford, Marian Schiffer, John Schlien, Lynne Shapiro, Judy Sullivan, Dorothy Tennov, Louise Thomas, Toni Vietorisz und Frances Whyatt.

Und all denen, die mir zusätzlich zu ihrer Freundschaft mit fachmännischem Rat zur Seite standen - mein Agent Jim Seligman und meine Lektorinnen Gladys Topkis, Diane Cleaver und ganz besonders Mariana Fitzpatrick, die mir, unterstützt von der Produktionsleiterin Shirley Stein, schließlich half, das Ganze zusammenzusetzen - meinen aufrichtigsten Dank.

Die qualvollen persönlichen Zeugnisse, die hier abgelegt wurden, verdanke ich meiner langjährigen Freundin und Kollegin Helene Silverstien. Ihre Geschicklichkeit und ihr Einfühlungsvermögen ermöglichten es hunderten von mutigen Menschen, ein besonders schmerzliches Kapitel ihres Lebens zu enthüllen, um so vielleicht andere aus dem Schweigen, das sie gefangenhält, zu befreien.

Und meinen unentbehrlichen Ratgeberinnen Joan Mathews, die mich zum Schreiben ermutigte, und Susan Brownmiller, die mir nahelegte, dieses Buch zu wagen, meine nie versiegende Dankbarkeit.

VORWORT:
SUSAN BROWNMILLER

Florence Rush hatte ihr spektakuläres Debut in der Frauenbewegung am 17. April 1971, ein Tag, an den ich mich gut erinnere. Wir von den *New York Radical Feminists* veranstalteten in gemieteten Räumen der Washington Irving Highschool in New York eine zweitägige Konferenz zum Thema Vergewaltigung, ein Folgetreffen unserer öffentlichen Aussprache im Januar in der Saint Clement's-Kirche, bei dem Frauen zum ersten Mal in der Geschichte auf einem offenen Forum von ihrer eigenen Vergewaltigung Zeugnis abgelegt hatten. Unser *Speakout* war ein emotionales Ereignis gewesen, ein Meilenstein in der Bewußtseinsentwicklung, aber jetzt war es an der Zeit, über das persönliche Zeugnis hinaus zu einer Theorie zu kommen, auf der Erfahrung aufzubauen und aus dem Wissen eine Analyse sexueller Gewalttätigkeit zu erstellen. Mehrere hundert Frauen nahmen an dieser Wochenendkonferenz teil, die sich der Methoden wissenschaftlicher Seminare, der konventionellen Politik, der Sozialarbeit und der Psychologie bediente und so zu einem Modell für viele nachfolgenden feministischen Konferenzen wurde. Während der Vormittagssitzungen wurden in dem muffigen Auditorium Einzelreferate vorgetragen, am Nachmittag drängten sich Frauen zur Teilnahme an anregenden Workshops in kleinen Klassenzimmern zusammen. Selbstverständlich gab es in der Mittagspause eine Karatevorführung. Rückblickend betrachtet, war es sicher ein kühnes Unternehmen; die Außenwelt war zweifellos völlig perplex. Vergewaltigung war zu jener Zeit ein Wort, das ansonsten intelligente Leute bestenfalls zum Kichern brachte. Ausser den Opfern hielten nur wenige dies für ein erforschenswertes, wichtiges Thema. Kein Mensch dachte daran, daß Vergewaltigung möglicherweise einen historischen Hintergrund hatte, und nur eine Handvoll Leute glaubte, sie könnte zu einem internationalen feministischen Schwerpunktthema werden.

Florence Rush gehörte zu unserer Westchester-Abteilung (eigentlich verwendeten wir das Wort »Brigade«, aber es war schwer, sich in einem Vorort eine Brigade vorzustellen) sowie zur *Older Women'S Liberation*. Sie war aktives Mitglied im Ausschuß für Rassengleichheit und von Beruf Sozialarbeiterin in einem Wohnheim für minderjährige und verwahrloste Mädchen. Ich sollte hinzufügen, daß sie Mutter von drei Kindern war - eine, der man den lebenslangen politischen Aktivismus nie zugetraut hätte, und eine der wenigen Frauen reiferen Alters, der der Sprung von der Linken zum Feminismus nicht schwergefallen war - ein Sprung, der unsere Bewegung an Tiefe und Einsicht stärkte. Sie war im Januar zu der öffentlichen Aussprache über Vergewaltigung gekommen, und ihr waren, wie allen von uns, die Augen geöffnet worden. Auf Drängen ihrer guten Freunde Joan Mathews, einer unserer Konferenzorganisatorinnen, erklärte sie sich bereit, auf dem Treffen im April ein Referat zu halten. Gestützt auf ihre Arbeit mit jungen Mädchen, auf ihr Fallstudienarchiv, die wenigen zu diesem Thema erhältliche Artikel (die meist von Freudianern verfaßt wurden), ihre eigenen Fachkenntnisse und ihren Scharfsinn, entwickelte sie ihre Theorie über den sexuellen Mißbrauch von Kindern.

Heute sagt sie, sie sei nervös gewesen; damals war sie schlicht und einfach phantastisch. Ihr Vortrag war lebendig und aufrüttelnd, ihre Dokumentation war fundiert und beeindruckend. Ich habe an vielen feministischen Zusammenkünften teilgenommen, doch nie zuvor und nie seither habe ich erlebt, daß das gesamte Publikum in einem Beifallssturm auf die Beine sprang. Wir klatschten, wir jubelten. Die meisten von uns werden bis zu jenem Tag wohl kaum über die Tragweite sexuellen Kindesmißbrauchs nachgedacht haben. Nach dem Vortrag dieser ruhigen Frau aus Westchester sollte uns die Bedeutung des Problems für immer eingeprägt bleiben.

Ein Großteil des Materials aus jener frühen Abhandlung ist in stark erweiterter Form in diesem Buch eingeschlossen. Es verselbständigte sich sehr schnell, da die Autorin mit Abdruckgesuchen überhäuft wurde. Der vielfach zitierte und besprochene Beitrag wurde ein Meilenstein im feministischen Denken. Doch während die anderen ihr Material - mit oder ohne Erlaubnis - eifrig zitierten, reifte in ihr die Erkenntnis, daß sie lediglich an der Oberfläche gekratzt hatte, daß sie noch viel mehr sagen wollte.

Eine ganze Bewegung hat gespannt auf dieses Buch gewartet. Florence Rushs Gedanken haben fraglos schon allergrößten Einfluß gewonnen. Es ist nicht zu leugnen, daß das plötzliche landesweite Interesse an dem sexuell mißbrauchten Kind zum grossen Teil auf Florence Rushs Anstrengungen zurückgeht, ob es die etablierte Psychiatrie wahrhaben will oder nicht. Sie ist ganz ohne Zweifel die erste Theoretikerin auf diesem Gebiet, die dem Kind in keiner wie auch immer gearteten Form die Schuld gibt. Sie ist auch die erste, die sexuellen Kindesmißbrauch nicht als Einzelvorkommnis betrachtet, sondern als eine verbreitete Praxis, deren gesellschaftliche Duldung weit in die Geschichte zurückreicht.

Dieses Buch zu schreiben, konnte nicht leicht gewesen sein, und für viele wird es nicht leicht zu verdauen sein. Es gibt genug Menschen, die überkommene Traditionen lieber risikolos in Sentimentalität hüllen, als ihnen unumwunden ins Auge zu sehen. Wie Rush uns zeigt, zog selbst Freud es vor, dokumentarische Aufzeichnungen zu ändern, als sich mit gewissen unangenehmen Wahrheiten abzufinden. Die ist ein Buch, das sich vor unangenehmen Wahrheiten nicht scheut. Rush wühlt in der Geschichte, weil sie sie zu entwirren sucht. Sie stellt den heutigen Täter bloß, da sie die Tat ein für allemal abschaffen will. Dieses Buch legt Zeugnis ab von dem Engagement einer Frau für unsere Zivilisation.

EINLEITUNG:
MIT DER BELÄSTIGUNG AUFWACHSEN

Während meiner langjährigen Tätigkeit als Sozialarbeiterin stellte ich fest, daß die Grundkonstellation für sexuellen Mißbrauch von Kindern in einem männlichen Erwachsenen und einem weiblichen Kind bestand. Die Opfer, mit denen ich in Berührung kam, gehörten im wesentlichen der sozial und wirtschaftlich unterprivilegierten Schicht an, doch als auch andere aus besser gestellten Kreisen in mein Blickfeld traten, wurde mir klar, daß das Problem quer durch alle Gesellschaftsschichten ging. Ja, ich erinnerte mich schmerzlich daran, daß ich selbst, obwohl mit allen Annehmlichkeiten des Mittelschichtdaseins aufgewachsen, als Kind sexuell mißbraucht worden war.

Ich wurde in eine äußerst stabile Familie hineingeboren. Meine Eltern waren aus einer Kleinstadt im zaristischen Rußland ausgewandert, um der unmittelbar bevorstehenden Einberufung meines Vaters in die russische Armee und den Leiden, die Antisemitismus und Armut ihnen aufbürdeten, zu entgehen. Sie waren ziemlich arm, doch waren optimistisch und sahen ihrer Zukunft in Amerika mit Zuversicht entgegen. Sie schufteten in den Ausbeuterbetrieben der unteren East Side in New York, bis mein Vater schließlich, dank der Hilfe von Verwandten und dem energischen Einsatz meiner Mutter, für seine Fortbildung das Brooklyn College of Pharmacy besuchte und mit Apothekerexamen abschloß. Er eröffnete ein Drugstore*, dann ein weiteres, und hatte schließlich genug Geld beisammen, um sich in eine Maschinenwerkstatt einzukaufen. Mit der Zeit wurde er ein relativ wohlhabender Mann.

Meine zwei älteren Brüder und ich wurden im Sommer in die Ferienkolonie geschickt, was für Kinder aus Einwandererfamilien ein ungewöhnlicher Luxus war, und später gingen wir alle aufs College. Zum Zeitpunkt, da mein Vater vor einigen Jahren starb,

---

* *Ein Drugstore ist eine Kombination von Apotheke, Drogerie, Kiosk und Eis- und Getränkebar. [Anm. der Übers.]*

kannten sich meine Eltern seit sechzig Jahren.

Im Hause meiner Eltern wurde der Freitagabend festlich begangen. Die Kerzen brannten für den Sabbat, und auf dem Eßzimmertisch war eine Spitzendecke ausgebreitet; für Gäste, die gewöhnlich vorbeikamen, standen verschiedenes Gebäck, Obst, Nüsse, Wein und Tee bereit. Zu unseren regelmäßigen Besuchern zählten auch unser Zahnarzt, den ich Dr. Greenberg nennen werde, und seine Frau. Wie viele andere, erfreute sich auch dieses Paar an der stets herzlichen, ausgelassenen Stimmung, in der Politik erörtert, alte russische und jiddische Lieder gesungen und Geschichten erzählt wurden.

Meine Mutter begleitete mich immer zum Zahnarzt, aber einmal, als ich etwa sieben war, schickte sie mich alleine zu meinem Termin. Die Praxis lag nicht weit von unerer Wohnung entfernt, und damals waren die Straßen von New York noch sicher. An jenem Morgen begrüßte mich Dr. Greenberg freundlich wie immer (ich erinner mich nicht, je eine Schwester oder Sprechstundenhilfe in seiner überfüllten Praxis gesehen zu haben). Obwohl ich alt und groß genug war, alleine auf den Sitz zu klettern, hob er mich mit großartigem Getue hoch und setzte mich auf den Stuhl. Er band mir das übliche Lätzchen um den Hals und füllte den Becher zu Nachspülen, legte die Instrumente jedoch nicht

auf die dafür vorgesehene Schwingplatte, sondern in meinen Schoß. Jedesmal, wenn er ein Instrument nahm, um meinen Mund zu untersuchen, fingerte er irgendwo an meinem Körper herum. Bald fielen ihm schon die Instrumente aus der Hand. Nachdem er sie vom Boden aufgelesen hatte, gelang es ihm, seine Hand unter mein Kleid zu schieben und sich einen Weg zwischen meine Beine zu bahnen. Seine Berührung löste in mir Gefühle der Scham und des Unbehagens aus, und da ich ahnte, daß da etwas ganz und gar nicht stimmte, fing ich an zu weinen. Dr. Greenberg lachte über meine Tränen und hielt mir vor, ich sei ein »albernes Kind«, weil ich Angst vor dem Zahnarzt hätte. Aber seine Hände strichen weiterhin über meine Genitalien. Ernsthaft in Panik, begann ich nun, immer lauter zu schluchzen. Schließlich machte ich einen solchen Lärm, daß Dr. Greenberg von mir abließ, seine Hände wusch, mich ausschimpfte, weil ich mich wie ein Baby benähme, und mir ein schönes Geschenk versprach, wenn ich nächstes Mal ein tapferes kleines Mädchen wäre.

Ich rannte so schnell ich konnte, nach Hause und erzählte meiner Mutter alles. Sie war im Augenblick konsterniert, fand jedoch ihre Fassung wieder, indem sie sich einzureden versuchte, daß ich log und die ganze Geschichte nur erfunden hätte, um die Zahnarztbehandlung zu umgehen. Es muß ihr sehr viel daran gelegen haben, dies zu glauben, hatten doch meine Zahnarztbesuche bis dahin nie irgendwelche Probleme aufgeworfen. Als ich mich weigerte, zu meinem nächsten Termin zu gehen, entschuldigte sie sich bei Dr. Greenberg, der sich wohlwollend darüber ausließ, wie schwer es für Kinder sei, ihre Angst vor dem Zahnarzt zu überwinden. Er kam weiterhin freitags zu Besuch, aber während ich vorher gesellig und freundlich war und nie ins Bett gehen wollte, zog ich mich nunmehr ohne Druck von außen in mein Zimmer zurück.

Im Rückblick wundere ich mich heute, wie leicht meine beunruhigende Beschuldigung verworfen wurde, besonders im Hinblick auf einen anderen Vorfall, der sich etwa zur gleichen Zeit zutrug. Ich liebte das Drugstore über alles, und wenn Danny, der junge Verkäufer und mein guter Freund, nicht mit Kunden beschäftigt war, tüftelte er für mich die ausgefallensten und originellsten Eisbecher aus, mit Nüssen, Obst, Schlagsahne und verschiedenen Fruchtsirups. Er verwöhnte mich auch mit Schokolade, während er sich gleichfalls bediente und noch ein paar Riegel in seine Taschen stopfte. Eines abends hörte ich, wie sich mein Vater über Bestandsverlust beklagte und in der Hoffnung auf seine Anerkennung erzählte ich ihm von Danny und den Schokoladenriegeln. Zu meiner Bestürzung wurde Danny fristlos entlassen. Warum, frage ich mich, wurde diese Geschichte so ohne weiteres geglaubt und Anlaß zum Handeln, während meine Belästigung durch den Zahnarzt erst in Frage gestellt und dann verworfen wurde?

Die Jahre vergingen, und die frühe Jugendzeit brachte den Austausch von Vertraulichkeiten mit engen Freundinnen mit sich. Jane und ich waren unzertrennlich, und neben unseren Plänen für die Zukunft tauschten wir auch Bücher aus der Bibliothek, Krämerladenlippenstifte und Geheimnisse aus. Ich erzählte Jane von Dr. Greenberg. Sie erzählte mir von ihrem Erlebnis mit einem Kaufmann aus der Nachbarschaft. Allerdings hatte sie, vorsichtiger als ich, nie vor anderen wiederholt, was ihr im Hinterraum des Obst- und Gemüseladens widerfahren war.

Wir hielten uns gegenseitig über die Anzahl von Exhibitionisten, die wir sahen, auf dem laufenden, verglichen Abwehrtechniken, derer wir uns bedienten, um in Bussen und in der U-Bahn nicht betatscht, gepackt oder gar malträtiert zu werden, und wir arbeiteten Strategien aus, um uns aus unangenehmen und sogar gefährlichen Situationen herauszuwinden. Zum Beispiel gingen Jane und ich für unser Leben gern ins Kino, doch es verging praktisch keine Vorführung, ohne daß wir die Hand irgendeines fremden Mannes unter unserem Rock hatten. Wir tüftelten also ein System aus. Wer immer von uns beiden gerade belästigt wurde, stand auf und sagte laut: »Ich muß jetzt nach Hause, weil meine Mutter auf mich wartet.« Wir pflegten uns dann einen anderen Platz zu suchen, in der Hoffnung, bis zum Ende des Films in Ruhe gelassen zu werden. Wir betrachteten dies einzig und allein als unser Problem, und es kam uns nie in den Sinn, unseren Eltern oder der Polizei davon zu erzählen.* In der Folge habe ich zahllose ähnliche und weit schlimmere Geschichten gehört, und ich habe erkennen müssen, daß Kindesbelästigung durch einen geschätzten Freund der Familie oder Verwandten, ebenso durch einen Fremden, absolut nichts Außergewöhnliches ist. Es wird Zeit, daß wir der Tatsache ins Auge sehen: Der sexuelle Mißbrauch von Kindern ist kein gelegentlicher Ausrutscher, sondern ein verheerender Tatbestand des alltäglichen Lebens.

---

* *In den dreißiger Jahren wurden die Kinosäle so häufig von Kinder suchenden Männern überschwemmt, daß in manchen Vorführungsräumen [zumindest in New York] »Kinderabteilungen« mit Seilen abgetrennt wurden für Jugendliche, die nicht in Begleitung von Erwachsenen waren. Diese Abteilungen standen bisweilen unter der Aufsicht einer Matrone.*

annie died the other day
never was there such a lay -
whom, among her dollies, dad
first (»don't tell your mother«) had;
making annie slightly mad
but very wonderful in bed
- saints and satyrs, go your way
youths and maidens: let us pray

e. e. cummings

Annie starb, nicht lang ist's her
niemals gab es so'n Verkehr -
die Paps, inmitten Puppenkram
zuerst (»sag Mutter nichts«) sich nahm;
was Annie leicht verrückt gemacht,
doch voller Wonne in der Nacht
- Engel und Satyrn, ziehet ihr
Jungen und Mädchen: beten wir

Pädophilie: sexuelles Verlangen nach Kindern; Unzucht mit Kindern. (Mackensen Deutsches Wörterbuch)

Päderastie: die geschlechtliche Beziehung von älteren zu jüngeren Männern oder Knaben (Sprachbrockhaus)

1. EIN BLICK AUF DIE PROBLEMATIK

Kinder, der am wenigsten artikulierte und am stärksten ausgebeutete Teil der Bevölkerung, haben unter der Unfähigkeit der Gesellschaft, sich mit dem Problem menschlicher Sexualität auseinanderzusetzen, am meisten zu leiden.

Carolyn Swift, *Sexual Assault of Children and Adolescents*[1]

Es ist schwer, bei den derzeitigen Einstellungen zum sexuellen Mißbrauch von Kindern nicht die Geduld zu verlieren. Eine Tendenz unserer Tage, Sex zwischen Erwachsenen und Kindern als harmlos zu betrachten und Kindesschänder von der Verantwortung für ihr Verhalten freizusprechen, hat einige Verfechter der sexuellen Befreiung zu der These ermutigt, daß in Sachen Sex »Kinder nicht unbedingt noch Kinder«[2] seien, daß Pädophilie ein Verbrechen ohne Opfer[3] sei und daß mit dem Eintritt der sexuellen Revolution »das Tabu Pädophilie entfallen« werde.[4] Im Sog dieser neuen Moral drängen jetzt auch organisierte Pädophile in die Öffentlichkeit und beanspruchen Sex mit Kindern als ein Bürgerrecht. Zudem sehen sich einige Fachleute dazu berufen, diese Praktik »wissenschaftlich« zu verteidigen.

Anläßlich einer nationalen Konferenz über den sexuellen Mißbrauch von Kindern, die letztes Jahr in Washington D.C. stattfand, sagte ein Sprecher, der sich beruflich mit dem Problem des Inzests befaßt hatte, vor 300 Teilnehmern, daß manche Inzesterfahrung durchaus positiv und gesund oder schlimmstenfalls langweilig und neutral sein könnte. (Diese Behauptung ist, um nur das mindeste zu sagen, reiner Hohn. Dr. Suzanne M. Sgroi, ehemalige Vorsitzende des Versuchsprogramms zur Behandlung sexueller Traumata in Hartford, Connecticut, konterte darauf: »Ich habe noch nie wissentlich mit einem glücklichen, psychisch gesunden, sorglosen Inzestopfer gesprochen.«[5] Bedauerlicherweise neigen Fachleute wie Laien dazu, sich mehr auf die umstrittenen, aber exotischen emotionalen Aspekte des

Problems zu konzentrieren als auf die unbestreitbaren konkreten körperlichen Risiken. Allein die Ungleichheit zwischen einem Kind und einem Erwachsenen müßte als Warnung vor emotionalen Komplikationen ausreichen, und aus der unterschiedlichen Körpergröße und Kraft ergeben sich klar umrissene medizinische Risiken. Ein winziger Mund, After oder eine kleine Scheide bieten einem erigierten Penis keinen ausreichenden Platz. Folgendes Zitat stammt aus dem Bericht eines Chirurgen an den Nationalausschuß für Pornographie und Obszönität:

Ich habe in letzter Zeit in der Gynäkologie und Geburtshilfe gearbeitet. Was sich dort abspielt, ist äußerst erschreckend. Die Stationen und Krankenzimmer sind voll junger Mädchen...Sie sind innen zerfetzt. Die Reparaturarbeit, die wir leisten, spottet jeder Beschreibung. Diese Mädchen sind allen erdenklichen Arten von sexuellem Mißbrauch ausgesetzt worden. Früher pflegten Ärzte derart zugerichtete Prostituierte zu behandeln, aber heute müssen wir junge Mädchen aus den besten Familien behandeln... Jeden Tag haben wir mit Teenagern zu tun, die an Krankheiten und Infektionen leiden.[6]

Eine Familienangelegenheit

Inzest und andere Formen sexuellen Kindesmißbrauchs sind in Märchen, Widersprüche und Verworrenheit gehüllt. Ärzte, Therapeuten, Sexologen und Forscher sind sich uneinig darüber, ob ebenso viele Jungen wie Mädchen geschändet werden, ob beide die gleichen Traumata davontragen, ob Kindesschänder normal, neurotisch, psychopathisch oder psychotisch sind, ob sich das kindliche Opfer in irgendeiner Weise zu einer sexuellen Begegnung anbietet oder ob das Verhalten des Sexualtäters auf eine gestörte Mutter oder eine zerrüttete Familie zurückzuführen ist. Spekulationen über die Zahl der Vorkommnisse schwanken von fünf- über fünfhunderttausend bis zu einer Million Fälle pro Jahr und von fünf bis fünfunddreißig Millionen Personen, die während ihrer Kindheit eine sexuelle Begegnung mit einem Erwachsenen erleben.

Es scheint jedoch Einigkeit darüber zu herrschen, daß der Täter überwiegend männlichen Geschlechts ist (etwa 80—90 %), daß er in 80 % aller Fälle ein Verwandter oder Freund des Opfers und seiner Familie ist, daß die tatsächliche Anzahl der Vorfälle weit über der Zahl der angezeigten Fälle liegt und daß Unzucht mit Kindern vor keiner Gesellschaftsschicht haltmacht. Außer in diesen Punkten weichen die Meinungen sowohl voneinander, als auch von meiner ab. Meiner Überzeugung nach entstammt der Kindesschänder nicht einer gestörten oder schlecht funktionierenden Familie und mag genauso normal oder anomal sein wie die übrige, sogenannt normale männliche Bevölkerung. Er sucht sich ein Kind als Sexualpartner aus, weil ein Kind - mehr noch als eine Frau - ihm an Erfahrung und Körperkraft unterlegen, vertrauensseliger gegenüber und abhängiger von Erwachsenen ist und daher leichter genötigt, verführt, verlockt oder gewaltsam gezwungen werden kann. Und weil der Täter auch noch ein Familienfreund oder Verwandter ist, können nicht einmal ernsthaft besorgte Erwachsene mit ihm fertig werden.

Wie viele fürsorgliche Eltern haben schon geschworen:»Wenn irgendjemand meiner Kleinen auch nur mit einem Finger zu nahe kommt, bring' ich ihn um.« Doch wenn eine Mutter oder ein Vater beispielsweise entdecken, daß ihr guter Freund Jack (der ihnen gerade Geld geliehen hat und Mary ins Krankenhaus gefahren hat, als das Baby vorzeitig auf die Welt kam) derjenige war, der - wie ihr Kind berichtet - »mich überall angefaßt hat«, und nicht irgendein »abartiger« Fremder, werden sie ihre Vorschußwut nur schwer in Taten umsetzen können. Sie werden sich beruhigen. Sie werden vernünftig sein. Eine Bloßstellung könnte Jack seinen Arbeitsplatz kosten. Sally könnte ihn verlassen. Wie wird sie alleine zurechtkommen? Wie werden sich die Familien verhalten, wenn sie sich in der Kirche oder im Supermarkt begegnen? Könnten die Kinder dann noch zusammen spielen? Ein Problem wird auf das andere gehäuft, und man wird sich bald darauf einigen, die Sache am besten auf sich beruhen zu lassen. Manche mögen sogar Verständnis für Jack aufbringen. »Wir wußten gar nicht, daß er diesen Hang zu Kindern hat. Der arme Kerl braucht Hilfe.« Im günstigsten Fall werden sie ihre Tochter in Zukunft nicht mehr alleine mit Jack lassen.

Eine Mutter stürzte - wie es der Zeitschrift *Women's Day* erzählt wurde - zum Haus des Kindesschänders der Nachbarschaft, nachdem er ihre Tochter belästigt hatte. Dort wurde ihr von der Ehefrau des Mannes geöffnet, die ihr beteuerte, ihr Mann sei, abgesehen von dieser Absonderlichkeit, ein vorbildlicher Ehemann und Vater. Gegen das Versprechen, daß sich der Sittenstrolch psychotherapeutischer Behandlung unterziehen werde, willigte die Mutter ein, keine Anzeige zu erstatten.[7] Es ist bekannt, daß Kinderschänder auf Behandlung nicht ansprechen, doch für alle, die unschuldigen Verwandten das Leben nicht unnötig erschweren wollen, ist Therapie eine willkommene, wenn auch unwirksame Lösung. Es gibt in der Tat so wenig Lösungen, daß das betroffene Kind oft auch noch den Mann, der es gefährdet hat, decken muß. Eine junge Frau, die ihre Nichte retten wollte, erzählte folgende typische Geschichte:

Jill, die Tochter meiner Schwester, ist vierzehn. Seit sechs Monaten wird sie von ihrem Stiefvater befingert, und nachts kommt er in ihr Schlafzimmer. Ich weiß, daß sie die Wahrheit sagt, denn er hat dasselbe bei mir gemacht, als ich bei ihnen wohnte. Jill fand es widerwärtig und erzählte ihrer Lehrerin davon. Die Lehrerin meldete es dem Schulpsychologen, und der sagte, entweder lüge das Kind und sei sehr krank oder der Familie drohe Schlimmes. Der Vater könnte im Gefängnis landen.

Als der Stiefvater darauf angesprochen wurde, behauptete er, Jill lüge. Jills Mutter glaubte ihrem Mann. Händeringend bekniete sie ihre Tochter zu »gestehen«. Wer würde sonst für sie beide und ihre jüngeren Brüder aufkommen? Jill versuchte, bei ihrer Version zu bleiben, doch fortgesetzter Druck und steigende Schuldgefühle darüber, die Familie ihres Unterhalts zu berauben, brachten sie schließlich dazu zu »gestehen«, daß sie gelogen hatte. Das Gesuch, bei mir wohnen zu dürfen, wurde ihr abgeschlagen, und sie wurde in psychiatrische Behandlung gegeben.

Russell George, ein überführter Kindesschänder, veranschaulichte in einer Zeugenaussage gegenüber dem englischen Kriminologen Tony Parker, wie die Unfähigkeit Erwachsener, mit seinem Verhalten umzugehen, ihm freie Hand garantierte. Bei einem weihnachtlichen Familientreffen führte er seine sechsjährige Nichte in ein Schlafzimmer, zog ihr die Unterhosen runter und fingerte an ihr herum. Der Vater des Kindes »ertappte mich auf frischer Tat«, sagte er. Ohne ein Wort zu sagen, verließ der Vater mit Frau und Kind das Haus. Alle schienen »verlegen«, aber keiner sagte etwas. George versicherte seiner Frau, daß der Vater »einfach einen falschen Eindruck bekommen habe«. Da er nie zur Rede gestellt wurde, belästigte er weiterhin kleine Mädchen, wenn immer die Familie zusammenkam. George hatte sehr wohl begriffen, daß es »für Leute nicht leicht ist, Anschuldigungen loszulassen«,[8] denn egal wie sehr Leuten an der Beschützung eines Kindes gelegen sein mag; nur wenige werden die Verantwortung dafür übernehmen wollen, eine Frau und ihr Kind in finanzielle und gesellschaftliche Bedrängnis zu bringen. Der sexuelle Mißbrauch von Kindern ist infolgedessen das am beharrlichsten totgeschwiegene Verbrechen.

Ausmaße

Vincent de Francis von der *American Humane Society,* dessen Untersuchung von 263 kindlichen Opfern sexuellen Mißbrauchs eine Standardquelle geworden ist, behauptete, daß - obwohl das wirkliche Ausmaß der Vorfälle unbekannt ist - »die Ergebnisse darauf hindeuteten, daß das landesweite Vorkommen die angezeigten Fälle von körperlichem Kindesmißbrauch mit hoher Wahrscheinlichkeit um ein Vielfaches übertrifft.«[9] Carolyn Swift, Leiterin der Abteilung für vorbeugende Maßnahmen am Wyandot Mental Health Center in Kansas City, schätzte in einem Vortrag vor einem Parlamentsausschuß, daß »50—80% aller Vorfälle nicht angezeigt werden.«[10] Eine Stichprobenuntersuchung von 4000 Amerikanerinnen durch das Kinsey-Team ergab, daß 25% vor ihrem 13. Lebensjahr eine sexuelle Begegnung mit einem Erwachsenen hatten.[11] David Finkelhor, Forschungswissenschaftler an der Universität von New Hampshire, stellte in seiner

Untersuchung von 796 Studentinnen und Studenten fest, daß von 530 weiblichen Befragten 19,2 % in ihrer Kindheit Opfer sexuellen Mißbrauchs geworden waren, ebenso 8,6 % der 266 männlichen Befragten.[12] Der von Kinsey ermittelte Prozentsatz wird oft als repräsentativ für 25% der weiblichen Bevölkerung hervorgehoben,folglich werden ca. 25 Millionen Frauen in den USA vor ihrem 13. Lebensjahr ein sexuelles Erlebnis mit einem männlichen Erwachsenen haben. Wenn wir die Finkelhor-Studie mit demselben Anspruch heranziehen, dann werden 28 Millionen der Gesamtbevölkerung in ihrer Kindheit ein sexuelles Erlebnis mit einem Erwachsenen haben.

Landesstatistiken sind zwar hilfreich, aber nicht unbedingt erforderlich, um das ungeheure Ausmaß des Problems zu erfassen. Es gibt kaum eine Studie, einen Bericht oder eine Untersuchung über Aspekte menschlicher Sexualität, worin nicht zum Ausdruck kommt, daß Sex zwischen Kindern und Erwachsenen ein aktiver, weit verbreiteter Zeitvertreib ist. Von 5058 angezeigten Sexualverbrechen in der Stadt New York im Jahr 1975 waren 27,2%der Opfer unter vierzehn(20% weiblich,6,4% männlich).[13] In einer Untersuchung von über 1500 inhaftierten Sexualdelinquenten, die über 1700 Delikte begangen hatten, wurden 998 an Kindern unter fünfzehn verübt.[14] Mehr als die Hälfte aller Opfer angezeigter Vergewaltigung sind unter achtzehn, und 25% von dieser Zahl sind unter zwölf. 70% aller jungen Prostituierten und 80% aller weiblichen Drogenkonsumenten waren, wie sich herausstellte, in ihrer Kindheit von einem Familienangehörigen sexuell mißbraucht worden.[15] Die Leiterin von Shalom, einer vorübergehenden Zufluchtstätte für Mädchen in Kalifornien, gab an, daß zwischen 25 und 50% aller Kinder in der Stätte sexuell mißbraucht worden waren. (Die Mehrzahl wurde aus anderen Gründen aus der Obhut der Eltern genommen, doch der sexuelle Mißbrauch an ihnen wird gewöhnlich im Lauf der Beratungsgespräche zu Tage gefördert.)[16]Nach Schätzungen von Dr. Pascoe, Professor für Kinderkrankheiten an der University of California, »waren über 80% der Kinder in der Jugendstrafanstalt sexuell mißbraucht worden - egal, aus welchen Gründen sie dort einsassen.«[17] Der Brooklyn Society zur Verhinderung von Kindesmißhandlung zufolge sind 75-85% aller angezeigten Verbrechen an

Kindern sexueller Natur, und von den 850 Fällen, die die Organisation vor Gericht gebracht hatte, waren 405 Sexualverbrechen an Kindern.[18] Die Anzahl von Kindern, die ins Notzentrum für sexuelle Überfälle in Seattle, Washington, eingeliefert werden, ist seit 1973 kontinuierlich gestiegen. Im Jahr 1978 waren 25% der eingelieferten Fälle unter vierzehn Jahren, und 13% davon unter neun Jahren.[19] Dr. Frederick Green von der George-Washington-Universität in Washington D.C. stellte fest, daß die Fälle sexuell mißbrauchter Kinder »unter den Patienten des Kinderkrankenhauses häufiger sind als Knochenbrüche und Mandeloperationen«;[20] Psychiater, Ärzte, Krankenschwestern, Sozialarbeiter, Lehrer und Kinderpflegepersonal entdecken so viele Fälle, daß man von epidemischen Ausmaßen sprechen kann.

Medizinische Folgen des sexuellen Mißbrauchs von Kindern

Sexuelle Beziehungen zwischen Erwachsenen und Kindern stellen ein zunehmendes, ernstes medizinisches Problem dar.*Fälle von Rissen und Verletzungen des Rektums, mangelnder Kontrolle über den Schließmuskel, zerschundenen Scheiden, Fremdkörpern in After und Vagina, durchstoßenen After- und Scheidenwänden,[21] Tod durch Ersticken, chronischen Atembeschwerden durch Tripperinfektionen im Rachen sind fast immer auf sexuelle Kontakte Erwachsener mit Kindern zurückzuführen.[22] Von 20 Fällen genitaler Tripperinfektion bei Kindern im Alter von ein bis vier Jahren gingen in 19 Fällen sexuelle Kontakte mit Erwachsenen voraus. Alle 25 Fälle infizierter Kinder zwischen fünf und neun Jahren ergaben, daß vorher sexuelle Kontakte mit einem Erwachsenen stattgefunden hatten, und dasselbe gilt für sämtliche Fälle von Kindern zwischen vierzehn und fünfzehn. Eine Untersuchung ergab, daß 160 von 161 Fällen dieser Erkrankung bei Kindern Folge sexueller Kontakte mit Erwachsenen waren.[23] Und angesichts des hohen Schwangerschaftsrisikos im Teenalter sind junge Mädchen immer die Opfer zu früher sexueller Beziehungen, ganz gleich, wie alt ihre Partner sind. Das Alan-Guttmacher-Institut, Forschungs- und Entwicklungsabteilung für Fa-

---

*Untersuchungen über Vergewaltigung ergaben die Penetration von Säuglingen im Alter von sechs Monaten und darunter.

milienplanung, veröffentlichte folgende beunruhigende Information:

Die Sterblichkeitsrate infolge von Komplikationen bei Schwangerschaft, Geburt und Entbindung liegt bei Frauen, die vor ihrem 15. Lebensjahr schwanger werden, um 60% höher, bei Fünfzehn- bis Neunzehnjährigen immer noch um 13% höher als bei Müttern in ihren frühen Zwanzigern... Mütter zwischen fünfzehn und neunzehn sterben mit doppelt so hoher Wahrscheinlichkeit an Blutungen und Fehlgeburten und mit eineinhalbmal so hoher Wahrscheinlichkeit an Blutvergiftung, während bei Müttern unter fünfzehn das Risiko, an Blutvergiftung zu sterben, dreieinhalbmal so hoch ist. Blutvergiftung gilt bei sehr jungen Frauen als »besonderes Schwangerschaftsrisiko« wegen der unzureichenden Entwicklung des endokrinen Systems, der emotionalen Belastung durch so frühe Schwangerschaft, schlechte Ernährung und unzulängliche Pflege vor der Entbindung.[24]

Die Anzahl von Kindern, die Kinder bekommen, ist keineswegs unbeträchtlich. Statistiken des amerikanischen Jugend- und Gesundheitsministeriums zufolge sind 4 Millionen weibliche Teenager zwischen 15 und 19 Jahren heterosexuell aktiv. Von dieser Zahl werden jährlich 4 von 10 bzw. eine Million schwanger. Diese Zahl schließt nicht die Unter-Fünfzehnjährigen ein: Zwar weniger fruchtbar und empfängnisfähig, aber keineswegs weniger aktiv, werden von ihnen jedes Jahr 30.000 schwanger. Zwischen 1971 und 1976, als die Geburtenrate allgemein sank, stieg die Zahl der Teenagerschwangerschaften um 33% an und betrug 600 000 Lebendgeburten. Anteilmäßig war der größte Anstieg in der Gruppe der Unter-Fünfzehnjährigen zu verzeichnen, besonders unter den Elf- bis Dreizehnjährigen.[25] Wir dürfen nicht vergessen, daß viele der betroffenen Kinder oft zu jung sind, um den Geburtsvorgang zu verstehen oder richtigen Gebrauch von Verhütungsmethoden zu machen, sofern sie darüber aufgeklärt wurden. Und in einem gesellschaftlichen Klima, das sich schwindender Jungfräulichkeit und »blühenden Teenagersexes« rühmt- wo die Massenmedien täglich propagieren, Sex ist Liebe, Sex macht Spaß, und Sex erhält dich sogar schlank, wenn du, statt zu naschen, dir jemanden haschst - das aber die Gefahren von Geschlechtskrankheiten, Schwangerschaft und Tod auf dem Entbindungstisch ignoriert, werden die meisten Jugendlichen, ob sie dafür reif sind oder nicht, schon sehr früh zu Sex gedrängt. In unserer sexbesessenen Gesellschaft sind selbst die gebildetesten Heranwachsenden davon zu überzeugen, daß Sex in frühen Jahren revolutionärer (gewiß einfacher) ist als der Kampf gegen Kapitalisten und Vermieter.

Emotionale Folgen sexueller Kontakte zwischen Erwachsenen und Kindern

Dr. Joseph Peters, Leiter des Zentrums für Opfer von Sexualdelikten und Vergewaltigung am Philadelphia General Hospital, hat auf mögliche Warnsignale hingewiesen, wie Appetitlosigkeit, Alpträume, Bettnässen, Sich-an-die-Mutter-Klammern, Weigerung, in die Schule zu gehen oder mit Freunden zu spielen, die eventuell Symptome für sexuelle Begegnungen mit Erwachsenen sein können. Bei einem Kind, das wiederholte und fortgesetzte sexuelle Erlebnisse vor der Geschlechtsreife hatte, kann dies zu schweren Depressionen, Funktionsunfähigkeit, Psychosen und Selbstmord führen.

Peters ist insbesondere darüber besorgt, daß Therapeuten »zwischen Phantasie und dem Tatbestand der Kindesschändung unterscheiden. Diese Vorkommnisse der psychologischen Phantasie zuzuschreiben,« fähr er fort, »mag für die Therapeuten einfacher und interessanter sein, kann aber auch die wirksamste Symptomanalyse untergraben.«[26] Überdies kommen Vorfälle, die übersehen werden, gewöhnlich erst später zum Tragen, wenn jemand von den sexuellen Ansprüchen im Erwachsenenalter überfordert ist. Peters warnt: »In ihrer Aversion gegen oft abstoßende Einzelheiten gestatteten und gestatten Therapeuten weiterhin ihren Patientinnen und Patienten, emotional bedeutsame, pathogene Tatbestände zu verdrängen.«[27]

In Therapeuten, die Kindheitssexualkontakte mit Erwachsenen ins Reich der Phantasie abschieben, spiegelt sich eine allgemeine

Abneigung, sich mit dem Problem auseinanderzusetzen. Fachleute wie Laien verhindern, daß das Problem auf den Tisch kommt, indem sie behaupten, es sei nur eingebildet, das Kind lüge oder ein solches Erlebnis sei harmlos. Dr. James Ramey von der Psychiatrischen Abteilung der Bowman School of Medicine in North Carolina bagatellisierte in seinem Artikel »Das letzte Tabu« die Gefahr des Vater-Tochter-Inzests, indem er ihn unter Verbrechen ohne Opfer, wie Homosexualität und Masturbation, einordnete. Die Wissenschaftler David Finkelhor und Judith Herman stellen Rameys Folgerungen in Frage. Sie erklären:

Viele Frauen, die Inzesterlebnisse hinter sich haben, sagen, Rameys Argumente seien nichts Neues; sie hätten sie ihr Leben lang von Vätern, Stiefvätern, Onkeln oder älteren Brüdern gehört. Blutschänder rationalisieren ihr Verhalten oft, indem sie sagen, daß sie nichts Schlimmes am Inzest finden könnten, daß sei ne Gefahren aufgebauscht worden seien und daß er völlig harmlos wäre, wenn sich Außenstehende nicht immer einmischen würden, er sei kein universelles Tabu. Diese keineswegs unpopuläre Ansicht ist in den vergangenen Jahren durch eine unglaubliche Schwemme pornographischer Literatur und beliebter Männerzeitschriften, die die Vorteile von Inzest anpreisen, gefördert worden.[28]

Andere, die sich mit den Opfern und ihren Familien beschäftigt haben, haben ebenfalls veranschaulicht, wie die allgemeine Tendenz zur Vertuschung oder Verharmlosung von Inzest funktioniert. In einem Artikel mit der Überschrift »Geteilte Loyalität in Inzestfällen« mahnte Courtney, die als Zehnjährige von ihrem Vater verführt wurde, ihn in einem Brief, den sie als Erwachsene schrieb: »Kannst du die Ironie meiner Lage begreifen: Ich hielt meinem Mund über deinen sexuellen Mißbrauch mit mir, um dich vor der Zerstörung einer Familie zu schützen?«[29]
Sie schilderte ihre Zwangslage und die daraus resultierenden Ängste noch ausführlicher:

Seit meinem 10. Lebensjahr mußte ich andere täuschen und vor aller Welt und meiner Mutter verbergen, daß mein Vater sexu-

elles Interesse an mir zeigte und sexuelle Handlungen mit mir
einleitete. Weißt du noch, wie du mich die Kunst der Täuschung
lehrtest? Erst hast du mich in eine Lage versetzt, die verheim-
licht werden mußte (zu deinem Schutz), und dann mußte ich dir
Verschwiegenheit geloben... Was konnte ich als zehnjähriges
Kind tun? Du bist ein intelligenter Mensch - rechne du die Mög-
lichkeiten aus, die eine Zehnjährige in dieser Lage hat.«[30]

Natürlich hat eine Zehnjährige, die von ihrem Vater ausgebeutet
wird, keine Wahl. Wenn der Mann, der ihr Hauptbeschützer sein
soll, auch ihr Verführer und Ausbeuter ist, wohin soll sie sich
wenden? Courtney war sich bitterlich im Klaren darüber, daß
»du, da ich deine Tochter war, für meinen Schutz und die Überwachung meiner Entwicklung zur Erwachsenen verantwortlich
warst.« Aber stattdessen fand sie, daß sie im Alter von 31 »immer noch die verheerenden Auswirkungen in den Griff zu bekommen versuchte, die der Inzest auf mein Leben hatte.«[31]

In ihrem Buch *Father's Days: A True Story of Incest,* warf
Katherine Brady Licht auf die schmerzlich heuchlerische Haltung, die sie einnahm, um die schwerwiegende Gefühlsstörung
zu verdecken, die die Inzesterfahrung in ihr hervorgerufen hatte:

Mit jedem Anwachsen meines Schuldgefühls, meiner Schmach
und meines Ekels wuchs auch mein Bedürfnis, eine glatte, glän-
zende Fassade aufzubauen. Je dunkler das Innenleben, desto
strahlender muß die Außenseite sein, um es zu kaschieren... Als
ich in die Oberstufe kam, hatte ich inzwischen zwei völlig vonein-
ander getrennte Persönlichkeiten entwickelt. Die öffentliche,
die gegenüber Freunden wie Familie herausgekehrt wurde, war
freundlich, stabil, ehrlich, zuvorkommend, höflich, vertrauens-
würdig, zuverlässig und kooperativ. Die private war furchtsam,
unruhig, einsam und niedergeschlagen.[32]

Die Tendenz, die Schäden herunterzuspielen, die das Kind als
Folge sexueller Kontakte mit einem Erwachsenen davonträgt -
Schäden, die ins Erwachsenenleben mitgeschleppt werden -,
wird durch unsere fragwürdige Doppelmoral zusätzlich gefördert.

So weicht z.B. sowohl die klinische als auch die volkstümliche Vorstellung von einem gesunden Mann erheblich vom Bild einer gesunden Frau ab. Eine gesunde Frau wird sich den allgemein anerkannten Verhaltensnormen für ihr Geschlecht anpassen, obwohl diese Merkmale weniger erstrebenswert sind als die, die einem Mann zugeschrieben werden. Ein Mann gilt als gesund, wenn er entschlossen und von sich selbst überzeugt ist, und er wird dazu angehalten, nach Selbstverwirklichung und Vorherrschaft zu streben. Die Frau hingegen wird im wahrsten Sinne des Wortes »nach ihrem Gesicht« beurteilt, d. h. nach ihren körperlichen Vorzügen. Sie gilt als normal, wenn sie passiv und unterwürfig ist, ihren Zweite-Klasse-Status hinnimmt, bezaubernd unsicher, ambivalent und leicht zerstreut ist.[33]

Die Erfahrung Virginias, einer 23-jährigen Frau, die mich um Hilfe ersuchte, verdeutlicht die Doppelmoral bei der Beurteilung geistiger Gesundheit. Ihr Stiefvater fing eine sexuelle Beziehung mit ihr an, als sie 12 Jahre alt war, und ließ auf ihr Drängen hin ab, als sie siebzehn war. Auch Virginia war es gelungen, sich eine »glatte, glänzende Fassade« zuzulegen, aber sobald sie achtzehn war, suchte sie einen Psychiater auf. Der Psychiater war beeindruckt von ihrem guten Aussehen, ihrer Anmut und ihren charmanten Umgangsformen und weigerte sich, die Konflikte, die ihrer Überzeugung nach aus der Beziehung mit ihrem Stiefvater stammten, anzuerkennen oder sich mit ihnen auseinanderzusetzen. Er war nicht davon abzubringen, daß Virginia verstört war durch »das, was in meinem Kopf vorging, und nicht durch das, was tatsächlich zwischen mir und meinem Stiefvater vorgefallen war.« Wenn sie ihre Familie in deren geräumigem Vorstadthaus besuchte, stieß sie auf das gleiche Unverständnis für ihre seelischen Leiden, »Alle tun so, als wäre nichts geschehen.« erzählte sie, »aber ich spüre immer, wie sich der Ärger in mir drohend anstaut. Meine Freunde und meine Familie, einschließlich mein Stiefvater, bewundern mein Selbstvertrauen. In Wahrheit *bin* ich weder noch fühle ich mich selbstsicher. Dadurch, daß ich über die widerwärtigste und traumatischste Erfahrung in meinem Leben nicht sprechen kann, fühle ich mich in zwei Teile gespalten und paranoid. Er ist mein Vater. Er hat mir das angetan, und doch tut er so, als wäre alles in bester Ordnung.«

Weil unsere Kultur sich nicht offen mit der Gefahr des Inzests befaßt, bietet sie einem Kind, das Anspruch auf einen beschützenden Vater und nicht einen destruktiven erwachsenen Liebhaber hat, keinerlei Hilfe; besonders wenn dieser Erwachsene sein Vater oder ein Familienangehöriger oder -freund ist. Leugnen oder Herunterspielen des Problems läßt das Opfer alleine mit der - vielleicht lebenslangen - Last dieses beschämenden Geheimnisses und seiner Folgen.

Frauen reden

Die Frauenbewegung hat dadurch, daß sie sexuelle Überfälle ins Licht der Öffentlichkeit gerückt hat, eine offene Diskussion über den sexuellen Mißbrauch von Kindern in Gang gebracht. Louise Armstrong interviewte 183 Frauen, die, wie sie selbst, in eine blutschänderische Beziehung mit ihrem Vater verwickelt gewesen waren. »Was ist uns allen gemeinsam?« fragte Armstrong. »Vor allen Dingen jenes schneidende Gefühl des Vertrauensbruchs, eines Vertrauens, das wir jetzt nie mehr haben können. Gewiß, einige von uns lernen, wieder zu vertrauen.« »Aber« fährt sie fort, »wir müssen erst noch erwachsen werden. Wir werden nie einen liebenden, fürsorglichen Vater haben.«[34]So schmerzlich es auch ist, Frauen können ihr Leben im Rahmen dieser Realität besser ordnen als im Rahmen der fixen Psychateridee, daß ihr Gefühl von Vertrauensbruch eine Ausgeburt verwirrter weiblicher Phantasie sei. Doch auch vor Armstrongs gesuchter und gefundener weiblicher »Gemeinsamkeit« förderte seltene, aber bedeutende Frauenliteratur Erfahrungen dieser Art zu Tage.

Bereits im Jahr 900 erzählte Lady Murasaki - in ihrer klassischen Beschreibung des königlich japanischen Hoflebens in *Die Geschichte vom Prinzen Gengi* - von ihrer Adoption durch Prinz Gengi, als sie 10 Jahre alt war. Wäre sie Gengis leibliche Tochter gewesen, »hätte das Herkommen es ihm nicht erlaubt, noch viel länger mit ihr in so völliger Vertrautheit zu leben«[35], schrieb sie.

Ein unbekannter Dichter des 16. Jahrhunderts brachte das Grauen eines jungen Mädchens vor ihrer Zwangsheirat in der Klage zum Ausdruck: »Wie soll ich lieben, ich so jung.«[36]Die Dichterin Charlotte Mews porträtierte im 19. Jahrhundert die Kind-Braut eines Bauern, deren Augen, wenn immer Mannsvolk auftauchte, »nicht nahe, nicht nahe«[37]flehten. Eine amerikanische Sklavin schrieb in ihr Tagebuch, ein Sklavenmädchen wisse, noch ehe sie 12 Jahre alt ist, wenn sie die Schritte ihres Herrn vernimmt, daß sie kein Kind mehr sei, und die Verfasserin selbst war gezwungen, sich ihrem Herrn zu ergeben, als sie kaum fünfzehn war.[38]

Die *Maimie Papers* sind eine Sammlung von Briefen, die eine New Yorker Prostituierte zu Anfang dieses Jahrhunderts schrieb. Maimie wurde von einem Onkel in eine Besserungsanstalt gesteckt, »derselbe, der mir Unrecht getan hatte, als ich noch ein winziges Mädchen war, und unzählige Male seitdem.«[39]In ihrem autobiographischen Roman *Tochter der Erde* erzählt Agnes Smedley, wie ein eleganter Barbier sich ihrer im Alter von vierzehn zu nähern versuchte. Als er über sie herfiel, biß und kratzte sie ihn, wehrte ihn ab und fand schließlich in »Einsamkeit, in die mein Leid und meine Tränen sich mischten«,[40]nach Hause zurück. Danach ging sie nie mehr alleine aus dem Haus, ohne mit einem Messer bewaffnet zu sein.

Susan Brownmiller verwies auf die autobiographischen Schriften von Billie Holiday, Maya Angelou und der Undergroundschauspielerin Viva als Beispiele für Mädchen, die vor ihrem 10. Lebensjahr vergewaltigt wurden,[41] und Virginia Woolf zitterte in späteren Lebensjahren immer noch vor Scham, wenn sie sich erinnerte, wie ihr Stiefbruder George Duckworth »mich..., als ich sechs war, auf einen Sims stellte und meine Geschlechtsteile untersuchte.«[42]

Im Lauf der zweiten Welle der Frauenbefreiungsbewegung in den siebziger Jahren sprachen Frauen freier und häufiger von solchen Erlebnissen. In *Women's Fate* beschrieb Claudia Dreifus ein Selbsterfahrungsgruppentreffen, bei dem Victoria erzählte, wie sie im Alter von sechs Jahren von einem männlichen Babysitter ausgezogen und befingert wurde und im Alter von 10 Jahren von seinem Vater gebeten wurde, ihre Unterhosen für ihn runterzuziehen, wie sie es für seinen Sohn getan habe. Claudia erinnerte sich an einen Hausmeister, der ihr Geld und Süßigkeiten dafür gab, daß sie seinen Penis berührte. Und Liza entsann sich, daß ihr Großvater, als sie vier oder fünf war, seine Hand immer in ihre Unterhose steckte, wenn sie auf seinem Schoß saß.[43] In *Combat in the Erogenous Zone* schildert Ingrid Bengis, wie sie als Zwölfjährige vor Schreck erstarrte, als ein Mann in der U-Bahn, der ihr direkt ins Gesicht schaute, es schaffte, mit versteckter Hand ihren Rock hochzuheben und sie anzufassen.[44] In *Flying* erzählt Kate Millett von einer Fahrt mit einem Mann, den sie für einen Freund ihres Vaters hielt, bis er ihr an die Brust griff und seinen Penis entblößte. Sie konnte entfliehen, doch da sie glaubte, *sie* habe gesündigt, berichtete sie niemandem davon.[45] Joyce Ladner erfuhr - wie in *Tomorrow's Tomorrow* nachzulesen - schon früh im Leben vom »rape man« einem Kindesschänder mittleren Alters, der die Straßen der Nachbarschaft verunsicherte,[46] während Susan Griffins Einweihung in die Sexualität »typisch« war. Jede Frau, sagt Griffin, »hat eine ähnliche Geschichte zu erzählen: Der erste Mann, der über sie hergefallen ist, mag ein Nachbar, ein Freund der Familie, ein Onkel, ihr Arzt oder vielleicht ihr eigener Vater gewesen sein.«[47] In ihrem Gedicht *The Father* erinnert sich Robin Morgan, »im Alter von zwölf zwischen meinen Beinen befühlt«[48] worden zu sein. Und in *I Shall Not Rock* erzählt Linda Marie, wie sie von ihrem Stiefvater Lester an einen alten Mann verkauft wurde - als Zahlungsleistung auf ein Haus:

Meine kleine Schwester Helda und ich waren im Preis inbegriffen, und irgendwie schaffte er es immer, jede von uns zu kriegen, wenn er konnte... Auf der Straße war er ein freundlicher alter Mann; im Haus war er eine Bestie. Als ich in einer Gipskorsage war (war hingefallen und hatte mir eine Hüfte gebrochen) pflegte er in mein Zimmer zu kommen und meine Brüste zu quetschen und mich mit seinem runzeligen, zahnlosen Mund zu küssen. Es war mir schrecklich unangenehm, und es gab keinen Menschen, dem ich genug vertraute, um darüber zu sprechen. Wenn Lester auf der Arbeit war, pflegte der Alte Helda mit in sein Zimmer zu nehmen, ihr schmutzige Geschichten zu erzählen, sie sexuell zu

*mißbrauchen und ihr dann Bonbons zu geben. Nachdem der Alte
weggegangen war, kam Lester immer für seine Tagesration... Ich
lag immer ganz still und hoffte, Maria würde vom Himmel herab-
kommen und mich retten... Ich haßte die beiden, konnte aber
nichts tun, damit sie aufhörten. Ich war die Kindbraut vom Mann
meiner Mutter, der eingewilligt hatte, mich mit seinem Bruder
zu teilen. Ich war zehn Jahre alt.*[49]

Frauen tun jedoch inzwischen mehr als Zeugnis ablegen. Sie stellen in Frage, fordern heraus und interpretieren. In ihrem Buch
Sexual Assault: Confronting Rape in America erklären Nancy Gager und Cathleen Schurr:

*Kleine Mädchen lernen, wie ihre Mütter, schon sehr früh, es
über sich ergehen zu lassen, wenn sie sexuell mißbraucht werden.
Ein paar Erfahrungen mit der Ungläubigkeit, dem Schock, der
Scham und der Verlegenheit derer, die ihnen am nächsten stehen, sind ein gutes Training fürs Schweigen.*[50]

Susan Brownmiller liefert in *Gegen unseren Willen* eine historische Analyse:

*Das heillose Schweigen, das über familiärem Mißbrauch von
Kindern liegt und eine realistische Einschätzung der Häufigkeit
solcher Vergehen verhindert, ist in der gleichen patriarchalischen Philosophie sexuellen Privateigentums begründet, welche
die historische Einstellung der Männer gegenüber Vergewaltigung geprägt und bestimmt hat. Wie die Frau als persönliches
Eigentum des Mannes betrachtet wurde und wird, so waren und
werden Kinder als ganz und gar eigene Nutzungsobjekte angesehen.*[51]

In *Conspiracy of Silence, the Trauma of Incest*[52] stellt Sandra Butler einige der Grundhaltungen unserer Gesellschaft zur Sexualität zur Debatte, die Unantastbarkeit der Kleinfamilie, ge-
schlechtsspezifisches Rollenverhalten und, vor allen Dingen, das
Recht von Kindern auf ihren eigenen Körper. Louise Armstrong
forschte nach den Beweggründen des blutschänderischen Vaters:

Der Vater, der sexuellen Mißbrauch treibt, muß von einem väterlichen Vorrecht überzeugt sein, um das, was er tut, rationalisieren zu können: Doktorspiele mit seinem eigenen Kind. Egal, ob schwacher oder autoritärer Natur, er muß seine Kinder als Besitz betrachten, als Objekte. Er muß davon ausgehen, daß seine Kinder da sind, um seinen Bedürfnissen gerecht zu werden anstatt umgekehrt.[53]

Lucy Berliner, eine Sozialarbeiterin, die sich um sexuell mißbrauchte Kinder kümmert, lehnt die These, nach der »funktionsgestörte« Familien inzestuöse Väter hervorbringen, ab. Da Masters und Johnson festgestellt hätten, daß 50% aller Ehen funktionsgestört seien, »bedeutet das, daß 50% aller Familien inzestuös sind?«[54] fragt sie. Und in ihrem demnächst erscheinenden Buch *The Silent Children* mahnt Linda Tschirhart Sanford: »..Der Sexualtäter fällt nicht aus dem Rahmen. Er kam nicht von einem fremden Planeten. Er kam aus unserer Mitte... und ist ein Spiegel unserer Kultur.«[55]

Männer reden

Männer nehmen Sex mit Kindern im allgemeinen nicht ernst. Es amüsiert sie, sie sehen geflissentlich darüber hinweg und ermöglichen die Fortsetzung sexueller Beziehungen zwischen Erwachsenen und Kindern durch einen Sittenkodex, der männliche sexuelle Aggressivität mit Beifall belohnt und Schmerz, Demütigung, Verwirrung und Empörung eines Kindes leugnet. Wie sonst ist es möglich, daß ein Buch wie *The Discreet Gentlemen's Guide to the Pleasures of Europe* Lokalitäten empfehlen kann, wo man »kleine, süße Lolitas, die sich mit jeder Öffnung außer der natürlichen Taschengeld verdienen«, finden kann?[56] Oder daß *Mankoff's Lusty Europe* Stellen außerhalb von Paris vorschlagen kann, wo man bereits zehnjährige kleine Mädchen für Sexspiele finden kann, ein Lokal, wo Kinder nackt tanzen und Männer bei Filmvorführungen befummeln, und Bordelle voller Teenager-Prostituierte?[57] In den zwanziger Jahren heiratete der 52-jährige Edwards West Browning, wegen seines aufsehenerregenden Interesses an kleinen Mädchen auch »Daddy Browning« genannt, »Peaches« alias die 15-jährige Frances Belle. Das kinderlose Paar machte spektakuläre Schlagzeilen, als Peaches die Scheidung einreichte, weil Daddy »zuviel Zuneigung« zu ihrer zehnjährigen Adoptivtochter an den Tag legte. In einem zirkusähnlichen Klima wurde Daddy das Sorgerecht für das Kind zugesprochen.[58] Ein prahlerischer Filmstar wurde - trotz mehrfacher Anklage - nie wegen Vergewaltigung Minderjähriger verurteilt; im Alter von 52 Jahren starb er im Beisein seiner 17-jährigen Freundin. Ein blonder amerikanischer Fußballspieler bekannte sich schuldig zur Anklage unsittlicher Entblößung vor einem kleinen Mädchen. In der Verhandlung bekam er prominente Unterstützung und - Bewährung. Ein 43-jähriger Filmregisseur, der sich des ungesetzlichen Geschlechtsverkehr mit einer 13-Jährigen für schuldig bekannte, setzte sich vor der Urteilsverkündung nach Frankreich ab.

Dr. phil. A. Nicholas Groth, Leiter des Sexualtäter-Programms in der sozialtherapeutischen Anstalt von Somers, Connecticut, sagte, er sei in seiner zwölfjährigen Praxis noch keinem Kindesschänder begegnet, der sich aus freien Stücken eingefunden hätte, weil er Hilfe wollte[59] und unter denen, die gefaßt worden seien, »ist echte Reue oder Scham uncharakteristisch.«[60] Dr. Joseph Peters stellte fest, daß Männer mit einem Hang zu Kindern bemerkenswert unsensibel im Hinblick auf die Bedürfnisse anderer sind, und es ist anzunehmen, daß diese Unsensibilität »ihnen gestattet, keine Notiz von den Problemen zu nehmen, die sie durch ihr destruktives Verhalten verursacht haben.«[61]

Tatsächlich begreifen Kindesschänder selten, daß sie etwas Unrechtes getan haben. Ein inzestuöser Vater ist überrascht, wenn er erfährt, daß sein Verhalten gesetzlich strafbar ist, denn er glaubt, sexueller Zugang zu seinen Kindern sei sein gutes Recht. Und dieses vermeintliche Recht wird durch Film, Werbung und Pornographie untermauert, die Kinder ständig erotisieren, sowie durch Fachleute, die Vater-Tochter-Inzest und Sex zwischen Erwachsenen und Kindern sanktionieren. Kindesschänder finden außerdem Bestätigung in der Geschichte, wo unsere jüdischen, christlichen, griechischen und römischen Vorfahren männliche und weibliche Kinder sexuell benutzten. In der Tat können Männer auf eine Vergangenheit verweisen, in der kleine Mädchen von zehn Jahren zu Bräuten gemacht wurden und argumentieren, daß Ehe und Zusammenleben zwischen Männern und Kindern in einigen Teilen der Welt noch immer gang und gäbe seien. In Lepcha beispielsweise paaren sich 80-jährige Greise mit 8-jährigen Mädchen, und kein Hahn kräht danach. Der Prototyp eines Romanpädophilen, Humbert Humbert, rechtfertigt sein Interesse an Lolita mit Fingerzeig auf Dante, der sich in seine Beatrice verliebte, als sie neun war, und auf Petrarca, der sich in seine Laura verliebte, als sie zwölf war.

Meine Verärgerung über derzeitige Behandlungsprogramme zur Rehabilitation des Kindesschänders oder inzestuösen Vaters stammt daher, daß sie ein gesellschaftliches Milieu außer Acht lassen, in dem sexuelle Macht von Männern über Frauen und Kinder institutionell verankert ist. Diese Programme bestehen in der Regel nur aus gefaßten Tätern, die sich mehr Gedanken um ihre Entdeckung machen, als um das, was sie angerichtet haben, und die sich der Behandlung nur unterziehen, weil sie eine Alternative zum Gefängnis oder eine Bewährungsauflage ist. Und da der Kindesschänder zu gleichen Teilen dazu neigt, seiner Frau oder dem Opfer die Schuld zu geben, leistet die beliebte »Familientherapie«-Methode der üblichen Taktik des Schuldabladens auf Opfer, Ehefrau oder Mutter nur Vorschub, auch wenn sie darauf besteht, daß sich der Täter zu seinem eigenen Verhalten bekennt. Bei der Familientherapie wird erwartet, daß die Ehefrau letzten Endes zugibt, »daß sie durch ihr Mitwissen an der inzestuösen Situation beteiligt war«, und das Opfer wird entdecken, daß »es kein völlig hilfloses Opfer war.[62]

Verhaltensänderungstherapie ist darauf ausgerichtet, unsittliches Verhalten durch mechanische Auflösung von Reiz-Reaktions-Kopplungen zu ändern. Die Behandlung geht von der Theorie aus, daß der Kindesschänder »auf sexuelle Reize, die mit präpubertärer Körperentwicklung zusammenhängen, überreagiert.«[63] Der Straffällige erfährt eine Umprogrammierung auf der Basis von Abstoßung und Belohnung, d. h. ihm werden Bilder von Kindern vorgeführt, die mit unangenehmen Stimuli gekoppelt sind, wie z.B. Elektroschocks oder fortwährenden Begleitkommentaren über die sexuelle Unattraktivität von Kindern. Er wird außerdem Bildern von verführerischen, attraktiven erwachsenen Frauen ausgesetzt mit Begleitkommentaren über das Vergnügen, die Lust und die Belohnung, die eine sexuelle Beziehung mit ihnen bringt.

Ein inhaftierter Kindesschänder behauptete nach Beendigung eines Verhaltensänderungsprogramms, geheilt zu sein. Auf die Frage, warum er im Gefängnis sei, antwortete er: »Naja, letztes Mal wurde ich aufgegriffen, weil ich hinter kleinen Jungs her war. Jetzt hab' ich Fortschritte gemacht. Ich wurde aufgegriffen, weil ich hinter Mädchen her war.« Die Botschaft ist bei dem Gefangenen angekommen - vielleicht nicht die, die die Therapiegestalter gemeint hatten, aber eine, in der die sexuelle Benutzung weiblicher Kinder geschichtlich verankert ist. Z. B. waren christliche Bestimmungen, die die Ehe zwischen Ungleichaltrigen verboten, so mit Schlupflöchern durchsetzt, daß sie praktisch überflüssig wurden. Während des 19. und frühen 20. Jahrhunderts wurde die Gesetzgebung zum Schutz von Kindern mit so wenig Nachdruck durchgesetzt, daß respektable Herren, wie prüde sie sich auch immer geben mochten, Kinder in einem lebhaften Dr.-Jekyll-und-Mr.-Hyde-Doppelleben sexuell benutzten. Und der Glaube, die Vereinigten Staaten hätten unter einer repressiven puritanischen Geschichte gelitten, wird durch unwirksame Strafgesetze, wenig Strafverfolgungen und extrem milde Urteile für Sexualtäter entkräftet.

So oder so bekommen Kindesschänder die Erlaubnis für das, was sie tun. Sexuelle Handlungen zwischen Erwachsenen und Kindern sind kein Phänomen aus dem Nichts, sondern ein Vermächtnis aus der Vergangenheit, das in unserem Alltag ungehindert fortbesteht.

2. DIE BIBEL UND DER TALMUD: BEGINN EINER INFAMEN TRADITION

Unsere Schwester ist klein und hat keine Brüste.
Was sollen wir unserer Schwester thun,
wenn man um sie wirbt?
Ist sie eine Mauer, so wollen wir silbernes Bollwerk darauf bauen
Ist sie eine Thür, so wollen wir sie befestigen mit zedernen Bohlen.

Hohelied 8:8, 9

Tausend Jahre bevor die Hebräer ihre erste Bibel und die Griechen ihre *Ilias* und *Odyssee* verfaßten, gab es eine reiche Literatur in Keilschrift, die auf Tontafeln eingraviert war. Diese Tafeln überliefern uns die Mythen, Klagelieder, Heldenerzählungen, Sprichwörter und Gesetze der uralten Zivilisation von Sumer. Eine Tafel erzählt davon, wie der Gott Enlil die Göttin Ninlil begehrte, als er sie in einem klaren Fluß baden sah. Die Göttin war jedoch unwillig:

Der Herr spricht zu ihr von Beischlaf.
Sie will nicht.
Enlil spricht zu ihr von Beischlaf.
Sie will nicht.[1]

Ninlil fühlte sich zu jung für Sex und erklärte höflich:

Meine Vagina ist zu klein.
Sie versteht den Beischlaf nicht.
Meine Lippen sind zu klein.
Sie verstehen nicht zu küssen.[2]

Auf einer weiteren Tafel erklärte ein Sumerer, der die Kinderehe heftig ablehnte: »Ich werde nicht eine Frau heiraten, die erst drei Jahre alt ist, wie ein Esel es tut!«[3]

Diese mageren Fragmente geben uns einen schwachen Anhalt dafür, daß es vor etwa fünftausend Jahren ein junges Mädchen gab, daß sich »zu klein« für Beischlaf fühlte und dies auch sagte. Und mindestens einen Mann, der Sex mit Kindern ablehnte. Die Bibel und der Talmud hingegen begünstigten sexuelle Beziehungen zwischen Männern und sehr kleinen Mädchen, sowohl in der Ehe als auch in außerehelichen Verbindungen und in der Sklaverei. Der Talmud befand, daß ein weibliches Kind von »drei Jahren und einem Tag« mit Erlaubnis des Vaters durch Geschlechtsverkehr verlobt werden könne. Geschlechtsverkehr mit einem noch jüngeren Mädchen war kein Verbrechen, sondern zählte nicht. Wenn ein angehender Bräutigam das Kind nur noch einmal nach ihrem dritten Geburtstag penetrierte, konnte er sein Recht auf die versprochene Braut juristisch geltend machen.

Drei Jahre und ein Tag

Man könnte sich fragen, ob die Altersberechnungen der Antike mit unseren heutigen Normen zu vergleichen sind, besonders wenn man bedenkt, daß Abraham im fragwürdigen Alter von hundert und Sarah von neunzig Jahren die stolzen Eltern von Isaak wurden. In der Tat näherten sich die zeitlichen Berechnungen zusehends den unseren, je mehr sich die biblischen Erzählungen von der Genesis bzw. vom Mythos zur Geschichte verlagerten. Die talmudische Bestimmung »drei Jahre und ein Tag« entstammt dem Buch Numeri, und dieses Buch folgte der Genesis in beachtlichem Abstand.

Das Buch Numeri beschreibt die Geschichte der Midianiterfrauen, die hebräische Männer erfolgreich dazu verführten, ihren Treueeid zu brechen. Das israelitische Heer unternahm einen Rachefeldzug gegen diesen heidnischen Stamm, doch bei seiner siegreichen Rückkehr mit Beute und Gefangenen trat Moses den Eroberern mit überraschendem Zorn entgegen. Die Wut überkam ihn beim Anblick der Medianiterfrauen, eben derselben, die die Männer zu sexuellen Abscheulichkeiten verleitet hatten, und Moses wollte keine weitere heidnische Befleckung. Er befahl den

Tod all jener Frauen, bestimmte jedoch: »Aber alle Kinder, die Weibsbilder sind und nicht Männer erkannt noch beigelegen haben, die laßt für euch leben.«[4] Während der ersten drei Jahrhunderte unserer Zeitrechnung führten Rabbis, die das talmudische Gesetz zusammenstellten, folgendes aus:

Rabbi Joseph sagte: Komm und höre! Mit drei Jahren und einem Tag kann eine weibliche Person durch Begattung angetraut werden. Mischna [das Gesetz] : Ein Mädchen von drei Jahren und einem Tag kann mit Erlaubnis ihres Vaters durch Beischlaf verlobt werden. Gemara [Besprechung] : Unsere Rabbis lehrten: »Ein Mädchen von drei Jahren kann durch Beischlaf verlobt werden. Doch die Weisen sagen, nur eine, die drei Jahre und einen Tag alt ist.«

Es steht geschrieben: Aber alle Kinder, die Weibsbilder sind und nicht Männer erkannt noch beigelegen haben, die laßt für euch leben; doch erwürget alle Weiber, die Männer erkannt und beigelegen haben. Es muß daher gesagt werden, daß die Schrift von einem Weib spricht, welches für die Paarung reif ist (von drei Jahren und einem Tag), nicht von einem, welches sie tatsächlich erfahren hat.[5]

Das Alter von drei Jahren und einem Tag für Verlöbnis oder Vermählung* geht auf eine alte semitische Überlieferung zurück und kann nicht als Mythologie abgetan werden, noch handelt es sich einfach um ein talmudisches Lehrstück.

Der jüdische Volksmund erzählt, daß eine Frau vor dem berühmten und geschätzten Rabbi Akiba ben Joseph aus dem zweiten Jahrhundert erschien. Sie beschwerte sich, daß sie zu Geschlechtsverkehr gezwungen worden war, noch ehe sie drei Jahre alt war. Nachdem er über das Problem nachgedacht hatte, verglich der Rabbi die Lage mit der eines Säuglings, der seine Finger in Honig taucht: »Beim ersten Mal und beim zweiten Mal schreit er, doch beim dritten Mal lutscht er ihn ab. Er hat endlich Gefallen daran gefunden.«[6] Der Rabbi schöpfte aus dem, was damals als allgemeine Volksweisheit galt. Und Moses Maimonides, der hochgebildete Arzt, Philisoph und Talmudexperte des 12. Jahrhunderts, wich nicht von seinen Vorgängern aus der Antike ab. In seinem Monumentalwerk *Die Mischne Tora,* einer Kodifizierung und Erläuterung der talmudischen Gesetze, bekräftigte er aufs neue, daß ein weibliches Kind im Alter von »drei Jahren und einem Tag durch Beischlaf verlobt werden «[7] konnte, wenn der Vater seine Zustimmung gab. Im 12. Jahrhundert wurde das Alter gewiß nicht mehr anders als heute eingeschätzt.

Vielleicht ist diese erschreckende Gleichgültigkeit gegenüber dem weiblichen Kind besser zu verstehen, wenn wir uns vor Augen halten, daß die Frau in der Bibel, ungeachtet ihres Alters, als Besitz galt und somit aller menschlichen Attribute entkleidet war. Indem Gott befahl: »Laß dich nicht gelüsten deines Nächsten Hauses. Laß dich nicht gelüsten deines Nächsten Weibes, noch seines Knechts, noch seiner Magd, noch seines Ochsen, noch seines Esels, noch alles, das dein Nächster hat«[8], stellte er eines Mannes Frau auf eine Stufe mit seinem Haus und seinem Vieh. Und da die Frau sexuelles Eigentum war, wurden alle heterosexuellen Beziehungen als finanzielle Transaktion definiert. Heirat war der Kauf einer Frau von ihrem Vater, Prostitution war der Kauf und Weiterverkauf einer Frau zu sexueller Dienstbarkeit durch ihren Herrn, und Vergewaltigung war Diebstahl der Jungfräulichkeit eines Mädchens, der durch Zahlungsleistung an ihren Vater wiedergutgemacht werden konnte. Wo die Bibel bezüglich des Alters der von diesen Transaktionen betroffenen Mädchen im Vagen bleibt, war der Talmud nur allzu deutlich.

Kinderehe

Zwar empfahl der Talmud, eine Tochter zur Ehe zu geben, wenn sie *nah ' rah* sei - zwischen zwölf und zwölfeinhalb Jahren -, doch konnte ein Vater sie schon viel früher verheiraten. Ein Junge war mit dreizehn volljährig und somit berechtigt, seine eigenen Interessen wahrzunehmen. Er war jedoch bis zum Alter von achtzehn nicht zur Heirat verpflichtet und konnte selbst dann seine Ver-

---

Während des biblischen und frühen talmudischen Zeitalters war die Unterscheidung zwischen Verlöbnis und Vermählung nicht klar. *(Anmerkung zu Seite 51)*

mählung bis auf Mitte zwanzig hinauszögern. Wenn es soweit war, standen ihm drei Möglichkeiten des Brauterwerbs zur Auswahl: Er konnte zu einer vertraglichen Übereinkunft mit dem Vater des Mädchens kommen, die, ähnlich dem heutigen Kreditsystem, in einem Arrangement nach dem Motto »Kauf jetzt - zahl später« bestand. Er konnte die Gesamtsumme in bar bezahlen. Oder er konnte nach Vollzug des Beischlafs mit väterlicher Erlaubnis sofort oder zu einem späteren Zeitpunkt bezahlen, jedoch offiziellen Besitz von der Frau nehmen.[9] Mit der Heirat war die Tochter aus der väterlichen Gewalt entlassen, wurde Eigentum ihres Mannes und stand nun total unter dessen Kontrolle. Solange sie der Rechtsprechung ihres Vaters unterworfen war, schwankte ihr Marktwert je nach Örtlichkeit, Zeit und aktuellen Ereignissen. Sie war nicht im Genuß des selbstverständlichen, unbezifferbaren sittlichen Wertes, den wir menschlichem Leben ideell beimessen.

In der Zeit vor der Babylonischen Gefangenschaft wurde der Reichtum eines biblischen Stammesvaters nach seinem tatsächlichen Besitz berechnet, und sein Status wurde durch eine möglichst große Anzahl von Ehefrauen, Konkubinen und Sklavinnen erhöht. Die Nachfrage nach Frauen war groß, und Töchter waren Aktiva. Als aber die Juden gezwungen waren, durch die Welt zu irren, wurde eine Gefolgschaft von Frauen zur Last. Die Hebräer unterstanden außerdem den Gesetzen ihres jeweiligen Gastlandes, und Vielweiberei, Konkubinat und Sklaverei waren im 11. und 12. Jahrhundert in Europa gesetzlich abgeschafft worden. Ein Mann durfte nur noch eine Ehefrau haben. Mit dem sinkenden Bedürfnis, viele Frauen zu besitzen, wurden Töchter zu Passiva, und eine Frau, um die bis zu der Zeit, da sie *na'rah* war, nicht angehalten worden war, war eine unerwünschte, abgeschriebene alte Jungfer.

Auch wenn Eltern ihre unmündigen Töchter vor allzu früher Vermählung bewahren wollten, so riskierten sie damit, auf leicht verderblicher Ware sitzenzubleiben. Im Frankreich des 13. Jahrhunderts zum Beispiel vergaben Eltern ihre Töchter, wenn sich Geld und Gelegenheit boten:

Wie es heute Brauch ist, unsere Töchter zu verloben, auch wenn sie noch minderjährig sind [unter zwölf]. Schuld hieran ist, daß wir jeden Tag von Verfolgung und Verbannung bedroht sind, und wenn einer seiner Tochter eine Mitgift geben kann, so muß er fürchten, daß er es morgen schon nicht mehr könne, und seine Tochter wird für immer unverheiratet bleiben.[10]

Wir sind wenige an der Zahl und finden nicht immer eine geeignete Partie; es ist daher unsere Praxis, unsere minderjährigen Töchter früh zu verheiraten, wenn sich eine gute Gelegenheit bietet.[11]

Die Talmudisten waren sich nicht ganz einig bezüglich der Vermählung minderjähriger Mädchen*, neigten aber im allgemeinen zur Befürwortung der Praxis. Selbst Maimonides, der den Brauch ablehnte, räumte dem Vater das Recht ein, seine minderjährige oder jungfräuliche Tochter mit jedem, dem er sie zur Frau zu geben wünschte, zu verloben.[12] Und die Verfasser des Gesetzes, die sich mit dem Problem natürlicher Unfruchtbarkeit bei den ganz Jungen beschäftigten, fanden ebenfalls eine vernünftige Erklärung. Männer seien es, nicht Frauen, denen die Bibel gebot: »Seiet fruchtbar und mehret euch«, argumentierten sie, und nur Männer machten sich strafbar, wenn sie das Verbrechen des Onan** begingen. Koitus interruptus, Onanie oder Empfängnisverhütung waren bei Männern Verbrechen. Die Frau, die als nichtverantwortlich für die Fortpflanzung galt, konnte ganz legitim masturbieren oder Empfängnisverhütung betreiben. Ihre Unfruchtbarkeit hatte keine Folgen für sie. Solange ein Mann seinen Penis in einer Scheide unterbrachte, seinen Samen in die richtige Richtung dirigierte und keine Mätzchen mit seinem Sperma trieb, war »Beischlaf mit einem *Kind* oder einer schwangeren Frau« gestattet.[13]

---

*Der Ausdruck minderjährig *bezieht sich in diesem Kapitel auf Mädchen unter zwölf.*

***Nach jüdischem Gesetz war ein Mann verpflichtet, die Frau seines toten Bruders zu ehelichen, um dessen Linie fortzuführen. Onan verhütete die Schwängerung der Frau seines toten Bruders, indem er Koitus interruptus praktizierte und seinen Samen »auf die Erde« fallen ließ.*

Kindesvergewaltigung

Da sich alle heterosexuellen Beziehungen auf den Verkauf von Eigentum bzw. einer Frau an einen Mann gründeten, war biblische Vergewaltigung oft nicht von Vermählung zu unterscheiden. Nahm ein Mann einem nicht verlobten Mädchen ohne die Erlaubnis ihres Vaters die Unschuld, so hatte der Strolch eines anderen Mannes Eigentum verletzt, hatte eine Zivilstraftat begangen, die durch Zahlungsleistung an den Vater beglichen werden konnte. Und wenn der Vater darauf bestand, mußte der Vergewaltiger seine entehrte Tochter ehelichen. Vergewaltigung war ein Diebstahlsdelikt, das durch Zahlungsleistung und Heirat rechtlich gesühnt wurde:

Wenn jemand an eine Jungfrau kommt, die nicht verlobt ist, und ergreift sie und schläft bei ihr, und es wird entdeckt, so soll der bei ihr geschlafen hat, ihrem Vater fünfzig Silberlinge geben und soll sie zum Weibe haben, darum, daß er sie geschwächt hat.[14]

Das Wort *schwächt* bezog sich nicht auf eine persönliche Beleidigung, sondern auf die verlorene Jungfräulichkeit des Mädchens. War sie einmal penetriert worden, so war es ihr Zweiter-Hand-Status und ihre Wertminderung, die sie schwächten. Wenn der Vergewaltiger den Brautpreis zahlte, den Besitz anerkannte (wenn du's kaputt machst, gehört es dir) und sie seinem Haushalt zufügte, wurde Vergewaltigung in Heirat umgewandelt, und das Mädchen war nicht länger entehrt.

Ein früheres Gesetz wich von dieser deuteronomischen (5. Buch Mose) Version ab. Im Buch Exodus läßt das Wort *verführen,* das eher Einverständnis als Gewaltanwendung beinhaltet, darauf schließen, daß der Mann, auch wenn das Mädchen einwilligte, ein Vergewaltiger war und bezahlen mußte. Doch sofern der Vater es nicht anordnete, war eine Heirat nicht obligatorisch.

Wenn jemand eine Jungfrau, die nicht verlobt war, verführt und ihr beiwohnt, so soll er den Preis entrichten und sie zur Frau nehmen. Weigert sich aber ihr Vater, sie ihm zu geben, so soll er ei-

nen Betrag zahlen entsprechend dem üblichen Preis für Jung-
frauen.[15]

Louis Epstein, der sich sowohl mit biblischen als auch talmudischen Bräuchen zur Regelung des Geschlechtslebens befaßt hat,
wirft die Frage auf, ob die Einwilligung des Kindes sich in irgendeiner Weise auf die Wiedergutmachungsansprüche des Vaters auswirken könnte. Epstein glaubt nicht, daß dies der Fall
war:

Kann die Einwilligung eines Mädchens etwas ausmachen, wenn
sie sich nicht selbst gehört und etwas gibt, das nicht ihr eigen ist?
Zudem ist von einer minderjährigen, noch nicht versprochenen
Jungfrau die Rede, was zu biblischer Zeit bedeutete, daß sie
noch sehr jung war. Wie kann ihr Gemütszustand irgendeinen
rechtlichen Unterschied machen?[16]
Und er fährt fort:
Aufgrund des Vorangegangenen liegt die Vermutung nahe, daß
Vergewaltigung und Verführung für die Bibel ein und das-
selbe war und daß gesetzlich beides dem Mann anzulasten war.[17]

Da die Tochter unanfechtbares Eigentum ihres Vaters war,
kommt Epstein zu dem Schluß, daß Vergewaltigung nicht
zwangsläufig eine Heirat zur Folge hatte, es sei denn, sie wurde
befohlen:

Es ist absolut irrig anzunehmen, die deuteronomischen Gesetz-
geber wollten dem Vater das Recht verweigern, sich einer Ver-
mählung des Mädchens mit ihrem Schänder zu widersetzen,
denn das stünde im Gegensatz zu älterer biblischer Tradition.[18]

Daher:

Für den Täter ist Heirat zwingend, jedoch abhängig von der Ein-
willigung des Vaters des Mädchens... Diese allgemeine Handha-
bung von Vergewaltigung und Verführung blieb bis zum Ende
des 2. Jahrhunderts unserer Zeitrechnung gültig.[19]

Nach Epsteins Auffassung konnte der Vater in der Bibel, egal, ob seine Tochter gewaltsam genommen worden war oder nicht, eine Entschädigung verlangen und seine Tochter weggeben oder behalten, wie es ihm beliebte.

Kinderprostitution

Warum aber sollte ein biblischer Vater, dessen Tochter vergewaltigt und entehrt worden war, einfach nur das Geld nehmen und nicht auf einer Heirat bestehen? Das konnte mehrere Gründe haben. Er mochte sein Kind sehr liebhaben und es vor dem Sklavenstatus einer Ehefrau bewahren wollen.* Er mochte in ihr eine tüchtige Arbeitskraft haben und ihre Dienste für sich selbst behalten wollen. Oder er konnte sie zu einem geringeren Preis an jemand anderen als Konkubine oder Sklavin weiterverkaufen. Und wenn das Verbrechen der Vergewaltigung durch Zahlungsleistung beglichen werden konnte und Heirat nicht obligatorisch war, lag schließlich keine Straftat vor, wenn ein Mann - mit Erlaubnis des Vaters - einen Preis für wiederholten Verkehr mit einer unverlobten Tochter zahlte. In der Bibel war Prostitution bezahlte und erlaubte Vergewaltigung ohne Heiratsverpflichtung. Ebenso wenig wie Vergewaltigung und Vermählung waren auch Vergewaltigung und Prostitution kaum voneinander zu unterscheiden. Da ein Vater nicht gezwungen war, seine Tochter zur Ehe wegzugeben, konnte er Geld und Tochter behalten und sie immer wieder ausleihen.

*Da es nicht der Frau, sondern dem Mann geboten war, fruchtbar zu sein und sich zu mehren, war ein Mann gesetzlich nicht dazu verpflichtet, seine Tochter unter die Haube zu bringen; unverheiratet oder enthaltsam zu sein, war für sie keine Sünde. Andererseits war es einem Mann nicht gestattet, unverheiratet oder enthaltsam zu sein.

Heute wird uns beigebracht, die Sünde der Prostituierten sei der Verkauf ihres Körpers und die Tugend der anständigen Frau bestehe darin, ihren Körper nach sorgfältiger Auswahl zu verschenken. Doch die Frau des Alten Testaments, die sich nicht selbst gehörte, konnte nicht über sich verfügen, und wenn sie ihren Körper nach eigenem Gutdünken hingab, nahm sie sich damit widerrechtlich Freiheiten mit dem Eigentum ihres Vaters heraus. Die alttestamentarische Definition von Prostitution verblüfft. Nicht die Frau, die sich verkaufte, sondern die Tochter, die ihren Vater um das ihm zustehende Entgelt (oder um die Ausübung der väterlichen Entscheidungsgewalt) brachte, lud Schande auf sich. War der Mann, der die Jungfräulichkeit eines Kindes stahl, ein Dieb, so war die Tochter, die sich selbst - ohne Erlaubnis ihres Vaters - gab, eine Dirne.[20] Wenn ein Vater in einer legalen finanziellen Transaktion über die sexuellen Gefälligkeiten seiner Tochter verfügte, war Sex zwischen einem Mann und einer unverheirateten, unverlobten Tochter sowohl legitim als auch ehrenwert, und weder war das Mädchen eine Dirne, noch der Mann ein Schänder.[21] Ja, eine Tochter, die legitim der Prostitution ausgesetzt worden war, konnte sogar einen Juden heiraten, und später einigten sich einige Rabbis darauf, daß sie sogar einen Priester heiraten durfte.[22] Zwar war ein Vater angehalten, seine Tochter nicht zu prostituieren, doch wenn er es dennoch tat, brach er kein Gesetz und machte sich nicht strafbar.*

Wenn der Vater, der seine Tochter prostituierte, keine Schande auf sich lud, dann war die Frau, die mit väterlicher Absegnung ihren Körper verkaufte, keine Ausgestoßene; die gesellschaftliche Sanktionierung ihrer Handlung hing davon ab, ob sie ihren Status als Eigentum akzeptierte und sich ordnungsgemäß dem Kauf und Verkauf ihrer Person beugte. War sie aber eigensinnig und gab sich aus eigenem Antrieb einem Mann hin, so beging sie

---

Es besteht einige Uneinigkeit darüber, ob der biblische Vorbehalt gegen Prostitution nicht auf Weihe- oder Tempelprostitution beschränkt war - ein heidnischer Brauch bei den Götzen verehrenden Kanaanitern.

ein Kapitalverbrechen. Eine Priestertochter, die sich ohne Erlaubnis hingab, wurde mit Tod durch Verbrennen bestraft,[23]und die Tochter eines einfachen Bürgers, die »inihres Vaters Hause gehurt hat«, wurde gesteinigt.*[24]Es gab kein biblisches Verbot gegen die Prostitution, nur gegen das Kind, das die väterliche Autorität mißachtete.

Es gibt sogar Hinweise darauf, daß auch ein Ehemann seine Frau um des Profits oder Vorteils willen hergeben konnte. Als Abraham, der erste Patriarch, mit seiner schönen Frau Sarah auf Reisen war, fürchtete er, daß Fremde ihn töten könnten, um sie zu besitzen. Sie gaben sich daher als Bruder und Schwester aus. Wie vorhergesehen, fand Abimelech, der König von Gerar, Gefallen an Sarah und nahm die vermeintlich Schwester Abrahams für sich selbst. Weil er aber mit eines anderen Frau geschlafen und somit gesündigt hatte, drohte ihm Gott mit dem Tod. Abimelech machte sich daran, sein unwissentlich begangenes Verbrechen wiedergutzumachen. Er brachte Sarah zu ihrem Ehemann zurück, überhäufte Abraham mit Land, Vieh und anderen Reichtümern, und da er ohne sein Wissen gesündigt hatte, bereut und ausgleichende Gerechtigkeit walten lassen hatte, wurde ihm vergeben. Doch Abimelech hätte sich beinahe von Abrahams Sohn Isaak wieder täuschen lassen, der ebenfalls, als er durch Gerar zog, seine Frau Rebecca als seine Schwester ausgab. Diesmal entdeckte Abimelech die Wahrheit, ehe es zu spät war, aber bei dem Gedanken daran, was hätte passieren können, wenn er sie mit in sein Bett genommen hätte, überfiel ihn das Grausen. Derartige Scherze kamen teuer zu stehen, und obgleich Abimelech bestraft wurde, gingen Abraham und Isaak straffrei aus; Abraham wurde sogar noch belohnt.[25]Etwas später in der biblischen Geschichte beunruhigte den Propheten Ezechiel mehr die Frau, die sich ohne Bezahlung hingab, als die verheiratete Prostituierte, die Geld verlangte; denn einer »Ehebrecherin, die anstatt ih-

---

*War das Mädchen, das sich im Haus ihres Vaters prostituierte, unter zwölf, wurde die Steinigung bis zu ihrem zwölften Geburtstag aufgeschoben.

res Mannes andere zuläßt, ...gibt man Geld.« Die Gesellschaft stellte eine Prostituierte, die zum Vorteil ihres Ehemannes ihrem Geschäft nachging, über die Frau, die ihre Talente verschleuderte. Der Frau, die sich ohne Entgelt hingab, predigte Ezechiel: »Und so war es bei dir in deinem unzüchtigen Treiben umgekehrt, wie es bei den Frauen üblich ist; nicht dir wurde nachgestellt, sondern du gabst Buhlerlohn, während dir kein Entgelt gezahlt wurde.«[26]

Wenngleich Prostitution im antiken Israel moralisch nicht verurteilt wurde, galt es in den Städten Europas als Schande, ihr nachzugehen. Als jedoch die Talmudisten sich mit der Rolle des Vaters als Zuhälter auseinandersetzten, wußten sie nicht, wie sie Herr des Problems werden sollten. Sie rieten Vätern ab, ihre Kinder »allen Kommenden« zum Geschlechtsverkehr zu überlassen, zu welchem Preis der Vater auch immer bestimmen mochte,[27] aber da das Recht des Vaters auf Ausbeutung seiner minderjährigen Tochter heilig war, konnte er in keiner Weise bestraft werden. Die allgemeine Mißbilligung erforderte jedoch irgendeine Regelung und Bestrafung. Da der Vergewaltiger oder Verführer gesetzlich belangt werden konnte und Töchter bedeutungslos waren, wurden die Tochter und der Täter, nicht der Vater, verantwortlich gemacht:

Ein solcher Mann [der Vater] ist nicht von Bestrafung bedroht, denn die Tora hat diese Strafe dem Schänder und dem Verführer auferlegt; während die Frau [unter zwölf], die sich für solches Verhalten hergegeben hat, sei es aus eigenem Willen oder auf Geheiß ihres Vaters, eine Dirne ist.[28]

Die Weisen kamen daher zu dem Schluß, daß sowohl die Tochter als auch der Mann »auszupeitschen« seien.[29]

Die freie Frau

Die Bibel zog die freie Frau erst gar nicht in Erwägung. In der Zeit vor dem Exil war sie immer irgend jemands Ehefrau, Konkubine oder Sklavin. In der Diaspora hatten viele Frauen keine Herren, aber den Weisen lag es fern, am Sklavenstatus der Frau etwas zu ändern, und in der Welt der sich ausbreitenden Kunst, Wissenschaft und Handelsbeziehungen unternahmen sie nichts, um ihr finanzielle Sicherheit oder Unabhängigkeit zu bieten. Ja, der Status einer freien Frau beinhaltete lediglich die Minderung ihres Wertes für den Mann. Als viele Väter sich unvermittelt mit volljährigen, unverheirateten Töchtern belastet sahen, nahm ein Talmuderlaß den Vätern die Bürde dieser lästigen Verantwortung ab, indem er alle volljährigen Töchter aus der väterlichen Vormundschaft entließ. Allen, die »mündig« waren, wurde die Freiheit geschenkt.

Hätte diese »Freiheit« dem Kind, jung wie es war, eine Bildung, Ausbildung oder Verdienstmöglichkeit in Aussicht gestellt, wäre sie vielleicht eine willkommene Lösung gewesen, aber solches stand weder zur Auswahl noch zur Debatte. Arm, unausgebildet und unbeschützt, wandte sich das freie weibliche Kind - wie alle solche Frauen in der Geschichte - der Prostitution als einziger Überlebensquelle zu. Selbst wenn es ihr gelang, in jemandes Dienste einzutreten, waren Achtung und sexuelle Ausbeutung unvermeidlich; ein »freies« Mädchen war folglich ein lockeres Mädchen, und Freiheit gleichbedeutend mit Dirnentum.*

Nebenbei erwähnt, ist es interessant, daß die Hebräer in der frühen Antike zum Teil ein metronymisches Familiensystem hatten, in dem die Ehefrau bei ihrer eigenen Sippe blieb und der Ehemann für kürzere oder längere Zeit zu Besuch kam; wenn er ihr lästig wurde, schickte sie ihn fort. Ihre Kinder gehörten ihr und trugen ihren Namen. Ursprünglich war die metronymische Ehefrau oder zonah *eine angesehene Person, aber während die patriarchalische Familie an Boden gewann, verlor sie an Ansehen. Später wurde die freie Frau auch als* zonah *bezeichnet, doch waren die einst positiven Bedeutungsmerkmale des Wortes in-*

Zur Zeit des Exils war zwölf allerdings nicht die unterste Altersgrenze für Freiheit bzw. Dirnentum. Konnte ein Mann vorher eine Witwe oder Geschiedene als dritte Frau, Konkubine oder Sklavin nehmen, war dies nun nicht mehr möglich; so waren eine minderjährige Witwe oder eine Geschiedene unter zwölf ebenfalls sich selbst überlassen:

Hatte ein Vater sie [seine Tochter] zur Ehe gegeben und wurde sie Witwe oder geschieden, während ihr Vater noch lebte, so untersteht sie niemands Gewalt außer ihrer eigenen, sei sie auch noch minderjährig; denn mit ihrer Heirat hat ihr Vater alle Gewalt über sie verloren.[31]

Mit der Abschaffung bestimmter Formen der Todesstrafe erlangten auch andere Minderjährige die Freiheit. Die aufsässige unmündige Tochter, die »in ihres Vaters Hause hurte«, und die ehebrecherische unmündige Ehefrau, die »anstelle ihres Mannes andere zuläßt«, denen vorher Tod durch Steinigung oder Verbrennung drohte, wurden jetzt aus der Verfügungsgewalt eines Vaters bzw. Ehemannes entlassen. Und eine in Gefangenschaft geratene Braut konnte ebenfalls aus der Gewalt ihres Mannes entlassen werden.

Während der Judenverfolgungen in Europa kamen die Rabbis zu folgender Entscheidung: Wenn eine jüdische Frau, die in Gefangenschaft geraten war, mindestens zwei Zeugen dafür anführen konnte, daß sie nicht vergewaltigt worden war, konnte ihr Ehemann sie zurücknehmen; beunruhigte ihn jedoch der bloße Verdacht, konnte er sich - trotz Zeugen - von ihr scheiden lassen.
Einige waren der Ansicht, unmündige Kindbräute sollten von dieser Regelung ausgenommen werden, aber sie wurden überstimmt. Folglich war das Los in Gefangenschaft geratener Kindbräute, die die erforderlichen Zeugen nicht beibringen konnten oder die zwar Zeugen hatten, aber dennoch im Verdacht standen,

---

zwischen zu negativen umgewandelt worden, und zonah - *die metronymische Ehefrau - erlangte schließlich die Bedeutung »Prostituierte« oder »Hure«.*[30]

befleckt worden zu sein, die Scheidung. Und schließlich gehörte zu dieser Gruppe noch die Minderjährige, deren Vater gestorben war, bevor er ihre Heirat arrangieren konnte, und die von ihren Brüdern oder ihrer Mutter verheiratet worden war. Dieses Mädchen konnte ihre Ehe unter Berufung auf ihr »Recht der Verweigerung« auflösen.

War sie sechs Jahre alt oder jünger und wollte ihren Mann verlassen, wurde die Ehe automatisch geschieden. War sie zehn oder älter, so mußte sie vor zwei Zeugen eine formale Erklärung abgeben, daß sie ihren Mann zu verlassen wünsche. War ihr Alter zwischen sechs und zehn, so mußten die Behörden prüfen, ob in ihrem Fall eine formale Erklärung erforderlich war. Das minderjährige Mädchen, dem ein »Verweigerrungsrecht« zuerkannt wurde, war auf sich selbst gestellt.[32]

Auch wenn sich gütige Verwandte und Nachbarn dieser abgeschobenen Kinder barmherzig annahmen, so konnten sich weder die Kinder noch deren Verwandte der gesellschaftlichen Ächtung entziehen. Schließlich waren diese Kinder die trotzige, entjungferte Tochter, die unmündige Ehebrecherin, die minderjährige Gefangene, die minderjährige Braut, die von ihrem Verweigerungsrecht Gebrauch gemacht hatte, und die unmündige Witwe und Geschiedene, die durch den Verlust ihrer Jungfräulichkeit und die Wahrscheinlichkeit, sexuell gebraucht und mißbraucht worden zu sein, allesamt billig geworden waren. Sie waren sexuelle Ausschußware, unerwünscht aufgrund ihrer verminderten Vermarktbarkeit. Schutzlos, wie sie waren, waren sie »frei«, um Prostituierte zu werden, um belästigt zu werden, um vergewaltigt zu werden.

Gesetzliche Nichtjungfrauen

Obwohl einige Frauen die Freiheit erlangten, wurde Vergewaltigung weiterhin als Raub der Jungfräulichkeit definiert. Witwen, Geschiedene, widerspenstige Töchter und Ehebrecherinnen waren jedoch gerade deswegen frei, weil sie ihre Jungfräulichkeit

verloren hatten, und wenn die Entschädigung im Fall von Vergewaltigung von einem unversehrten Hymen und nicht vom Tatbestand sexueller Schändung abhing, war Wiedergutmachung ein
leeres Versprechen. Einigen Frauen gelang es irgendwie, freizu-
kommen und ihre Jungfräulichkeit dennoch zu bewahren. Doch
da die Gesetzgeber entschlossen waren, die Zahl der Entschädi-
gungsberechtigten möglichst niedrig zu halten, führte das Gesetz
eine Kategorie von »gesetzlichen Nichtjungfrauen« ein - Frauen
und Kinder, deren Hymen zwar intakt war, deren Existenzbedin-
gungen sie aber für lockeren Lebenswandel und Mißbrauch prä-
destinierten. Eine solche galt als Nichtjungfrau. Sie war die mün-
dige, zwölfjährige, unverheiratete Tochter, die aus der väterlichen Vormundschaft entlassen worden war. Egal, ob sie Geschlechtsverkehr gehabt hatte oder nicht - sie hatte keinen Anspruch auf Entschädigung im Fall einer Vergewaltigung.

Nach der Ausschaltung der »Mündigen« gab es noch jene unter
zwölf Jahren, deren Lebensumstände sie für sexuelle Freiheiten
anfällig machten, und auch diese galten als »Nichtjungfrauen«.[33]
Es handelte sich hierbei um die freigekaufte minderjährige Gefangene, die unmündige befreite Sklavin, die unmündige Taub-
stumme oder Schwachsinnige und, zu guter letzt, jede Jungfrau
unter zwölf Jahren, die einen schlechten Ruf hatte.[34] Wenn eine
unmündige Jungfrau behauptete, vergewaltigt worden zu sein,
und zwei Zeugen sagten aus, sie sei dafür bekannt, sich seit ihrer
Kindheit in unschicklicher Weise gehengelassen zu haben, wurde auch sie ausgeschlossen. Und es geht noch weiter.

Wenn das Gesetz eine »gesetzliche Nichtjungfrau« ersinnen
konnte, ist nicht einzusehen, warum es nicht auch eine »gesetzliche Jungfrau«*hervorzaubern können sollte. Was es auch tat. Es
bestimmte, daß ein Mädchen von weniger als drei Jahren zu unreif sei, um als sexuelles Wesen in Betracht zu kommen, und daher keine Jungfräulichkeit zu verlieren habe. Kopulation mit
einer so Jungen war nicht ungesetzlich, sondern ungültig. Maimonides versicherte uns, daß die Vergewaltigung einer Unter-
Dreijährigen kein Grund zur Besorgnis sei, »wird sie ihre Jungfräulichkeit wiedererlangen und wie andere Jungfrauen sein.«[35]

---

*Der Ausdruck stammt von mir.

Wie oft ein Mädchen unter drei auch immer penetriert worden sein mochte, vor dem Gesetz hatte sie ihre Jungfräulichkeit bewahrt. Folglich konnten gegen den Penetrator keine Ansprüche geltend gemacht werden, und er ging straffrei aus. Dieser sonderbare Grundsatz vom ungültigen Geschlechtsverkehr unter einem bestimmten Alter erstreckte sich auch auf das männliche Kind. Zwar erlangten männliche Kinder mit dreizehn Jahren den vollen Erwachsenenstatus, aber solange sie minderjährig waren, zählten sie zu den Frauen und Sklaven und konnten somit auch Gegenstand sexuellen Mißbrauchs sein. Vergewaltigung bzw. Diebstahl der Jungfräulichkeit galt nicht für Männer. Homosexualität hingegen war ein Verbrechen, und wer sich dessen schuldig machte, wurde entweder mit Tod oder Verbannung bestraft.* Da allerdings das männliche Kind unter neun, wie das weiblich unter drei, nicht als sexuelle Person betrachtet wurde, blieb eine homosexuelle Beziehung mit einem Jungen unter neun Jahren ohne rechtliche Folgen.** Über die Vergewaltigung von männlichen Kindern unter neun Jahren sah man hinweg, aber Sex im Einvernehmen zwischen zwei männlichen Erwachsenen war ein Kapitalverbrechen. Folglich konnten alle weiblichen Kinder unter drei und alle männlichen unter neun straffrei vergewaltigt werden. Die einzige Person also, die eine Vergewaltigungsklage einreichen konnte, war die Jungfrau, die weder jünger als drei noch älter als zwölf war, weder als gesetzliche Nichtjungfrau galt noch in schlechtem Ruf stand, und die zwei Zeugen dafür anführen konnte, daß sie zu sexuellem Verkehr auf die übliche Weise gezwungen worden war. Das Motiv war klar. Als die vergewaltigte Tochter ein Besitz und Eigentum ihres Vaters war,

---

Lesbianismus, Sex zwischen Frauen, war nicht illegal. Wie auch immer geartet ihre Beziehung zu anderen Frauen war, eine Frau war immer noch jemands Tochter oder Ehefrau und unterstand männlicher Kontrolle. Doch da alle Männer frei waren, verweigerte ein Mann, der sich Frauen verweigerte, auch die Erfüllung seiner Pflicht, zu heiraten, sich zu mehren, und die patriarchalische Familie zu verewigen. Ihm mußte Einhalt geboten werden.

**Später wurde für die Vergewaltigung kleiner Jungen die Prügelstrafe empfohlen.*

wurde er auf jeden Fall entschädigt. Aber als die Tochter schadenersatzberechtigt wurde, wuchsen die Ausnahmen ins Uferlose, so daß sie *auf keinen Fall* entschädigt wurde.

Gestern und heute

Kinderehen sind in den Industrieländern unserer Zeit eine Seltenheit. Doch bei Völkerschaften, die vom Wandel der westlichen Welt unberührt blieben, lebt der Brauch fort. Um zu verhindern, daß Kinder Bräute wurden, verbot der Staat Israel im Jahr 1950 einem Vater oder Bräutigam, einen Ehevertrag für ein Mädchen unter sechzehn Jahren zu schließen. Dieses Verbot annullierte jedoch keine Ehe, die diesem Gesetz zum Trotz geschlossen wurde, da die Heirat nach jüdischem Gesetz gültig war. Ein strengerer Zusatz im Jahr 1960 drohte jeder Person, die an der Verheiratung eines Mädchens unter siebzehn beteiligt war (Vater, Rabbi, Kantor, Bräutigam), egal, ob die Eheschließung nach altem Recht gültig war oder nicht, Gefängnis- oder Geldstrafe oder beides an.

Aber eine Tradition läßt sich nicht so einfach durch gesetzliche Strafandrohung brechen. Wir heute haben die Welt unserer Vorfahren weit hinter uns gelassen; dennoch besteht die Konzeption der Frau als sexuelles Eigentum fort. Wir gehen immer noch davon aus, daß ein Mann seine Frau nicht vergewaltigen kann, weil er unserer Ansicht nach nicht für den sexuellen Mißbrauch dessen, was ihm gehört, zur Verantwortung gezogen werden kann.*
Obwohl unsere Gesetzgebung Bestrafung verlangt, zeigt sich die Macht von Jahrhunderten stärker als die von Paragraphen, und tagtäglich werden Gesetze gebrochen. Sally, die in den USA lebt, erzählte uns in den frühen siebziger Jahren, als sie sechzehn war, folgende Geschichte:

Meine Mutter starb, als ich dreizehn war, und ich kam zu Pflegeeltern. Ich war ganz alleine, und meine größte Angst war, diese Familie zu verlieren. Eines Morgens, nachdem die Mutter zur Arbeit gegangen war, kam der Vater in mein Zimmer. Ich mußte

---

Diese Logik wird jetzt in einigen Staaten in Frage gestellt.

alles mögliche tun. Ich schäme mich zu sagen, was ich getan ha-
be. Er sagte: »Alle sollten das lernen, und du bist doch sowieso
schon ein großes Mädchen.« Ich hatte Angst, denn ich dachte,
wenn ich nicht tue, was er will, werde ich fortgeschickt. Aber er
kam oft in mein Zimmer, und dann mußte ich würgen, und mir
war sehr übel. Dann fing er an, mit mir Geschlechtsverkehr zu
haben. Ich sagte ihm, er solle das nicht noch mal machen, weil
mir davon schlecht würde, aber er ließ es nicht sein. Da habe ich
es meiner Lehrerin in der Schule gesagt. Die glaubten mir nicht
und sagten, ich müßte mich vom Arzt untersuchen lassen. Der
Doktor tat mir weh, und als ich aufschrie, sagte er: »Das dürfte
doch nicht weh tun. Du bist groß genug für einen LKW.« Dann
ging ich zu einem Psychiater, und der glaubte mir auch nicht.

Alle fragten mich, ob mir klar sei, wie ernst das wäre und daß die
Familie gut zu mir gewesen wäre. Sie sagten, ich sei zu alt, um in
eine andere Pflegefamilie zu kommen. Sie fragten mich, ob ich
mit irgend jemand anderem sexuelle Beziehungen hätte, und
sagten dann, ich hätte ihn dazu verführt.

Ich mußte zur Polizei gehen und schrieb ein drei Seiten langes
Protokoll.Die meisten Fragen waren danach, ob ich mit Jungs
herummachte, und keiner fragte mich, was er gemacht hatte. Es
kam zu einer Verhandlung, und er wurde freigesprochen, weil
der Richter sagte, ich hätte ihn dazu verführt. Ich sagte dem
Richter und der Polizei, daß er mit anderen Pflegetöchtern im
Haus dasselbe machte, aber keiner hat die anderen Mädchen je
gefragt, was ihnen passiert sei.

Ich hatte Angst und schämte mich. Ich hatte das Gefühl, ich hät-
te etwas Schlechtes getan; als wäre es meine Schuld gewesen.

Die Vorstellung vom sexuell unersättlichen Weib lebt fort. Wie
in alten Zeiten wird Sally für ein Sexualdelikt verantwortlich gemacht, das an ihr begangen wurde.

Das hebräische Gesetz ist alles andere als einmalig in seiner Ungerechtigkeit. Die jüdischen Gesetze fielen nicht wie ein Wunder

vom Himmel herab in die Wüste Sinai, sondern waren von denen früherer, aggressiverer und mächtigerer Völker abgeleitet. Die Bibel und der Talmud sind den assyrischen und babylonischen Gesetzessammlungen bemerkenswert ähnlich und oft nachgeahmt. Und wenn auch viele andere jüdischen Gesetze im Christentum abgewandelt wurden, so blieben doch die grundsätzlichen sexuellen Vorschriften und Bräuche, wie wir noch sehen werden, unverändert.

3. DIE CHRISTEN

Man lebte in einer Welt brutaler Begierde, wo die Mißachtung moralischer Gesetze bei allen Parteien gleich selbstverständlich an der Tagesordnung ist. Wo es das Bestreben des Beichtvaters ist, Leidenschaften zu entflammen oder Widerstand durch rohe Gewalt zu brechen; wo Frauen es als natürlich betrachten, daß sich die Rechtsinstanzen des Priestertums mit ihren Untaten befassen müssen und daß ihr Gewissen mit Vergebung im Namen Gottes besänftigt wird... wo der Inquisitor sich nicht mit den moralischen oder geistigen Aspekten einer Sache beschäftigt, sondern mit der Frage, ob irgendwelche technischen Vorschriften verletzt wurden.

Henry Charles Lea, *History of Sacerdotal Celibacy in the Christian Church*[1]

Der sexuelle Mißbrauch blühte im Christentum. Christliche Ritter, Edelleute, Kreuzritter und Kirchenfürsten schändeten Frauen und Kinder bedenkenlos, und kleine christliche Mädchen wurden für Geld und Macht skrupellos als Ehefrauen eingetauscht. Der auffälligste Kontrast zwischen mosaischer und christlicher Doktrin ist der Materialismus der einen und der Spiritualismus der anderen. Die Hebräer boten sowohl fleischliche Belohnungen als auch weltliche Strafen, wohingegen die Christen alles, was dieses Leben zu bieten hat, herabminderten und alles Streben und alle Ängste auf die Ewigkeit projizierten. Wenn irdische Sünden durch die Füllung priesterlicher Taschen vergeben werden konnten, und wenn der Eid zur Enthaltsamkeit die Kirchendiener nicht von sexueller Aktivität, ja sogar Zügellosigkeit, abhielt, sahen die Laien keinen Grund, sich solcher Vergnügungen zu berauben.

Kinderehe

Kanonisches Recht verbot angeblich die Kinderehe. Das gesetzliche Mindestalter für die Braut war zwölf, für den Bräutigam vierzehn Jahre. Die Kirche wandte sich gegen Verbindungen von Personen ungleichen Alters und ohne beiderseitiges Einvernehmen. Nichtsdestoweniger waren Ehen Minderjähriger, zwischen Personen ungleichen Alters und ohne beiderseitiges Einverständnis nichts Ungewöhnliches. Gelegentlich wurde ein Junge an eine ältere Frau verheiratet, aber Kinderehe war in erster Linie das Schicksal weiblicher Kinder. Im Frankreich des 14. Jahrhunderts sagte ein sechzigjähriger *bourgeois,* der ein fünfzehnjähriges Mädchen geheiratet hatte: »Selten werdet ihr einem Mann begegnen, der keine junge Frau heiratet.«[2] Es war keineswegs unüblich, daß eine Zehnjährige Braut wurde oder daß ein Mädchen in zartem Alter mit einem Siebzigjährigen verkuppelt wurde, während »die Kirchengesetze diese Hochzeit nicht annullierten.«[3] Und da Mädchen schon seit jeher ein Besitz waren, waren Vernunftehen in allen Schichten gang und gäbe. Im 13. Jahrhundert erbte Grace, die Tochter von Thomas of Saleby, ein grosses Vermögen. Nach dem Tod ihres Vaters gab der König sie Adam Neville zur Vormundschaft. Als sie vier Jahre alt war, hielt Adam um ihre Hand an. Der Bischof verbot die Heirat, aber die Ehe wurde, während der Bischof auf Reisen war, von einem Priester geschlossen. Und später:

König John verkaufte Grace für zweihundert Dukaten an seinen Kämmerer Norman, und als Norman starb, verkaufte der König das arme Mädchen noch einmal für dreihundert Dukaten an den dritten und von allen schlimmsten Ehemann, Brian de Lise.[4]

Beim Kauf einer Ehefrau wurde Männern empfohlen, sie so zu begutachten, wie sie es bei einer Stute tun würden. Als Edward II. eine Frau für den zukünftigen Edward III. suchte, entsandte er den Bischof von Stapleton zur Begutachtung von Philipa von Hainult. Der Bischof legte pflichtgemäß den folgenden Bericht vor:

Die Lady, die wir sahen, hat nicht unschönes Haar, zwischen

blau, schwarz und braun. Ihr Kopf ist makellos geformt; ihre
Stirn hoch und breit und etwas vorstehend... Ihre Nase ist recht
ebenmäßig, und auch wenn sie an der Spitze etwas breit ist, und
auch abgeflacht, ist sie doch keine Stupsnase... Ihre Lippen et-
was voll, besonders die untere Lippe. Ihre Zähne, die gefallen
und wieder gewachsen sind, sind weiß genug, doch die übrigen
sind nicht so weiß... Ihre Ohren und ihr Kinn sind hübsch genug.
Ihr Hals, ihre Schulter und ihre unteren Gliedmaßen sind recht
gut geformt... Überdies ist sie von dunkler Hauttönung und
gleicht sehr ihrem Vater... Und die Jungfrau wird am nächsten
St.-Johannes-Tag neun Jahre alt [Hervorhebung von mir], wie
ihre Mutter sagt. Sie ist für solches Alter weder zu klein noch zu
groß, ihre Haltung ist lieblich usw.[5]

Für die Kirche war extreme Jugend bzw. »Unmündigkeit« ein
»Ehehindernis«, und eigensinnigen Eltern oder Vormunden, die
Minderjährige dennoch verheirateten, drohte Bestrafung. Aber
es wurden so viele Ausnahmen eingeführt, daß Hinderungsgrün-
de für Unmündigkeit oder Minderjährigenehen völlig bedeutungslos wurden. Wenn sich eine Familie aus wirtschaftlichen
Gründen, zur Festigung ihrer Macht oder Beilegung von Feind-
seligkeiten mit einer anderen verschwägern wollte, war die Verheiratung von Minderjährigen erlaubt.[6] Wo Kinderehen bei
Übergetretenen üblich waren, zum Beispiel bei Hindus, wurde
die Sitte beibehalten.[7] Wurden ein Kind und ein Erwachsener gesetzeswidrig getraut, konnte ein einfacher »Bestätigungsakt«
durch die Kirche »Abhilfe« für diese unglückliche Situation
schaffen,[8] oder wurde ein minderjähriges Kind für gescheit genug befunden, um die Bedeutung der Ehe zu begreifen, dann
wurde es auch als alt genug erachtet, um einzuwilligen, und ein
kirchlicher Erlaß bekräftigte die Verbindung.[9] Da extreme Jugend nur ein vorübergehender Zustand sei, folgerten die Kirchenväter weiter, würde eine Kindbraut zwangsläufig über den
Hinderungsgrund hinauswachsen, und die Zeit würde die Ehe
für gültig erklären.[10]

Da Ehehindernisse so unbekümmert ignoriert wurden, hatte es
die Kirche schwer, die genauen Merkmale einer gültigen Ehe zu

bestimmen. Das Judentum hatte verfügt, daß eine Braut rechtskräftig durch Urkunde, Geld oder Beischlaf erworben werden konnte, doch da die Kirche den Materialismus scheute, kristallisierte sich der Geschlechtsverkehr als der Legalisierungsfaktor heraus. Schon im 6. Jahrhundert verfügte Papst Gregor, daß »eine Frau, die von einem Mann durch Beischlaf genommen wurde, ihm und seiner Familie gehörte.«[11] Und da Paarung mit oder ohne Einwilligung die Inbesitznahme der Frau durch den Mann bedeutete, hob vaginale Penetration alle Hindernisse auf. Gratianus, ein italienischer Ekklesiastiker und Kirchenrechtler des 12. Jahrhunderts, erklärte, daß Einwilligung zwar wünschenswert sei, daß aber die Ehegemeinschaft, unabhängig von Alter oder gegenseitiger Einwilligung, durch den Koitus unauflöslich werde. Papst Alexander III. verkündete im 12. Jahrhundert ebenfalls, Einwilligung sei wünschenswert, aber eine Ehe werde durch den Geschlechtsakt für immer bindend.[12] Auch wenn eine Ehe unfruchtbar blieb oder der Geschlechtsverkehr mit einem *Kind* oder einer Schwangeren stattgefunden hatte, konnte die Ehe nicht aufgelöst werden.

Das kanonische Recht schenkte auch dem Paarungsakt mehr Aufmerksamkeit als dem Alter, denn wenn die Parteien »reif für die Ehe sind, ist es eine gute Ehe, wie immer auch das Alter.«[13] Als im 12. Jahrhundert eine Frau darum bat, aus ihrer Bindung entlassen zu werden, weil sie im Alter von unter zwölf Jahren verheiratet worden und nicht in der Lage gewesen sei, einzuwilligen, wurde die päpstliche Erlaubnis versagt, weil ihr Mann schwor, daß Geschlechtsverkehr stattgefunden habe.[14] Kinder, die als Minderjährige oder ohne Einwilligung gesetzeswidrig zur Ehe gegeben worden waren, konnten nach kirchlichem Gesetz die Ehe rückgängig machen, wenn sie volljährig wurden. Doch wenn Vaginalpenetration stattgefunden hatte, war die Frau lebenslang an den Ehemann gebunden.

Man kommt nicht umhin, sich zu fragen, was die Kirchenväter sich wohl dabei gedacht haben mögen, als sie festsetzten, daß Penetration ein Kind »reif für die Ehe« machte. Obwohl Männer von Geburt an die Fähigkeit zu einer Peniserektion haben, müssen sie trotzdem, um sich paaren zu können, reif genug sein, um den Vorgang zu kennen und danach Verlangen zu haben. Frühreife Jugendliche im Alter von sieben bis acht Jahren können Geschlechtsverkehr haben und tun es manchmal auch. Nach der Definition der Kirche sind sie also möglicherweise »reif für die Ehe« Aber für die Frau ist weder Kenntnis noch Verlangen erforderlich. Sie braucht lediglich penetriert zu werden, und da sie von Geburt an mit einem Vaginalkanal ausgestattet ist, kann sie von Geburt an penetriert werden. Wenn man von ihren Schmerzen und dem sich ergebenden körperlichen Schaden absehen kann, ist die Frau vom Tag ihrer Geburt an für eine eheliche Verbindung geeignet. Und das kirchliche Verzeichnis von »Hindernissen« für Blutschande oder »Verwandschaft« machte deutlich, daß männliche Erwachsene mit ihren Verlobten, die sieben Jahre alt und jünger waren, kopulierten.*

Das »Ein-Fleisch«-Prinzip

Das »Ein-Fleisch«-Prinzip taucht im Neuen Testament auf: »Deshalb wird ein Mann Vater und Mutter verlassen und seinem Weib anhängen, und die beiden werden ein Fleisch sein.«[15] Dieses Prinzip wurde von Paulus bestätigt und später eine kirchliche Lehre: »Oder wißt ihr nicht, daß wer einer Dirne anhängt, ein Leib mit ihr ist? Es werden ja, so heißt es, die zwei ein Fleisch sein.«[16]

Der Geschlechtsakt machte offiziell aus einem Mann und einer Frau eine Person; die, die sich paarten, wurden folglich »eins« und waren für ihre gegenseitigen Verwandten tabu. Ein Mann, der eine sexuelle Beziehung mit einer Frau hatte, war mit ihrer gesamten Familie »verwandt«, und eine Ehe mit ihrer

---

Sieben galt als Übergangsalter von Kindheit zu Erwachsenheit. Mit sieben konnten Jungen in die Schule oder eine Lehre eintreten. Da jedoch für Mädchen nur Heirat in Betracht kam, war sieben das gesetzliche Mindestalter für die Verlobung von Mädchen.

Schwester zum Beispiel war verboten. Angenommen, ein Mann, der mit einem Kind verlobt war, wollte das Verlöbnis lösen und ihre Mutter heiraten. Wenn der Mann mit dem Kind geschlechtlich verkehrt hatte, stand er mit der Mutter in einer Verwandtschaftsbeziehung, und das »Hindernis der Verwandstschaft« (oder der   Blutschande) machte eine solche Ehe unmöglich.[17] Aber *wenn die Kopulation mit dem Kind vor dessen siebtem Lebensjahr stattgefunden hatte,* konnte der Mann die Mutter bedenkenlos heiraten. Warum? Weil der Geschlechtsverkehr mit einem Kind - wie er nach hebräischer Tradition mit einem Kind unter drei Jahren ungültig war - im Christentum mit einem Kind unter sieben Jahren ungültig war. Ja, sexuelle Beziehungen mit einem Kind unter sieben waren sogar völlig belanglos, denn *»aus dem Verlöbnis mit einem Mädchen unter sieben ergibt sich kein   Verwandtschaftshindernis.«*[18][Hervorhebung von mir.] Der Mann, der mit seiner Verlobten kopulierte, bevor sie sieben Jahre alt war, verstieß nicht gegen das Verwandtschaftshindernis und konnte daher ohne weiteres ihre Mutter heiraten.

Im 12. Jahrhundert entspann sich um den Prinzen von Norwegen eine lebhafte Rechtsdebatte, als bekannt wurde, daß seine Zukünftige geschlechtliche Beziehungen mit dem Onkel des Prinzen gehabt hatte. Der Onkel war mit dieser Frau verlobt worden, als sie noch sieben war, und hatte, wie allgemein bekannt und nach Zeugenaussagen, mit ihr geschlafen. Da sich all dies vor dem siebten Geburtstag des Kindes abgespielt hatte, erklärte der Papst sowohl das Verlöbnis als auch den Geschlechtsverkehr für null und nichtig, und dem Prinzen wurde gestattet, die betreffende Frau zu heiraten. Doch bald nach dieser Entscheidung erhielt der Papst zusätzliche Informationen. Der Onkel, der inzwischen gestorben war, war während seiner Verlobungszeit auf Reisen gewesen, aber als er zurückgekehrt war, hatte er das Kind nach ihrem siebten Geburtstag geheiratet. Da der Onkel anschließend vollen ehelichen Verkehr mit ihr gehabt hatte, war der Papst gezwungen, seine frühere Entscheidung zu widerrufen. Wenn der Prinz sie geheiratet hätte, hätte er gegen das »Verwandtschaftshindernis« verstoßen. Die Heirat fand nicht statt.[19]

Die christliche Gesetzgebung konzentrierte sich nicht darauf, *ob* ein Mann mit einem Kind kopulierte, sondern *wann* er es tat. Man ereiferte sich über sexuelle Beziehungen zwischen Männern und Kindern nicht aus Sorge um das Kind, sondern im Hinblick auf einen möglichen technischen Verstoß gegen das Verwandtschaftshindernis. Und da die Kanonisten Sex mit einem Kind unter sieben Jahren nicht als ungesetzlich, sondern als ungültig definierten, legten einige Juristen in der Folge diese Unterscheidung so aus, daß eine Vergewaltigung eines so jungen Kindes nicht möglich war. Als der Trennstrich zwischen Kindheit und Erwachsenenalter von sieben auf zehn Jahre heraufgesetzt wurde, hatten die Juristen, die sich mit einem Fall von Vergewaltigung einer Siebenjährigen zu befassen hatten, »Zweifel daran, ob an einem Kind unter zehn Jahren ein Akt von Vergewaltigung begangen werden konnte.«[20]

Vergewaltigung von Kindern

Im 13. Jahrhundert wurde in England das Zivilrecht unter den Statuten von Westminster vom Kirchenrecht getrennt. Die Straftat des »statutory rape« (Vergewaltigung Minderjähriger) geht auf dieses Ereignis zurück, und es wurde zum Verbrechen erklärt, ein Mädchen unter zwölf Jahren zu schänden, selbst wenn sie keinen Widerstand leistete.

Drei Jahrhunderte später, im Jahr 1571, wurde gegen einen gewissen W. D., einen Schotten, Anklage wegen verbrecherischer Vergewaltigung eines siebenjährigen Kindes erhoben. Die Tat wurde von mehreren zuverlässigen Zeugen bestätigt. Die Verhaftung war jedoch zu einer Zeit erfolgt, da England sich bemühte, seine Herrschaft über Schottland zu festigen, und es bestand ein größeres Interesse daran, einen Präzedenzfall zur Demonstration englischer Staatsgewalt über einen schottischen Bürger zu schaffen, als W.D. der Vergewaltigung zu überführen. Das Gericht befand, W. D. unterstehe britischem Gesetz, sprach ihn aber von der Anklage der Vergewaltigung frei. Er ging straffrei aus. Warum?

Unter den Statuten von Westminster war Vergewaltigung eines

widerstandslosen Kindes ein Vergehen und kein Verbrechen. Die Entscheidung des Gerichts schien also korrekt. Wenn W. D. auch von der Anklage der verbrecherischen Vergewaltigung freigesprochen wurde, so hätte er ganz gewiß eines Vergehens angeklagt werden können. Doch die Rechtsgeister konnten sich nicht einmal darauf einigen, daß er ein Delikt begangen hatte. Nach kanonischem Recht war Sex mit einem Kind unter sieben, ebenso wie nach hebräischer Rechtsauffassung mit einem Kind unter drei, ungültig und wurde daher rechtlich ignoriert. Mangels eines Präzedenzfalls schrieben die Juristen absurderweise in die Gerichtsakten, daß sie »an einer Vergewaltigung bei einem so zarten Kind zweifelten«, und kamen zu dem noch absurderen Schluß: »...wenn sie neun oder älter gewesen wäre, hätte der Fall anders gelegen.«[21]* Fünf Jahre später wurde diese Absurdität korrigiert und die Möglichkeit von Kindesvergewaltigung nicht mehr angezweifelt. Im Jahr 1576 setzten Juristen das gesetzliche Alter, in dem ein weibliches Kind in Geschlechtsverkehr einwilligen konnte, auf zehn Jahre fest, das Ehemündigkeitsalter blieb zwölf Jahre.[22] Die Folge war, daß eine geschlechtliche Beziehung mit einem weiblichen Kind unter zehn als Verbrechen galt (ob sie einwilligte oder nicht), während die geschlechtliche Beziehung mit einem widerstandslosen weiblichen Kind zwischen zehn und zwölf ein Vergehen war. Aber kaum war die eine Absurdität abschafft, da wurde sie durch eine neue ersetzt. Die Anklage ver-

---

*Dieser Fall wurde in einem modernen juristischen Fachblatt unter dem Titel »Ein mehr als gewöhnlicher Fall von Vergewaltigung« besprochen. Der Verfasser war verständlicherweise befremdet; ohne Kenntnis der rechtlichen Tradition spekulierte er, daß »die Richter vielleicht bezweifelten, daß Vergewaltigung stattfinden konnte, wenn Fortpflanzung nicht möglich war.« Ihm war offensichtlich nicht bekannt, daß in der jüdischen und christlichen Tradition, aus der sich ein Großteil unseres allgemeinen Rechts ableitet, der Koitus mit unmündigen Kindern nicht als unmöglich, sondern einfach als ungültig betrachtet und daher rechtlich nicht in Erwägung gezogen wurde.

brecherischer Vergewaltigung konnte nur aufrechterhalten werden, wenn das Alter eines Kindes nachgewiesen wurde (zu einer Zeit äußerst zwangloser Buchführung). Noch im Jahr 1832 wurde ein Mann von der Anklage verbrecherischer Vergewaltigung freigesprochen, nicht, weil er ein Kind nicht vergewaltigt hatte, sondern weil ihr Taufschein besagte, daß sie am Tag der Vergewaltigung zwei Tage über ihren zehnten Geburtstag hinaus war.[23] Obwohl nach dem neuen Gesetz die Vergewaltigung eines Kindes möglich war, wurde das Wohl des Kindes einer gesetzlichen Formalität geopfert.

Die Priesterschaft

Wenn gewöhnliche Bürger schon unbeschadet schänden und vergewaltigen konnten, wieviel größere sexuelle Vorrechte genossen dann erst Angehörige des Klerus! Von den niedrigsten Kirchendienern bis zu den höchsten Würdenträgern benutzten sie ihre Macht, um sexuelle Unterwerfung zu erzwingen. Frauen und Kinder, Mütter, Ehefrauen, Töchter, Pilgerinnen oder Beichtende - an allen vergingen sich die geistlichen Väter. Die Beichte wurde so oft zur Unzucht mißbraucht, daß Rom Verfügungen erließ, in denen die Bestrafung von Anstiftern zur Unsittlichkeit gefordert wurde. Aber die Kirche war nicht sonderlich erpicht darauf, ihre eigene Autorität zu untergraben. Der Mittelaltersforscher Henry Charles Lea erklärte in seinem Buch *History of Sacerdotal Celibacy in the Christian Church,* das Eingeständnis, daß der Beichtstuhl mißbraucht wurde, »heißt, die Menschen davon abzuhalten, ihn aufzusuchen... Die Ehrfurcht vor den Sakramenten wird schwinden, und der christliche Glaube zerstört werden.«[24] Da der Geistlichkeit vorrangig daran lag, einen Skandal zu vermeiden und die Macht der Kirche nicht zu untergraben, wurde es nahezu unmöglich gemacht, einen Täter anzuklagen oder zu überführen. Um einer Anklage standzuhalten, durfte die Verführung weder vor noch nach, sondern mußte genau während der Beichtstunde stattfinden; nicht eine, sondern zwei Anzeigen waren erforderlich. Wurden jedoch einem Beichtvater zwei Anzeigen angehängt, dann wurden Charakter und Motivation der

Anklägerin schärfer unter die Lupe genommen als die des Angeklagten. Die Kirchenväter erklärten: »Außerdem sind es in der Regel die Frauen, die in Versuchung führen, und wenn ihre Annäherungen abgewiesen werden, werden sie falsche Beschuldigungen vorbringen, um die Unschuldigen ins Verderben zu stürzen.«[25]Und wenn der seltene Fall eintrat, daß ein Priester dennoch für schuldig befunden wurde, war die Strafe so leicht, daß sie sich kaum als Abschreckung für weitere Schandtaten eignete. Einen sexuellen Verführer beim Namen zu nennen, war so schwierig, brachte soviel Verdächtigung und Peinlichkeit für die Anklägerin mit sich und hatte schließlich derart leichte Bestrafung zur Folge, daß sich die Mühe kaum lohnte.

Obwohl in Kirchenakten Fälle von sexuellen Vergehen seitens der Priesterschaft zitiert werden, ist selten das Alter des Opfers angegeben. Gelegentlich finden wir Hinweise auf »infame Dinge«, die weiblichen Kindern und Jugendlichen angetan wurden, oder erfahren von einem Beichtvater, der sehr junge Büßerinnen betastete und beschlief. Doch in Anbetracht des allgemeinen Verhaltens des Klerus und der Tatsache, daß weibliche Kinder und junge Mädchen ständig der Priesterschaft ausgesetzt waren, war die sexuelle Ausbeutung weiblicher Kinder unvermeidlich.

In einer christlichen Familie mit vier oder fünf Töchtern war es einem Vater kaum möglich, für alle eine Mitgift zu stellen. Daher wurde ein Kind für die Ehe ausgewählt, während die übrigen ins Kloster gesteckt wurden. Spätestens mit sechs Jahren war das Schicksal eines Mädchens - Ehe oder Nonnentum - entschieden. Die weniger Begünstigten traten spätestens mit neun Jahren ins Kloster ein und hatten bis dreizehn ihr Gelübde abgelegt. Da der Eintritt ins Klosterleben zwangsläufig die Entsagung von allen weltlichen Gütern mit sich brachte, wurde nicht selten eine junge Erbin von Verwandten abgeschoben, die dann ihr Erbe an sich rissen. Konvente, die unter der Kontrolle von Pastoren und Prälaten standen, entwickelten sich zu »Abladeplätzen« für unverheiratete, unerwünschte weibliche Kinder, und sie waren bald von minderjährigen Novizinnen derart überfüllt, daß es Eltern und Vormunden im 12. Jahrhundert bereits verboten war, im Namen eines Kindes die Gelübde abzulegen.[26] Wie in so vielen anderen Fällen, setzte man sich auch über diese Bestimmungen hinweg.

Zu Beginn des 18. Jahrhunderts erklärte die Äbtissin des Klosters Santa Caterina di Pisola öffentlich, daß Mönche wie Beichtväter die Nonnen und jungen Novizinnen wie Ehefrauen behandelten, doch sei den Mädchen »durch die schreckliche Androhung der Exkommunizierung seitens ihrer geistlichen Väter«[27] der Mund versiegelt. Und »in Anbetracht dessen, daß Mädchen der oberen Schichten vorzugsweise zur Ausbildung in Klöster geschickt wurden, die in Höhlen der Prostitution verwandelt worden sind«, könne man sich die sexuelle Ausbeutung von Schulmädchen »leicht vorstellen«.[28] Aus Akten, die nur die allerdürftigsten Informationen enthalten, geht hervor, daß noch im 19. Jahrhundert die Hälfte aller des sexuellen Mißbrauchs beschuldigten Geistlichen im Zusammenhang mit Erziehungsanstalten genannt wurde.

Die Hexenverfolgungen

Vom 15. bis zum 18. Jahrhundert fanden in Europa die Hexenverfolgungen statt. Im Jahr 1484 erließ Papst Innozenz VIII. die Hexenbulle, die die Inquisition (den Vollstreckungsarm der katholischen Kirche) ermächtigte, Hexen ausfindig zu machen, einzukerkern, zu verhören, zu foltern und hinzurichten. Zur Vereinfachung der Prozedur verfaßten die Dominikaner Heinrich Institoris und Jakob Sprenger den *Malleus maleficarum,* den »Hexenhammer«, der zur Richtlinie für die Hexenbekämpfung wurde und - voller Eselsohren - die Richterbank jedes Inquisitionsgerichts zierte. Nach diesem Lehrbuch wurde eine Frau der Hexerei für schuldig befunden, wenn sie lediglich ihren traditionellen Aufgaben nachging. Als Hebamme wurde ihr nachgesagt, sie biete Neugeborene dem Teufel an, als Abtreiberin töte sie Säuglinge im Leib ihrer Mütter, als Expertin der Pflanzenkunde und der Empfängnisverhütung vernichte sie die Erzeugnisse der

Erde und verhindere die Empfängnis bei Frauen. Da Frauen einer langen Ahnenreihe heidnischer Mütter und Großmütter entstammten - behauptete das Dokument - schreckten sie auch vor den ruchlosesten Abscheulichkeiten und den schmutzigsten »Unflätereien« nicht zurück und kopulierten mit dem Teufel.[29] Männer waren von solcher Heimtücke ausgenommen, denn »gepriesen sei der Höchste, der das männliche Geschlecht vor solcher Schändlichkeit bis heute so wohl bewahrte.«[30] So blieben zwar Männer von dem Verbrechen der Hexerei verschont, nicht aber Kinder.

Im Allgemeinen stellt man sich Hexen »alt, lahm, runzelig und mit stechendem Blick«[31] vor. Doch da Sex ein wesentliches Element der Hexerei darstellte, waren die Angeklagten jung, im Lenz ihres Lebens und in der Altersspanne, die sexuelle Aktivität umfaßt. Die Kinder von Hexen galten als automatisch verseucht, denn »woher könnte es denn sonst geschehen, daß... unreife Mädchen von acht oder zehn Jahren Sturm und Hagelschlag erregt hatten, wenn nicht aufgrund eines solchen Paktes unter solcher gotteslästerlicher Darbringung an den Teufel durch die Hexen-Mutter das Kind geweiht worden wäre?«[32] Um diese Ketzerei auszumerzen, stellte im 16. Jahrhundert der Karmeliter und Professor der Rechtskunde Jean Bodin fest, daß die üblichen Rechtsmaßstäbe nicht anwendbar seien. Kleine Mädchen von sechs Jahren (sexuelles Mündigkeitsalter in Frankreich) seien alt genug, um mit dem Teufel zu kopulieren, und folglich auch alt genug, um sich vor Gericht zu verantworten. Bodin fand den Feuertod zu schnell und befürwortete sowohl für Erwachsene als auch Kinder den schleichenden Tod durch Verbrennen mit einem heissen Eisen.[33]

Henri Bouget, ein prominenter Anwalt desselben Jahrhunderts und Landes, vertrat die Ansicht, daß Kinder unter zwölf Jahren, wenn sie erst einmal in des Teufels Klauen seien, hoffnungslos verloren seien. Er folterte die achtjährige Loyse Mailley systematisch, bis sie die Namen von Komplizinnen nannte und damit den Grundstein für eine massive Hexenjagd legte.[34] Der Dämonologe und Inquisitor Nicholas Remy fand »keinen Mangel an Beispielen zum Beweis dafür, daß ihr Alter Kinder nicht davon ab-

hält, Hexerei zu betreiben.«[35]In England beschuldigte die achtjährige Jennie Device ihre Mutter und wurde anschließend zusammen mit ihr als Hexe verbrannt. Im selben Land starben die
neunjährige Mary Hicks und ihre Mutter Elizabeth auf dem
Scheiterhaufen.[36]In Amerika wurde die fünfjährige Sara Good für
fähig befunden, »einen bösen Blick zu werfen«, und zusammen
mit ihrer Mutter in Ketten gelegt.[37]Im Lutheranischen Deutschland*gestanden im Jahr 1628 Anna Rausch, zwölf, Sybille Lutz,
elf, und die kleine Murchin, achteinhalb, sexuelle Beziehungen
mit dem Inkubus (männlicher Dämon) gehabt zu haben. Sybille
und Anna wurden hingerichtet, während Murchin und einige andere Kinder ihren Vätern zur Reformierung zurückgeschickt wurden.[38]In einem Brief an einen anonymen Freund schrieb der Kur-
fürst von Würzburg im Jahr 1624, daß da »dreihundert Kinder im
Alter von drei und vier Jahren waren, die angeblich mit dem Teufel Verkehr hatten. Ich habe gesehen, wie Siebenjährige hingerichtet wurden.«[39]

Im Jahr 1669 behaupteten die Behörden in Mora, Schweden, daß
hunderte von Kindern vom Teufel besessen seien; fünfzehn wurden verbrannt und sechsunddreißig zwischen neun und fünfzehn
Jahren dazu verurteilt, ein Jahr lang wöchentlich an der Kirchen-
tür gezüchtigt zu werden.[40]Gegen Ende des 17. Jahrhunderts
»gestanden« in Den Haag acht Jungen im Alter von unter fünfzehn Jahren und eine Zwölfjährige, »Unzucht« mit dem Teufel
getrieben zu haben, und wurden auf dem Scheiterhaufen verbrannt.[41]

In einer Gesellschaft, in der sexueller Mißbrauch ungehindert
stattfand und Menschen an böse Geister glaubten, war es nicht
schwierig, ein Sexualdelikt einem überirdischen Geist zuzuschreiben. Remy leuchtete es ein, daß ein Kind, das »einen
Mann nicht erleiden konnte«, den Teufel empfangen konnte, und
in seiner Abhandlung über Dämonologie schrieb er:

---

*Auch nachdem die Macht der katholischen Kirche durch das
Protestantentum gebrochen war, gingen die Hexenverfolgungen
mit unverminderter Grausamkeit weiter.*

Wenngleich Catherina Latomia aus Marche bei Haracourt, im Februar 1587, noch nicht alt genug war, einen Mann zu erleiden, vergewaltigte er [der Teufel] sie im Gefängnis zweimal, da er ihretwegen in Haß entbrannt war, denn er sah, daß sie beabsichtigte, ihr Verbrechen zu gestehen. Und fast wäre sie an den Verletzungen, die sie von diesem Koitus davontrug, gestorben.[42]

Für Opfer sexuellen Mißbrauchs, die keinen Rückhalt hatten, war es einfacher zu behaupten oder gar zu glauben, unsichtbare Dämonen hätten sich an ihnen vergangen, als Männer aus Fleisch und Blut.

Während der dreihundert Jahre langen Hexenverfolgung in Europa wurden die Angaben der Tochter von Donald McGrigor festgehalten, der, wie sie sagte, der Teufel in Gestalt eines Mannes erschienen sei, welcher »ihr einen Dollar anbot, wenn sie mit ihm ginge.«[43] Margaret Duchall »gestand offen ihren Pakt mit dem Teufel, wie er ihr zuerst in der Gestalt eines Mannes in braunen Kleidern und einem schwarzen Hut erschienen war.«[44] Als Isobell Smyth allein beim Heidekrautpflücken war, »erschien ihr der Teufel allein wie ein eleganter Herr.«[45] Die dreizehnjährige Annabel Stuart erklärte, »der Teufel kam in Gestalt eines schwarzen Mannes in das Haus ihrer Mutter und forderte, daß sie sich ihm gebe,«[46] und Maria de Allara wurde mit acht Jahren eine Hexe, als ein Mann in langen weißen Hosen sie betastete, und er war Satan. »Sie hatte zwanzigmal Verkehr mit ihm.«[47] Ein unglückseliges Kind, das behauptete, von einem Inkubus mißbraucht worden zu sein, war, wie sich herausstellte, mit tödlicher Gonorrhöe infiziert, und ein anderes Mädchen behauptete, von drei Teufeln besessen zu sein, um von ihrer Schwangerschaft abzulenken.[48]
Da sich böse Geister so günstig für den Sexualdelinquenten anboten, war es nicht überraschend, daß der Inkubus bzw. männliche Dämon weitaus unternehmungslustiger war als der Sukkubus, der weibliche Dämon. Scharen von Mädchen »lieferten den Beweis, daß sie ihre Jungfräulichkeit Geschöpfen männlichen Geschlechts preisgegeben hatten«, die, wie sie sagten, »kein anderer als der Teufel«[49] waren. Aufgrund des allgemeinen Übereifers, Frauen als sündhaft zu brandmarken, fragte sich so man-

cher, ob diese Beschwerden seitens der Frauen nicht einfach eine Tarnung für ihre sexuelle Liederlichkeit seien. Schließlich versuchte eine lasterhafte Nonne vielleicht nur, ihren Liebhaber als einen Inkubus auszugeben, und wenn eine Nonne durch verlorene Jungfräulichkeit oder Schwangerschaft Schande auf sich geladen hatte, kamen fraglos Täuschungsmanöver vor. Dämonologen, die an Teufel und Hexerei glaubten, waren jedoch nicht so leicht hinters Licht zu führen und fragten sich, warum sie nicht annehmen sollten, daß diese Frauen ihre Ehebrüche und Sünden mit Geistern zu vertuschen suchten.[50] Noch im 20. Jahrhundert legte Reverend Montague Summers, ein überzeugter Anhänger des Übernatürlichen und bekannter Studiosus der Hexenverfolgungen und Hexerei, die Beschwerden von Nonnen des 17. und 18. Jahrhunderts über Belästigung durch Geister als eine Ablenkung von ihrer eigenen Laszivität aus. Die Geschichte von Schwester Marie Renata ist hierfür ein Musterbeispiel. Sie wurde im 18. Jahrhundert nach fünfzig Jahren Gottesergebenheit der Verhexung anderer Nonnen angeklagt. Unter der Folter gestand sie, daß sie sich als Achtjährige Satan hingegeben habe und als Dreizehnjährige in eine geschlechtliche Verbindung mit zwei Dämonen getreten sei. Betrug ahnend, enthüllte Summers nach genauesten Nachforschungen, daß sich Schwester Renata in Wahrheit »den verdorbenen Wünschen eines hochangesehenen Mannes« ergeben habe und daß die beiden, die sie als Dämonen bezeichnet hatte, in Wirklichkeit »zwei Offiziere« gewesen seien.[51] Bis zum Augenblick ihrer Enthauptung habe Schwester Renata darauf bestanden, daß es der Teufel gewesen sei, der sich ihres Körpers bemächtigt habe, wo die Kopulation mit ihm doch nur allzu echt gewesen sei.[52]

Im 17. Jahrhundert kamen in Frankreich Nonnen, Novizinnen und Schulmädchen in erschreckenden Zahlen zu Gottes Gesandten und flehten um Erlösung von den sexuellen Qualen, die Dämonen ihnen auferlegten. Ihre Klagen waren von dramatischen Krämpfen, Schmerzverrenkungen und Erbrechen begleitet, so daß die »Seuche« unmöglich ignoriert werden konnte. Frankreich wurde alsbald ob des bizarren Benehmens von Klosterinsassinnen und, hier und da, der Verfolgung ketzerischer Priester bestaunt.

Sexualtäter und besessene Frauen und Kinder

Hexerei war in erster Linie ein weibliches Sexualverbrechen, doch wenn in seltenen Fällen ein Mann belangt wurde, waren Verführung, Vergewaltigung oder Unzucht nur Nebenanklagepunkte bei größeren Verbrechen wie Zauberei, Hexerei oder Magie.* Die Pater Louis Gaufridi, Urban Grandier und die Priester des Klosters Louviers hatten sich alle an Frauen und Kindern vergangen, aber sie wurden nicht wegen sexueller Vergehen, sondern allesamt wegen Hexerei oder Magie hingerichtet. Jedem von ihnen wären Folter und Tod erspart geblieben, wenn sie nur wegen unsittlichen Verhaltens angeklagt worden wären, doch waren sie alle unglücklicherweise Opfer lokaler Rivalitäten oder irgendwelcher Machtspiele geworden oder hatten einflußreiche Feinde, die sie aus dem Weg geräumt haben wollten.

Pater Louis Gaufridi war ein charmanter, gutaussehender Ortspfarrer und außerdem Madeline de la Paluds Beichvater und Verführer. Als der Oberin Catherine Gemunkel über seine ausgedehnten Besuche bei der dreizehnjährigen Madeline zu Ohren kam, gestand das Kind, daß Gaufridi ihre »schönste Rose« gestohlen habe. Da solche heiklen Vorfälle nicht ungewöhnlich waren, wurde Madeline diskret in ein entfernteres Kloster nach Aix-en-Provence überführt. Doch als Madeline mit fünfzehn Jahren von heftigen Krämpfen befallen wurde, erklärte sie, daß sie zum ersten Mal mit neun Jahren von Gaufridi auf Abwege geführt und als Folge »seiner Zauberkunst« von drei Teufeln besessen sei. Pater Romillion, der Klostervorsteher, hegte keine große Sympathie für den leichtlebigen Gaufridi. Dominikanischen Inquisitoren war es immer eine Genugtuung, Schmach über einen Weltpriester zu bringen, und das der Macht Roms eher übelgesinnte französische Laientum zeigte sich stets übereifrig bei der Aufdeckung kirchlicher Korruption. Die Inquisitoren, die sich Gaufridis entledigen wollten, zogen es vor, Madelines Krämpfe und Brechanfälle auf ihre Besessenheit - das Teufelswerk die-

---

Auf zwanzig Frauen kam ein Mann, der wegen Verbündung mit dem Teufel hingerichtet wurde.

ses »Zauberfürsten« - zurückzuführen als auf ihre Qualen infolge des sexuellen Mißbrauchs durch den Priester. Ohne jeglichen Beweis für seine angebliche Zaubertätigkeit wurde Gaufridi grausamster Tortur ausgesetzt und nach den Namen von Komplizen gefragt. Er nannte niemanden. So wurde Gaufridi. der sich der Kindesschändung schuldig gemacht hatte, ironischerweise für ein Verbrechen bestraft, dessen er unschuldig war.

Sobald Gaufridi hingerichtet war, wurde Madeline, nunmehr neunzehn und mit dem Makel sexueller Abnutzung behaftet, sowohl von der Kirche als auch von ihrer Familie verstoßen. Im Alter von 49 Jahren wurde sie als Hexe angeklagt und ins Gefängnis gesteckt. Zehn Jahre später wurde sie in die Obhut eines entfernten Vetters entlassen und starb im Alter von siebzig Jahren.

Pater Urbain Grandier, Beichtvater im Kloster Loudin, der ebenfalls ein charmanter, dreister Unhold war, besaß die Unverfrorenheit, die zwölfjährige Tochter des Staatsanwalts zu schwängern. Aufgrund dieses Vergehens und seiner unverhohlenen sexuellen Aktivität wurde er der Unzucht angeklagt, erhielt jedoch nur eine milde Strafe. Grandier hatte außerdem eine Abhandlung gegen das priesterliche Zölibat verfaßt und war bei Richelieu in Ungnade gefallen. Als Schwester Jeanne des Agnes vom Kloster Loudin beschwor, daß er ein Hexenmeister sei und sie verhext habe, fand sie breite Unterstützung. Einige sagen, Schwester Jeanne sei in ein Komplott gegen Grandier verwickelt gewesen, andere behaupten, sie habe Besessenheit vorgeschützt, nachdem er ihre Annäherungsversuche zurückgewiesen habe. Wie dem auch sei - sechzig Frauen - Nonnen und Laien - bezeugten sein ungehöriges Sexualverhalten. Es folgte eine Anklage wegen Hexerei, und Grandier wurde der Ketzerei für schuldig befunden. Unter der Folter gestand er, sich auf einen Pakt mit dem Teufel eingelassen zu haben. Entsetzt über den Verlauf der Dinge, sagten einige Nonnen nun aus, die Beschuldigung sei ihnen von seinen Feinden diktiert worden, aber die Gerichte weigerten sich, ihren Widerruf anzuerkennen. Grandier wurde der Magie, der Geisterbesessenheit und der Malefactia für schuldig erklärt. Er wurde gefoltert, bis das »Mark aus seinen Knochen quoll«, doch auch er weigerte sich, Komplizen zu nennen. Am 18. August 1634 wurde er bei lebendigem Leibe verbrannt. Nach Grandiers Tod entzogen seine Feinde, einschließlich Kardinal Richelieu, den Schwestern, die gegen ihn ausgesagt hatten, die finanzielle Unterstützung, die sie ihnen hatten zukommen lassen.

Trotz unmenschlicher Folter hatte Grandier die Kraft, keinen seiner Mitmenschen zu beschuldigen, und doch hatte er es nicht lassen können, ein zwölfjähriges Kind zu verführen. Weder Grandier noch Gaufridi mangelte es an Mut oder Charakterstärke, aber Frauen und Kinder zu schwängern und der Schande auszusetzen hat ihr Sittengefühl oder ihre Ehre nie verletzt.

Die in die Louviers-Affäre verwickelten Geistlichen gehörten einer mystischen Sekte an, die sich »Quietisten« nannte, eine Gruppe, die vom Vatikan weder gern gesehen noch anerkannt wurde. Als die fromme Madeline Bevant, die als Neunjährige verwaist war und in einer Leinenweberei als Lehrling arbeitete, im Alter von zwölf Jahren von einem Mönch verführt und entehrt wurde, trat sie ins Kloster Louviers ein. Der Kaplan, Pater David, ein Anhänger der Quietisten, forderte totale Unterwerfung unter seinen Willen. Er wies die Nonnen an, ihre religiösen Pflichten nackend zu erfüllen und sich seinen »wollüstigen Umarmungen« zu ergeben. Nach Pater Davids Tod nahm Pater Picard, der derselben Sekte angehörte, seinen Platz ein. Madeline wurde von ihm schwanger; er gab ihr ein Abtreibungsmittel, das »schmerzhafte Entleerung« zur Folge hatte. Er teilte sie überdies mit seinem Gehilfen Pater Boulle. Als Picard vierzehn Jahre später starb, traten bei Madeline und anderen Nonnen Symptome der Besessenheit auf, und bei der öffentlichen Austreibung förderten die ihnen innewohnenden Teufel die erotischen Geheimnisse des Konvents zu Tage. Da Madelines Erfahrung in allen Einzelheiten geschildert wurde (sie führte Tagebuch), warf ihr der Bischof Hexerei und Kopulation mit Teufeln vor. Sie wurde aus dem Orden verbannt und in den Kerker geworfen, wo sie »mutwillig« mißbraucht und elend behandelt wurde. Sie versuchte, sich das Leben zu nehmen, indem sie ihren Menstruationsfluß mit alten Lappen stoppte, Spinnen verschluckte und einen Jungen bestach, ihr Arsen zu besorgen. Sie starb schließlich mit vierzig Jahren im Gefängnis. Im Jahr 1644 wurden die Quietisten Boullé und sein Gehilfe Duvall wegen Hexerei und Ketzerei angeklagt und lebendig verbrannt.[53]

Besessenheit: Phantasie oder Hysterie?

Wir sind heute zu aufgeklärt, um an den Teufel zu glauben, haben aber den Aberglauben durch die wissenschaftliche »Phantasie« ersetzt. In seiner recht oberflächlichen Studie über Hexerei kam Freud zu der Überlegung, daß der Besen für die verstörte Hexe den »großen Gott Penis« darstelle und daß ihre Geschichten von kopulierenden Teufeln von einer chaotischen Psyche herrührten. Wir erfahren heute, daß sich der Fall von Jeanne Fery aus dem 16. Jahrhundert, die mit vierzehn verführt wurde und später behauptete, von Teufeln gepeinigt zu werden, »wie die klassische Diagnose von Hysterie« anhört,[54] während die Nonnen im Kloster von Lille, die hartnäckig behaupteten, daß sie mit Teufeln schliefen, »versuchten, ihr trauriges Schicksal [Isolierung vom männlichen Geschlecht] mit Wunschträumen zu kompensieren.«[55] Ob man irrationales Verhalten auf eine Erbsünde oder auf verdrängte sexuelle Schuldgefühle zurückführt, hängt auch vom eigenen Aberglauben ab. Ich habe nichts gegen Erforscher der menschlichen Phantasie, doch wenn sie zweifelhafte psychische Erlebnisse konkreten Tatsachen vorziehen, strapazieren sie ihre Glaubwürdigkeit arg. Wie kommt es, daß Freud und einige seiner Anhänger in den unter der Folter erpreßten Geständnissen von Hexen nicht die Projektionen von Theologen, Anwälten und Inquisitoren zu erkennen vermochten? Hätten denn diese unglückseligen Frauen nicht alles gestanden, einschließlich Kopulation mit dem Teufel und Fliegen auf Besenstielen, um den qualvollen Schmerzen zu entgehen?

Sogar heute treten bei machtlosen, frustrierten, sexuell mißbrauchten Kindern ähnliche Symptome auf wie bei den Nonnen und Kindern, die behaupteten, von unsichtbaren Mächten heimgesucht zu werden. Nehmen wir zum Beispiel Virginia, die bei Familienzusammenkünften regelmäßig mißbraucht wurde:

Es hatte nichts mit Penetration zu tun, nur dieses Tätscheln und Fühlen und »Komm schon, du bist so hübsch. Gib deinem Onkel ein Küßchen.« Da war so ein Onkel in der Reichschen Therapie, und der preßte sich immer mit seinem dicken Penis gegen mich. Am Anfang habe ich immer so getan, als wäre mir schlecht, und bin auf die Toilette gegangen. Aber nach einiger Zeit wurde mir wirklich jedesmal schlecht, und ich übergab mich im Klo. Ich bettelte darum, nicht hingehen zu müssen, aber ich war erst zehn, und meine Mutter zwang mich.

Auch Betty benahm sich sehr merkwürdig, als sie von einem Mann, dem sie vertraute und den sie mochte, sexuell benutzt wurde:

Als ich elf war, lebten wir auf dem Land, und ich ging oft auf den benachbarten Hof, die Kühe besuchen. Der alte Bauer dort war immer nett zu mir, sehr freundlich und gütig. Aber als ich elf war, fing er an, mich immer zu necken und mit mir zu ringen. Er wurde ganz aufgeregt und machte mir Angst, und ich wußte, daß sich da irgend etwas Sexuelles abspielte. Ich ging immer unheimlich gerne auf den Bauernhof, aber weil er mich immer wieder anfaßte und mich neckte und mit mir raufte, konnte ich nicht mehr hingehen. Nach einer Weile wußte ich, daß ich es nicht wollte, wenn andere Männer bei einem Anblick erregt wurden. Als meine Brüste sich zu entwickeln anfingen, habe ich sie daher fest mit Binden umwickelt, aber vorher habe ich mir mit dem Rasierer die Haut geritzt, damit das Blut meinen Verband erklärte.

Die Tendenz, einem Opfer nicht zu glauben, daß es Unbehagen empfindet, die Weigerung, anzuerkennen, daß sexuelle Zudringlichkeit von seiten eines vertrauten Erwachsenen, eines Priesters oder Onkels äußerst schädlich sein kann, wird das Gefühl von Isoliertheit und Verwirrung in einem Kind nur verstärken. Die folgende psychiatrische Analyse von Judy ist nur ein Beispiel dafür:

Am Anfang der Pubertät erschreckte sie alles Sexuelle. Sie erzählte von einem Vorkommnis im Hause ihres Onkels, als sie dort Babysitter war und der Onkel ihr sagte, sie solle sich vor ihm aus-

ziehen. Judy fügte hinzu: »Natürlich habe ich das nicht getan,«
und erzählte weiter, wie der Onkel sie »am ganzen Körper ange-
faßt« habe. Sie hatte keine Ahnung, was er eigentlich wollte; sie
wußte nur, daß sie seine Berührung nicht länger würde ertragen
können. »Es hat mich fast verrückt gemacht,« fügte sie hinzu.[56]

Die Verführungsszene mit dem Onkel war scheinbar ein Präpu-
bertätstrauma nach dem Modell, das von Greenacre beschrieben
wurde. »Diese Traumen wurden von den Opfern provoziert und
stellten Zwangswiederholungen prä-ödipaler Konflikte dar, die
die Intensität der ödipalen Phase mit der sich daraus ergebenden
Strenge und Deformation des Über-Ichs beeinflußten.«

Nach diesem Zwischenfall [die Verführung] vermied Judy jede Si
tuation, die sexuelle Gefühle hervorrufen könnte. Als sie sich
dann endlich zum ersten Mal mit einem Jungen allein fand,
fürchtete sie, von ihm attackiert zu werden. Ganz offenbar fürch-
tete sie, ihre Selbstbeherrschung zu verlieren. Wenn sie in eine
so ausweglose Situation geriet, reagierte sie mit Übelkeit und Er-
brechen. Wir erkennen in diesen flüchtigen Symptomen eine
Verdauungslabilität, die in die Zeit der oralen Ambivalenz zu-
rückzureichen scheint.[57]

Hätte der Psychiater Judy zugehört, wäre er vielleicht auf das
Problem gestoßen. Was Judy überwältigt hatte, war nicht der
Verlust der Kontrolle über ihre sexuellen Gefühle oder ein »prä-
ödipaler Konflikt«, sondern der nicht zu übersehende Mangel an
Selbstbeherrschung seitens ihres erwachsenen Onkels. Judy
wollte nicht von ihm angefaßt werden, was ihr gutes Recht war,
und in einer Gesellschaft, die sich weigert, die Verletzung dieses
Rechts anzuerkennen, ist sie tatsächlich fast verrückt geworden.
Genauso wie die besessenen Nonnen von wirklichen Menschen
gepeinigt wurden, so war auch Judy von einem Verwandten aus
Fleisch und Blut gepeinigt worden.

Heute wie in der Vergangenheit belästigen geistliche Väter - wie
auch andere Vaterfiguren - weiterhin unbehelligt die ihnen an-
vertrauten Töchter. Zusammen mit Lehrern, Psychiatern, On-

keln, Vätern und Stiefvätern finden auch viele geachtete Männer in der Soutane ein bißchen Freude daran, kleine Mädchen zu peinigen. Beschwerden über sexuellen Mißbrauch durch Männer der Kirche sind keine Seltenheit. Im Jahr 1975 berichtete Barbara über ihre Belästigung durch den örtlichen Pfarrer:

Als ich noch sehr jung war, etwa sechs oder sieben, gingen meine älteren Schwestern und ich immer zum Tee ins Haus unseres Gemeindepfarrers. Er pflegte mich auf seinen Schoß zu nehmen und mich anzufassen. Er berührte mich zwischen den Beinen und am Hintern und steckte seine Hand unter meinen Rock. Ich hatte noch keine Brüste, aber er tastete immer in der Gegend an mir herum, und ich fühlte mich sehr unwohl dabei; ich wußte, es war nicht richtig. Ich habe auch meiner Erzieherin gesagt, als ich nach Hause kam, daß ich da nicht mehr hingehen wollte. Erst habe ich gesagt, ich mochte den Geruch in seinem Haus nicht, alles, nur nicht die Wahrheit. Aber sie glaubte mir nicht, und ich mußte ihr die Wahrheit sagen.

Darauf wurde ich für meine Schlechtigkeit bestraft, weil ich so etwas von einem Priester dachte. Ich bekam keinen Nachtisch und mußte etwa eine Woche lang die ganze Wäsche und das Putzen besorgen. Es wurde nie wieder darüber gesprochen, aber ich mußte trotzdem immer noch zu ihm nach Hause gehen. Niemand hat es ihm gegenüber erwähnt, und er hat auch immer weitergemacht. Da man mir gesagt hat, Priester würden so etwas nicht tun, und es sei meine Schuld, fing ich wirklich an zu glauben, daß er es vielleicht gar nicht getan hatte. Ich hatte nur eine schmutzige Phantasie.

Claire hatte ihr Erlebnis mit einem Gitarre spielenden örtlichen Pastor:

Als ich ungefähr vierzehn war, lebte ich bei meinem Onkel und meiner Tante, und ich suchte einen Ferienjob. Sie waren sehr gut mit dem Pastor einer der größten Kirche der Gemeinde befreundet. Bei diesem Pfarrer hatte ich Gitarrestunden; so habe ich ihn ursprünglich kennengelernt. Dann besorgte er mir einen Job in seinem Büro.

90

Meistens, wenn ich an der Vervielfältigungsmaschine beim Ab-
zügemachen oder beim Adressenschreiben war, kam er plötzlich
zu mir rüber und legte die Hände auf meine Brüste, und er sagte
dann: »Hmmm, du entwickelst dich wirklich zu einer prächtigen
jungen Dame.« Ich wußte nicht, wie ich damit umgehen sollte.
Ich wußte nicht, was ich sagen sollte. Tief im Innern wußte ich,
daß er das nicht durfte... Er war viel älter, und er war ein Pastor.
Ich habe meiner Tante und meinem Onkel nie etwas davon ge-
sagt, weil ich wußte, daß sie mir nie geglaubt hätten, weil sie
viel mit der Kirche zu tun hatten und den Pastor wirklich gerne
mochten. Und so passierte es immer weiter. Schließlich habe ich
meiner Tante gesagt, daß ich den Job an den Nagel hängen wür-
de. Ich bin weggegangen, habe es aber nie vergessen. Er war in
den Vierzigern, verheiratet, mit Kindern in meinem Alter. Ich
hätte es meiner Tante und meinem Onkel schon gesagt, aber ich
wollte nicht in einer Lage sein, wo ich etwas hätte beweisen müs-
sen, wo doch dieser Mann etwas tat, was nicht richtig war - nicht
ich.

Louise, die mit dreizehn Jahren schwanger wurde, wurde von ihrem Beichtvater nicht belästigt, sondern fürs ganze Leben »verdammt«:

Mit dreizehn wurde ich von einem Oberschullehrer schwanger.
Meine Eltern brachten mich zu einem Priester. Er sagte, ich sei
ein Werkzeug der Sünde - es sei meine Schuld. Niemand, nicht
mal ein Junge in meinem Alter, würde je ein anständiges drei-
zehnjähriges Mädchen verführen. Ich würde in der Hölle schmo-
ren.

Ich bin ausgeflippt. Deswegen konnte ich auch mit Selbstmord
fertig werden, weil ich sowieso schon eine Todsünde begangen
hatte. Ich war schon verdammt. Lange Zeit war es mir völlig egal,
was mir passierte, weil ich sowieso in die Hölle kam. Ich war
schon tot.

Sallys Pflegevater, ein Diakon, schreckte weder als Vater noch
als Diakon davor zurück, sein sexuelles Vergnügen zu suchen:

*Mein Pflegevater war ein Diakon, und er hat mich sechs Jahre
lang, von elf bis siebzehn, belästigt. Er machte sich bei jeder Gelegenheit an mich ran; drei- oder viermal die Woche. Ich war völlig durcheinander. Ich wußte nichts von Sex und konnte nicht
verstehen, was er von mir wollte. Er war ein ruhiger, geachteter
Mann, und wenn er mich auch sexy küßte, war er doch der einzige Vater, den ich hatte. Ich hätte nie im Traum jemandem davon
erzählt. Ich hatte keine Wahl. Wo sollte ich hingehen? Ich hatte
das Gefühl, es war meine Schuld.*

Der Geschichtswissenschaftler Jacob Burckhardt erkannte, daß
die Brutalität der korrupten Kirche Menschenseelen zerstört und
»viele von den Höherbegabten... dem Unglauben und der Verbitterung in die Arme getrieben« hat.[58]Während der absoluten
Macht der römisch-katholischen Kirche waren Nonnen, Novizinnen und Schulmädchen tatsächlich ausschließliches Eigentum
der Mönche. Wenn sie - ohne jeglichen Rückhalt oder Beistand -
Inkubi als ihre Peiniger bezeichneten, waren sie in der Tat heimgesucht worden - nicht von Geistern, sondern von existenten
Männern, die in Wirklichkeit ihre Körper manipulierten, als wären sie nichts weiter als Besitzstücke. Und doch sind Kenner der
menschlichen Seele wie Kirchenväter und Psychiater nicht bereit, diejenigen zu identifizieren, die Keuschheit predigen, während sie selbst verführen und vergewaltigen und damit ihren
eigenen Beitrag zur Brechung der weiblichen Psyche leisten. Wie
sehr die Geschichte den Tatbestand sexueller Versklavung auch
gefestigt haben mag - die Herrschaftsinstanzen jedes Zeitalters
haben Mittel und Wege gefunden, vor ihrer realen Existenz die
Augen zu schließen.

4. GRIECHISCHE LIEBE

Wenn wir also, mein lieber Protogenes, nur nach der Wahrheit suchen, so ergibt sich bald, daß die leidenschaftliche Zuneigung gegen Jünglinge und Weiber eine und ebendieselbe ist.

Plutarch, »Über die Liebe«[1]

Lord Chesterfield, englischer Staatsmann des 18. Jahrhunderts, belehrte seinen Sohn, daß »Frauen demnach Kinder von größerem Wuchse sind.«[2] Ich nehme an, Lord Chesterfield rechnete auch kleine Jungen zu den Kindern, die er mit Frauen gleichsetzte. Auch der römische Dichter und Satiriker Horaz, 1. Jahrhundert v. Chr. warf Frauen und Kinder in einen Topf und empfahl, sich mit beiden zu verlustieren. Wenn in einem Mann die Leidenschaft glühte - schlug Horaz vor - solle er sich einer Sklavin bedienen, doch wenn keine Sklavin zur Hand sei, tue es auch ein Knabe.[3] Die alten Griechen, die sich freimütig zur Knabenliebe bekannten, setzten, im Gegensatz zu Horaz, Knaben nicht mit Frauen gleich, obwohl sie sie wie diese behandelten.* Die mythische Pandora, die die verbotene Büchse öffnete und damit Übel auf die Menschheit häufte, war für die Griechen das Sinnbild des heimtückischen Wesens der Frau. Der Mann, der das Gegenteil der Frau war, verkörperte das Maximum an Tugend, und Knaben in der Blüte ihres Lebens waren das Ebenbild menschenmöglicher Perfektion. Die Griechen erachteten Jugend, genauer gesagt »Jünglinge«, als gleichbedeutend mit Schönheit, und um den Gipfel menschlicher Vollkommenheit zu erreichen, stellten griechische Männer jungen Knaben nach. Zusätzlich zu Philosophie, Kunst, Naturwissenschaft, Mathematik und anderen unschätzbaren Beiträgen zur Zivilisation, gaben uns die Griechen die »Päderastie«, eine Sitte, die sexuelle Beziehun-

---

*Vgl. Kapitel 14 »Sexueller Mißbrauch von Jungen«

gen zwischen reifen Männern und halbwüchsigen Knaben zum Gegenstand hat. Während Griechenlands Goldenem Zeitalter blühte Päderastie zusammen mit göttlicher Philosophie. Außer der göttlichen Philosophie diente die Päderastie vielen praktischen Zwecken.

Knabenliebe

Krieg, Heldentum, Kunst, Dichtung und Jugend schienen den imperialistischen Griechen nicht unvereinbar, und Männer, die Tod und Gefahren nicht scheuten, wurden dichterisch geehrt:

Alles ist schön an einem Jüngling, wenn er
die leuchtende Blume der Jugend besitzt.
Solange er lebt, wird er von Männern vergöttert
und von Frauen begehrt.
Und überaus schön ist sein Anblick, wenn er
im Vorwärtssturm sterbend fällt!! [4]

Und da der Krieg reichlich jungen Nachwuchs erforderte, der bereit war, »sterbend zu fallen«, ergänzten sich Militarismus und Päderastie vorzüglich. Platon schlug vor, daß sich ein Heer von Liebenden für sein Land als eine unschlagbare Armee erweisen könnte:

Und dieser Leitstern, was ist er? Die Scham vor dem Schimpflichen und der Wetteifer um das Schöne. Denn ohne diese ist es weder einem Gemeinwesen noch einem Einzelnen möglich, sich in großer und schöner Weise zu betätigen. Ich behaupte nämlich, daß ein Mann, welcher liebt, wenn er dabei betroffen würde, etwas Schimpfliches zu tun oder sich im Falle einer Mißhandlung durch einen anderen aus Mangel an Männlichkeit nicht zur Wehr zu setzen, weder durch des Vaters noch der Genossen noch sonst irgend jemandes Blick sich so schmerzlich getroffen fühlen würde als durch den des Geliebten. Die nämliche Beobachtung machen wir bei dem Geliebten: Mehr als vor jedem anderen schämt er sich vor seinem Liebhaber, wenn er bei irgend etwas

Schimpflichem erblickt wird. Fände sich nur ein mögliches Mittel, einen Staat oder ein Heer aus lauter Liebhabern und Geliebten zu bilden, so könnte es gar kein besser gestaltetes Gemeinwesen geben als das ihrige, denn alles Schimpfliche wäre ausgeschlossen, und all ihr Wetteifer wäre auf die Ehre gerichtet, und in solcher Gesinnung Seite an Seite in den Kampf ziehend, würden sie auch bei geringer Zahl doch sozusagen über die ganze Welt siegen. Denn lieber würde sich ein von Liebe beseelter Mann von allen anderen dabei erblicken lassen, wie er entweder seinen Posten verläßt oder seine Waffen von sich wirft, als von dem Geliebten: einen vielfachen Tod würde er dem vorziehen...

So erbärmlich ist keiner, daß ihn nicht eben die Liebe selbst begeistern sollte zu edler Männlichkeit... was Homer von dem Gott sagt, daß er manchen der Heroen Mut einhauche, das gewährt Eros den Liebenden als Gabe aus seiner Hand.

Ja, auch zu sterben sind die Liebenden, und nur sie, füreinander bereit.[5]

Zweifellos waren Liebende tapfer, aber die griechischen Heeresexperten waren zu praktisch veranlagt, um sich allein auf die Liebe zu verlassen. Jungen, die pausenlosem Druck ausgesetzt waren, wurden schwer bestraft, wenn sie es an dem erforderlichen Mut mangeln ließen. Bei den Spartanern wurde ein erwachsener Liebhaber, dessen Knabe im Kampf »verweichlicht« aufschrie, mit einer Geldstrafe belegt und der Schande preisgegeben. Perikles, der Herrscher über Athen, mahnte: »Wir lieben den Geist und werden nicht schlaff«,[6] »erlauben wir uns doch im Staat... keine Rechtsverletzung, im Gehorsam gegen die Beamten und gegen die Gesetze.«[7] Und »die Beamten« waren Männer, nicht Knaben.

Die Männer, die Griechenland regierten, hatten die Zügel über ihre schönen Knaben fest in der Hand. Pädasterie diente im Grunde genommen dazu, griechische Soldaten in Übereinstimmung mit Regierungsanweisungen heranzuzüchten, und Kleinstaaten wie Athen, Sparta, Korinth und Kreta gaben gesetzliche Richtlinien zur Regulierung dieser Praktik aus. Ebenso wie ein

Mädchen, kaum daß ihre Pubertät anbrach, gezwungen war, einen fünfzehn bis zwanzig Jahre älteren Mann zu heiraten, so blieb einem männlichen Kind aus aristokratischer Familie nichts anderes übrig, als einen erwachsenen Liebhaber zu nehmen. Abgelenkt durch die Spiele von Olympia, durch Theater, Symposien, Hetären und ihre eigenen Knabengeliebten, vernachlässigten griechische Väter oft ihre Söhne. Päderastie war daher die Haupterziehungsmethode, wobei erwartet wurde, daß der jeweilige erwachsene Mann einem Jungen als Lehrer und Ratgeber zur Seite stand und daß jeder Junge mit zwölf Jahren gepaart wurde. Ein Mann, der einen Jüngling begehrte, war jedoch verpflichtet, sich an gesetzliche Vorschriften zu halten, und jede unerlaubte Entführung wurde schwerstens geahndet. Mit zwölf Jahren war ein Junge mündig und durfte umworben werden; oft buhlten viele Verehrer in offenem Wettstreit mit Geschenken, Gedichten, Schmeicheleien und sogar Bargeld um seine Gunst. Fand ein Bewerber die Zustimmung des Vaters, so durfte der Glückspilz durch Vergewaltigung von dem Jungen Besitz ergreifen.

Der Brauch geht angeblich auf einen göttlichen Präzedenzfall zurück, der in dem Mythos von Zeus und Ganymed geschaffen wurde. Zeus war von der Schönheit des jungen Ganymed so bezaubert, daß er sich in einen Adler verwandelte und mit dem Knaben zum Olymp empor rauschte, wo er als Mundschenk und Zeus' Auserwählter diente. Diese Entführung war ein Privileg, das nur einem Gott zustand. Als der sterbliche Laius, der Vater des Ödipus, heimlich Chrysippus, den jungen Sohn des Königs Pelops, entführte, wurde dieser unbotmäßige Raub durch einen Sterblichen als Kapitalverbrechen verurteilt. Wie im Falle der Tochter bei den Hebräern, verwandelte das Fehlen der väterlichen Erlaubnis Sex mit einem Knaben in ein Verbrechen. In der Tradition von Zeus und Ganymed war sexueller Gebrauch von Jungen statthaft, doch zur Vermeidung des Affronts, den Laius begangen hatte, erwartete man von einem potentiellen Bewerber, daß er sich das Einverständnis des Vaters des Jungen einholte und dann seine Absichten öffentlich kundtat. War dies geschehen, so wurde - im Einklang mit Mythos und Sitte - eine

Pseudoentführung inszeniert, bei der Familie und Freunde mit gespielter Wut und sogar Verfolgung mitwirkten. Aber wenn das Spiel vorüber war, bekam der Liebhaber seinen Preis.

Daraufhin pflegte sich das Paar einen Monat lang oder mehr von der Gemeinschaft abzusondern, und während dieser Zeit wurde der Knabe von seinem erwachsenen Liebhaber reichlich beschenkt, unter anderem mit kompletter Kriegsrüstung. Solchermaßen auserlesene Jünglinge wurden mit besonderen Vorrechten geehrt und hoben sich von all jenen weniger begünstigten, nicht auserwählten ab, denen man Charakterfehler nachsagte und die ein schmachvolles Dasein fristen mußten. Nach Beendigung des Rituals war der Erwachsene für das Benehmen seines jungen Gefährten verantwortlich. Sie verbrachten ihre Zeit damit, sich an Körper und Geist zu üben, sich im Gebrauch der Waffen, in der Reitkunst, in der Erfüllung von Pflichten und im Gehorsam gegenüber der Obrigkeit zu vervollkommnen.[8]

Wie edel dieser Brauch auch dargestellt werden mochte - erwachsene Liebhaber zogen jeden Nutzen aus ihren Knaben. Wie sehr Päderastie auch als Urquelle staatsbürgerlicher und menschlicher Tugend idealisiert wurde[9] - Gleichheit war nicht geeignet, das sexuelle Vergnügen eines Mannes zu fördern, und trotz allen Strebens nach Männlichkeit war »O Knabe, süß wie ein Mädchen«[10] bezeichnend für das Interesse des männlichen Erwachsenen. Jungen, die im Ringen trainiert wurden, wurden mehr im Hinblick auf ihre potentiellen Fähigkeiten im Bett als auf Grund ihrer Geschicklichkeit geschätzt:

Gestern war ich zu Gast bei Demetrios; Sportlehrer ist er
und der glücklichste Mann unter dem Menschengeschlecht.
Ein Junge lag ihm im Schoß, ein anderer über der Schulter,
einer bracht' ihm den Trank, einer das Essen herbei.
Wahrlich, ein hübsches Quartett! Und ich neckte ihn scherzend
und sagte:
Treibst du auch während der Nacht, Freund, mit den Jungen
noch Sport?[11]

Merkmale waren gefragt, die bei Frauen als attraktiv galten:

Ja, ich liebe die Weißen, ich liebe die Bräunlichgetönten,
Blonden bin ich so hold, und ich bin Dunklen so gut.
Ich verschmähe auch nicht die hellen Augen, doch rasend
lieb' ich des dunklen Augs funkelnd erglänzende Pracht.[12]

Es gibt immer einen,der die ganz Jungen,die verbotenen Früchte
bevorzugt:
Zart ist der Junge des Nachbarn, ganz zart noch;
er reizt mich nicht wenig.
Wie verschmitzt er doch lacht, ganz so, als wär' er gewillt.
Älter als zwölf ist er kaum.
Noch wacht man nicht über den Herbling;
Sind die Trauben erst reif, hüten sie Gitter und Schloß.[13]

Die griechische Dichtung strotzt vor Männern, die für »die zarte
Blume der Jugend« und »die Schenkel und den köstlichen Mund«
heranreifender Knaben schwärmen. Der Mann, der jämmerlich
nach zarten Jünglingsgliedern schmachtete, der errötete, wenn
der Name seines Lieblings erwähnt wurde, oder der nachts frie-
rend vor der Tür seines Angebeteten schlief, war der Mann, der
Griechenland beherrschte. Doch diese griechischen Herrscher
schätzten nicht Homosexualität schlechthin. Nur Sex zwischen
Männern und Knaben galt als erstrebenswert. Beischlaf zwischen zwei erwachsenen Männern war unakzeptabel und wurde
verschmäht. Sobald ein Junge erwachsen war, verlangte die Sitte, daß sich die Liebenden trennten, und für den Jungen, der ins
Mannesalter trat, war nunmehr die Zeit gekommen, Frauen
nachzujagen und sich selbst andere junge Knaben zu suchen.
Griechische Männer lehnten zwar haarige Liebhaber ab, aber sie
hatten Ehrfurcht vor der Reife ihrer Kollegen. Der Gesetzgeber
und Päderast Solon schrieb Männern über vierzig Weisheit und
Autorität zu.[14] Erwachsene Männer waren nicht erpicht auf kna-
benhafte Unreife bei sich selbst; wie jemand ein Kunstwerk erwirbt, so eigneten sich griechische Männer charmante Jünglinge
an. Wenn es um Knabenliebe ging, spotteten sie über Gleichheit
und Brüderlichkeit:

*Wenn einen Schönen du siehst, dann säume nicht! Schmiede das
Eisen!
Sag, was du vorhast, und nimm seiner Testikel dich an!
Sprichst du: »Wie acht' ich dich doch« und »Ich will wie ein Bru-
der dir bleiben«,
sperrt dir dein schüchterner Mut völlig die Wege zum Ziel.*[15]

Seltsamerweise hören wir jedoch nichts von Jugendlichen, die für
die haarigen Schenkel und borstigen Lippen ihrer bärtigen Liebhaber schwärmen. Griechische Männer phantasierten:
»Schon dadurch, daß wir unsere Liebe in schöne Knaben hau-
chen, bewahren wir sie vor Habsucht... fördern Bescheidenheit
und Selbstbeherrschung.«[16]Diese Besessenheit von oberflächli-
cher Schönheit und dem eigenen Edelmut mußte unweigerlich zu
Korruption führen, und schöne Knaben dürften kaum angenommen haben, daß Bescheidenheit und mangelnde Habsucht ihre
einzigen Vorzüge waren. Auf einem Bankett in Athen verkündete
ein schöner Jüngling ganz unbescheiden: »Da wir schönen Menschen denen, die zur Liebe bereit sind, eine gewisse Begeisterung einflößen, werden sie dadurch großzügiger in Gelddin-
gen...«[17]Päderasten, die erst die Wonnen der Männlichkeit zu mi-
litärischen Zwecken in den Himmel priesen und dann Jungen zu
Frauen erniedrigten, um sie als Sexualobjekte zu benutzen, wurden bald von vielen Jugendlichen verabscheut:

*Wer hingegen... dahingebracht worden, zu willfahren und sich
preiszugeben, hegt immer gegen seinen Verführer den bittersten
Haß und wird sich gewiß bei vorkommender Gelegenheit auf das
grausamste an ihm rächen. So tötete den Archelaus sein gewese-
ner Liebling Kratauas und Pytholaus den Alexander von Pherä.
Periander, der Tyrann von Ambrakia, fragte seinen Geliebten, ob
er noch nicht schwanger wäre, darüber wurde dieser so aufgebracht, daß er ihn auf der Stelle ums Leben brachte.*[18]

Es überrascht nicht, daß die Ungleichheit in den homosexuellen
Mann-Knabe-Verbindungen, die der heterosexuellen Mann-
Frau-Kombination so sehr ähnelte, dieselben Spielchen mit Jun-
gen zur Folge hatte, wie Männer sie mit Frauen trieben. Sie nah-

men sie als Konkubinen, kauften und verkauften sie als Prostituierte. Ebenso wie Frauen nach ihrem Charme und ihrer sexuellen Attraktivität bewertet werden und diese Trümpfe zur Erlangung von Gefälligkeiten, Privilegien und Geld einsetzen, lernten auch hübsche Knaben, einen Verehrer gegen den anderen auszuspielen, um in den Genuß möglichst vieler Geschenke zu kommen. Und doch waren dieselben Männer, die dieses Verhalten förderten, entsetzt über die Entdeckung, daß ihre Gespielen opportunistisch waren und daß »das Werben um Knaben einen höheren Preis forderte als ein Hof.«[19] Aber wenn Männer bereit waren, zu kaufen, dann waren Jungen bereit, zu verkaufen und in den Bordellen Alt-Griechenlands gab es ebenso viele Jungen wie Frauen, wobei sowohl freie Knaben als auch Sklaven zu mieten waren.

Das griechische Interesse an jungen Knaben ging allerdings über die freie Prostitution hinaus. Manche Jungen wurden geschändet, vergewaltigt, sexuell versklavt. Und da feminine Zartheit so gefragt war, wurden viele Jungen kastriert, um den Männern den Gipfel der Glückseligkeit zu bringen. Der Herrscher von Korinth eignete sich dreihundert Knaben aus der unterjochten Kolonie Kakyra (Korfu) an, um sie zu kastrieren und zu verkaufen. Der Eunuch Hermotimus war von Panionius kastriert worden, einem Mann, der von der Entführung, der Kastration und dem teuren Verkauf gutaussehender Jünglinge lebte.[20]

Griechische Männer suchten in ihren Knaben das, was sie bei Frauen suchten: haarlose, zarte, machtlose Unreife. Dichter rieten Liebhabern dringend, zuzugreifen, ehe es zu spät war:

Freund, genieß deinen Mai!
Wie kurz ist die Blüte bei allem!
Macht aus den Böckchen nicht ein Sommer den struppigen Bock?[21]

Es ist oft gesagt worden, daß die Tyrannei griechischer Liebe kaum zu überbieten war. Im Lauf der Zeit entwickelte sich Platon zum Verabscheuer griechischer Liebe. Viele Knaben, die zuerst verhätschelt wurden, wurden später fallen gelassen. Er, der Päderastie ursprünglich so verehrt hatte, zog enttäuscht Bilanz:

Das... muß man bedenken und davon überzeugt sein, daß die Freundschaft eines Verliebten nicht mit wohlwollender Gesinnung verbunden ist, sondern um der Ersättigung willen wird sie gesucht gleich einer Speise. Gleichwie Wölfe das Lamm, so liebt der Verliebte den Knaben.[22]

Einige Jungen, die den erforderlichen Sprung vom Lamm zum richtigen Wolf nie schafften, bemühten sich weiterhin um die Gunst von Männern, indem sie den sanften, mädchenhaften Charme beibehielten. Aber ein Betragen, das bei einem Knaben charmant war, war bei einem Mann lächerlich: »Du lispelst - deine Zunge ist ausgesprochen schwach. Mein kleines Söhnchen könnte lauter sprechen,« gefolgt von der schwersten aller Beleidigungen: »Darf ich Schwester zu dir sagen?«[23]Männer, die sich wie Frauen benahmen, wurden so verachtet, daß es zur Zeit, da die griechische Zivilisation an die Römer überging, keine Schande war, sie zu vergewaltigen.

Im Gegensatz zu den Griechen hatten die Römer wenig romantische Ansprüche. Sie betrachteten Sex als ein Mittel zur Demütigung von Feinden und Ungleichen. Tiberius ergötzte sich als Zuschauer an der Verstümmelung der Genitalien seiner Feinde, und Nero kastrierte den Knaben Sporus, heiratete ihn in einer Hochzeitsparodie, kleidete ihn als Frau und stellte ihn vor dem Pöbel von Rom als Spielzeug zur Schau.[24]Im 18. Jahrhundert fand der berüchtigte Wüstling Lord Rochester ebenfalls Gefallen daran, abwechselnd seine Dirne und seinen Pagen zu entmenschlichen und grausam zu quälen:

Ich schick' nach meiner Hure, und aus Tripperangst bloß
fick ich in ihre Hand und kotz' in ihrn Schoß.
Dann streiten und schimpfen wir, bis ich endlich find' Ruh,
da schleicht doch das Drecksweib auf meine Tasche dreist zu.
Dann verläßt sie mich schnöde, und aus Rache und mir zum Trotze
beraubt sie mich des Geldes und zugleich auch der Fotze.
Wach' ich zufällig auf, mein Kopf heiß und besoffen -
was steht mir als Ersatz für mein verlor' nes Loch offen?
Ich tobe und brülle und verfalle in Rage -
meine Hure ist zwar fort, doch tut's auch der Page.[25]

Wie Lord Chesterfield machte auch Lord Rochester keinen Unterschied zwischen Frauen und Kindern und trieb seine Scherze mit beiden.

5. EINE VIKTORIANISCHE KINDHEIT

Der Honig ihrer Kinderlippen
Ihres süßen Lächelns Brot und Wein
Das wilde Spiel ihres wandernden Blicks
läßt ihn der Kindheit erlegen sein.

William Blake, »The Mental Traveller«[1]

Das 19. Jahrhundert brachte einen ungeahnten industriellen Aufschwung und sensationelle Erfolge auf dem Gebiet der Wissenschaft mit sich. Es brachte auch eine Schwemme von Herren mit sich, die eine überwältigende Vorliebe für kleine Mädchen hegten. Marcel Proust hat gesagt: »So kurz ist der strahlende Morgen des Lebens, daß man letzten Endes nur die allerjüngsten unter den Mädchen liebt, jene, in denen das Fleisch, gleich kostbarer Hefe, noch am Arbeiten ist.«[2]

Diese Neigung bzw. dieser »Klein-Mädchen-Kult« äußerte sich in der Vergötterung weiblicher Kinder, doch wenn die Leidenschaft anerkannte Schranken durchbrach, war das Ergebnis Belästigung, Vergewaltigung, Prostitution und pornographische Erniedrigung viktorianischer Kinder.

Dieser Widerspruch ist nicht weiter verwunderlich. Trotz all ihres Fortschritts waren die viktorianischen Titanen außerstande, die menschliche Sexualität in den Griff zu bekommen. Vertreter der aufkommenden Schulen menschlichen Verhaltens stimmten darin überein, daß die Frau von Natur aus geschlechtslos sei, und ihr erotische Gefühle zuzuschreiben, bedeutete, das schwache Geschlecht »niederträchtig zu beschmutzen.« Der männliche Sexualtrieb hingegen war die Energie, die Männer zum Erwerb von Wohlstand, Eigentum, einer Ehefrau, eines Heimes und zur Gründung einer Familie beflügelte; kurzum, war er der Motor, der die Zivilisation vorantrieb. Bei dieser kolossalen Inflation des männlichen »schöpferischen Instinkts« wurden einige unangenehme Begleiterscheinungen, wie zum Beispiel Kindesschändung, in Kauf genommen. Selbst die unzulänglichsten Aufzeichnungen zeigten eine alarmierende Zunahme sexueller Angriffe auf Kinder. 1888 schrieb der Arzt und Sexualforscher Krafft-Ebing:

Aus der Kriminalstatistik ergibt sich die traurige Tatsache, daß die sexuellen Delikte in unserem modernen Kulturleben eine fortschreitende Zunahme aufweisen, darunter ganz speziell die Unzuchtsvergehen an Individuen unter 14 Jahren. [3]

Und, nach dem Sozialisten August Bebel:

Eine andere unnatürliche Befriedigung des Geschlechtstriebs ist das Notzuchtverbrechen an Kindern, die sich in den letzten Jahrzehnten vervielfacht haben. [4]

Der Psychologe Theodor Stekel warnte vor Großvätern, die mit Vorliebe ihre Finger in die Scheiden ihrer Enkelinnen einführten, und erzählte von einem Mädchen, das aufschrie, als der Arzt, der sie wegen Mandelentzündung behandelte, seine Hände unter die Decke gleiten ließ und sie unsittlich berührte. (Sie wurde gezwungen, ihn um Verzeihung zu bitten, weil sie so ein Theater gemacht hatte.)[5] Kindesschänder wurden, vor allem, wenn sie aus angesehenen Familien stammten, gut gedeckt. Lord Galloway, der Schwager des Premierministers Lord Salisbury, wurde vor Gericht gestellt, weil er seine Hand unter den Rock der zehnjährigen Jane Gibson geschoben hatte. Lord Galloway bestand darauf, daß er und Jane lediglich Brombeeren gepflückt hätten, doch eine Zeugin, Mrs. Moffat, erregte großes Aufsehen, als sie ausrief: »Schande über Sie, Sie alter Schurke! Was haben Sie getan?«[6] Das Gericht befand nichtsdestoweniger, daß Jane zu jung sei, um ein unzüchtiges Motiv zu verstehen, »sofern Unzüchtigkeit überhaupt beabsichtigt war«, (was hatte seine Hand wohl sonst unter ihrem Kleid zu suchen?) und daß infolgedessen kein Unheil angerichtet worden sei; die Klage wurde abgewiesen. Die feine Gesellschaft atmete erleichtert auf. Solange die respektable Fassade gewahrt blieb, war Frau Saubermanns wachsames Auge recht wirkungslos, und in den Worten einer Schriftstellerin:

»Die hübschen kleinen Mädchen mit den leuchtenden Augen, die die Herzen älterer Männer höher schlagen ließen, erlebten hinter den geschlossenen Läden von Kinderzimmern und Schulräumen die reine Hölle.«[7]

Literaten

Das Bild des unschuldigen Kindes kam während des 18. Jahrhunderts auf und lebte in sämtlichen Medienformen durch das 19. Jahrhundert hindurch fort bis ins frühe 20. Jahrhundert, doch als Jungfrau/Hure verschlüsselt, erzeugte es in den edelsten Männern zwiespältige Regungen. Sogar der fromme William Wordsworth, hin- und hergerissen zwischen Ehrfurcht und Begierde, unterwarf sein »heißgeliebtes Kind« poetisch einer »lenkenden Macht, zu verglühen oder zu verzichten.«[8] Der Lyriker Ernest Dowson widmete kleinen Mädchen eine Reihe von Sonetten, und um ihrer ewigen Kindheit sicher zu sein, verurteilte er sie gelegentlich zu einem frühen Tod. In seinem Gedicht »Das tote Kind« befal er einer jungen Angebeteten: »Lieg still und sei immerdar Kind.«[9] Im Gegensatz zu Wordsworth ging Dowson jedoch über die dichterische Phantasie hinaus und machte als Zweiundzwanzigjähriger der zwölfjährigen Kellnerin Adelaide den Hof. Er hielt noch vor ihrem fünfzehnten Geburtstag um ihre Hand an, doch, von den Eltern streng überwacht, wies sie sie ihn ab.

Der todunglückliche Dowson fand anderswo Erfüllung. In einem Brief vertraute er einem Freund an, daß er gezwungen sei, minderjährige »Früchtchen« aufzugeben, weil das gesetzliche Mindestalter* in England von dreizehn auf sechzehn Jahre angehoben worden sei, und »le jeu ne valait« bzw. »das war das Spiel

---

*»Gesetzliches Mindestalter«dient in diesem Buch zur Wiedergabe des englischen »legal age of consent«. Zur Erklärung des Begriffs s. Fußnote S.232 und Abschnitt »Vergewaltigung Minderjähriger« in Kapitel 12. (A. d. Ü.)

nicht wert.«[10]Auch Edgar Allen Poe tötete seine kindliche Liebe in Versen ab, als ein »Windschauer gellend entseelt meine Annabel Lee.«[11]Doch als er sechsundzwanzig war, war seine Vermählung mit seiner dreizehnjährigen Kusine Virginia nur allzu wirklich.[12]Charles Dickens rührte mit seinen Geschichten von der engelhaften, unbefleckten »Kleinen Nell« zwei Kontinente zu Tränen. Auch er beugte einer eventuellen, verdorbenen Reife der Kleinen vor, indem er sie als Vierzehnjährige dem vorzeitigen Tod anheimfallen ließ. Nach zweiundzwanzigjähriger Ehe verließ Dickens seine Frau und elf Kinder, um sich die achtzehnjährige Ellen Ternan zur Geliebten zu machen.[13]John Ruskin, der größte Kunstkritiker seiner Zeit, war geradezu albern, wenn es um kleine Mädchen ging. Bei der Beurteilung einer Illustration von Kate Greenaway geriet er in Verzückung über ein bestimmtes Kind, das nach seinen Worten »nur drei Tage und eine Minute zu alt für mich ist«, und trauerte zwei weiteren Winzlingen nach, weil »ich glaube, daß sie bereits Liebhaber haben.«[14]Im Alter von neununddreißig verliebte sich Ruskin unsterblich in seine Schülerin Rose la Touche. Er verfolgte (und peinigte) sie ohne Unterlaß, bis das kränkliche, schwer gestörte Mädchen mit ungefähr fünfundzwanzig Jahren starb.[15]

Ein ganz anderer Fall

Louis Carroll (der Autor von *Alice im Wunderland*) gehört meines Erachtens nicht zu der Kategorie von Männern, die kleine Mädchen erst sentimentalisieren und sich dann anschicken, sich in sie zu verlieben, ihnen nachzulaufen oder sie zu heiraten. Doch da so viele sein aktives Interesse an kleinen Mädchen als alles andere als »unschuldig« ausgelegt haben, glaube ich, auf ihn und die Geschichte seiner Kinderfreundschaften eingehen zu müssen. Es stimmt zwar, daß Carroll viel Zeit in Gesellschaft kleiner Mädchen verbrachte, kleine Jungen und Säuglinge wenig anziehend fand, mit einem Nadelvorrat zum Strand ging, um Kindern in langen Röcken, die im Wasser waten wollten, hierbei behilflich zu sein, und als Amateurphotograph seine jungen Modelle vorzugsweise nackt aufnahm. Im Jahr 1880 gab er die Photographie plötzlich auf, was einige zu der Annahme verleitete, er habe dies zur Vermeidung eines Skandals getan. Nach seinem Tod vernichtete sein Neffe, der »den Schlaf der Toten nicht stören« wollte, Teile seiner Tagebücher.[16]

Trotz dieser Umstände kann ich in Carroll keinen »alten Lustmolch« sehen - in der Phantasie vielleicht, aber nicht de facto. Die Aktphotos, die er von Kindern machte, wurden alle den Modellen zurückgegeben, und die wenigen verbleibenden sind, wie es viele zu seiner Zeit waren, eher sentimental als sexuell provokant.* Carroll unterhielt seine kleinen Freundinnen mit einer Vielfalt von Spielen, erzählte ihnen Geschichten, machte Ausflüge mit ihnen und ging mit ihnen ins Theater. Im Gegensatz zu seinen Idealistenkollegen beging er nie den Fehler, sich in einen seiner Träume zu verlieben oder ihn zu heiraten. Sobald seine Gefährtinnen heranreiften - gewöhnlich mit elf oder zwölf Jahren -, verlor Carroll das Interesse an ihnen. Dieses plötzliche Abwenden mag für die Kinder vielleicht schmerzlich gewesen sein, fest steht jedoch, daß er sie ungehindert erwachsen werden ließ und nie versucht hat, sie an eine ewige Kindheit zu fesseln.**

Viele seiner kleinen Freundinnen waren Schauspielerinnen (der Kinderstar war eng mit dem viktorianischen »Klein-Mädchen-Kult« verbunden), die später erfolgreiche und gebildete Frauen wurden. Es ist kaum anzunehmen, daß sie sich gezwungen fühlten, einen eventuellen »Vorfall« zu verheimlichen. Isa Bowman, Gertrude Chataway und Ellen Terry fanden seine »Güte gegenüber Kindern wunderbar.« Einige ihrer eigenen Kinder zählten später zu seinen Kinderfreundschaften, und alle hatten einhellig

---

Sentimentale Photographien nackter oder halbnackter unschuldiger viktorianischer Mädchen waren sozusagen die Mode. Mrs. Cameron, ebenfalls Amateurphotographin und eine Zeitgenossin Carrolls, war für ihre Aufnahmen von bekleideten und halbbekleideten kleinen Mädchen wohlbekannt. Soweit ich weiß, hat nie jemand ihrer Arbeit lüsterne Motive unterstellt.

**Ein paar dieser Freundschaften führte er allerdings auch in seinem späteren Leben fort, und er versuchte, einigen Frauen zu helfen, Malerinnen, Schriftstellerinnen u.ä. zu werden.*

eine hohe Meinung von ihm. Enid Stevens, die spätere Mrs. Shawayer, sagte: »Meine Freundschaft mit ihm war die wertvollste Erfahrung in einem langen Leben... und nur positiv.« Alice Liddell, die wirkliche »Alice«, erinnerte sich an »einen unerschöpflichen Fluß entzückendster Märchen, während er daherspazierte, begleitet von absonderlichen Zeichnungen.«[17]

Was mich an den Analysen von Carrolls Persönlichkeit interessiert, ist der zwanghafte Versuch seiner Kritiker, entweder seinen offensichtlichen Mangel an sexueller Aktivität zu tadeln oder seinem Leben und Werk lüsterne Beweggründe zu unterstellen. Manche seiner Zeitgenossen sahen in ihm eine »alte Jungfer« oder »jungfräuliche Tante« mit beschränkten Interessen, die mit »Kleinmädchenkram« beschäftigt war. Die, die sein Werk bewunderten und ihn von der Brandmarkung als »alte Jungfer« befreien wollten, beruhigten uns später, daß unter seinem schüchternen Äußeren ein Humbert Humbert auf der Suche nach seiner Lolita schlummerte. In der Tat sagt Leslie Fiedler in einer Einleitung zu einer Märchensammlung: »*Alice im Wunderland* ist eines der schmutzigsten und entzückendsten von allen viktorianischen Kinderbüchern.«[18]Als Professor der Mathematik in Oxford, Schriftsteller, Theaterfan und ein Mensch, der das Glück hatte, viele Freunde aller Altersgruppen um sich zu haben, kann Carroll eigentlich nicht als ein Mann mit beschränkten Interessen charakterisiert werden, noch *Alice im Wunderland* als ein obskures oder schmutziges Buch bezeichnet werden. Aber weil Carroll weder geheiratet hat noch eine Mätresse hatte noch kleine Mädchen belästigte, rätselten viele, wie er tatsächlich mit seinem Geschlechtstrieb fertig wurde. Mir scheint es absolut nicht relevant, welche Form sexuellen Ausdrucks er wählte. Was unserer Betrachtung allerdings wert ist, ist die Tatsache, daß er von seinen Kinderfreundschaften nie erwartete, daß sie *seinen* Phantasien gerecht wurden (ob erotisch oder anderweitig); er erfreute sich an ihnen und begegnete ihnen auf dem Niveau *ihrer* Bedürfnisse, gab ebensoviel, wie er bekam an gegenseitiger Kameradschaft und war in erster Linie ein gütiger Mann. In den Worten seiner Biographin Florence Brecher Lennon: »Er hat nie jemanden zur Ader gelassen.«[19]

Kommerzieller Sex

Das Interesse des viktorianischen Mannes an weiblichen Kindern, vereint mit dem technischen Erfindergeist des 19. Jahrhunderts, trugen zur Ankurbelung der umfangreichen Produktion und Verteilung von Kinderpornographie bei. Kaum war die Kamera erfunden, da wurde Hollywell Street, das Pornographiezentrum Londons, mit Photos von nackten und halbnackten weiblichen Kindern in anschaulich lüsternen Posen überschwemmt. Für alle, deren Interessen mehr literarischer als graphischer Natur waren, vermittelten Gedichte wie »Was ich im Dachkämmerchen sah« einen Eindruck von Kindern »unverdeckt von Lockenbüscheln.«[20] »Die drei Kumpane« schilderte einen Mann, der sich mit der »Grotte einer Älteren wie auch dem haarlosen Schlitz ihrer kleinen Schwester« vergnügte, und in dem Fortsetzungs-Familienroman »Die Erzählungen meiner Großmutter« oder »Wie May in die Kunst der Liebe eingeführt wurde« beschrieb Kate, die gerade in die Pubertät kam, die »Schübe und Stöße« ihres Papas, bis »die Krisis kam und meinen Leib mit väterlichem Samen übergoß.«[20]

Das 19. Jahrhundert hatte auch den Triumph des Menschen über die Natur mit sich gebracht, und da die Frau »Natur« war und der Mann ihr Eroberer, was konnte da besser den Mann von seiner Herrschaft überzeugen, als seine Fähigkeit, Schmerz zuzufügen? Schmerz wurde zum wesentlichen Bestandteil vergnüglichen Sexes. Honoré de Balzac empfahl Männern, die Schreie von Frauen während des Geschlechtsakts zu ignorieren, weil »die Natur sie zu eurem Gebrauch bestimmt.«[22] Selbst der sanftmütige Havelock Ellis schloß sich der Ansicht an, daß die Zufügung von Schmerz für die sexuelle Befriedigung des Mannes notwendig sei. Und da die Defloration sehr junger Jungfrauen äußerst qualvoll sein kann, waren die Viktorianer von einem »Entjungferungswahn« besessen. Die Schreie von Kindern wurden unerläßlich. Hemmungslose Tortur war »der Inbegriff der Verzückung« und viele Herren »dämpften keinen einzigen Laut.«[23] Später veranschaulichte Walter, der anonyme Verfasser der inzwischen authentizierten Sexbiographie *My Secret Life* (Mein geheimes

Leben) das Vergnügen, das ein Herr aus der Defloration einer vierzehnjährigen Jungfrau zog:

Sie zitterte. Ich preßte mich auf sie und stieß mit aller Kraft zu, und war auf dem richtigen Weg... Sie schrie: »Du tust mir weh - geh runter - ich laß dich nicht!« Sie kreischte laut und wehrte sich heftig.

Ich kniete mich und blickte auf das Mädchen, das ruhig dalag, die Schenkel weit auseinander und die Hände über ihrem Gesicht. Ich war außer mir vor Entzücken. Sie blutete mehr als alle anderen Jungfrauen ihres Alters, die ich bis jetzt hatte, glaube ich.«[24]

Wie viele andere Männer des Mittelstandes zahlte sich Walter durch die Londoner Slums hindurch, wo er sich Frauen und Kinder dienstbar machte. Um die Mitte des 19. Jahrhunderts hatte die Prostitution in Europa erschreckende Ausmaße angenommen. Nach Schätzungen der englischen Medizinerzeitschrift *The Lancet* war allein in London eines von sechzig Häusern ein Bordell und eine von sechzehn Frauen eine Dirne. Es gab 6000 Bordelle und 80 000 Prostituierte, und zwanzig Jahre später war diese Zahl bestenfalls angestiegen. Der bekannte britische Arzt Dr. William Acton, eine anerkannte Größe auf dem Gebiet der Geschlechtskrankheiten, der Prostitution und der menschlichen Sexualität, erklärte, daß Frauen glücklicherweise geschlechtslos seien, daß hingegen die Macht des männlichen Triebes unmöglich gesteigert werden könne. Jede Unterdrückung dieses Triebes würde einen Mann in einen erbärmlichen Zustand versetzen.[25] Wenn es die Gesellschaft für nötig befinde, eine Heirat so lange hinauszuzögern, bis ein Mann finanziell etabliert sei, ja, dann sei doch die Benutzung von Prostituierten besser als Tugendhaftigkeit. Acton kämpfte für die Legalisierung und die staatliche Überwachung der Prostitution, und um jeglichen Widerstand zu entkräften, versuchte er, den Status der Prostituierten anzuheben. Er behauptete, sie erfreue sich besserer Gesundheit als die verheiratete Frau, verkomme nicht in der Gosse oder verende nicht im Armenhaus, und da sie ihr Gewerbe nur kurze Zeit ausübe, trete sie bald wieder in angesehene Kreise ein, wobei sie oft über ihren Stand hinaus heirate. Trotz seiner Argumente war es nicht zu übersehen, daß Prostituierte unter brutaler Mißhandlung, an Krankheiten und schlechter Gesundheit litten und sich nur selten aus ihrem Milieu zu lösen vermochten. Ungeachtet dieses offenkundigen, wahrhaftigen Elends und der großen Armut von Prostituierten machte sich Acton daran, all jene zu diffamieren, die seine Theorie - als lebende Beispiele - widerlegten: Prostituierte, die erkrankten, starben und sich nie befreiten, seien abartig erotisch, sündig und faul.[26] Seine Verachtung zeigte sich in der Gehässigkeit, die er auf die Kindprostituierte häufte:

Die extreme Jugend der jüngeren Generation von »Strichmädchen« ist eine bemerkenswerte Eigenart der Londoner Prostitution und ist von ausländischen Reisenden, die ihre Eindrücke des Londoner Vergnügungslebens veröffentlicht haben, lang und breit kommentiert worden. Bestimmte Viertel der Stadt sind geradezu verseucht von jugendlichen Delinquentinnen, deren Schamlosigkeit noch unerträglicher und widerlicher ist als die ihrer älteren Schwestern. Es ist wahr, daß diese jungen Dinger dem Abschaum der Bevölkerung entspringen, und nach allem, was ich ihren Angewohnheiten entnehmen kann, hat ihre Verführung - sofern dies Verführung zu nennen ist - mit eigenem Einverständnis stattgefunden, und zwar durch Knaben, die nicht älter waren als sie selbst, und ist demnach nichts weiter als eine natürliche Folge promiskuöser Herdenwirtschaft, jener Hauptquelle der Verdorbenheit in den unteren Schichten. Daß diese im allgemeinen Opfer von Kupplern und alten Wüstlingen sind, ist ebenso unwahr wie viele von diesen jämmerlichen Trugschlüssen, welche von einigen, die Märchen über soziale Angelegenheiten schreiben, als Tatsachen ausgegeben werden.[27]

Kinderprostitution

Kinder, die auf zwei arme, schuftende Eltern angewiesen sind, sind den Härten des Lebens immer besonders ausgeliefert, doch wenn sie überdies einer unstabilen Gesellschaft unterworfen sind, können sie kaum Schutz erwarten. Der Wechsel von einer ländlichen zu einer städtischen Wirtschaft im 19. Jahrhundert, von Bauernhof zu Fabrik, hatte viele zerbrochene Familien und obdachlose Kinder zur Folge. Im Jahr 1876 Lebten und starben in London über 20.000 »Straßenkinder«. Wenn sie nicht an Krankheiten oder durch den Hungertod verendeten, überlebten die Jungen durch Stehlen, die Mädchen durch Prostitution.[28]

Einige sehr junge Mädchen, denen es gelang, Arbeit in Fabriken, Blumenläden oder in Haushalten zu finden, fielen den »sonnigen Burschen« der Zeit zum Opfer. Einige lernten, daß Unterwerfung plus eine Gebühr ihr mageres Einkommen aufbesserte. Andere wurden mit Liebes- und Heiratsversprechen geködert und dann im Stich gelassen. Und wieder andere wurden einfach vergewaltigt. Alle jedoch wurden zu »gefallenen Mädchen«, und der einzige Weg zu einem anständigen Leben, nämlich der Ehe, war ihnen versperrt. Zwangsläufig prostituierten sie sich. Nur sehr wenige kamen erst nach ihrem einundzwanzigsten Lebensjahr »vom rechten Weg ab«:

Die Mehrzahl der Prostituierten wird diesem Gewerbe in einem Alter in die Arme getrieben, in dem sie kaum als urteilsfähig angesehen werden kann. Von den in den Jahren 1878 bis 1887 in Paris arretierten heimlichen Prostituierten waren 12.615 = 46,7% minorenn, in den Jahren 1888 bis 1898 waren minorenn 14.072 = 48,8%... Im September 1894 spielte sich in Budapest eine Skandalaffäre ersten Ranges ab, bei der sich herausstellte, daß an die 400 zwölf bis fünfzehn Jahre alte Mädchen einer Schar reicher Wüstlinge zum Opfer fielen. Auch die Söhne unserer »besitzenden und gebildeten Klassen« sehen es vielfach als ein ihnen zustehendes Recht an, die Töchter des Volkes zu verführen, und lassen sie dann im Stiche.[29]

Ein Untersuchungsbericht schätzte, daß 58% der nichtregistrierten Prostituierten Wiens minderjährig waren, und einem weiteren Bericht zufolge war über die Hälfte der Prostituierten in Stuttgart vor ihrem siebzehnten Lebensjahr »defloriert« worden.[30] In den ersten Jahren dieses Jahrhunderts war die Hälfte der in Paris gemeldeten Prostituierten minderjährig, einige nicht älter als zehn Jahre.

In Amerika sah es nicht viel anders aus. Während der Kolonialzeit wurden junge Dienstbotenlehrlinge zur sexuellen Befriedigung benutzt. Sklavenbesitzer im Süden beuteten Elf-, Zwölf- und Dreizehnjährige zu Züchtungszwecken aus, indem sie sie wahllos von anderen Sklaven und Aufsehern schwängern ließen. Andere wurden für den persönlichen Gebrauch ausgewählt oder an Bordelle vermietet. Auch in Amerika gab es »Straßenkinder«, die, zehn- und elfjährig, als Attraktion in Freudenhäusern angepriesen wurden. Händler an der Westküste machten lukrative Geschäfte mit dem Kauf und Verkauf kleiner chinesischer Mädchen. Ein gesundes junges amerikanisches Kind konnte sechzig oder siebzig Dollar pro Abend einbringen, doch ein für 1500 bis 3500 Dollar gekauftes chinesischer Mädchen konnte dem Besitzer, der sie vermietete, 25-35% Rückgewinn sichern.[31]

Im Rahmen einer internationalen Konferenz über Prostitution, die 1889 in Brüssel stattfand, kamen mehrere Experten zu dem Schluß, daß knapp 70% aller Prostituierten vor ihrem einundzwanzigsten Lebensjahr an Syphillis erkrankten. »Defloriert mit sechzehn, prostituiert mit siebzehn, syphilitisch mit achtzehn«[32] wurde eine allgemeingültige Formel. Ich halte diese Altersangaben für untertrieben. Ein englischer Bordellbesitzer erklärte: »Unser Geschäft ist das mit der Jungfräulichkeit,«[33] und da Mädchen ihre Jungfräulichkeit tendenziell vor ihrem vierzehnten Lebensjahr verloren, besonders wenn sie arm waren, mußten sie jung eingefangen werden. Nur die jüngsten waren fürs älteste Gewerbe der Welt auserkoren.

Mädchenhandel

Es gab nie genug »freiwillige« Prostituierte, um der unersättlichen viktorianischen Nachfrage gerecht zu werden. Folglich bauten rührige Unternehmer ein System zur Beschaffung »unfreiwilliger« Prostituierter auf. Männer, die Sex mit kleinen Mädchen suchten, waren bereit, einen ordentlichen Preis dafür zu zahlen. Nach einem Standard-Preisfestsetzungssystem brachte ein junges Mädchen der Arbeiterklasse im Alter zwischen vierzehn und achtzehn Jahren zwanzig Pfund ein, ein Mädchen der Mittelschicht gleichen Alters hundert Pfund, und ein Mädchen der Oberschicht unter zwölf Jahren bis zu 400 Pfund.[34] Einige Händler züchteten ihre eigenen Prostituierten, wozu sie die Kinder erwachsener Prostituierter nahmen. Ein Bordellbesitzer sagte einem Reporter von der *Pall Mall Gazette:* »Wenn sie zwölf oder dreizehn werden, sind sie verkäuflich und können zwanzig bis vierzig Pfund einbringen.«[35]

Sexhändler zogen von örtlichen und nationalen zu internationalen Märkten. England, Deutschland, Frankreich, Skandinavien und osteuropäische Länder unterhielten einen regen Handel, doch die Handelswege gingen auch über Kontinente hinweg. Die Malay Street in Singapur, das »Höllenbabylon des Ostens«, beherbergte in ihren Bordellen japanische, chinesische, österreichische, französische und deutsche Mädchen im Teenalter und darunter. In Hong Kong, Thailand und Kalkutta wurden amerikanische Kinder entdeckt. Englische Mädchen im Schulalter wurden durch die Vereinigten Staaten nach Buenos Aires gebracht. Deutsche Kinder und Jugendliche verschleppte man nach Argentinien und Uruguay, während andere auf dem Landweg nach Preußen, Polen und Rußland gelangten. Dieser ausgedehnte Transport von Körpern hätte nie ohne offizielle Sanktionierung und Protektion funktionieren können. Die Polizei- und höheren Beamten, die Schmiergelder annahmen, fürchteten nie Repressalien. Warum sollten sie auch? Selbst der belgische König vermehrte seine Apanage durch eigenen Handel mit englischen Mädchen.[36]

Die Mädchenhändler errichteten ein riesiges Netzwerk von

Angestellten, wobei die, die tatsächlich die Ware besorgten, am geschäftigsten waren. Man schätzte, daß um die Mitte des letzten Jahrhunderts in London etwa 400 Personen ihren Lebensunterhalt mit der Verschleppung von Mädchen im Alter von elf bis fünfzehn Jahren bestritten.[37]Geschäftsführer und Besitzer von Arbeitsvermittlungen, Fabriken und Läden, Leute, die nach »schönen Mädchen zwischen zwölf und fünfzehn für Adoptionszwecke« inserierten, lockten arbeitslose, obdachlose, hungrige Jugendliche an und köderten sie für Bordelle in allen Teilen der Welt. Vermittler, Zuhälter, Anwerber und »Luden« (Jargon für Zuhälter) pirschten durch jede Stadt und jedes Dorf auf der Suche nach leichter Beute. In England und Amerika fanden sie unter dem ständigen Einwandererstrom aus Irland, Schottland und dem europäischen Festland mühelos Opfer. Jedes Jahr verschwanden 2000 Mädchen, die in New York ankamen, wie Vieh. Vermittler und Anwerber grasten Spielplätze, Schulen und Freizeitanlagen ab; später erwiesen sich Kinosäle als fruchtbares Terrain. Und noch etwas später ließ sich ein neugieriges Kind leicht durch eine Fahrt im gerade erfundenen Automobil verführen.

Die viktorianische Sittsamkeit, die jede Erörterung sexueller Themen verhinderte, sorgte außerdem dafür, daß Kinder über die Gefahren des Mädchenhandels nicht aufgeklärt wurden. Ein ahnungsloses, obdachloses Kind durch das Angebot von Nahrung, Geld, einer Unterkunft oder einer Arbeitsstelle zu ködern, war ein Kinderspiel. Selbst einer Jugendlichen mit einer fürsorglichen Familie konnte man durch eine Liebeserklärung oder durch das Versprechen der Ehe und eleganter Kleider dazu verleiten, einem schönen jungen Mann in eine fremde Stadt oder ein fremdes Land zu folgen, wo sie sich dann ohne einen Pfennig und mutterseelenallein wiederfand. Ein Vermittler beschrieb die Fertigkeiten, die sein Beruf verlangte, folgendermaßen:

Die Beschaffung von frischen Mädchen nimmt einige Zeit in Anspruch, aber wenn man erst einmal drin ist, ist es einfach und mühelos. Ich bin in die Provinz gefahren und habe dort in allen möglichen Verkleidungen um Mädchen geworben, manchmal sogar als Pfarrer getarnt. Ich habe vorgegeben, sie heiraten zu wol-

*len, und sie so in meine Gewalt gebracht, damit ich einen guten
Kunden zufriedenstellen konnte. Wie das gemacht wird? Naja,
nachdem ich meinem Mädchen eine Zeitlang den Hof gemacht
habe, schlage ich ihr vor, sie nach London zu bringen, um die Se-
henswürdigkeiten zu sehen. Ich bringe sie hin, führe sie hierhin
und dorthin, gebe ihr reichlich zu essen und zu trinken - besonders zu trinken. Ich gehe mit ihr ins Theater, und dann drehe ich
es so, daß sie ihren letzten Zug verpaßt. Zu diesem Zeitpunkt ist
sie schon sehr müde und etwas benommen von dem Alkohol und
der Aufregung und fürchtet sich schrecklich, alleine in einer
fremden Stadt zu sein. Ich biete ihr eine angenehme Übernach-
tungsmöglichkeit an; sie schläft in meinem Haus, und damit ist
die Angelegenheit geritzt. Mein Kunde bekommt seine Jungfrau, ich bekomme meine zehn oder zwanzig Pfund Kommission,
und am nächsten Morgen wird das Mädchen, die ihren guten Ruf
verloren hat und sich nicht mehr nach Hause traut, es aller Wahrscheinlichkeit nach wie die anderen machen und eine von meinen
»Errungenschaften« werden, d. h. sie wird sich ihren Lebensunterhalt auf der Straße verdienen, zugunsten meines Hauses.*[38]

Wenn eine Eingefangene Schwierigkeiten machte, bekam sie ein
»Schlafmittel«, wie zum Beispiel Chloroform oder ein Opiat, und
lag dann wie tot, während irgendein Herr über sie herfiel. Ein
Kind, das trat und schrie, mußte festgehalten werden. Wenn alles vorbei war, wurde ihr gesagt, es habe keinen Sinn, zu weinen
und sich zu wehren, sie habe ihren guten Ruf verloren und kein
Mensch werde sie haben wollen. Selbst wenn sie wegrannte -
ohne Freunde, unter fünfzehn und allein in einer fremden Stadt -,
kam sie gewöhnlich innerhalb einer Woche zurück. Charles Ho-
ward Vincent, ehemaliger Leiter des Criminal Investigation Department (CID) von Scotland Yard, beschreibt das »Abrichtungs-
verfahren« in einem Interview mit William Stead von der *Pall
Mall Gazette:*

*»Ja, aber, « sagte ich erstaunt, »wollen Sie damit allen Ernstes
behaupten, daß in London ständig richtige Vergewaltigungen, im
juristischen Sinn des Wortes, an unwilligen Jungfrauen begangen werden, die Bordellbesitzer reichen Männern zu einem bestimmten Kopfpreis besorgen und liefern?«*

116

»*Gewiß doch,*« sagte er, »*Daran besteht kein Zweifel.*« »*Ja, allein der Gedanke daran genügt, um das ganze Land auf die Beine zu bringen,*« rief ich aus.

»*Das stimmt,*« sagte er, »*und obwohl es das ganze Land auf die Beine bringen müßte, bringt es nicht einmal die Nachbarn auf die Beine.*«

»*Aber schreien die Mädchen denn nicht?*« »*Natürlich tun sie das. Doch was nützt es, in einem stillen Schlafzimmer zu schreien? Angenommen, ein Mädchen wird in einem Zimmer neben ihrem Haus geschändet. Sie hören ihre Schreie, als sie gerade am Einschlafen sind. Stehen sie auf, ziehen sich an, rennen die Treppe hinunter und bestehen auf Einlaß? Kaum. Aber angenommen, die Schreie dauern an und sie werden unruhig. Sie fangen an zu überlegen, ob sie nicht etwas unternehmen sollen? Ehe sie einen Entschluß gefaßt und sich angezogen haben, hört das Schreien auf, und Sie halten sich wegen ihrer Besorgnis für einen Narren.*«

»*Aber der Polizist auf Streife?*« »*Er hat kein Recht, einzuschreiten, selbst wenn er etwas gehört haben sollte. Angenommen, ein Wachtmeister hätte das Recht, sich in jedem Haus, wo eine Frau angstvoll schreit, Eintritt zu erzwingen; dann wären Polizisten fast ebenso regelmäßige Besucher am Kindbett wie Ärzte. Sobald ein Mädchen in ein Haus hineinkommt, ist sie hilflos und kann relativ sicher geschändet werden.*«

»*Aber gewiß ist doch Vergewaltigung ein Verbrechen, das strengstens zu ahnden ist. Kann sie nicht gerichtlich vorgehen?*«

»*Gegen wen soll sie vorgehen? Sie weiß den Namen ihres Vergewaltigers nicht. Sie würde ihn vielleicht nicht einmal wiedererkennen, wenn sie ihm draußen begegnete. Und selbst wenn, wer würde ihr glauben?*«[39]

Reginald Wright Kauffman, ein Amerikaner, schrieb *The House of Bondage* (1910), worin er die gesellschaftlichen Zwänge schilderte, die das ver- oder entführte Kind in den Klauen der Prostitution gefangen hielt. Die sechzehnjährige Mary versuchte, nach einem Jahr der Versklavung nach Hause zurückzukehren. Sie flehte ihre Mutter um Verständnis an:

Mutter: Sag mir nichts mehr, du hättest arbeiten gehen können.
Mary: Das hab ich versucht, keiner wollte mich haben.
Mutter: Du hättest dich an die Kirche wenden können.
Mary: Das habe ich, aber sie konnten mir auch keine Arbeit be-
sorgen.
Mutter: Du hättest längst in ein Heim gehen können.
Mary:Und wovon hätte ich gelebt, wenn ich rausgekommen wäre?
Ihre Mutter schien sich erweichen zu lassen, doch dann fiel ihr
ein: »Bis heute abend weiß es die ganze Stadt... denk an deinen
Papa... er bringt dich um... er würde dich verprügeln und auf die
Straße werfen.«[40]

Mary ging ins Bordell zurück. Kauffman faßte den Ablauf, der
die Sklaverei besiegelte, zusammen:

...nach Hause zurückzugehen wäre, selbst wenn sie das Geld hät-
te, unmöglich, denn dies würde den Zorn ihres Vaters und die
Beschämung ihrer Mutter bedeuten, ohne Hoffnung auf Verge-
bung oder Rechtfertigung. Auf die freudlose Straße hinauszu-
gehen... hieße, sich der Verhaftung oder dem Hungertod auszu-
liefern. Sie war jung und unerfahren. Draußen erwartete sie
Hunger, Gefängnis und Tod. Drinnen... eine ertragbare Demo-
kratie des Verrufs, eine Gleichheit in der Erniedrigung, wo we-
nigstens Nahrung, Kleidung und Unterkunft gesichert waren und
wo alte Narben und frische Wunden vor der Welt verborgen blie-
ben. Der Preis war nicht mehr als apathische Fügung ins Schick-
sal.*[41]

**Siebzig Jahre später bestätigte Kathleen Barry, nach der Unter-*
suchung moderner Methoden sexueller Versklavung, Kauff-
manns Einschätzung dieses narrensicheren Systems:
Das Wissen um das Urteil, das die Außenwelt über sie fällt,
schneidet ihr den möglichen Rückweg ab, vorausgesetzt, sie
könnte entkommen. Es gibt kein Umkehren. Während sie an-
fänglich gedacht haben mag, sie würde von ihren Verführern
brutal mißhandelt, sieht sie in ihnen jetzt diejenigen, die sie am
Leben erhalten. Auf diese Weise wird sie zur Sklavin.[42]
(Die deutsche Übersetzung von Barrys Buch - Sexuelle Versklavung von Frauen- erscheint im Frühjahr 1983 im sub rosa
Frauenverlag.)

Die Gesellschaft, die Prostitution als ein »notwendiges Übel« definierte, redete sich ein, daß sexuelle Ausbeutung gerechtfertigt sei, weil »gefallene Mädchen«, egal wie jung, Nymphomaninnen, Sünderinnen und rettungslos verloren seien. Sie verdienten nichts Besseres als das Leben, in das sie so bereitwillig eingetreten seien.

Die Revolte der Frauen und die gesellschaftliche Reinheit

Vordem galt die Frau als die Quelle der Sünde und der Mann als Verkörperung der Tugend. Doch als die explosiv einsetzende Industriewirtschaft unverblümte Angriffs- und Eroberungslust forderte, wurde diese Ordnung, den Bedürfnissen entsprechend, einfach umgestürzt. Männer eigneten sich Sünde, sexuelle Lust und Ehrgeiz als dem männlichen Geschlecht innewohnende positive Merkmale an und erklärten Frauen, die nunmehr als von Natur aus rein, passiv, und asexuell bezeichnet wurden, zu Hüterinnen von Religion und Moral. Ehefrauentum und Mutterschaft wurden in den Himmel gehoben, und es wurde eines Mannes Pflicht, »den Engel im Haus« vor dem widerlichen Geschäft des Geldverdienens, vor Politik und den Weltproblemen abzuschirmen (bzw. davon auszuschließen). Die maßlosen sexuellen Bedürfnisse des Mannes sollten von Prostituierten abgefangen werden, denn ohne die Prostitutierten »würde die unbestrittene Reinheit zahlloser Heime besudelt.«[43] Die führenden Männer der Wirtschaft, Politik und Kirche, die die sittlichen Maßstäbe setzten, waren jedoch entsetzt, daß die, die sie mit der »Hütung der Tugend« beauftragt hatten, ihre Sache so ernst nahmen, daß sie das gesamte männliche Geschlecht für seine Laster-, Lust- und Prostitutionsbesessenheit und seine Sexualverbrechen verdammten. Nachdem Frauen »die Unfähigkeit der Männer, mit gesellschaftlichen Problemen fertig zu werden«[44] entdeckt hatten und da sie nunmehr überzeugt waren, daß die Moral ihre Stärke war, begannen sie, die Sache selbst in die Hand zu nehmen.

119

Josephine Butler

Eine der ersten viktorianischen Kämpferinnen war die tiefreligiöse Josephine Butler. Josephine, 1826 in England geboren und mit dem Erzieher George Butler, ihrem glühendsten Förderer, verheiratet, erkannte und prangerte die sexuellen Praktiken ihrer Zeit unerschrocken an mit dem Ziel der Ausrottung sexueller Ausbeutung.

Obwohl Josephine Butlers Anliegen als »gesellschaftliche Reinheit« bezeichnet wurde, ging es ihr weniger um die Reinheit als um die unmenschliche Behandlung der Frau durch den Mann und um die sexuelle Doppelmoral. Sie reiste, hielt Vorträge und verfaßte über hundert Bücher, Flugschriften und Artikel über diese Themen. Ihr Feldzug zog so viele Frauen an, daß sich ihre Klubs, Vereine und Verbände zu einer »Armee« ausweiteten und ihre Arbeit als die Revolte der Frauen bekannt wurde.

In den geweihten Hallen des Parlaments rief Butler aus:
»Zum Zweck der Verführung, und nur der Verführung, erklärt unser Gesetz jedes weibliche Kind mit zwölf Jahren zur Frau.«[45] Sie sah den Handel mit weiblichem Fleisch als ein Wirtschaftsunternehmen an, das von den Männern der Mittel- und Oberschicht stillschweigend übergangen und gefördert wurde, und sagte: »Ich haben gesehen, wie junge Mädchen gekauft und verkauft wurden, wie zur Zeit des Sklavenhandels.«[46] Sie verglich diesen Handel mit der Vermarktung von Schwarzen und rief zur Abschaffung sexueller Sklaverei auf. Sie verkündete, daß dieselben Männer, zu denen sie gerade sprach, bereit waren, fünfundzwanzig Guineen zu zahlen für das Vergnügen, eine zwölfjährige Jungfrau zu vergewaltigen, und sie rief aus: »Ich werde Flutlicht auf euer Treiben werfen.«[47] Es war keine leere Drohung. Obgleich sie verleumdet, lächerlich gemacht, von Männern der Linken wie Rechten abgelehnt und als keinen Deut besser als eine Prostituierte abgestempelt wurde, sollte Josephines Leben dem Kampf gegen den Sexismus gewidmet sein.

Butler setzte sich nie für die Rettung »gefallener Frauen« ein, sondern vertrat vielmehr die Ansicht, daß es »gefallene Männer« waren, die eine Besserung nötig hatten. Weil sie nie verurteilte, sondern solidarisch mitempfand, wurde sie sowohl von Frauen der Arbeiterklasse als auch ihres eigenen Standes unterstützt. Butler entdeckte, daß Prostitution selten eine Berufung war. Ob von einem Zuhälter entführt oder vom eigenen Vater, einem Landkolonnenvorsteher, einem Fabrikvorarbeiter oder als Dienstbotenlehrling von ihrem Herrn und seinen Söhnen vergewaltigt oder verführt, ob Tochter aus verarmtem Adel oder einfach obdachlos und hungrig - junge Mädchen und Kinder von sieben bis siebzehn, Opfer einer Gesellschaft, die ihnen Nahrung, Unterkunft, eine Anstellung, Ansehen und sogar Mitleid verwehrte, waren gezwungen, sich zu verkaufen. Im Jahr 1870 engagierte sich Josephine Butler in ihrer ersten öffentlichen Kampagne gegen die Gesetze zur Kontrolle von Geschlechtskrankheiten (Contagious Disease Acts).

Da ein Drittel der britischen Armee und Marine von Geschlechtskrankheiten befallen war, ließ sich das Parlament in den Jahren 1864 und 1866 von William Acton zur Verabschiedung des Gesetzes zur Kontrolle von Geschlechtskrankheiten überreden. Zum Schutz der Gesundheit von Soldaten und Matrosen und, nebenbei, aller Männer, die käuflichem Sex frönten, verlangte das Gesetz ärztliche Zwangsuntersuchungen von Prostituierten. Die Maßnahmen, die Männer vor Krankheiten zu schützen vorgaben, beraubten Frauen ihrer Freiheit. Sie gaben der Polizei uneingeschränkte Macht, Frauen ohne Angabe von Gründen aufzugreifen und zu verhaften. Mädchen, die spazierengingen oder mit einem Soldaten oder Matrosen gesehen wurden, konnten festgenommen werden und wurden es auch. Ein Mädchen konnte von einem gehässigen Nachbarn oder abgewiesenen Verehrer angezeigt werden, und die Polizei, im Dienste der Sklavenhändler, konnte unschuldige Mädchen anhalten und an Bordelle ausliefern, was sie auch tat. Frauen wurden unter Androhung von Gefängnisstrafe und Zwangsarbeit genötigt, sich schmerzhaften und erniedrigenden ärztlichen Untersuchungen zu unterziehen, und wenn ein Mädchen einmal aufgegriffen wurde, war es um ihren Ruf geschehen. So war ihre automatische Eingliederung ins Milieu sichergestellt.

Butler wehrte sich gegen jede Gesetzgebung, die der Polizei uneingeschränkte Befugnisse zur Festnahme und Inhaftierung ohne Gerichtsbeschluß oder Verurteilung einräumte. Sie fragte, warum infizierte Männer, die Geschlechtskrankheiten auf ihre Familien übertrugen, nicht denselben Einschränkungen unterlagen (30% der infizierten Frauen und Kinder waren keine Prostituierten). Sie war angewidert von einer Regierung, die das »Laster« stillschweigend duldete und kontrollierte, sich jedoch der Verantwortung entzog, nach den gesellschaftlichen und moralischen Ursachen dieses Lasters zu forschen. Ihrer Überzeugung nach stellten die »Acts«, mehr noch als irgendein anderes Gesetz, »eine Verewigung der schändlichen Doppelmoral im Gesetzbuch« dar.

Die Versuche, die »Acts« wieder aufzuheben, zogen üble Repressalien nach sich. Frauen, die sich gegen dieses Gesetz zusammentaten, waren Drohungen, obszönen Beleidigungen und polizeilichen Schikanen ausgesetzt, und Bordellbesitzer hetzten angeheuerte Schläger und Randalierer auf sie. Bei einer Veranstaltung wurde Butler »mit Mehl und Kot überschüttet, ihre Kleider waren ihr vom Leib gerissen worden, ihr Gesicht von getrocknetem Blut entstellt, und sie hatte so viele Prellungen, daß sie sich kaum bewegen konnte.« Doch ihre Hartnäckigkeit, ihr Mut und die Dringlichkeit ihrer Botschaft sicherten ihr breite Unterstützung. Eine Versammlung zog sogar einmal 4000 Frauen an, die im Takt »Schande« ausriefen, während Josephine Butler boshaft fragte: »Was wird das Gesetz für gefallene Männer tun?« Im Lauf der Verschärfung der Revolte behaupteten die Verteidiger der »Acts« steif und fest, das Gesetz vermindere Geschlechtskrankheiten und Jugendprostitution. Die Frauen konterten, daß Geschlechtskrankheiten in Ländern, wo Prostitution staatlich kontrolliert werde, nachweislich eher im Ansteigen begriffen sei, und da sie jegliche Abnahme der Jugendprostitutionsrate bestritten, wurde eine öffentliche Untersuchung anberaumt. Im Jahr 1871 unterbreitete ein königlicher Untersuchungsausschuß den folgenden Bericht und folgende Empfehlungen:

Es ist bekannt, daß der Handel mit Kindern zu unsittlichen Zwecken in London und anderen größeren Städten beträchtliche Ausmaße hat. Wir sind der Auffassung, daß von einem zwölfjäh-

rigen Kind kaum angenommen werden kann, es sei in der Lage,
seine Einwilligung zu geben, und daß es nicht die Macht haben
sollte, seine Person an jemanden auszuliefern. Es wird daher em-
pfohlen, Kindern bis zum Alter von vierzehn Jahren uneinge-
schränkten Schutz zu gewähren und das gesetzliche Alter für Ge-
schäftsfähigkeit somit auf vierzehn Jahre festzusetzen anstatt,
wie bisher, auf zwölf. [48]

Die Abolitionisten

Der Bericht und die Empfehlungen brachten kaum konkrete
rechtliche Ergebnisse, doch die Bemühungen der Frauen stießen
auf öffentliche Sympathie. John Stuart Mill sprach sich öffentlich
gegen die Verletzung der persönlichen Freiheit aus. Annie Besant schrieb *The Legislation of Female Slavery in England* (1876),
und Bücher wie *The Europe Slave Trade in English Girls* von Alfred Dyer (1880), *Moral, Constitutional and Sanitary Objections
to the Contagious Disease Acts* von Berbeck Nevins (1873),
Is London More Immoral Than Paris or Brussels? von Benjamin
Scott (1881) fanden eine breite Leserschaft. Josephine Butler,
jetzt international bekannt, sprach auf einer Frauenkonferenz in
Genf, verfaßte einen Appell an die »Mütter Englands« und
schickte einen »Aktionsruf« aus. Ihr Feldzug wirkte bis nach
Amerika, wo Lucy Stone, Elizabeth Cady Stanton, Mary Liver-
more, William Lloyd Garrison, Wendell Philips und Susan B. An-
thony sich zum Kampf für die Abschaffung des »gesellschaftlichen Übels« vereinigten. In Amerika stellten die Abolitionisten
die Frage, warum ein zehnjähriges Kind, die ihr Taschentuch
oder ihre Puppe nicht verkaufen konnte, ganz legitim ihre
»Tugend« verkaufen könne.[49]

In England schloß sich ein angesehenes Parlamentsmitglied, Sir
James Stansfield, den Abolitionisten an. »Ich habe erlebt, wie
diese Frauen gejagt, in unzüchtiger Sprache und Gestik verhöhnt
und sogar konkret bedroht wurden... und nie werde ich ablassen
und nie werden sie ablassen, bis diese entwürdigenden Gesetze
für immer aus unseren Gesetzbüchern gestrichen sind.« Stans-

field wurde in *The Times* publizistisch verunglimpft:

Es ist aufrichtig zu bedauern, daß ein Politiker von Format Mr. Stansfields sich mit einer derart hysterischen Kampagne identifiziert, an der man unmöglich teilnehmen kann, ohne sich mit geilen und zynischen Fanatikern zusammenzurotten.[50]

Nichtsdestoweniger wuchs die Anhängerschaft an.

Der Verleger Alfred Dyer, der Gründer der *National Society for the Prevention of Cruelty to Children* Benjamin Waugh und der Kämmerer der Stadt London Benjamin Scott gründeten einen Ausschuß, der sich mit dem Handel mit englischen Mädchen zum Zweck der Prostitution auf dem Festland befassen sollte. Dieses Trio bereiste England und das europäische Festland. In Paris sahen sie fünf- bis elfjährige kleine Mädchen in Bordellen und fanden heraus, daß Kinder in öffentlichen Heimen, auf die niemand Anrecht erhob, »in Bordellen angelernt« wurden. In ganz Europa wurden Kinder aus allen Ländern vergewaltigt und mißhandelt. Viele flehten die Ermittelnden an, sie aus ihrer Gefangenschaft zu befreien. Diese Beobachtungen wurden veröffentlicht. Es war da die Rede von einem Vater, der sexuellen Verkehr mit einer Zwölfjährigen wünschte und daraufhin seine eigene Tochter, die er am Morgen zur Schule geschickt hatte, gefesselt, geknebelt und entkleidet auf einem Bett vorfand. Dieser Schreck genügte, um wenigstens einen reumütigen Vater für die Sache der Abolitionisten zu gewinnen. Die Heilsarmee schloß sich unter der Führung von Florence und Bramwell Booth dem Feldzug an, und ihr glühender Eifer führte zu einem offenen Krieg. Heilsarmee-»Truppen« wurden von organisierten Banden und Bordellinhabern angegriffen. Hallelujah-Mädchen wurden mit Seilen gefesselt und mit heißen Kohlen beworfen. In Worthington beschwor eine von der dreiundzwanzigjährigen Ada Smith angeführte Einheit einen solchen Tumult herauf, daß die britische Kavalerie zur Unterdrückung des Aufruhrs beordert wurde. Die Aufmerksamkeit, die dadurch erregt wurde, hatte noch breitere Unterstützung zur Folge.

William Stead

Der Sieg, nämlich die Aufhebung der Contagious Disease Acts durch das Parlament im Jahr 1883, war noch nicht das Ende der Revolte. Der Mädchenhandel blühte immer noch, und das Mündigkeitsalter lag noch bei dreizehn. William Stead, Redakteur der *Pall Mall Gazette*, schlug sich auf die Seite der Abolitionisten, und seine Artikel erregten sensationelles Aufsehen. Seine Veröffentlichung von *The Maiden Tribute to Modern Babylon* (Das Jungfrauenopfer an das moderne Babylon) mit Schlagzeilen wie »Die Vergewaltigung von Jungfrauen« und »Geständnisse eines Bordellbesitzers«, zusammen mit Aussagen von Beamten, ehemaligen Beamten, Polizisten, Rettungspersonal und tatsächlichen Opfern förderten die täglichen Verbrechen an Kindern ans Licht der Öffentlichkeit. Geschichten, wie die von der Verhaftung und schnellen Freilassung von Mrs. Jeffries, deren Haus sich auf die Folterung von Kindern spezialisiert hatte, das absurde Argument, Kinder seien »willige« Opfer, die Bloßstellung einer Rechtsordnung, die Sklavenhändler und ihre Kunden anstatt Kinder schützt, ließen englische Moral- und Rechtsauffassungen zum Gespött werden. Um den unwiderlegbaren rechtlichen Beweis dafür zu bringen, daß Kinder ge- und verkauft werden konnten, arrangierte Stead den Kauf der dreizehnjährigen Eliza Armstrong. Steads Feinde trumpften mit Elizas Vater auf, der behauptete, Stead habe das Kind ohne väterliche Erlaubnis erworben (sie wurde von ihrer Mutter verkauft). Steads Freunde hingegen entdeckten, daß Elizas Vater ihre Mutter nie geheiratet hatte und somit keine väterliche Gewalt über sie hatte. Nach dreimonatiger Inhaftierung wurde Stead freigelassen. Die Umstände seiner Verhaftung machten solche Furore und erzeugten einen derartigen öffentlichen Druck, daß das Mündigkeitsalter in England auf Parlamentsbeschluß schließlich auf sechzehn Jahre angehoben wurde.[51]

Josephine Butler starb im Jahr 1907, und William Stead kam bei dem Untergang der *Titanic* im Jahr 1912 ums Leben, doch die Sache hatte sich inzwischen verselbständigt. Mehrere Länder organisierten sich zum Kampf gegen den Mädchenhandel. Später ergriffen der Völkerbund und die Vereinten Nationen Maßnahmen gegen den internationalen Handel mit Frauen und Kindern. In Amerika wurde im Jahr 1912 ein Gesetz verabschiedet (sogenannter Mann Act), das die Verschleppung von Frauen und Kindern über Staatsgrenzen zu unsittlichen Zwecken unter Strafe stellte. Doch die Zeit des entschlossenen Einsatzes von Butler, Stead und der Heilsarmee ging schnell vorüber und wich dem Zeitalter »aufgeklärter« Expertengruppen, die behaupteten, kleine Mädchen hätten sexuelle Gefühle und willigten daher in sexuelle Handlungen mit Erwachsenen ein. So wurde die Erbsünde durch eine frauenfeindliche Pseudosexualwissenschaft ersetzt.

Obwohl seit den Tagen der Abolitionistenbewegung hunderte von internationalen Abkommen unterzeichnet worden sind, hat die Ansicht, daß Kinder in sexuelle Handlungen einwilligen, immer wieder für Konfusion und Zwiespältigkeit gesorgt und die wirksame Durchsetzung dieser Abkommen untergraben. Heute wie in der Vergangenheit spricht unsere Gesellschaft Minderjährigen das nötige Urteilsvermögen ab, um wählen, von zu Hause weggehen, einen Vertrag abschließen, eine Arbeit annehmen oder sogar rechtsgültig ihre Puppe oder ihr Taschentuch verkaufen zu können, hält aber paradoxerweise ein weibliches Kind für verantwortungsbewußt genug, um ihren Körper verkaufen zu können. Heute wie früher fällt es uns nicht schwer, einen Mann zu verurteilen, der einem Kind das Fahrrad wegnimmt (mit oder ohne Zustimmung, denn von einem Erwachsenen wird erwartet, daß er zwischen richtig und falsch unterscheiden kann), doch wir fragen uns, ob ein Mann dafür verantwortlich zu machen ist, wenn er ein nichtwiderstrebendes Kind sexuell benutzt. Nur in sexuellen Angelegenheiten wird ein Kind wie ein erwachsener Mensch verantwortlich gemacht und einem Mann gestattet, verantwortungslos wie ein Kind zu sein. Folglich ist der sexuelle Mißbrauch von Kindern durch Erwachsene nie als eindeutiges rechtliches und moralisches Vergehen anerkannt worden und ist bis zum heutigen Tag ein ungeklärter Tatbestand geblieben.

6. KINDEREHE IN INDIEN

Zu tadeln ist der Vater, der seine Tochter nicht bezeiten verheiratet; zu tadeln ist der Ehemann, der sich seiner Frau nicht beizeiten nähert.

Aus den »Hindugesetzen des Manu« [1]

Bis zum Jahr 1955 waren Kinderehen in Indien legal.*Dieser verhältnismäßig kurz zurückliegende Tatbestand verdeutlicht, wie nah wir uns zeitlich an der Integration des sexuellen Gebrauchs weiblicher Kinder in nationale und religiöse Institutionen befinden.

Es bedarf beträchtlicher Energie, um Kindern angemessenes Geschlechtsrollenverhalten aufzuzwingen, und Kinderehen sind vielleicht der einfachste, und mancherorts der gebräuchlichste, Rahmen, um dem weiblichen Kind, bevor es Kraft, Erfahrung und Urteilsvermögen erwirbt, eine lebenslange untergeordnete Rolle anzutrainieren. Nach Meinung einiger Fachleute haben Kinder etwa bis zu ihrem siebten Lebensjahr nicht die Fähigkeit, männliches Verhalten mit Jungesein und weibliches Verhalten mit Mädchensein zu assoziieren. Doch da das männliche Image erstrebenswerter ist, widersetzen sich weibliche Kinder der Identifikation mit ihrem Geschlecht und neigen mehr als Jungen dazu, zwiespältige Gefühle zu ihrem eigenen Geschlecht zu entwickeln. Wo immer das männliche Image das erstrebenswerte ist, möchten Mädchen eher Jungen sein als umgekehrt. Jungen können mit fünf Jahren anfangen, männliche Verhaltensweisen anzunehmen, wohingegen Mädchen »weibliches« Verhalten in der Regel nicht vor dem neunten oder zehnten Lebensjahr und oft genug erst spät in ihrer Jugend an den Tag legen[2]. Mädchen, die keiner strengen Geschlechtsrollendressur ausge-

---

*Im Jahr 1955 wurde für die Frau fünfzehn und für den Mann achtzehn als Ehemündigkeitsalter festgesetzt.

setzt waren, können sich bis ins Erwachsenenalter aggressiv und unabhängig verhalten. Es ist daher kein Wunder, daß der griechische Dichter Hesiod dreißigjährige Männer anwies, Jungfrauen zu heiraten, »damit ihr ihr gute Manieren beibringen könnt«[3], daß die Römer ihre zwölfjährigen und jüngeren Töchter verheirateten, damit »ihr Geist wie auch ihr Körper ihrem künftigen Gatten unverdorben übergeben werde«[4] „und daß nach Hindulehre ein weibliches Kind, das als Zehnjährige noch nicht verheiratet ist, zwangsläufig auf Abwege geraten muß.

Noch im Jahr 1928 behauptete ein führender indischer Staatsmann, daß ein Mädchen, welches vor ihrer Pubertät nicht verheiratet sei, »Gefahr läuft, einen schlechten Charakter zu bekommen.«[5] Ein anderer hob hervor, daß die Verheiratung von Mädchen vor der Pubertät »ein religiöser Brauch ist, der seit undenklichen Zeiten praktiziert wird.«[6]

Nach Hindugesetz und -religion ist die Verheiratung eines weiblichen Kindes vor der Pubertät nicht nur eine Tugend, sondern eine religiöse und gesellschaftliche Pflicht. Wenn eine Tochter nicht vor ihrer ersten Menstruation zur Ehe gegeben wird, ist ihre Familie zu einem schrecklichen Leben nach dem Tod verdammt:

Eine Jungfrau sollte zur Ehe gegeben werden, bevor ihre Brüste anschwillen. Hat sie jedoch vor ihrer Verheiratung menstruiert, so fallen sowohl der Gebende als auch der Nehmende in einen Höllenabgrund. Ihr Vater, Großvater und Urgroßvater werden als Käfer im Müll geboren. Es gibt keine Sühne für einen Mann, der mit einer Frau Verkehr hatte, die vor der Vermählung ihre Blutung hatte... Vater, Mutter und älterer Bruder, die ein Mädchen dulden, das vor der Ehe menstruiert hat, fahren zur Hölle. Ein Brahmane, der solch ein Mädchen heiratet, darf nicht erwähnt, noch in Gesellschaft zugelassen werden.[7]

Und sollte ein Mann zögern, mit seiner Kindbraut zu kopulieren, machte er sich des Verbrechens der »Brunahati« bzw. »Leibestötung« schuldig, und auch er würde irdische und geistliche Verdammung erleiden.*

Zudem sahen die Hinduisten in der Kinderehe die einzige Rettung für die niedere Frau, die angeblich ohne Seele geboren wurde. Sie existierte nur materiell, doch wenn sie vor ihrer ersten Menstruation verheiratet, penetriert worden und eine ergebene Ehefrau gewesen war, konnte sie mit einer spirituellen Identität und einem friedlichen Leben nach dem Tod rechnen. Um sich selbst und ihr Kind zu retten, verheirateten Eltern ihre Töchter, bevor sie alt oder stark genug waren, um sich gegen einen ausgewachsenen, sogar alternden, kränklichen oder grausamen Ehemann zu wehren. Das Kama Sutra, das offizielle indische Sexhandbuch, unterweist Männer sogar in der Kunst der Kindesverführung:

Ist sie ein ganz junges Mädchen, dann suche er sich ihrer Brüste zu bemächtigen, welche sie mit den Händen bedecken wird. Dann lege er ihr den Arm um Schultern und Nacken.[8]

Für den Herrn, der statt zur Gewalt lieber zur List greift, werden andere Methoden empfohlen:

Wenn sie dies [die Umarmung] nicht zulassen will, rede er ihr liebevoll zu, bitte und beschwöre sie... Ein noch kindliches Wesen gewinnt man mit kindlichen Spielen.[9]

Versuche zur Abschaffung der Kinderehe sind zum großen Teil gescheitert. Ram Mohan Ray gründete im Jahr 1828 ohne Erfolg eine Gesellschaft zur Aufhebung der Kinderehe in Indien,[10] und die Gesetze, die im 19. Jahrhundert das Ehemündigkeitsalter auf zehn und später vierzehn Jahre festlegten, traten nie in Kraft. Im Jahr 1921 praktizierten schon 80% der indischen Bevölkerung die Kinderehe. Eines von zehn Mädchen zwischen fünf und zehn

---

Männliche indische Kinder wurden gelegentlich auch früh verheiratet (Gandhi wurde mit dreizehn getraut), doch die unverhältnismäßig hohe Zahl von Kindbräuten gegenüber Kindbräutigamen weist Frauen als die Hauptopfer dieses alten Brauchs aus. (Anmerkung zu Seite 128)

Jahren war verheiratet. 1929 berichtete der regierungsbeauftragte Joschi-Ausschuß, daß die Ehe allgemein schon bald nach der Heirat vollzogen wurde, was sich in einer extrem hohen Säuglings- und Müttersterblichkeitsrate niederschlug. Auf Empfehlung des Ausschusses wurde das Ehemündigkeitsalter auf vierzehn heraufgesetzt; das Gesetz sollte sechs Monate nach Verabschiedung in Kraft treten. Innerhalb dieser Sechsmonatsfrist schwoll die Zahl der verheirateten weiblichen Kinder unter vierzehn Jahren von acht auf zwölf Millionen an, und die Zahl der Ehen mit Kleinkindern unter fünf Jahren vervierfachte sich. Zwei Jahre später wurden 437 Erwachsene, die Kinderehen unterhielten, gerichtlich verfolgt, und von diesen wurden siebzehn mit Gefängnis bestraft. Die indischen Beamten hatten es offensichtlich nicht darauf angelegt, Kinderehen zu verhindern.[11]

Im Jahr 1927 veröffentlichte die amerikanische Schriftstellerin Katherine Mayo ihr Buch *Mutter Indien*. Sie präsentierte eine beißende Anklageschrift gegen den niedrigen Status indischer Frauen, ihre mangelnde Ausbildung, den Brauch des »Sati« (der von einer Witwe erwartet, daß sie sich auf den Begräbnisscheiterhaufen ihres Mannes wirft und mit ihm stirbt), doch ihre Schilderung der Greuel, die sich aus Kinderehen ergaben, erregte das meiste Aufsehen. Sie berichtete von fünf- bis zwölfjährigen Kindern, die mit fünfundzwanzig- bis fünfzigjährigen Männern verheiratet waren. Sie interviewte ärztliches Personal, forschte in Krankenhausakten und beschrieb die Leiden von Kindbräuten: blutende, zerfetzte Scheiden und Gebärmütter, zerschundene und verstümmelte Körper, Bauchfellentzündungen, Geschlechtskrankheiten und sogar Tod. Einer schwerverletzten Zwölfjährigen war es gelungen, sich bis zu einem Krankenhaus zu schleppen, aber ihr Mann, ein gebildeter fünfzigjähriger Beamter, klagte vor Gericht auf Wiederherstellung seiner Rechte als Ehemann und gewann selbstverständlich den Prozeß. Und wenn es eine Kindbraut schaffte, den sexuellen Mißbrauch zu überleben, war sie oft einer Schwangerschaft und Entbindung nicht gewachsen. Diese zierlichen Mädchen lagen manchmal bis zu sechs Tagen in den Wehen; ihre Körper hielten dem Geburtsvorgang nicht stand, wurden auseinandergerissen, und sie starben.[12]

Mayos Buch verursachte einen regelrechten Aufruhr. *Mutter Indien* erschien zu einer Zeit, da Indien um seine Unabhängigkeit von England kämpfte und brachte die Führer der indischen Befreiungsbewegung in große Verlegenheit. Frau Mayos Werk wurde mit Büchern wie *Meine Mutter Indien, Schwester Indien, Vater Indien. Ein Sohn Indiens antwortet, Indien verstehen* usw. beantwortet. Sie wurde der Übertreibung, der Lüge, der Manipulation von Fakten, der Überheblichkeit, des Rassismus* bezichtigt und, weil sie nie geheiratet hatte, unterstellten viele, daß ihr Buch Ausdruck ihrer persönlichen sexuellen Verbitterung sei. Der hochgeschätzte Dichter, Nobelpreisträger und Freund von Gandhi, Rabindranath Tagore, schrieb eine Abhandlung, in der er die Kinderehe verteidigte:

Es gibt ein besonderes Alter, darin jene gegenseitige Anziehung der Geschlechter ihren Höhepunkt erreicht; also muß, wenn die Ehe dem sozialen Willen gemäß geregelt werden soll, die Ehe vor diesem Alter zustande kommen.[13]

Ein indischer Korrespondent, nach Mayo ein Mann von »hohem gesellschaftlichem Rang« und ein Freund Gandhis, sagte:

Es scheint mir unpassend, zu behaupten, daß alle, die auf der Kinderehe bestehen, Mitschuldige an einem Verbrechen sind... [sie] ist... über ganz Indien verbreitet...[daraus] scheint klar hervorzugehen, daß die Ehe in jungen Jahren nicht so stark gesundheitsschädigend wirkt, wie manche Leute behaupten.[14]

Obwohl sich Gandhi gegen die »grausame Sitte der Kinderehe« aussprach, stellte er sich nie gegen die, die sie vertraten, noch nahm er je entschlossen und eindeutig Stellung zu dem Thema.

Bedauerlicherweise zeigte es sich in einem späteren Werk, The Face of Mother India, daß ihre Kritik der Kinderehe sich nicht gegen das Problem selbst, sondern gegen Indien richtete. Sie behauptete fälschlicherweise, daß sich Christen, Juden und Moslems nie der Verheiratung weiblicher Kinder schuldig gemacht hätten.

Ihn bewegte mehr das Problem der Kindwitwe, die Sex nie erfahren hatte und nicht wieder heiraten konnte. Hindueltern konnten ihre winzigen Töchter mit alten Männern verheiraten, aber falls der Ehemann starb, war es der Witwe (ob Kind oder Erwachsene) nach Hindugesetz verboten, wieder zu heiraten. Die Folge war, daß Indien überfüllt war mit Witwen ab fünf Jahren, und Gandhi protestierte:

Die Existenz von Kindwitwen ist ein Schandfleck im Hinduismus... Ich betrachte die Wiederverheiratung jungfräulicher Witwen nicht nur als wünschenswert, sondern als Pflicht und Schuldigkeit aller Eltern, die solche Töchter haben.[15]

Nach Gandhi waren verwitwete Jungfrauen »überhaupt nie ver heiratet« und daher - nach seinen Worten - »der Liebe fremd«. Gandhi muß Liebe mit Sex verwechselt haben. Er empfahl nicht, diese Kinder vor den unmenschlichen Qualen vorzeitigen Sexes und zu früher Niederkunft zu schützen; vielmehr war es ihr jungfräulicher Zustand, der ihm Sorge bereitete.

Trotz breiten Widerstands fand Mayo Unterstützung. Ein Mitglied der indischen Gesetzgebenden Versammlung wies auf die hohe Müttersterblichkeit und die hohe Anzahl kränklicher Säuglinge hin und erklärte, daß die Kinderehe »unserer Rasse den Lebenssaft entzieht.«[16] Das erste weibliche Mitglied des Regionalrats von Banglador vertrat die Ansicht, daß es »keine Hoffnung für den Fortschritt der weiblichen Menschheit oder für die Regeneration der Nation insgesamt« gebe, wenn die Kinderehe nicht aus der Welt geschafft würde.[17] Später schätzte Sir John Megaw, ein amtlicher medizinischer Berater, daß 10% aller Kindbräute zum Tode verurteilt seien, und Eleanor Rathbone sagte in ihrem Buch über die Kinderehe in Indien: »Dieser Tod ist nichts weiter als ein Foltertod durch Überanstrengung der Muskeln, Sehnen, Nerven und Bänder beim Versuch des Körpers, etwas zu vollbringen, wofür er zu schwach, zu unreif und anatomisch zu unfertig ist.« Eine Volkszählung im Jahr 1931 deutete an, daß die Kinderehe stark mit der hohen Sterblichkeitsrate indischer Frauen zusammenhing:

Die Frau ist von Natur aus besser zum Überleben ausgerüstet als der Mann; doch in Indien wird der Vorteil, den sie bei ihrer Geburt hat, im Lauf ihrer Kindheit wahrscheinlich durch die relative Vernachlässigung und während ihrer Jugend durch die Anstrengung zu vieler Entbindungen neutralisiert.[18]

Indien erlangte schließlich seine Unabhängigkeit, doch das Thema Kinderehe rief mehr Kontroversen hervor als die tatsächliche gesellschaftliche Veränderung. Im Jahr 1935 schrieb Mayo nieder, daß der Brauch trotz der turbulenten Ereignisse weiter gepflegt werde:

Jetzt, da die Panik und die Verwirrung vorüber sind, jetzt, da der Staub sich gelegt hat und das Auge wieder klar sehen kann, taucht das uralte Bild wieder auf - der Hindu, der inmitten von Millionen gelassen auf seine althergebrachte Art dasitzt. Heute, wie schon vor grauer Zeit, heiratet er seine Kindbraut, wann es ihm recht dünkt - immer eingedenk, daß, je jünger sie ist, desto heiliger die Ehe und desto höher seine eigene Belohnung im Himmel.[19]

Und obwohl das Ehemündigkeitsalter angehoben wurde, schrieb Rhoda L. Goldstein 1961 in einem Artikel unter dem Titel »Indische Frauen im Wandel«, daß nach offiziellen Angaben 28,8% der Mädchen zwischen zehn und vierzehn Jahren verheiratet waren.[20]

Der Ausschuß der Vereinten Nationen über den Status der Frau legte der Vollversammlung folgende Resolution über die Abschaffung der Kinderehe vor:

Die Kinderehe und die Verlobung von Mädchen im Vorpubertätsalter werden untersagt, und wirksame Maßnahmen, einschließlich rechtlicher Schritte, zur Festsetzung eines Ehemündigkeitsalters und zur Durchsetzung einer amtlichen Meldepflicht für die Ehelichung werden eingeleitet.[21]

Diese Resolution wurde im November 1967 angenommen, doch

sie war nicht bindend. Überdies schwächte Indien die Resolution weiter ab durch Hinzufügung von »soweit möglich«. Der indischen Volkszählung von 1971 zufolge waren 17,5% der Mädchen zwischen zehn und vierzehn Jahren verheiratet.[22]Am 14. April 1973 erschien in der *New York Times* ein Sonderbericht mit dem Titel »Mit zehn verheiratet, mit fünfzehn verlassen, lebt sie auf den Straßen von Neu Dehli«. Radha, die in Armut aufgewachsen war, wurde als Zehnjährige mit einem gleich armen, älteren Jungen verheiratet, und »obwohl solche Kinderehen offiziell verboten sind, sind sie unter den Armen dennoch üblich.«[23] Im März 1975 verkündete *Youth Times* (ein indisches Blatt), daß die Verheiratung weiblicher Kinder in Indien immer noch verbreitet sei.[24]

Es überrascht nicht weiter, daß - obwohl die Frau besser zum Überleben ausgestattet ist als der Mann - Indien weiterhin das einzige Land ist, in dem die weibliche Bevölkerung niedriger ist als die männliche (930 gegenüber 1000).[25]

7. EIN FREUDSCHES VERTUSCHUNGSMANÖVER

Meiner Meinung nach... ist es sowohl kulturellen als auch persönlichen Faktoren zuzuschreiben, daß alle, einschließlich Freud selbst zuweilen, so überaus erfreut waren, Berichte von sexueller Ausbeutung in der Kindheit als Phantasien betrachten zu können. Diese Position befreite Erwachsene von ihren Schuldgefühlen. Freud und seine Anhänger pflichteten meines Erachtens übereifrig der Theorie von Kindheitsphantasien bei und übersahen Vorfälle tatsächlicher sexueller Ausbeutung während der Kindheit.
Sexuelle Angriffe auf Kinder werden auf Kosten des psychologischen Wohlergehens des Opfers ignoriert oder von vornherein heruntergespielt.

Joseph J. Peters, *American Journal of Psychotherapy*[1]

Im Jahr 1905 konfrontierte Dr. Sigmund Freud die Welt mit seiner Theorie über die Sexualität von Kleinkindern. Er informierte eine noch tief in viktorianischer Prüderie verhaftete Gesellschaft, daß schon sehr kleine Kinder starke erotische Triebe hätten. Seine Theorie schockierte zunächst die bürgerlichen Gemüter, doch mit der Zeit kam dieselbe bürgerliche Gesellschaft zu der Einsicht, Freud habe gar nicht so unrecht. Heute bezweifelt kaum noch jemand, daß Kinder erogene Zonen und sexuelle Empfindungen haben, doch da sich Freuds Interesse auf die psychologischen Aspekte menschlicher Entwicklung konzentrierte schenkte er anderen kindlichen Anlagen wenig Beachtung.

Er sah zum Beispiel geflissentlich darüber hinweg, daß, ebenso wie die sexuelle Wahrnehmung bei Kindern, auch alle ihre übrigen Fähigkeiten intakt sind, und daß sie folglich merken, wenn sie gedemütigt und ausgebeutet werden. Daher ist Freuds Behauptung, Kinder, die von sexuellem Mißbrauch durch Erwachsene berichteten, hätten sich das Erlebnis eingebildet oder erfunden, höchst fragwürdig. Kinder erkennen den Unterschied zwischen Wirklichkeit und Phantasie oft genauer als Erwachsene, und sexuelle Annäherungsversuche an Kinder gehören tatsächlich zum Alltag. Darauf zu bestehen, daß diese Annäherungen eingebildet seien, bedeutet, das Wahrnehmungsvermögen eines Kindes zu unterschätzen, Zweifel und Verstörung zu säen, Selbstvertrauen zu untergraben und den Nährboden für Alpträume zu schaffen.

Ich erinnere mich, als Kind mit einem immer wiederkehrenden Traum gerungen zu haben, in dem ich desinteressierte Erwachsene verzweifelt anflehte, meine Ängste anzuerkennen. Wenn man bedenkt, daß mir gesagt wurde, meine Mandeloperation »sei gar nicht so schlimm« oder daß der Zahnarzt, dessen Hände zwischen meinen Beinen hantierten, in Wirklichkeit »meine Zähne in Ordnung brachte« war mein Traum nicht unbegründet. Irgendwie muß ich schon damals gewußt haben, daß ein Mensch, wenn man ihm lange und oft genug weder Beachtung noch Glauben schenkt, seinen Halt verlieren, in Panik geraten und sogar um den Verstand kommen kann. Als ich älter wurde, fand ich einigen Trost in der Entdeckung, daß ich mit meinem angsterzeugenden Alptraum nicht allein dastand, daß viele andere mit seinem Grauen so vertraut waren, daß er ein Lieblingsmotiv in Literatur und Kunst war. Franz Kafka war ein Meister der Mitteilung von Ängsten, die von der allgemeinen Gleichgültigkeit gegenüber dem persönlichen Gefühl der Unsicherheit und des Bedrohtseins herrührten. Für Ralph Ellison's »Unsichtbaren Mann« war die mangelnde Anerkennung seiner Gefühle so unerträglich, daß er unzählige elektrische Birnen in seinem Zimmer anbrachte, um sich anzustrahlen und sich damit zu beweisen, daß er existierte. Die Welt von Science-fiction- und Gruselliteratur ist getränkt mit der bizarren Einsamkeit verzerrter Realität.

Und das Thema fesselt mit ewigen Erfolgsserien wie »Twilight Zone«, »Star Trek« und »Chiller Theater« ein breites Fernsehpublikum. Meine eigene Lieblingsstory, die heute noch fernsehbegeisterte Nachtschwärmer fasziniert, ist der Film *Gaslight (Das Haus der Lady Alquist)* aus dem Jahr 1944, der die Zuschauergemüter so beeindruckte, daß der Ausdruck »gaslight« im

Englischen bis heute zur Bezeichnung des Versuchs verwandt wird, den Realitätssinn eines anderen Menschen zu zerstören, um ihn letztlich in den Wahnsinn zu treiben.

In der Geschichte, die in der viktorianischen Zeit spielt, heiratet Charles Boyer Ingrid Bergmann, nicht aus Liebe, sondern um sich Zugang zu ihrem Haus zu verschaffen, in dem wertvolle Juwelen versteckt sind. Sobald er sich bei ihr eingenistet hat, plant Boyer, der ungeduldig seiner Schatzsuche entgegenfiebert, sich seiner Frau zu entledigen. Er heckt aus, sie zu entnerven, damit sie schließlich in die Einweisung in eine Anstalt einwilligt. Um dies zu erreichen, ändert er einfach die Welt, in der sie lebt und mit der sie vertraut ist. Als sie eine Bedienstete wegschickt, um etwas zu erledigen, versichert er ihr, daß der Auftrag nie erteilt wurde; eine Schere, die sie auf einen Tisch gelegt hat, taucht an anderer Stelle wieder auf; und als das Gaslicht flackert, redet er ihr ein, daß nicht das Licht, sondern ihr Wahrnehmungsvermögen versage. Mit der Zeit wird sie unsicher und labil, und bald ist sie so verstört, daß sie kaum noch normal reagieren kann. Boyer täuscht Besorgnis vor, schlägt vor, nach einem Arzt zu schicken, eine Erholungskur zu machen, doch gerade als sie am Rande des totalen Nervenzusammenbruchs steht, erscheint Joseph Cotten (der sich immer vage im Hintergrund bewegte) auf der Bildfläche, stellt den Bösewicht bloß und rettet die Frau vor dem Verlust ihres Realitätssinns, ihres Vertrauens, vor dem Wahnsinn.

Dieser Film erfreute sich großer Beliebtheit, weil sich so viele mit dem Opfer identifizieren konnten. Ich weiß, wie viele andere, daß ich im Lauf meines Lebens oft »begasleuchtet« worden bin, wobei das Ableugnen meiner eigenen Belästigung ein keineswegs geringes Trauma darstellte. Mir ist jedoch klar, daß das »Begasleuchten«, wie es auf den Tatbestand sexuellen Mißbrauchs angewandt wird, weitaus ernster ist, als eine viktorianische Gruselgeschichte und wirksamer, als die Hinterhältigkeit eines einzigen Mannes. Es entspringt einer weitverbreiteten Indoktrination. Sigmund Freud, dessen Theorien solch ungeheuren Einfluß auf die moderne Denkweise hatten, wußte um die Existenz sexuellen Mißbrauchs von Kindern, aber er konnte die

Tragweite dieses Mißbrauchs weder mit seinem Selbstimage noch mit seiner Identifizierung mit anderen Männern seines Standes in Einklang bringen, und so modifizierte er seine Realitätsdarstellung. Mit der Zeit gelang es ihm, eine ganze Epoche so zu »begasleuchten«, daß sie eine verheerende Kindheitsrealität und ein äußerst ernstes gesellschaftliches Problem einfach nicht zur Kenntnis nahm.

Eine Freudsche Diskretion

Am Anfang seiner Karriere glaubte Freud seinen - vorwiegend weiblichen - Patienten, wenn sie immer wieder von Vorfällen sexueller Belästigung in ihrer Kindheit erzählten. Viele von ihnen litten an Hysterie, einer verbreiteten viktorianischen Beschwerde bei Frauen des Mittelstands. Zu den Symptomen zählten Stimm- oder Appetitverlust, krampfartiger Brechreiz, Niesen, Husten, zeitweilige Blindheit, Taubheit, Lähmung oder Epilepsie, und diese Symptome, die keine erkennbare organische Ursache hatten, widerstanden der medizinischen Behandlung.* Da seine hysterischen Patientinnen wiederholt von sexuellem Mißbrauch berichteten und dabei sehr oft ihre Väter als den Schänder nannten, schloß Freud in seinen frühen Schriften auf einen Kausalzusammenhang zwischen sexuellem Mißbrauch und Neurose,** indem er Hysterie als eine durch ein sexuelles Attentat verursachte Neurose bezeichnete. Doch die Konfrontation mit

---

*Hysterie unterscheidet sich von organischer Neurose bzw. psychosomatischen Beschwerden. Obwohl beide psychologische Ursachen haben, ist bei psychosomatischen Erkrankungen eine tatsächliche physiologische Veränderung an dem betroffenen Organ festzustellen. Bei Hysterie oder »Konversionshysterie« ist die Funktion zwar beeinträchtigt, doch ist das Organ nicht beschädigt.
**Der Ausdruck »Neurose« dient zur Bezeichnung aller Störungen, die auf psychologische Ursachen, nicht auf physische, zurückgehen.

der wiederholten, beharrlichen Beschuldigung von Vätern seitens seiner Patientinnen bereitete ihm Unbehagen, und da ihn die Verführungstheorie nie ganz befriedigte, erwähnte er sie nur im Jahr 1896 öffentlich und erst viel später wieder (1933), als er in der Lage war, den Mißbrauch der weiblichen Phantasie zuzuschreiben und als Unwahrheit abzutun:

... erzählten mir fast alle meine weiblichen Patienten, daß sie vom Vater verführt worden waren. Ich mußte endlich zu der Einsicht kommen, daß diese Berichte unwahr seien, und lernte so verstehen, daß die hysterischen Symptome sich von Phantasien, nicht von realen Begebenheiten ableiten.[2]

Freud, dem die Phantasie über sexuellen Mißbrauch mehr zusagte als seine Wirklichkeit, fühlte sich noch wohler, als er der Mutter die Verführerrolle zuschieben konnte anstatt dem Vater. Als er die Mutter miteinbezog, versicherte er uns allerdings, daß die Verführung durch die Mutter auf der Wirklichkeit beruhe:

Später erst konnte ich in dieser Phantasie von der Verführung durch den Vater den Ausdruck des typischen Ödipuskomplexes beim Weibe erkennen. Und nun findet man in der präödipalen Vorgeschichte*der Mädchen die Verführungsphantasie wieder, aber die Verführerin ist regelmäßig die Mutter. Hier aber berührt die Phantasie den Boden der Wirklichkeit, denn es war wirklich die Mutter, die bei den Verrichtungen der Körperpflege Lustempfindungen am Genitale hervorrufen, vielleicht sogar zuerst erwecken mußte.[3]

Ehe Freud zu dem Schluß kommen konnte, daß die Verführung durch den Vater eine Phantasie sei, mußte er sich seiner früheren Theorie entledigen. Da Männer nicht über Verführung durch die Mutter klagten, grenzte Freud den »eingebildeten« Mißbrauch als spezifisch weibliches Problem ein: »...konnte ich in dieser Phantasie von der Verführung durch den Vater den Ausdruck des *typischen Ödipuskomplexes beim Weibe* erkennen.«

---

*D. h. vor dem dritten Lebensjahr.

Um Väter zu entlasten, hielt es Freud für erforderlich, das Wahrnehmungsvermögen seiner Patientinnen zu zersetzen. Es war ihm unmöglich, den Vater als Verführer zu akzeptieren, und so tauschte er weibliche Wirklichkeit gegen weibliche Phantasie aus. Vielleicht ist diese Verschiebung besser zu verstehen, wenn wir Freud als Mann sehen, der sein eigenes Bündel an menschlicher Unvollkommenheit zu tragen hatte und der in seinem Leben so manche Information, die ihm nicht paßte, vorenthalten oder abgeändert hat.

Bei der Erforschung der menschlichen Seele legte Freud zwar mutig seine eigenen Schwächen, Konflikte, Ängste und Neurosen offen, doch hielt er in zwei Hauptbereichen persönlich Fakten und Gefühle unter Verschluß - Bereiche, die er als wesentlich für das Verständnis der menschlichen Persönlîchkeit festsetzte: Kindheit und Sexualität. Das Interesse der Nachwelt vorausahnend, vernichtete er im Alter von neunundzwanzig Jahren seine sämtlichen früheren Werke, Notizen und Tagebücher, denn er »konnte nicht reifen und nicht sterben ohne die Sorge, wer mir in die alten Papiere kommt.«[4] Auch in seinem späteren Leben war er, trotz Bestärkung durch Erfolg und Ruhm, außerstande, öffentlich etwas über sich preiszugeben, und so bleibt die Geschichte von Freuds Kindheit uns ein Geheimnis. Noch weniger wissen wir über sein Sexualleben.

Wir wissen natürlich, daß Freud den Ödipuskomplex formuliert hat, die Theorie von der angeborenen erotischen Hingezogenheit von Kindern zum gegengeschlechtlichen Elternteil, und daß er die »Libidotheorie« entwickelt hat bzw. die Auffassung von der sexuellen Energie als einer zentralen Lebenskraft. Und doch hat uns dieser Mann, der den Sexualtrieb als dominierenden Faktor in der Persönlichkeitsentwicklung sah und der das Bemühen um die Sublimierung sexueller Befriedigung als wesentlich für das praktische Überleben, für die psychische Reifung und den Fortbestand der Zivilisation schlechthin betrachtete, nichts von seinen eigenen sexuellen Impulsen, Konflikten oder Erfahrungen erzählt.* Diese Geheimhaltung ist um so überraschender, als Freud sein eigenes Leben, sein bewußtes und unbewußtes Dasein, als Hauptwerkzeug zum Verständnis und zur Erklärung der gesamtmenschlichen Sexualität benutzte. Seine Theorien entstammen der Selbstanalyse und der Deutung seiner eigenen Träume, und doch hat er niemals auch nur eine Masturbationsphantasie oder sexuelle Leidenschaft mitgeteilt, noch hat er je einen seiner Träume mit einem erotischen Verlangen oder einer Frau assoziiert.

Der französische surrealistische Dichter und Theoretiker André Breton kritisierte Freud ob des hartnäckigen und unlogischen Schweigens, in das er sein eigenes Sexualleben hüllte, und verstieg sich sogar dazu, ihn unehrlich zu nennen, doch Freud ging auf die Herausforderung nie ein, noch äußerte er sich je zu diesem Thema. Es dürfte daher nicht überraschen, daß Freud es auch als angebracht betrachtete, andere seiner Meinung nach unkluge Informationen zu zensieren. In einer Fußnote zu der 1924 erschienenen Ausgabe seiner Studien über Hysterie gestand er, einige Studien aus Gründen der Diskretion geändert zu haben. In zwei Fällen sexuellen Mißbrauchs hatte er einen Vater durch einen Onkel ersetzt:
Nach so vielen Jahren getraue ich mich, die damals beobachtete Diskretion aufzuheben und anzugeben, daß Katharina nicht die Nichte, sondern die Tochter der Wirtin war, das Mädchen war also unter den sexuellen Versuchungen erkrankt, die vom eigenen Vater ausgingen. [5]

Eine ähnliche Fußnote setzte er zum Fall von Rosalia H.: »Auch hier war es in Wirklichkeit der Vater, nicht der Onkel.« [6]

In beruflichen Beziehungen ist es üblich, daß zum Schutze eines Klienten oder Patienten bei Veröffentlichungen die persönliche Identität getarnt wird, und Freud hielt sich peinlich genau an diesen Brauch. Er änderte sorgfältig Namen, Orte und andere

---

* In seinen privaten Briefen an seinen Freund Wilhelm Fließ, die nach seinem Tod veröffentlicht wurden (1950), offenbarte er wohl einige sexuelle Wünsche, Träume und Gefühle. Doch es lag nicht in seiner Absicht, diese Briefe der Öffentlichkeit zugänglich zu machen. *(Anmerkung zu Seite 140)*

verräterische Einzelheiten, aber es war weder verlangt noch nötig, eine gesamte Gruppe wie Eltern oder »Väter« zu camouflieren, denn eine derartige Modifizierung konnte sich einschneidend auf die Dynamik der Krankengeschichte auswirken. Bei der Beurteilung eines Falles ist es von entscheidender Bedeutung, ob der Onkel oder der Vater das Kind belästigt, da die Beziehung eines Kindes zu seinem Vater ganz anderer Art ist als die zu seinem Onkel. Durch die Veränderung dieser Tatsache hat Freud den Fall selbst geändert. Freud behauptete zwar, er habe diese bedeutsame Modifizierung im Namen der Diskretion vorgenommen, aber es lag ihm nichts daran, dieselbe Diskretion zugunsten von Töchtern walten zu lassen. Zu einer Zeit, da sexuelle Gefühle bei Frauen als unzüchtig, wenn nicht gar als abstoßend galten, hatte Freud keine Hemmungen, die sexuellen Regungen seiner Patientinnen offenzulegen. In der Besprechung seines Falles »Dora« (1905) zögerte er nicht, die Reaktion einer Vierzehnjährigen auf das »erigierte Glied« des verheirateten Mannes, der sich ihr genähert hatte, abzudrucken. Freud erörterte in allen Einzelheiten, wie Dora als Achtzehnjährige oralen Sex erlebte, und schrieb sogar seinen Vorschlag nieder, ein Verhältnis mit dem Mann einzugehen, der zufällig der Ehemann der Geliebten ihres Vaters war. Angesichts Freuds eher willkürlicher Handhabung von Diskretion können seine Schlußfolgerungen bezüglich der weiblichen Phantasie oder der weiblichen Persönlichkeit mit gutem Grund angezweifelt werden.[7] Und wäre nicht durch einen Zufall Freuds Briefwechsel mit seinem einstigen Freund und Kollegen Wilhelm Fließ entdeckt worden, so wäre die Geschichte seines sehr subjektiven Bedürfnisses, die Sünden der Väter zu vertuschen und sich von seiner Verführungstheorie loszusagen, für uns verloren gewesen.

Das Kapitel Fließ

Der Inhalt der Fließ-Briefe ist eine in sich spannende, lebhafte Geschichte. Sigmund Freud und sein guter Freund Wilhelm Fließ, ein Berliner Hals-, Nasen- und Ohrenarzt, unterhielten von 1888 bis 1902, als sie sich zerstritten, einen fruchtbaren

Briefwechsel. Kern ihrer Freundschaft war ein gemeinsames Interesse an den sexuellen Aspekten menschlichen Daseins, und Fließ hatte seine eigene Sexualtheorie entwickelt, mit der er das Phänomen von Leben und Tod erklären zu können glaubte. Freud bewunderte Fließ unendlich und achtete seinen Freund als einen Mann von überragender Intelligenz und unfehlbarem Urteilsvermögen. Er begrüßte seine Kommentare und Kritik bezüglich seiner Theorien, Entdeckungen und sogar seines Schreibstils. Doch als Freud sicherer in seinem Wirken wurde, wandte er sich weniger an Fließ, und schließlich überwarfen sich die beiden aufgrund wissenschaftlicher Differenzen.

Freud vernichtete seine gesamte Korrespondenz mit Fließ, doch seine eigenen Briefe, die detaillierte, gut ausgearbeitete Skizzen und Notizen enthielten, wurden von Fließ aufbewahrt. Nach Fließ' Tod im Jahr 1929 verkaufte seine Witwe ein Paket mit 284 Korrespondenzstücken an den Berliner Buchhändler Reinhold Stahl. Da Frau Fließ wußte, daß Freud die Briefe vernichten würde, wenn er die Gelegenheit dazu hätte, bat sie sich von Stahl aus, daß sie ihm nicht in die Hände fallen dürften. Später, als Stahl vor den Nazis nach Frankreich fliehen mußte, bot er die Briefe Mme. Marie Bonaparte an, einer Schülerin von Freud, die ihren Wert erkannte und sie glücklich für hundert Pfund erwarb. Sie nahm das Paket mit nach Wien und unterrichtete Freud von der Existenz der Briefe und von der Transaktion. Empört, daß sie ans Licht gekommen waren, ordnete er an, daß sie vernichtet würden, und selbst nachdem Bonaparte ihm Auszüge vorgelesen hatte, um ihn von der wissenschaftlichen Bedeutung der Briefe zu überzeugen, blieb er unnachgiebig. »Ich will nicht, daß ein einziger davon der sogenannten Nachwelt bekannt wird,«[8] sagte er. Bonaparte widersetzte sich dieser Anordnung und hinterlegte die Korrespondenz im Winter 1937/38 in einem Safe der Rothschild-Bank in Wien. Als Hitler in Österreich einmarschierte, wurde ihr aufgrund ihres Status einer griechischen Prinzessin gestattet, unter Nazibewachung den Inhalt aus dem Safe zu nehmen. Sie brachte die Dokumente dann in der dänischen Gesandtschaft in Paris unter, aber als ihre Sicherheit erneut durch die Naziinvasion in Gefahr war, überquerten die Papiere, in wasserdichtem Schwimmaterial verpackt (für den Fall einer Minen-explosion), den Ärmelkanal und gelangten sicher nach England. Dort wurden sie von Marie Bonaparte, Anna Freud und Ernst Kris übertragen und redigiert und erschienen schließlich in einem Band mit 168 Briefen und Anmerkungen, ausgewählt aus insgesamt 284 Sendungen, im Jahr 1950 unter dem Titel *Aus den Anfängen der Psychoanalyse* - elf Jahre nach Freuds Tod.

Nach einem Einblick in die Fließ-Korrespondenz bezeichnete Freuds Biograph Ernest Jones die »Fließ-Periode« als die aussergewöhnlichste Erfahrung in Freuds Leben, und andere hielten sie für seine kreativste Zeit. Die Herausgeber der *Anfänge* waren der Ansicht, daß die Dokumente den Ursprung der psychoanalytischen Bewegung erhellten und einen Einblick in Freuds intellektuellen Werdegang boten, doch um seinen Widerstand gegen ihre Veröffentlichung zu rechtfertigen, erklärten sie, es seiFreuds Gewohnheit gewesen, persönliches Material nur zur Veranschaulichung unbewußter Zusammenhänge zu publizieren.[9]

Für mich ist diese Korrespondenz, mehr noch als eine persönliche Geschichte oder ein Dokument intellektuellen Werdegangs, das Werk eines äußerst komplizierten, schöpferischen und begabten Menschen. Kein Roman legt mit annähernder Kunstfertigkeit die Ambivalenz, den Ehrgeiz und den Mut eines Mannes im Kampf mit sich selbst offen. Mehr als jede von Freud offiziell ausgegebene Information offenbaren diese Briefe *seine* unbewußten Zusammenhänge und erzählen von Anfang bis Ende, warum er an seiner eigenen Verführungstheorie nicht länger festhalten konnte.

In den frühen Jahren, als er zusammen mit Josef Breuer die *Studien über Hysterie* veröffentlichte, war Freud schon seit längerem mit der Erforschung des menschlichen Bewußtseins beschäftigt - auf der Suche nach den Geheimnissen der Neurose. Im Zug seiner Entdeckung der »freien Assoziation«, einer Methode, die sowohl ihm als auch seinen Patienten die Ergründung verborgener Emotionen in einer wertungs- und zensurfreien Atmosphäre ermöglichte, hörte Freud seinen Patientinnen aufmerksam und genau zu. Wie klar er auch immer die Existenz verdrängter Gedanken und Gefühle erkennen mochte, so zweifelte er doch zu jener Zeit nicht daran, daß ein tatsächliches Erlebnis die Ursache von Hysterie war. »Ich bin überhaupt darauf gekommen, die Angst nicht an eine psychische, sondern an eine physische Folge der sexualen Mißbräuche zu knüpfen.«[10] schrieb er seinem Freund Fließ. Später grenzte Freud den Zeitpunkt für die Empfänglichkeit für ein sexuelles Trauma genau ein; es sei »ein primäres Sexualerlebnis [vor der Pubertät] mit Abneigung und Schreck«[11] Im Jahr 1896 erläuterte Freud seine Verführungstheorie in einer Serie von Schriften mit dem Titel »Zur Ätiologie der Hysterie«. Dieses Werk war eine offene Herausforderung an die Theorie der Vererbung als Ursache von Hysterie. Sich der herrschenden medizinischen Ansicht kühn entgegenstellend, nannte Freud gesellschaftliche anstatt biologischer Ursachen für die Neurose. *Er identifizierte die spezifische Erregung der Genitalien, die sich infolge des sexuellen Mißbrauchs in der Kindheit einstellte, als das Trauma, das zur Hysterie führte,* und zitierte zur Untermauerung seiner Theorie achtzehn Fälle, kein einziger ohne ein vorausgegangenes sexuelles Erlebnis.[12] Zusätzlich zu diesem Beweismaterial aus seinen Fällen mußte Freud außerdem klar sein, daß die viktorianische Welt, in der er lebte, für ihre sexuelle Zügellosigkeit bekannt war, insbesondere was den sexuellen Mißbrauch von Kindern anbelangte. Ihm konnte die publizistische Anprangerung der großen Anzahl von Kindern in europäischen Bordellen, des aktiven internationalen sexuellen Sklavenhandels mit Kindern oder der erhältlichen Statistiken über die Zunahme von Sexualverbrechen an Kindern unmöglich entgangen sein. Es ist kaum anzunehmen, daß Freud in Unkenntnis des Gesellschaftsklimas war, als er mahnte: »Es scheint mir sicher, daß unsere Kinder weit häufiger sexuellen Angriffen ausgesetzt sind, als man... erwarten sollte.«[13]

Fließ gegenüber präsentierte Freud weiteres Fallmaterial, um seine Hypothese zu erhärten. Er bezeichnete die Verführung durch den Vater als den »Kernpunkt« bei der Hysterie.* Ein bestimmter Fall förderte sogar eine wahre Brutstätte sexuellen

Mißbrauchs ans Licht. Nachdem er die betreffende Patientin zum Sprechen überredet hatte, berichtete er Fließ von der Geschichte:

Und nun kommt heraus, daß der angeblich sonst edle und achtenswerte Vater sie von 8-12 Jahren regelmäßig ins Bett genommen und äußerlich gebraucht (»naß gemacht«, nächtliche Besuche). Sie empfand dabei bereits Angst. Eine 6 Jahre ältere Schwester, mit der sie sich Jahre später ausgesprochen, gestand ihr, daß sie mit dem Vater die gleichen Erlebnisse gehabt. Eine Kusine erzählte ihr, daß sie mit 15 Jahren sich der Umarmung des Großvaters zu erwehren hatte. Natürlich konnte sie es nicht unglaublich finden, als ich ihr sagte, daß im frühesten Kindesalter ähnliche und ärgere Dinge vorgefallen sein müssen. Es ist sonst eine ganz gemeine Hysterie mit gewöhnlichen Symptomen.[14]

Trotz fortgesetzter Konfrontation mit ähnlichen Fakten vertrat Freud seine Verführungstheorie, nach der Präsentation im Jahr 1896, nie wieder öffentlich. Gewiß, seine Theorie fand keinen Anklang - Krafft-Ebing machte sich sogar darüber lustig -, doch Freuds Zurückhaltung durfte kaum eine Folge der ablehnenden Kritik gewesen sein; schon damals war er bereit, für einen Aufruhr zu sorgen.[15] Freuds eigene schwankende Haltung verhinderte jede weitere öffentliche Erwähnung. Obwohl fest davon überzeugt, daß ein sexuelles Trauma die Ursache von Neurose war, war ihm die Vorstellung vom Vater als Verführer äußerst unangenehm, und wenn er ihn auch im vertraulichen Briefwechsel mit

---

*Freud schickte Fließ ausführliche Skizzen, Schaubilder und Thesen, im Rahmen derer sich seine Theorien über Kindersexualität, Verdrängung, das Unbewußte und die Libido entwickelten. Er vermutete zum Beispiel eine »enge Bedingtheit: für die Hysterie, daß ein primäres Sexualerlebnis [vor der Pubertät] mit Abneigung und Schreck, für die Zwangsneurose, daß es mit Lust stattgefunden hat.« Für das hier Besprochene genügt jedoch der bloße Zusammenhang zwischen frühem sexuellen Mißbrauch und Neurose. (Anmerkung zu Seite 145)

Fließ als solchen bezeichnen konnte, so war ihm das nach außen hin unmöglich. Seine Schriften von 1896 waren folglich schwach, was die Identifizierung der Urheber sexueller Traumen betraf. Er zählte fast ebenso viele Kategorien sexueller Mißbraucher wie tatsächlicher Fälle auf und verstrickte sich in eine Reihe merkwürdiger Widersprüche. Ein erwachsener Fremder sei, so sagte er, in den seltensten Fällen der Sexualtäter; öfter seien Kindermädchen, Dienstmädchen, Gouvernanten, Lehrerinnen und nahe Verwandte die Schuldigen. Doch am häufigsten seien es gleichaltrige (oder beinahe gleichaltrige) Kinder, die das sexuelle Trauma hervorriefen.[16] Diese breite Kategorie vorwiegend weiblicher Täter paßte nicht zu dem zur Debatte stehenden Leiden. Hysterie* befiel in erster Linie Frauen (ein »männlicher Hysteriker« war schwer zu finden), und die sexuellen Angriffe, von denen Freud sprach, waren heterosexueller Natur. Zudem bezog er sich bei der allgemeinen Besprechung sexueller Angriffe und Hysterie immer auf den Mißbrauch von Kindern durch Erwachsene. Plötzlich zu behaupten, der Großteil der Täter seien gleichaltrige Kinder, war ein offensichtlicher Widerspruch. Der einzig glaubhafte Mißbraucher war der »nahe Verwandte«, den Freud beiläufig erwähnte, von dem er aber dennoch zu behaupten wagte, daß er das Kind nur allzu häufig »in den sexuellen Verkehr einführte«.[17] Daß Freuds Widersprüchlichkeit sein Bedürfnis widerspiegelte, Väter zu schützen, hoben die Herausgeber der englischen Standardausgabe (eine Sammlung von Freuds Werken) als sehr wahrscheinlich hervor. Sie bemerkten, daß Freud in seinen Schriften von 1896 über die Hysterie die Rolle von Vätern absichtlich übergangen und vertuscht habe, genauso wie er es vorher in den *Studien über Hysterie* getan hatte.

Hysterie, das sich von dem griechischen Wort für Gebärmutter ableitet, war demnach eine ausschließlich weibliche Störung. Freud brachte zwar einmal das Beispiel eines »männlichen Hysterikers«, doch nach damaliger medizinischer Meinung war dieses Leiden auf Frauen beschränkt.

In seiner frühen Erörterung der Ätiologie von Hysterie sprach Freud oft von der Verführung als einer ihrer geläufigsten Ursachen... Doch beschuldigte er in diesen frühen Publikationen an keiner Stelle ausdrücklich den Vater des Mädchens. Ja, in einigen Fußnoten zu der 1924 erschienenen Ausgabe der Studien über Hysterie *gab er zu, in zwei Fällen die Verantwortung des Vaters verheimlicht zu haben.*[18]

Der subjektive Grund für Freuds Verschleierungsmanöver wurde ihm (und uns) offenbar, als er mit der Erforschung seiner eigenen beunruhigenden und komplexen Reaktion auf den Tod seines Vaters begann.

Vater Freud und Ödipus Rex

Die neunziger Jahre waren für Freud eine schwierige Zeit. Er litt unter - nach seinen Worten - »Angstneurosen«. Er machte sich Sorgen um sein Herz und befürchtete zu sterben. Er hatte mit schmerzhafter Migräne, Harnleiterentzündung, Darmkrämpfen und Magenbeschwerden zu kämpfen, dazu Platzangst und einer neurotischen Furcht, Züge zu verpassen. Der Tod seines Vaters steigerte seine Ängste zum Höhepunkt. Als Jakob Freud im Oktober 1896 starb, schrieb Sigmund Freud an Fließ:

Teurer Wilhelm,
Das Schreiben fällt mir jetzt so schwer, daß ich es so lange aufgeschoben habe, dir für die die zum Herzen dringenden Worte in deinem Brief zu danken. Auf irgendeinem der dunklen Wege hinter dem offiziellen Bewußtsein hat mich der Tod des Alten sehr ergriffen. Ich hatte ihn sehr geschätzt, sehr genau verstanden, und er hat viel in meinem Leben gemacht, mit der ihm eigenen Mischung von tiefer Weisheit und phantastisch leichtem Sinn. Er war lange ausgelebt, als er starb, aber im Innern ist wohl alles frühere bei diesem Anlaß aufgewacht. Ich habe nun ein recht entwurzeltes Gefühl.[19]

Der Tod seines Vaters löste in Freud solche schweren Konflikte

148

und Leiden aus, daß er es für nötig hielt, sich selbst zu untersuchen - in seinem Innern nach der Ursache seiner extremen Reaktion zu forschen. Diese Reise führte zur Selbstanalyse, zur Deutung seiner Träume und dem Beginn des psychoanalytischen Prozesses. Sie brachte ihn auf die Spur seiner eigenen unbewußten Motive und Triebe, indem sie in ihm Erinnerungen an Kindheitserlebnisse weckte. Diese Erinnerungen waren es, die ihm seine frühen sexuellen Gefühle zum Bewußtsein brachten. Er erzählte Fließ, daß er als Zweijähriger seine Mutter nackt gesehen habe, und entsann sich, daß seine »Libido gegen matrem erwacht ist.«[20] Das Wissen um seine eigenen kindlichen Sexualgefühle zerstörte in ihm für immer den Mythos, daß Kinder geschlechtslos seien; Kinder - das wußte er jetzt - hatten erotische Gefühle.

Auf seiner Reise in die Vergangenheit entdeckte er, daß sein Verlangen nach der Mutter Feindseligkeit gegen den Vater in ihm erzeugt hatte, und bei der Betrachtung dieses Komplexes kindlicher Sexualität - Verlangen nach der Mutter und Haß auf den Vater - erkannte er seine extreme Angst als Schuldgefühl, das einem unbewußten Todeswunsch entsprang. Jetzt, da ihm bewußt war, daß er eine tiefe Aggression gegen den Vater hegte, vertraute Freud Fließ in einem unveröffentlichten Brief an (datiert vom 11. Febr. 1897), ihn habe die große Anzahl von Vätern, die von seinen Patientinnen als sexuelle Belästiger bezeichnet worden waren, ernsthaft erschreckt. Angesichts des Vaters als häufigstem Sexualtäter habe er »aus dem Vorhandensein von hysterischen Symptomen bei seinem Bruder und mehreren Schwestern geschlossen, daß sogar sein eigener Vater sich schuldig gemacht haben mußte.«[21] Doch als ihm später in einem Traum offenbart wurde, daß er eine übermäßige Zuneigung zu seiner Tochter Mathilde empfand, schrieb er Fließ:

31.5.97
Arbeiten will ich nicht mehr. Selbst den Traum habe ich bei Seite gelegt. Unlängst träumte ich von überzärtlichen Gefühlen für Mathilde, sie hieß aber Hella, und »Hella« sah ich dann nochmal fettgedruckt vor mir. Auflösung: Hella heißt eine amerikanische Nichte, deren Bild wir bekommen haben.

Mathilde könnte Hella heißen, weil sie unlängst über die Nieder-
lagen der Griechen so bitter geweint hat. Sie begeistert sich für
die Mythologie des alten Hellas und sieht in allen Hellenen na-
türlich Helden. Der Traum zeigt natürlich meinen Wunsch er-
füllt, einen Vater als Urheber der Neurose zu ertappen, und
macht so meinen noch immer sich regenden Zweifeln ein Ende.

Und in einigen Notizen, die diesem Brief beilagen, fügte er
hinzu:

Die feindseligen Impulse gegen die Eltern (Wunsch, daß sie
sterben mögen) sind gleichfalls ein integrierender Bestandteil
der Neurose... Es scheint, als ob dieser Todeswunsch bei den
Söhnen sich gegen den Vater, bei den Töchtern sich gegen die
Mutter kehren würde.[22]

Freud kam allmählich zu der Überzeugung, daß sein Verdacht
gegen seinen eigenen Vater und sich selbst und sein Akzeptieren
der Verführungsberichte seiner Patientinnen von seinem Bedürfnis genährt wurden, den Vater als Verführer festzunageln.
Von sich selbst auf andere schließend, nahm er an, daß alle seine
Patientinnen dasselbe Bedürfnis hätten, und argwöhnte schließlich, daß ihre Geschichten von verführenden Vätern »defensive
Fiktionen« seien. Freud schürfte weiter, und mit der Entdeckung
seines Todeswunsches für den Vater und des daraus resultierenden Schuldbewußtseins war er sich ziemlich sicher, auf die Wurzeln seiner eigenen »Neurotica« gestoßen zu sein. Während er
seine eigenen Probleme löste, verbannte er jedoch gleichzeitig
die Aussagen seiner Patientinnen ins Reich der Phantasie, ließ
seine Verführungstheorie fallen und ersetzte sie durch den neu
entdeckten Ödipuskomplex. Er war alles andere als unglücklich
über diese Änderungen, und im Herbst 1897, ein Jahr nach dem
Tod des Vaters, schrieb er Fließ, daß es ihn mit Triumph erfülle,
die Verführung seiner Patientinnen als Phantasie erkannt zu haben:

21.9.97
Und nun will ich dir sofort das große Geheimnis anvertrauen, das

*mir in den letzten Monaten langsam gedämmert hat. Ich glaube
an meine Neurotica nicht mehr. Das ist wohl nicht ohne Erklärung verständlich... Ich will also historisch beginnen, woher die
Motive zum Unglauben gekommen sind. Die fortgesetzten Ent-
täuschungen bei den Versuchen, meine Analyse zum glücklichen
Abschluß zu bringen, das Davonlaufen der eine Zeitlang am
besten gepackten Leute, das Ausbleiben der vollen Erfolge, auf
die ich gerechnet hatte, die Möglichkeit, mir die partiellen Erfolge anders, auf die gewöhnliche Art zu erklären: dies die erste
Gruppe. Dann die Überraschung, daß in sämtlichen Fällen der
Vater als pervers beschuldigt werden mußte..., die Einsicht in
die nicht erwartete Häufigkeit der Hysterie, wo jedes Mal dieselbe Bedingung erhalten bleibt, während doch solche Verbreitung
der Perversion gegen Kinder wenig wahrscheinlich ist... Dann
drittens die sichere Einsicht, daß es im Unbewußten ein Reali-
tätszeichen nicht gibt, so daß man die Wahrheit und die mit
Affekt besetzte Fiktion nicht unterscheiden kann. (Demnach
blieb die Lösung übrig, daß die sexuelle Phantasie sich regelmäßig des Themas der Eltern bemächtigt)...*

*Merkwürdig ist auch, daß jedes Gefühl von Beschämung ausge-
blieben ist, zu dem doch ein Anlaß sein könnte. Gewiß, ich werde
es nicht in Dan erzählen, nicht davon reden in Askalon, im Land
der Philister, aber vor dir und bei mir habe ich eigentlich mehr
das Gefühl eines Sieges als einer Niederlage (was doch nicht
recht ist).*[23]

Während er sich dem Ursprung der Neurose näherte und seinen
heute berühmten Ödipuskomplex entwickelte, wandte Freud seine spezifische persönliche Entdeckung ohne Hemmungen auf jeden Menschen, auf alle Kulturen, auf Frauen wie auch auf Männer an. Zu Fließ sagte er:

15.10.97
*Ich habe die Verliebtheit in die Mutter und die Eifersucht gegen
den Vater auch bei mir gefunden und halte sie jetzt für ein allge-
meines Ereignis früher Kindheit... Wenn das so ist, so versteht
man die packende Macht des Königs Ödipus trotz aller Einwen-
dungen, die den Verstand gegen die Faktumsvoraussetzung*

erhebt, und versteht, warum das spätere Schicksalsdrama so elend scheitern mußte... Die griechische Sage greift einen Zwang auf, den jeder anerkennt, weil er dessen Existenz in sich verspürt hat. Jeder der Hörer war einmal im Keime und in der Phantasie ein solcher Ödipus, und vor der hier in die Realität gezogenen Traumerfüllung schaudert jeder zurück mit dem ganzen Betrag der Verdrängung, der seinen infantilen Zustand von seinem heutigen trennt. [24]

Wie also der Sohn die Mutter liebe und den Vater hasse, so liebe folglich die Tochter den Vater und hasse die Mutter, sagte er. Doch er fand das Verlangen und das Bedürfnis der Tochter nach dem Vater so viel stärker als das des Sohnes nach der Mutter, *daß der Wunsch der Tochter, verführt zu werden, seine Erfüllung in der Phantasie und in erfundenen Verführungsgeschichten finde.*

Heute ist der »Ödipuskomplex« ein Allerweltsbegriff. Allerdings war die Wahl der Ödipussage als repräsentativ für ein universelles Modell von familiären Wechselbeziehungen recht willkürlich. Obwohl Freud die Sage mit seiner eigenen Erfahrung und der einiger seiner Wiener Patientinnen assoziierte, ist das Interesse an ihr als einer spezifisch griechischen Erfahrung überraschend gering. Ödipus tötete seinen Vater und heiratete seine Mutter eigentlich rein zufällig, und es gibt, auch in dem Trauerspiel von Sophokles, keinen Anhaltspunkt dafür, daß er irgendeinem unbewußten Verlangen folgte oder einem allgemeingültigen Modell entsprach.

Die Beantwortung der Frage, ob Ödipus von Schuldgefühlen zermartert wurde, hängt von der Version der Erzählung ab. In der frühesten Wiedergabe bei Homer stach sich Ödipus, wenn auch verstört durch seine unwissentlich begangene Tat, weder die Augen aus noch ging er freiwillig in Verbannung, sondern herrschte weiterhin über Theben bis ans Ende seiner Tage. Seine Ehefrau/Mutter Iokaste erhing sich allerdings. Wenn man die Häufigkeit von Bruder-Schwester-Ehen bedenkt, betrachteten die frühen Griechen Inzest nicht als besonders grauenvoll.* Der Familienfluch ging nicht auf das Verbrechen des Ödipus zurück,

sondern auf die Untat seines Vaters Laios, der den schönen Jüngling Chrysippos, den Sohn des Pelops, entführte und vergewaltigte. Pelops verfluchte Laios für diese Tat, und dieser Fluch war
es, »der dann, sich unheimlich forterbend, über dem Sohn und
den Enkelkindern des Laios waltete, bis er durch den Tod des
Ödipus, der nach langem, jammervollen Leben von den Himmli-
schen entsühnt wurde, sein Ende fand.[25]

Ein weitaus geläufigeres Thema in der griechischen Mythologie
sind Angst und Haß der Eltern und der bestialische Mord
an Kindern. Uranos, der kosmische Himmelsgott, sperrte seine
Kinder in eine Höhle ein, bis sein Sohn Kronos ihn kastrierte und
stürzte. Aus Angst vor Konkurrenz durch seine Kinder aß er sie
alle gleich nach ihrer Geburt auf. Rhea, die unglückliche Mutter,
konnte Zeus retten; Zeus besiegte und stürzte Kronos, traf aber
die gleichen Vorsichtsmaßnahmen wie sein Vater und verschlang
Metis, die er geschwängert hatte. Laios durchstach seinem Sohn
Ödipus die Füße und setzte ihn zum Sterben aus. Agamemnon
opferte seine Tochter Iphigenie den Göttern. Medea ermordete
ihre Kinder, um sich für die Untreue ihres Mannes zu rächen.
Und die Töchter des Kadmos, des Gründers von Theben, ver-
nichteten ihre Kinder ebenfalls.

Hätte Freud dazu geneigt, Neurose als eine Folge von Angst vor
dem unbewußten elterlichen Wunsch zu sehen, ihre Nachkommen zu beseitigen, so hätte er vielleicht den »Herkuleskomplex«
vorgeschlagen. Herkules, der berühmte griechische Held, tötete
in einem Anfall von Wahnsinn seine geliebte Frau und ihre sechs
Kinder. Als er wieder zu sich kam, nahm er als Buße die »Herku-

---

*In einem bestimmten Fall von Vater/Tochter-Inzest beging die
Tochter des Thyestes Selbstmord, nachdem ihr Vater sie
geschändet hatte. Herodot erzählt von einem ägyptischen König,
der ebenfalls seine Tochter vergewaltigte, und auch diese beging
Selbstmord. Schande und Selbstmord scheinen schon immer eher
das Los der Frau als das des Mannes gewesen zu sein.

(Anmerkung zu Seite 152)

lesarbeit« der zwölf Mühsale auf sich. Obwohl ich diese Geschichte gewiß nicht als ein Beispiel für eine universelle Eltern-Kind-Beziehung hinstellen möchte, so müßte doch die Angst, die sich aus der Abhängigkeit von Kindern und aus der Furcht vor der Autorität und der destruktiven Macht von Erwachsenen ergibt, als eine viel plausiblere Ursache von Neurosen erscheinen als das Schuldgefühl infolge der fragwürdigen unbewußten Wünsche, die Freud Kindern unterstellte.

Solange sich Freud an seine eigene Erfahrung und seine eigenen unbewußten Beweggründe hielt, waren seine Entdeckungen glaubwürdig. Daß er seine Mutter begehrte, mit seinem Vater konkurrierte und diesen Konflikt als Ursprung seiner Neurose erkannte, glaube ich ohne weiteres. Aber von diesen persönlichen Einsichten darauf zu schließen, daß die Angaben seiner Patientinnen erfunden waren, dazu gehört schon einige Geistesakrobatik. Es ist viel einleuchtender, Freuds Weigerung, den sexuellen Mißbrauch von Frauen anzuerkennen, seiner eigenen Subjektivität zuzuschreiben, die er in eine universelle Feindseligkeit zwischen Eltern und Kindern hineinprojizierte. Freud hat Väter nie wirklich beschuldigt; er hat sie nie öffentlich als sexuelle Mißbraucher bezeichnet und es lieber auf sich genommen, Informationen zu ändern, um sie zu schützen, wie wir in den zitierten Fällen gesehen haben. Seine Konflikte bezüglich seines eigenen Vaters mögen in ihm quälende Schuldgefühle ausgelöst haben, aber entlastet dies andere Väter?

Es ist in der Tat bedauerlich, daß Freud sich so sehr gegen die Möglichkeit der Verführung in der Kindheit sträubte, denn hätte er die Sache bis zum Ende weiterverfolgt, wäre er vielleicht - wie viele andere - zu der Überzeugung gekommen, daß es außer sexuellen Überfällen noch andere Ursachen für weibliche Neurose gab. Er wäre vielleicht zu der Einsicht gelangt, daß Frauen des viktorianischen Mittelstandes, die von Hysterie befallen waren, unter vielerlei Arten von Mißbrauch litten, die normale Entwicklung und Leistung hemmten und unterdrückten. Freuds

Patientinnen waren begabte, schaffsinnige und ehrgeizige Frauen, die nicht nur sexuell ausgebeutet wurden, sondern denen auch jegliche Aktivität vergällt und die Belohnung oder Anerkennung verweigert wurde, die ihrer Energie, ihren Interessen, ihrer Intelligenz und ihren Fähigkeiten entsprach.

Obgleich maßgeblich für die Entfernung der Hysterie aus dem Bereich physiologischer Beschwerden verantwortlich, war Freud nicht in der Lage, zuzugestehen, daß Frauen mehr konnten, als passive Ehefrauen und Mütter zu spielen, und hielt mit anderen daran fest, daß sie von Natur aus minderwertig seien. Infolgedessen konnte er nicht anerkennen, daß sie unter sexuellem Mißbrauch und gesellschaftlicher Ungleichheit und Diskriminierung litten. Ohne auf Freuds Frauenfeindlichkeit herumreiten zu wollen, muß festgestellt werden, daß seine Theorien über den sexuellen Mißbrauch von Kindern und weibliche Minderwertigkeit so eng verwandt sind, daß sein Vorurteil nicht zu übersehen ist.

Nach Freuds Auffassung war die Frau, da sie keinen Penis hat, biologisch minderwertig und konnte sich menschlicher Vollkommenheit bestenfalls annähern, indem sie sich den Penis durch Geschlechtsverkehr und nachfolgend durch Gebären eines (vorzugsweise männlichen) Kindes »aneignete«. Im Lauf seiner Entwicklung konnte das männliche Kind - wie gravierend sein Kastrationskomplex auch sein mochte - dank seines noch intakten Penis seine Kastrationsängste bewältigen, doch das für immer penislose Mädchen mußte stets nach einem Mann Ausschau halten, um irgendeinen Grad menschlicher Anerkennung zu erreichen. Ihre Phantasie, verführt zu werden, stellte daher ein tatsächliches biologisches Bedürfnis dar, ihre angeborene Unzulänglichkeit auszugleichen. Diese Phantasie verkörperte ihr ewiges Verlangen nach dem begehrten Penis und war ein unabdingbarer Bestandteil ihres Wesens. Nach Freud war folglich der inzestuöse Wunsch kleiner Mädchen nach ihren Vätern eine »Anlage, die Eindrücke zu anregenden und fixierenden Traumen erhob.«[26] Da das Kind biologisch fertig war, konnte jede äußere Stimulation wie Selbstbefriedigung, sexuelle Spiele mit anderen Kindern, ein Traum oder ein Verlangen die Verführungsphantasie bzw. den Wunsch nach einem Penis auslösen.

Mit der Beseitigung der Verführungstheorie und der Einführung des Ödipuskomplexes bei Frauen hatte sich Freud um 180° gewendet. Die Verführungstheorie belastete inzestuöse Väter, während die ödipale Theorie die Verführung als Phantasie, als Erfindung, nicht als Tatsache, hinstellte - und Töchter belastete. Als Freud die Verführungstheorie durch den Ödipuskomplex ersetzte, befreite er sich von seinen »Neurotica« und nahm, wie wir gesehen haben, Väter in Schutz, stellte jedoch Töchter bloß. Allerdings müssen wir uns vor Augen halten, daß Freud zu seiner Verführungstheorie kam, indem er seinen Patientinnen aufmerksam und genau zuhörte; zu seiner ödipalen Theorie kam er hingegen, indem er aufmerksam und genau sich selbst zuhörte. Sein Monumentalwerk *Die Traumdeutung* [1900], Ergebnis seiner Selbstanalyse und Grundlage für all seine späteren Theorien, entsprang *seinen* Erinnerungen, *seinen* Träumen und *seinen* Erfahrungen. Und leider tragen seine Theorien nur allzu deutlich den Stempel *seiner* Persönlichkeit und *seines* Zeitalters, Geschlechts und Standes. Ich bestreite hiermit nicht den Wert bestimmter Freudscher Erkenntnisse, doch bei seinem Versuch, einen ganz bestimmten persönlichen Konflikt zu einem allgemeingültigen Muster zu formen, fiel er von einer kulturellen in eine biologische Bestimmung der Neurose zurück. Diese Verlagerung wirkte sich zum Nachteil für die Frau aus, denn sie war es, nicht der Mißbraucher, die die Bürde ihrer eigenen Verführung zu tragen hatte. Diese sogenannte »Verführungsphantasie«, dieses Märchen vom inzestuösen Verlangen nach dem Vater, wurde ein unumstößlicher Bestandteil der weiblichen Natur, und selbst wenn sie tatsächlich überfallen worden war, war ihr eigentliches Problem somit nicht der Überfall, sondern ihr angeborener, zwanghafter Wunsch nach einem Penis.

Wenn sich ein weibliches Kind normal entwickelte (d.h. zuversichtlich war, daß sie eines Tages erwachsen sein, heiraten, Penis, Kind und alles, was dazu gehört, bekommen würde), würde sie - beruhigte uns Freud - von den über sie hereinbrechenden Angst- und Schuldgefühlen infolge des inzestuösen Verlangens nach ihrem Vater nicht übermannt werden, und ein Stimulus von außen - eine tatsächliche Verführung - wäre harmlos. Daher mahnte Freud die Welt, die Bedeutung einer Verführung nie zu überschätzen, und die Welt hörte auf Freud und nahm kaum Notiz von dem sexuellen Mißbrauch von Kindern.[27]

Ein Freudsches »Gaslicht«

Freuds Schüler, die Penisneid als Axiom akzeptierten, übertrafen bald ihren Meister und erhoben »Organinferiorität« zum Kernproblem belästigter Kinder. Melanie Klein, bekannt für ihre psychoanalytische Arbeit mit Kleinkindern, behauptete, daß kleine Mädchen, sogar unter zwei und drei Jahren, unter dem Primat des Penis stünden und von dem verzweifelten Wunsch besessen seien, das männliche Geschlechtsteil zu besitzen.[28]Helene Deutsch belehrte uns, daß das organlose weibliche Kind eine »erotisch passive Haltung dem Vater gegenüber« einnehme und ihn auf diese Weise als ihren Verführer betrachte.[29]Karl Abraham, einer der frühesten Anhänger Freuds, war zwar bereit, die Realität sexuellen Mißbrauchs anzuerkennen,doch, argumentierte er, da nicht alle kleinen Mädchen belästigt würden, müsse mit denen, die es wurden, etwas nicht stimmen.Das mißbrauchte Kind, versicherte er uns, habe eine Prädisposition zu seiner eigenen Belästigung. Ein Sexualdelikt spiele »keine ätiologische Rolle« bei der Frau, die an Hysterie leidet. Da sie sich als Kind dem »Trauma hingibt«,[30]hat sie »schon in der Kindheit die Veranlagung zu der späteren Neurose oder Psychose.«[31]Gerade dieser Beitrag Abrahams wurde von Freud mit Beifall aufgenommen und dient seither zur Erklärung der merkwürdigen Persönlichkeitsmängel sexuell mißbrauchter Mädchen.[32]

Was können die Folgen eines derartigen Denkschemas sein? Nur Verwirrung - mit dem Ergebnis einer verzerrten Realität, eines totalen Mißverstehens der weiblichen Sexualität und einer tiefgreifenden Schädigung des Vertrauens, des Stolzes und der Würde von Kindern. Die Beweisführung ist unlogisch. Sie macht ein wirkliches Erlebnis zu einer Phantasie oder allenfalls einer harmlosen Realität, während der bekannte Täter - die einzig konkrete Realität - ignoriert wird. Dadurch, daß die Wirklichkeit einer nebelhaften Unbewußtheit geopfert wird, bleibt dem Mädchen keine Chance. Sie ist in einem Gespinst von Mutmaßungen Erwachsener gefangen, und anstatt Schutz wird ihr Behandlung für irgendein spekulatives Leiden angeboten, während der Täter - Onkel Willi, der Lebensmittelhändler, der Zahnarzt oder ihr eigener Vater - weiterhin seine Vorliebe für kleine Mädchen pflegen darf.Die Erfahrung des Kindes ist so grauenhaft wie der schlimmste Horror eines Kafkaschen Alptraums; ihre Geschichte wird nicht geglaubt, sie wird für krank erklärt und wird zu allem Übel noch der Gnade und dem »Wohlwollen« psychiatrisch orientierter »Kinderexperten« ausgeliefert.

Die Tragweite Freudschen Einflusses ist kaum zu übersehen, auch nicht das Ausmaß, bis zu welchem einige seiner Anhänger gehen, um den Meister zu bestätigen. Man bedenke folgenden kleinen Betrug einer ergebenen Freudschülerin.

Freud zog natürlich einen Klüngel von Prominenten an. Zu seinem Kreis zählte eine Dr. Hermine Hug-Helmuth, die im Jahr 1915 anonym das *Tagebuch eines halbwüchsigen Mädchens* veröffentlichte, das der Meister begeistert feierte. »Dieses Tagebuch ist ein kleines Juwel,« schrieb er ihrem Verleger.

Wirklich, ich glaube, noch niemals hat man in solcher Klarheit und Wahrhaftigkeit in die Seelenregungen eines jungen Mädchens hineinblicken können... das ist so reizend, natürlich und doch so ernsthaft in diesen kunstlosen Aufzeichnungen zum Ausdruck gekommen, daß es Erziehern und Psychologen das höchste Interesse einflößen muß. Ich meine, Sie sind verpflichtet, das Tagebuch der Öffentlichkeit zu übergeben. Meine Leser werden Ihnen dafür dankbar sein.[33]

In der Tat waren Freud und seine Leser dankbar, denn das Werk untermauerte Freudsche Theorie bis ins kleinste Detail. Dr. Hug-Helmuth hatte ihre Kindheitserinnerungen im

Licht der psychoanalytischen Theorien über weibliche Sexualität aufgearbeitet. Das Kind in dem Tagebuch, Greta, im Alter zwischen elf und vierzehn, läßt auf fast jeder Seite des Buches durchblicken, daß sie alles andere als unschuldig war, daß das Benehmen eines geilen Großonkels mehr »zum Lachen« als störend war, daß sie ihren Vater sehr innig liebte und zur gegebenen Zeit eifersüchtig auf ihre Mutter und Schwester war (auf eine charmante Art, natürlich) und daß sie zur rechten Zeit vom Heiraten und Kinderkriegen besessen war. Das Buch mit seiner derart offensichtlichen Abstimmung auf Freudsche Ideen wurde später zu einer Fälschung erklärt, beschwor einen peinlichen Skandal herauf und verschwand bald darauf vom deutschen Markt.[34]

Wenn ich diese Geschichte als Beispiel für mechanische Anpassung an Freudsche Denkweisen zitiere, machen mich heutige Experten der neuen Psychologie oft darauf aufmerksam, daß Freuds Theorien inzwischen überholt seien. Mit dem Aufkommen von Ego-, Gruppen- und Realitätstherapien und dem Wunder von Wochenend-Marathonsitzungen wurde uns erzählt, Freud sei passé, der Ödipuskomplex habe nur noch Erinnerungswert und die Vorstellung vom Penisneid sei längst aus der Mode. Doch wenn sich auch die Ausdrücke geändert haben mögen, der Grundtenor bleibt bestehen, und Freudsches Gedankengut ist heute verbreiteter denn je. Ebenso loyal wie seine Schülerin Dr. Hug-Helmuth, akzeptieren heute viele, die im menschlichen Dienstleistungsbereich beschäftigt sind - Ärzte, Krankenschwestern, Erzieher, Sozialarbeiter - und Eltern, die vielleicht noch nie etwas von »Säuglingssexualität« oder »Penisneid« gehört haben, bereitwillig die Freudsche Auffassung, daß Kinder sexuell seien, daß sie bei ihrer eigenen Belästigung mitwirkten und sogar dazu aufforderten und daß, mit den bekannten Worten jedes Kindesschänders, »die Kleine es doch provoziert hat«.

Wir haben hier, aus einem 1970 erschienenen Buch über Sexualerziehung, eine Variation des Freudschen Grundthemas:

Es ist eine unwiderlegbare Tatsache, für manche von uns vielleicht schwer zu akzeptieren, daß es in bestimmten Fällen nicht der Mann ist, der an allem schuld ist. Der Roman Lolita... *schildert, was durchaus passieren kann. Ein Mädchen von etwa zwölf Jahren verfügt schon über eine gehörige Portion sexuellen Verlangens und kann auch auf ihre »Eroberungen« stolz sein. Vielleicht ist sie, bei aller Unschuld, die Verführerin und nicht der Mann.*[35]

In einem 1968 erschienen Buch mit dem Titel *Vulnerable Children* von Lindy Burton wurden gut dreißig Fälle von zwischen 1935 und 1965 sexuell überfallenen Kindern besprochen. Die Analyse der zitierten Fälle schien mir darauf hinauszulaufen, daß der Sexualtäter das wahre Opfer war, während die jungen Mädchen jugendliche Delinquentinnen waren, die ihre krankhaften Triebe auslebten. Die Gefahr hierbei ist, daß die Klassifizierung des sexuell mißbrauchten Kindes als Delinquentin ihre erlittene Belästigung als die natürliche Folge ihres abweichenden, antisozialen Verhaltens erscheinen läßt.[36]

Nehmen wir zum Beispiel die Aussage von Peter Blos, einer Autorität auf dem Gebiet der Jugendverhaltensforschung:

Jeder Therapeut, der sich selbst beobachtet, wird sich seiner emotionalen Irritation bewußt, wenn er versucht, sich in das Mädchen hineinzuversetzen, angesichts ihres verführerischen, sprunghaften, wankelmütigen, unernsten, rachsüchtigen und kapriziösen Verhaltens. Diese Verhaltensweise ist schwer zu ertragen, schwierig zu verstehen, unmöglich voherzusagen und frustrierend. Im Gegenteil dazu werden die Aggressionen des Jungen, seine Frechheiten oder sein Negativismus von den berufsmäßigen Helfern gewöhnlich mit weit größerem Gleichmut ertragen...
Wir dürfen nie die Tatsache aus dem Auge verlieren, die klinisch sicher erwiesen ist, daß Delinquenz des Mädchens oder, kurz gesagt, sexuelle Verwahrlosung, in viel größerem Ausmaß tief selbstzerstörerisch und irreversibel in ihren verderblichen Konsequenzen ist als das für männliche Delinquenz zutrifft. Mit dem aggressiven und auf Vergeltung bedachten Mißbrauch seines Körpers und seiner Fortpflanzungsfunktionen verletzt das delinquente Mädchen tief die behütenden und fürsorglichen

Fähigkeiten, die ihm von seiner Mutterrolle her eigen sein sollten.[37]

Es ist in der Tat sonderbar, wie die Psychologie benutzt werden kann, nicht um dem Mädchen zu helfen, sondern um ihr eine Falle zu stellen und ihr einen Strick zu drehen. Das Märchen von der Einwilligung bzw. dem Wunsch der Frau, einen Mann zu bekommen, einen Penis zu haben - wird bedenkenlos herangezogen, um die Beteiligung des Opfers zu erklären, und nimmt daher den sexuellen Mißbrauch von Kindern als unvermeidlich hin. Das Traurige ist, daß dieses Märchen geglaubt und das Opfer so oft bestraft wird. Ist ein Kind erst einmal vergewaltigt oder belästigt worden, dann spielt es keine Rolle mehr, mit welch beeindruckender Nomenklatur sie von ihren Betreuern beschrieben wird: Das kleine Mädchen ist eine Ausgestoßene, eine Nymphomanin, eine Hure.

Im Lauf meiner langjährigen Sozialarbeit mit Kindern bin ich mit vielen Fällen minderjähriger und verwahrloster Mädchen konfrontiert worden. Eine große Anzahl davon waren Opfer sexuellen Mißbrauchs geworden. Wenn ein Kind keine sichtbaren Verletzungen hatte, wurde angenommen, daß das Erlebnis harmlos gewesen sei; wenn sie aber Probleme hatte, schwierig oder wütend war, in der Schule versagte, auf Jungen wirkte oder schwanger wurde, lautete die Diagnose, sie lebe ihr inzestuöses Verlangen nach ihrem Vater oder sonstwelche sexuellen Phantasien aus. Der folgende Fall aus meinen Akten ist, stark zusammengerafft, die Geschichte eines Mädchens, die ihre ganze Jugend hindurch sexuellen Angriffen ausgesetzt war, die jedoch, weil sie mißbraucht worden war, für promiskuös gehalten und schließlich ohne jegliches eigene Verschulden, in eine Besserungsanstalt eingewiesen wurde.

Mary, sechzehn, wurde als Achtjährige von ihrem Stiefvater vergewaltigt. Später wurde Mary von ihrer Mutter - die ihr die Geschichte nie abnahm - verlassen und kam zu Pflegeeltern. Es ging alles ganz gut, bis die Pubertät unterdrückte Feindseligkeit und sexuelle Aktivität in ihr auslöste. Sie stand bald im Ruf, ein »leichtes Mädchen« zu sein. Es wurde außerdem gemunkelt, sie habe es mit fünf Jungen »getrieben« (»Gruppenbums«). Mary stritt dies ab, doch ein Arzt stellte fest, daß sie mehr als einmal penetriert worden war. Die Pflegeeltern konnten den Dorfklatsch nicht ertragen, und Mary wurde mit fünfzehn in eine Erziehungsanstalt für minderjährige Mädchen gesteckt.

Am Anfang war Mary mürrisch und abweisend, doch mit der Zeit wurde sie entspannter, freundlich und vertrauensselig und lieferte Traummaterial. Ihre Träume ließen auf eine gestörte Geschlechtsidentität schließen. Es war daher nicht überraschend, als die Heimmutter meldete, Mary habe seit zwei Monaten ihre Regel nicht gehabt. Ein Schwangerschaftstest fiel positiv aus, und Mary wurde trotz ihrer Beteuerung, sie könne unmöglich schwanger sein, nach Brown Memorial geschickt, um ihr Kind auszutragen. Einen Monat später meldete Brown Memorial, Mary sei nicht schwanger, und schickte sie zurück. Obwohl sich alle entschuldigten, war Mary wütend, schlug um sich, zerbrach einen Stuhl und legte sonstiges körperlich destruktives Verhalten an den Tag.

Diagnose: *Pubertäre Anpassungsschwierigkeiten mit Tendenz zum Ausleben von Feindseligkeit und verdrängten Sexualphantasien.*

Empfehlung: *Infolge verstärkten negativen Verhaltens, Feindseligkeit und sexueller Aggression muß Mary in eine geschlossene Anstalt überwiesen werden, wo sie kontrolliert werden kann - eine Anstalt für straffällige Mädchen.*

Worin bestand Marys Vergehen? Sie wurde vergewaltigt, sexuell mißbraucht, einer nicht bestehenden Schwangerschaft verdächtigt, und trotz der an ihr begangenen Verbrechen bekam Mary - nicht ihr Angreifer - den Stempel »Tendenz zum Ausleben von sexuellen Phantasien« aufgedrückt. Diese Geschichte wiederholt sich ständig.

Obwohl die Psychotherapie der sexuellen Erfahrung solch ungeheure Bedeutung beimißt, wurde ich als Sozialarbeiterin dazu angehalten, den sexuellen Mißbrauch eines Kindes in der Behandlung nie direkt anzusprechen. Annie, zwölf, hatte zwei Jahre lang eine inzestuöse Beziehung mit ihrem Vater gehabt, bevor sie ins Bloomington Home kam. Der Vater war im Gefängnis - nicht wegen Inzest, sondern wegen Raub - und Annies Mutter war mit schweren Depressionen in eine Klinik eingeliefert worden. Die Kinder wußten, daß die Sozialarbeiterin Zugang zu den Personaldaten hatte, und ich gab prinzipiell nie vor, nichts über ihre Vergangenheit zu wissen. Ich sagte Annie, daß ich von ihrer Beziehung zu ihrem Vater wüßte. Sie ließ den Kopf hängen, doch als ich ihr freistellte, darüber zu sprechen oder nicht, ging sie zu anderen Dingen über. Als ich meinem Vorgesetzten, einem Psychiater, von dem Gespräch berichtete, war er entsetzt. »Sie kann darüber nicht reden. Sie hat ein zu schlechtes Gewissen und schämt sich zu sehr,« erklärte er. Ich hatte gedacht, ich könnte ihr vielleicht helfen, zu begreifen, daß ihr Vater der Schuldige und derjenige war, der sich schämen müßte. Aber mein Vorgesetzter wollte nichts davon hören. Der eigentliche Vorfall beschäme sie nicht, fuhr er fort. Es sei ihr tiefes, unbewußtes, inzestuöses Verlangen nach ihrem Vater, das Schuldbewußtsein in ihr hervorrufe. Man müsse genau zuhören, auf die Nuancen in den Phantasien des Kindes achten und ihr zum rechten Zeitpunkt verstehen helfen, daß ihre Scham die Folge ihrer eigenen tiefen sexuellen Begierden sei.

Wenngleich Frauen - junge Frauen und sogar Kinder - nicht frei über ihre Belästigung sprechen, gibt es nur wenige, die das Thema bewußt oder beharrlich meiden. Frauen, denen nicht geglaubt wurde oder die nie Gelegenheit hatten, ihren Belästiger (mit Unterstützung Erwachsener) zu kompromittieren, bleibt immer ein Gefühl unverrichteter Dinge; das Gefühl der Wut und Erniedrigung besteht fort. Als das Thema sexuellen Kindesmißbrauchs dank feministischer Initiative im Rundfunk, in Vorträgen und Artikeln besprochen wurde und damit ins öffentliche Bewußtsein rückte, kamen viele Frauen auf mich zu und fanden endlich Gelegenheit, das seit langem in ihnen gärende Geheimnis loszuwerden. Ihre Geschichten veranschaulichen meistens die in der Psychiatrie praktizierte Umgehung oder Verzerrung des Problems. Eine junge Frau, fünfzehn Jahre alt, berichtete folgendes:

Von meinem neunten bis vierzehnten Lebensjahr wurde ich von meinem Zahntechniker bei meinen wöchentlichen Besuchen regelmäßig »befingert«. Er tat immer ganz gerissen so, als würde er die Instrumente abwischen - aber mich konnte er nicht täuschen. Am Tag meines letztes Besuches, nach fünf Jahren, erzählte ich es meiner Mutter. Sie rief den Zahntechniker nicht an, sondern schickte mich zum Therapeuten. Ich erzählte es meinem Therapeuten, aber der sprach kaum darüber und sagte schließlich, ich sei verstört, weil es mir tief in meinem Inneren in Wirklichkeit gefallen hätte. Ich habe danach nicht mehr davon gesprochen.

Ich habe festgestellt, daß Frauen über mangelnde Anteilnahme und Anerkennung des Problems genauso schockiert und verstört sind wie über das Erlebnis des sexuellen Mißbrauchs selbst. Als Sigmund Freud die Forschung nach der Ursache seiner Neurosen in Angriff nahm und den unangenehmen Verdacht hatte, sein Vater sei ein Verführer, gab er sich größte Mühe, aus etwas, an das er sich vage erinnerte, den Wahrheitsgehalt herauszusieben. Er stöberte in seiner Vergangenheit herum und entdeckte zu seiner Erleichterung, daß »bei mir der Alte keine aktive Rolle gespielt«[38]hatte, aber eine häßliche ältere Gouvernante »war meine Lehrerin in sexuellen Dingen.« Dies ereignete sich angeblich vor Freuds zweitem Lebensjahr, doch Max Schur hält in seinem Werk über Freud die Möglichkeit irgendeiner tatsächlichen Verführung für äußerst unwahrscheinlich.[39]Freuds Unterfangen, die Ursache seiner Ängste zu ergründen, ist als mutig gepriesen worden; ein ähnlicher Verstoß einer Frau oder eines Kindes wird hingegen selten begrüßt.

Mit derselben nagenden Neugier wie Freud und mit viel größerer Berechtigung und Sorge, versuchte Alice B. ihrer »Neurose« und Angst auf den Grund zu gehen, doch ihr Psychiater wollte nichts davon hören. Mit fünfundzwanzig Jahren, ohne das Ego oder den Status eines Dr. Freud, wurde sie abgewiesen. Sie erzählte uns:

Ich weiß nicht mehr, wann es anfing. Ich war noch so klein. Mein Vater hatte ewig seine Hand unter meinem Kleid, um an mir herumzufummeln, und nachts pflegte er zu mir ins Bett zu kommen und mich zu betasten. Er hatte nie eine Erektion, aber ich konnte seine Nässe spüren. Er war sanft und log nie. Ich meine, wenn er nicht gewesen wäre, hätte ich nicht überlebt, aber wenn er nicht gewesen wäre, hätte ich mich wahrscheinlich auch nicht so ums Überleben sorgen müssen. Seinetwegen ist alles kaputtgegangen. Ich wußte nicht, was er wollte. Mit der Schule war es aus, weil ich nicht lernen konnte. Als ich dreizehn war, hatte ich sogar tatsächlich einen Orgasmus, aber zuerst dachte ich, er wollte mich umbringen.

Meine Mutter wußte bestimmt davon. Jetzt, wo ich erwachsen bin, haben mir meine Tanten erzählt, er habe auch sie immer betastet, und auch meine Kusine hatte ein Erlebnis mit ihm. Ich habe immer versucht, ihn wegzuschrecken, Geräusche von mir gegeben und so. Ich fühlte mich schmutzig, und meine Mutter mochte mich nicht. Sie hatte meinen Bruder lieber.

Mein Vater ist jetzt tot. Bevor er starb, habe ich ihm einen Brief geschrieben über alles, was passiert ist. Ich wollte ihn damit konfrontieren, mit ihm reden und ihn fragen, warum er das getan hat. Er schrieb mir daraufhin einen unglaublichen Brief. Er sagte, er wüßte überhaupt nicht, wovon ich spreche, und daß es sich für ein Mädchen nicht gehöre, ihrem Vater einen solchen Brief zu schreiben.

Ich habe wirklich das Gefühl, daß diese Sache mit meinem Vater mein Leben zerstört hat. Ich habe kein Vertrauen, habe es nie gehabt. Mit vierundzwanzig bin ich zu einem Psychiater gegangen, aber die sagen ja bekanntlich nichts. Doch ich war so aufgewühlt und habe so viel darüber geredet, daß er schließlich sagte, was mir passiert wäre, käme sehr häufig vor. Er sagte: »Ich glaube, Ihr größtes Problem ist Ihre Mutter. Ihr Vater hat mit Ihrer Verbitterung nichts zu tun gehabt.«

Mit nicht weniger Mut als Freud und couragiert genug, ihrem Vater und Schänder gegenüberzutreten, versuchte Alice, sich selbst und ihre Psyche zu retten. Aber eine Welt - mit der Ausnahme ihrer Tanten -, die fest entschlossen ist, Väter zu decken, selbst auf Kosten menschlicher Vernunft und Würde, stieß sie in den Abgrund.

In einem weiteren Fall, der in der dritten Person erzählt wurde, um Abstand zum Trauma zu halten, erntete ein anderes Mädchen auf ihrer verzweifelten Suche nach Schutz lediglich Kränkung und Frustration von seiten ihres Psychiaters und ihrer Familie:

Ein zehnjähriges Mädchen ist allein in einer Wellblechhütte. Die Haustür knallt zu, und ihr Vater tritt ein - ein gutaussehender Mann, stets zu einem Lächeln aufgelegt. Sie rennt ihm entgegen und umarmt ihn. Er wirft seine durchweichten Handschuhe und seinen Fliegeranzug ab, und sie reden von Belanglosem. Wie schön, einen warmherzigen, liebevollen Vater zu haben.

Später hält er sie in dem schmalen Flur an und umarmt sie nochmal. Es fühlt sich anders an. Aber warum? Dies passiert mehrmals, immer wenn sie alleine sind. Eines Morgens küßt er sie auf den Mund. Warum kommt ihr das so anders vor als der Kuß auf die Wange? Er sagt, sie solle ihrer Mutter gegenüber nichts davon erwähnen. Sie versteht nicht, warum es ein Geheimnis bleiben muß.

Spät eines Nachts merkt sie im Halbschlaf, wie er zu ihr ins Bett schlüpft. Mit seiner großen warmen Hand reibt er sanft ihren Bauch und streichelt sie unter dem Flanellnachthemd... ihre Brust, ihre Oberschenkel, ihre Genitalien. Irgend etwas stimmt nicht. Würde er ihr etwas Schlimmes antun? Doch nicht Papa! Sie wacht allein auf. War er da?

Dies geschieht regelmäßig zwei Jahre lang. Sie will es ihrer Mutter sagen, aber sie kann nicht. Es zieht sich schon so lange hin, und sie schämt sich. Sie weiß nicht, warum sie versucht, ihrem Vater aus dem Weg zu gehen. Sie ist jetzt zwölf. Wenn er sie anfaßt, wird ihr übel.

Sie ist dreizehn. Sie badet gerade. Als sie herauskommt, treibt ihr Vater sie in die Enge. Sie hat große Angst. Sie haßt ihn, sie

ekelt sich vor ihm. Sie rennt weg, versteckt sich unter der Hütte.
Als ihre Mutter nach Hause kommt, erzählt sie es ihr. Sie sagt,
ihr Vater belästige sie seit drei Jahren sexuell. Ihre Mutter wird
ganz bleich.
»Weißt du, was du da sagst?«
»Ja.«
»Sag deiner Großmutter nichts davon.«
Eine Woche später wird das Mädchen zum Marinepsychiater
geschickt. Er legt seine Hand auf ihr Knie und sagt ihr, daß
alle kleinen Mädchen versuchten, ihre Papis zu verführen. Am
nächsten Morgen wird sie nach Alabama geschickt, um bei ihrer
Großmutter zu leben.

Ist Freud schuld?

Es ist sinnlos, Freud für eine siebzigjährige Ära der »Begasleuchtung« verantwortlich zu machen. Er lebte in einer Zeit, in der Logik, Vernunft und Wissenschaft angeblich religiösen Mystizismus ablösten - eine Epoche, die wissenschaftliche anstatt religiöse Autorität brauchte, um grobe gesellschaftliche Ungleichheiten und Ungerechtigkeit zu rechtfertigen. Freud war der Mann der Stunde. Seine von der Aura der Wissenschaft umgebenen Theorien gestatteten die Geheimhaltung und Vertuschung der sexuellen Ausbeutung weiblicher Kinder.

Der bekannte Anthropologe Bronislaw Malinowski entdeckte, daß die Bewohner der Trobriand-Inseln sexuelle Beziehungen zwischen Angehörigen derselben Familie und Sippe mit Abscheu betrachteten. Es überraschte ihn jedoch, als er erfuhr, daß trotz des Inzesttabus Affären, die *sub rosa* und mit Anstand unterhalten wurden, vielleicht Anlaß zu Gerede gaben, aber keine Bestrafung verlangten. Sollte die Affäre allerdings von jemandem (aus Eifersucht etwa) ans Tageslicht gefördert worden sein, wurde die öffentliche Schande durch den Selbstmord derer, die das Tabu gebrochen hatten, wettgemacht.[40] Wie in dem Trobriand-Brauch war die Freudsche Verschleierungstaktik - die Weigerung, den

Täter beim Namen zu nennen - mehr als der Versuch nur eines Mannes, illegale oder unmoralische sexuelle Praktiken zu vertuschen. Viktorianischen Männern war es gestattet, verbotenem Sex nachzugehen, vorausgesetzt, sie konnten ihre Aktivitäten verborgen halten. Ehebruch wurde unter dem Siegel der Verschwiegenheit schamlos begangen, und Prostitution, die von der Polizei geduldet wurde, brauchte lediglich das Licht der Öffentlichkeit und offenen Skandal zu meiden. Selbst in Freuds nächstem Umkreis war sein Biograph Ernest Jones in sexuelle Abenteuer mit seinen Patientinnen und mit kleinen Mädchen verwickelt, doch es gelang ihm - dank eines gewissen finanziellen Aufwandes und des Rücktritts von einem Posten - einen öffentlichen Skandal zu vermeiden.[41] Die Ausschweifungen des liebenswerten, überschäumenden Ferenczi, von dem bekannt war, daß er mit seinen Patientinnen und der Tochter seiner Frau intim war, wurden von Freud und seinem Kreis toleriert.[42] Freud, der das Inzesttabu als lebenswichtig für den Fortschritt der Zivilisation erachtete, forderte anscheinend nur, daß verbotener Sex mit Takt und Diskretion praktiziert werde, damit der Schein viktorianischen Anstands auf jeden Fall gewahrt blieb.

Das kleine Mädchen mit ihrem angeborenen verzehrenden Wunsch nach einem Penis, ist also - wie in der christlichen Lehre - die lockende Eva, und wenn sie geschändet wird, trägt sie aufgrund ihrer sexuellen Natur selbst die Schuld. Jeder Versuch seitens des Kindes oder ihrer Familie, den Schänder bloßzustellen, entblößt auch ihre eigenen, angeblich angeborenen sexuellen Beweggründe und beschämt sie statt den Täter; ihr bleibt nur die Verheimlichung. Das Dilemma des sexuellen Mißbrauchs von Kindern hat ein narrensicheres System emotionaler Erpressung geschaffen: Wenn das Opfer den Täter beschuldigt, beschuldigt es sich auch selbst. Der sexuelle Mißbrauch von Kindern wird daher, wie kein anderes Tabu auf der Welt, totgeschwiegen.

8. MYTHEN, MÄRCHEN UND FILME

Mein Hunger nach Büchern war allverzehrend... Eine Folge
meiner Leserei als Kind war, daß ich mein eigenes Gesicht nicht
gerne im Spiegel sah, weil es dem der Heldinnen, die stets mit
»hoher weißer Stirn« und »vollkommen ovalen Wangen« beschrieben wurden, so ganz und gar nicht ähnelte. Meines war
rund und rötlich und strahlte vor Gesundheit; und wie sehr ich
auch mit meinem Konterfei übte, ich vermochte dieses Gesicht
nicht durch Hinabdrücken meiner Lippen in die Länge zu ziehen.
Ich beneidete wohl die Mädchen, die blaß und verträumt waren,
denn das war der einzige Maßstab für Damen in Ritterromanen.
Natürlich bestand das Hauptvergnügen ihrer Lektüre darin, mich
mit jeder neuen Heldin zu identifizieren.

Lucy Larcom, A New England Girlhood[1]

Da die Funktion der Gesellschaft darin besteht, die Motivationen
und Energien ihrer Mitglieder zu formen, läßt jede Gesell-
schaftsstruktur so wenig Raum wie möglich für kritisches Verhalten und Denken und versucht stattdessen, die Einzelnen so zu len
ken,daß sie sich von der jeweiligen Gesellschaft festgesetz-
ten Normen anpassen und sogar Befriedigung darin finden. Und
da unsere westliche Gesellschaft von Frauen die Anpassung an
Geschlechterrollen und stereotype Weiblichkeitssymbole
wünscht, kommentiert Simone de Beauvoir die unterschwellige,
aber gleichwohl weitreichende Wirkung von Sagen, Liedern und
Erzählungen auf das empfängliche weibliche Kind wie folgt:

*Die Lieder, die Märchen, mit denen man sie einwiegt, sind eine
Verherrlichung des Mannes... Die Kinderliteratur, Mythologie,
Märchen, Erzählungen spiegeln die Mythen wider, die vom Stolz
und den Wünschen der Männer geschaffen wurden. Mit den
Augen dieser Männer erforscht das kleine Mädchen die Welt und
enträtselt in ihr sein Schicksal.*[2]

Um sich ihren Märchenprinzen zu verdienen, mußte Schneewittchen für sieben Zwerge kochen, putzen und mütterlich sorgen. Rapunzel mußte den Schmerz ertragen, über ihr langes Haar Zugang zu dem Turm zu verschaffen. Von der Müllerstochter wurde verlangt, daß sie Stroh zu Gold spann. Und Aschenbrödel, das Mädchen für alles, führte alles andere als ein müßiges Leben in Luxus, bevor ihr verlorener Schuh und ihr prachtvoller Prinz zu ihr fanden. Einige Märchenheldinnen müssen abscheuliche Drachen und Tiere erdulden, ehe ihnen ihre Belohnung zuteil wird. Die Schönheit betreute ein Tierungeheuer, die Geschwister Schneeweißchen und Rosenrot bedienten einen riesigen Bären, und die Königstochter teilte Tisch und Bett mit einem widerwärtigen Frosch.

Im Gegensatz zu Dornröschen, die passiv dalag, bis ein Kuß sie zum Leben erweckte, oder dem gehorsamen, schuftenden Aschenbrödel rebellierten ein paar feurigere Heldinnen. Doch aus jedem der bekannten Märchen wissen wir, daß Aufsässigkeit ungehörig ist und bestraft werden muß, wohingegen Folgsamkeit belohnt wird. In dem Märchen vom *König Drosselbart* beispielsweise wurde eine hochmütige Tochter, die alle Freier abwies, schließlich von ihrem verärgerten Vater zur Ehe gegeben und von einem scheinbar grausamen, abstoßenden Bettler zur Frau genommen. Nachdem der Ehemann die stolze Tochter zur Arbeit gezwungen, mißbraucht, beleidigt und gedemütigt hatte, entpuppte er sich als reicher, schöner, gütiger König, und die Tochter erkannte schließlich, dankbar und gebändigt, daß sowohl Ehemann als auch Vater zu ihrem Besten gehandelt hatten.[3] »Der Froschkönig« ist eine Abwandlung dieses Themas.

In der Geschichte spielte die Königstochter im Garten mit ihrem goldenen Ball, als dieser zu ihrem großen Bestürzen in einen tiefen Brunnen rollte. Ein Frosch erbot sich, ihn ihr zurückzubringen, wenn sie sich dafür bereit erklärte, ihn zu füttern, mit ihm zu schlafen und seine Gefährtin zu werden. Sie willigte ein, hatte aber nie vor, ihr Versprechen zu halten. »Was der einfältige Frosch schwätzt, der sitzt im Wasser und quakt und kann keines Menschen Geselle sein.« Sobald sie also ihren Ball wieder hatte, rannte sie davon. Beim Abendessen ertönte ein lautes Pochen an der Schloßtür. »Königstochter, jüngste, mach mir auf!« befahl der Frosch. Der König erkundigte sich nach der Ursache der Unruhe, und als ihm die Prinzessin von dem Erlebnis mit dem »garstigen« Frosch erzählte, verfügte er: »Was du versprochen hast, das mußt du auch halten; geh nur und mach ihm auf.«[4] Die Prinzessin gehorchte, und der Frosch bestand darauf, daß sie ihr Wort hielt. Er ließ es sich von ihrem Teller schmecken, doch ihr blieb fast jeder Bissen angewidert im Halse stecken. Als es Zeit war, schlafen zu gehen, trug sie ihn, mit zwei Fingern weit von sich haltend, zu ihrem Bett. Der Vater schimpfte: »Wer dir geholfen hat, als du in der Not warst, den sollst du hernach nicht verachten.«[5] Man könnte einwenden, daß mit einem Frosch Tisch und Bett zu teilen, ob versprochen oder nicht, ein hoher Preis für die Rückgabe eines Balls ist, aber die Königstochter, zwischen Vater und Frosch in der Zwickmühle, erfüllte dennoch ihre unangenehme Aufgabe. Doch gerade, als die ganze Sache absolut unerträglich zu werden schien, war sie freudig überrascht, als der Frosch, der in Wirklichkeit verzaubert war, sich in einen schönen König mit »freundlichen Augen« verwandelte. Und weil sie auf ihren Vater gehört hatte, wurde der Froschkönig ihr lieber Gefährte und Gemahl.

Zur Erklärung dieses bekannten Märchens haben sich mehrere Theorien entwickelt. Einige Gelehrte der Volksdichtung vertreten die Ansicht, daß ein um eine Maid werbender Frosch den uralten Glauben an die Verwandtschaft zwischen Mensch und Tier versinnbildliche. Andere meinen, das Mädchen, das sich gegen den Frosch wehrt, habe Angst vor der Trennung von ihrer Mutter. Und für Freudanhänger symbolisiert der Frosch »einen Penis«, wobei das Widerstreben der Maid als Überwindung ihrer anfänglichen Abneigung gegen Sex gesehen wird, während sie letzten Endes »ihre Angst transzendiert und Haß sich in Liebe verwandelt.« Bruno Bettelheim von letzterer Schule sagte:
Indem das Märchen ihm [dem Kind] bestätigt, daß der Frosch (oder um welches Tier es sich auch immer handelt) eklig sein kann, gewinnt es sein Vertrauen und ist so in der Lage, in ihm den festen Glauben zu erzeugen, daß dieses eklige Tier, wenn der richtige Zeitpunkt gekommen ist, sich als der charmanteste

Lebensgefährte entpuppen wird. Und diese Botschaft vermittelt das Märchen, ohne jemals direkt etwas Sexuelles zu erwähnen. [6]

Die Annahme, daß sich die Frau am Anfang gegen Sex wehrt und zum Abbau ihrer Aversion überredet werden muß, ist die Mutmaßung *eines* Mannes. Kleine Mädchen haben durchaus keine natürliche Abneigung gegen Sex und brauchen nicht zu sexueller Aktivität mit Gleichaltrigen überredet zu werden. Sie fürchten allerdings verständlicherweise den Zwang, der in einer Beziehung mit einem männlichen Erwachsenen (oder einem Frosch) enthalten ist. Und da Zwang, egal wie verführerisch angewendet einen Frosch (oder Mann) nie und nimmer in den »charmantesten Lebensgefährten« verzaubern kann, ist er nur geeignet, sexuelle Angst zu verstärken anstatt sie auszuräumen.

Tatsächlich arbeitet das verbreitete Märchen kaum zugunsten des weiblichen Kindes. Es lehrt kleine Mädchen vielmehr, jeden gesunden Ausdruck von Individualität, Stärke und Unabhängigkeit zu unterdrücken, und drängt sie, sich blind und ergeben einem Mann auszuliefern, egal wie abstoßend oder wie unpassend er sein mag.

Hans Christian Andersen

Ganz im Gegensatz zu seinem charmanten Leinwanddarsteller Danny Kaye fand Andersen Geschmack an sadistischer Tortur, welche er als Autor kleinen Mädchen auferlegte, die auch nur den leisesten Fehltritt begingen. Die kleine Inge (»Das Mädchen, das auf das Brot trat«) war »stolz und hochmütig« und wurde gezwungen, Hunger, Durst und krabbelnde Insekten auf ihrer Haut zu erleiden, weil sie ihre Füße auf einen Laib Brot abgetreten hatte. Karen (»Die roten Schuhe«) wurde von einem unbeherrschbaren Tanzwahn heimgesucht, weil sie eitel mit ihren roten Schuhen in die Kirche gegangen war. Die Amputation ihrer beiden Beine machte schließlich der unaufhörlichen Bewegung ein Ende. Auf Krücken büßte sie zu guter Letzt für ihre Sünden und wurde durch den Tod und den Himmel erlöst:

Und die Orgel brauste, und die Kinderstimmen im Chor klangen sanft und lieblich! Der helle Sonnenschein strömte warm durch das Fenster auf den Kirchstuhl, worin Karen saß. Ihr Herz wurde so voll Sonnenschein, Frieden und Freude, daß es brach.- Und ihre Seele flog mit dem Sonnenschein hin zu Gott; und dort war niemand, der nach den roten Schuhen fragte.[7]

Selbst brave kleine Mädchen waren als Tote im Himmel besser aufgehoben. Andersen feierte die Tugend des gehorsamen, sich nie beklagenden, bettelarmen Kleinen Mädchens mit den Schwefelhölzchen, indem er es erfrieren ließ.

Doch wieviel Leid und himmlische Belohnung Andersen auch für weibliche Kinder ausdachte - ihren männlichen Gegenstücken ließ er nie die gleiche Behandlung widerfahren. Der Kleine Klaus, Tölpel-Hans und der standhafte Zinnsoldat wurden für ihre Verbrechen und Schikanen mit Reichtum, einer Braut bzw. einem Königreich belohnt. Keiner war eitler als der Kaiser in »Des Kaisers neue Kleider«. Pausenlos war er damit beschäftigt, sich vor dem Spiegel herauszuputzen, mit Schmuck zu überladen und zu begaffen. Doch ohne irgendwelchen Hinweis auf Schmerz, Gott oder die Kirche begnügte sich Andersen damit, ihn der Lächerlichkeit preiszugeben, als der König in einem öffentlichen Umzug allen seine Dummheit und Blöße vor Augen führte.[8]

Märchen werden gemacht, nicht geboren

Ich sehe in den überlieferten Erzählungen, von denen sich die meisten unserer heutigen Märchen ableiten, keine Darstellung kollektiver unbewußter oder universeller Wahrheiten. Ihre Bewandtnis und ihre Aussagen entstammen einer bestimmten Örtlichkeit, Geschichte, Wirtschaftslage und Zeit. Sie entbehren der Einheitlichkeit, der Beständigkeit und der Logik, und eine Gesamttheorie, die nur *eine* glaubhafte Interpretation zuläßt, kann total in die Irre führen. Die nordische Mythologie behauptet beispielweise, daß es vor der Entstehung des Lebens nur Eis gegeben habe, während in Amerika die Ottowaindianer glaubten, zuerst habe es nur Erde gegeben. Die Navahoindianer hingegen kamen zu dem Schluß, daß am Anfang alles Feuer gewesen sei.[9] Mythen, die überlieferten Geschichten von Göttern, Königen und der Schöpfung, variieren nicht nur von einer Gesellschaft, sondern auch von einer Generation zur anderen, und dabei hat sich das Geschlecht von Gottheiten und anderen mythischen Wesen im Lauf der Zeit geändert. In den assyrisch-babylonischen Erzählungen wurde Tiamat, die Schöpferin allen Lebens, durch den Gott Marduk ersetzt, der später als der alleinige Erzeuger verehrt wurde. Die Göttin Ischtar, die Verkörperung der gesamten Schöpfung, wurde verdrängt, als die »Theologen Alt-Israels zunehmend Jahwe als den Schöpfer aller Fruchtbarkeit betrachteten.«[10]

Und da so viele von diesen Geschichten mündlich weitergegeben wurden, hingen Einzelheiten auch von der Persönlichkeit und dem Geschmack der/des Erzählenden ab. Im 17. Jahrhundert gab Charles Perrault den Bauernmärchen zur Unterhaltung des französischen Hofs neuen Schliff. Die klassischen Versionen von »Ritter Blaubart«, »Die Schönheit und das Tier«, »Der gestiefelte Kater«, »Der kleine Däumling«, »Rotkäppchen«und »Aschenbrödel« gehen auf seinen Korrekturstift zurück. Die Geschichte von »Blaubart«, der als Muster die Sexualmorde des Giles de Rais an zahllosen kleinen Jungen im 15. Jahrhundert dienten, wurde, wie Susan Brownmiller zutreffend bemerkte, in eine gefälligere Version abgewandelt:

Man hat fast den Eindruck, als sei die Wahrheit der Greueltaten Ritter Blaubarts zu erschreckend für Männer gewesen, um als Volksgut überliefert zu werden, und sei dadurch, daß die Opfer Blaubarts in Frauen verwandelt worden sind, auf ein erträgliches Maß reduziert worden (freilich nicht für Frauen). Vielleicht ist Charles Perrault, dessen Contes de la Mére L'Oye die heterosexuelle Version enthält, für die Verwandlung der Blaubartlegende verantwortlich, eine Legende, die ihre jüngste Inkarnation in Gestalt eines Films mit Richard Burton erhalten hat. Für den

Film wurde weithin mit den Bildern von sieben hübschen jungen Frauen Reklame gemacht, deren jede einen anderen schrecklichen, gewaltsamen Tod erleiden muß.[11]

Zur Weihnachtszeit 1812 stellten deutsche Buchhändler ihren Kunden die *Kinder- und Hausmärchen,* später als *Grimms Märchen* bekannt, vor. Die Brüder Wilhelm und Jakob Grimm, die Begründer der Wissenschaft Volksdichtung, stöberten dreizehn Jahre lang auf dem Land herum, um authentische Bauernmärchen zu sammeln. Einige moderne Kenner der Volksdichtung haben jedoch ihren germanischen »Chauvinismus« und die unbotmäßigen Freiheiten kritisiert, die sie sich bei der schriftlichen Abfassung der mündlichen Erzählungen herausnahmen:

Der Glanz um die Brüder hat durch ihre Methoden an Leuchtkraft eingebüßt. In den nachfolgenden Ausgaben der Märchen entfernte sich Wilhelm immer mehr vom Konzept der Treue zum gesprochenen Wort und wandte sich einer künstlichen Erzählung zu, die er vorhandenen Versionen der Geschichte anglich und mit seiner literarischen Feder ausschmückte. Er gab also das Volks-märchen, wie er es aus dem Munde des Erzählers vernommen hatte, auf zugunsten des Buchmärchens bzw. der literarischen Abfassung des Herausgebers.[12]

Andere, die in der Folge die Buchmärchen umschrieben, führten weitere Änderungen ein. Ein Herausgeber, der es nicht übers Herz brachte, Gretel (aus »Hänsel und Gretel«) die böse Hexe ins Feuer schieben zu lassen, entledigte sich ihrer auf weniger aggressive Weise, indem er sie sich einfach in Luft auflösen ließ. Und bis Aschenbrödel, Schneewittchen und Dornröschen endlich ihren Weg in die Disney-Studios fanden, waren ihre Fügsamkeit und Passivität inzwischen auf eine Art Dämmerzustand zusammengeschrumpft. Nichts veranschaulicht die Manipulation besser als die derzeitige Auswahl von »Märchen« für den Normalverbrauch.

Die Brüder Grimm sammelten an die zweihundertundzehn Märchen, von denen etwa fünfundzwanzig auf dem europäischen und amerikanischen Markt volkstümlich verbreitet sind. Diese Mär-

chen beschränken sich auf Geschichten mit passiven Heldinnen.
Denjenigen, die die Auswahl treffen, steht allerdings eine viel
breitere Palette zur Verfügung. In »Rumpelstilzchen« zum Beispiel gibt ein Müller seine Tochter dem König mit der Beteuerung, sie könne Stroh zu Gold spinnen. Sie bewältigt die Aufgabe
mit der Hilfe eines geheimnissvollen kleinen Mannes und verspricht ihm als Gegenleistung ihr Erstgeborenes. Der König heiratet die Müllerstochter, und ein Jahr später wird ihnen ein Kind
geboren. Als der kleine Mann zum Kassieren kommt, weint die
Königin und fleht ihn an, ihr ihr Kind zu lassen. Der kleine Mann
gewährt ihr, von ihrem Versprechen zurückzutreten, wenn sie
seinen Namen erraten kann. Glücklicherweise erfährt die Königin die Lösung von einem Vogel, und als sie sie als »Rumpelstilzchen« verkündet, geht der kleine Mann, fuchsteufelswild, an seiner maßlosen Wut zugrunde.Eine andere Version namens »Die
drei Spinnerinnen« ist jedoch von den herkömmlichen Ausgaben
ausgeschlossen. Darin übergibt eine Witwe ihre faule Tochter
der Königin, welcher sie versichert, sie sei eine hervorragende
Spinnerin. Der Sohn der Königin wird ihr zur Ehe versprochen,
wenn sie produktiv ist, doch die Tochter ist unglücklich, weil sie
nicht spinnen kann. Drei alte Spinnerinnen hören von ihrer be-
trüblichen Lage und kommen ihr zur Hilfe; sie erledigen die Arbeit für sie. Die Tochter besteht darauf, daß ihre drei Freundinnen nach der Heirat im königlichen Haushalt bleiben, und eines
Abends beim Essen fragt der Prinz eine der Spinnerinnen, warum sie so einen platten Fuß habe:

*»Vom Treten,« antwortete sie, »vom Treten.« Da ging der Bräu-
tigam zur zweiten und sprach: »Wovon habt Ihr nur die herunter-
hängende Lippe?« - »Vom Lecken,« antwortete sie, »vom Lek-
ken.« Da fragte er die dritte: »Wovon habt Ihr den breiten Dau-
men?« - »Vom Fadendrehen,« antwortete sie, »vom Fadendrehen.« Da erschrak der Königssohn und sprach: »So soll mir nun
und nimmermehr meine schöne Braut ein Spinnrad anrühren.«
Damit war sie das böse Flachsspinnen los.*[13]

Und das war das Ende der Geschichte.

Wenn wir bedenken, welchen Einfluß die Geschlechtsstereotypisierung, die Moralvorstellungen und die Werte haben, die in der Kinderliteratur enthalten sind, dann spielt die Unterschiedlichkeit dieser Erzählungen eine große Rolle. Man erhält einen völlig anderen Eindruck von den Beziehungen, dem Charakter, den Fähigkeiten und der Klugheit von Frauen, wenn eine Rettung von anderen Frauen kommt, und erst recht, wenn eine Frau mit ihrem eigenen Verstand ein Berufsrisiko aufzeigt und sich dabei gleichzeitig von einer gefährdenden und verhaßten Aufgabe befreit.

Darüberhinaus illustrieren viele Erzählungen aus der ganzen Welt weibliches Heldentum, positive Mutter-Tochter-Beziehungen und böse Väter. Aber sie werden der Allgemeinheit vorenthalten. In einem Beitrag im *Journal of American Folklore* schreibt Kay Stone:

In den von Vance Randolph gesammelten Märchen des Ozarkgebiets finden wir Frauen, die bedrohliche männliche Bösewichte unschädlich machen, und auch ein Mädchen, das keinen Vater braucht, um sie davon zu überzeugen, daß Frösche interessante Bettgenossen abgeben... In »Das kleine Mädchen und der Riese« gelingt es Mutter und Tochter gemeinsam, einen Riesen zu entkommen und ihn zu vernichten usw. [14]

Aus einem anderen Teil der Welt stammt das Märchen von »Cantenella«, in dem ein königlicher Vater Cantenella die Ehe mit einem niederträchtigen Mann aufzwingt. Sie flieht vor ihm, und am Ende wird der böse Mann von ihren treuen Freunden getötet. Es gibt hier weder einen Hinweis darauf, daß blinder Gehorsam gegenüber dem Vater eine Tugend sei, noch daß ein abscheulicher Gatte in einen Märchenprinzen verwandelt werde.[15] Die Moral der Geschichte ist vielmehr, daß ein böser Mann, ob Ehemann oder nicht, bestraft werden sollte. Und in krassem Gegensatz zu den vielen Böse-Mutter-Geschichten entkommt in »Sonnenkind« eine mutige, schlaue Zwölfjährige, ohne jeglichen männlichen Beistand, einem bösen Geist und kehrt zu ihrer Mutter zurück, mit der sie »glücklich und zufrieden« bis ans Ende ihrer Tage lebt.[16] »So-gut-wie-nichts« ist eine geschlechtliche Umkehrung sowohl von »Hans und die Bohnenranke« als auch von »Dornröschen«. Die Tochter eines Riesen rettet einen Prinzen vor ihrem Vater, und später, als der verzauberte junge Mann nicht aus seiner Trance erwacht, weckt sie ihn mit einem Kuß.[17] Doch am meisten überrascht das wenig bekannte englische Märchen »Gawains Heirat«. Eines Tages, als König Artus im Wald spazieren ging, wurde er von einem bösen Ritter überwältigt, der ihn nur freilassen wollte, wenn er die Antwort auf folgendes Rätsel fand: »Was ist es, das sich jede Frau wünscht?« Der König, dem gestattet wurde, nach der Antwort zu suchen, beriet sich mit seinen Rittern. Einige meinten, das, was sich eine Frau am meisten wünsche, seien »Juwelen« oder ein »reicher Ehemann«, aber irgendwie wußte Artus, daß sie unrecht hatten. Er kehrte traurig und ohne Antwort zu dem bösen Ritter zurück, doch auf dem Weg begegnete er der »häßlichsten Dame, die er je gesehen hatte«, die ihm die Lösung versprach, wenn er ihr einen Wunsch erfüllte. Er willigte ein. Sie flüsterte ihm die Antwort ins Ohr, und Artus flüsterte sie dem bösen Ritter rasch ins Ohr. Da sie richtig war, mußte der böse Ritter ihn freigeben.

Später war der König jedoch entsetzt über den Wunsch der häßlichen Frau, die um die Hand eines seiner jungen Ritter bat. Artus wollte eher sterben, als einem seiner treuen Männer eine solche Verbindung zumuten, aber Gawain, der schönste und tapferste von allen, trat vor und erbot sich als Bräutigam. Nach der Hochzeit brauchte Gawain seine ganze Kraft, um sich nicht von seiner häßlichen Braut abzuwenden, doch als er Tränen in ihren Augen sah, hatte er Mitleid mit ihr. Er nahm sie in seine Arme und küßte sie, und plötzlich hielt er, zu seinem großen Erstaunen, ein wunderschönes Mädchen. Der Kuß hatte seine Frau jedoch nicht völlig von ihrer Häßlichkeit befreit, denn sie war von dem bösen Ritter verzaubert worden. Sie erklärte, sie würde weiterhin für einen halben Tag häßlich bleiben. Die junge Braut bat ihren Mann, zu entscheiden, welche Hälfte - Tag oder Nacht - er sie lieber schön haben wollte. Gawain überlegte einen Augenblick und erwiderte dann: »Entscheide du selbst, meine Liebe. Ich lasse dir deinen eigenen Willen.« Darauf:

*Das holde junge Mädchen lachte vor Freude und warf seine Arme
um den schönen Rittersmann: »Du hast den Zauber gebrochen!
Jetzt werde ich immer sein, wie du mich in diesem Augenblick
siehst. Bei Tag wie Nacht werde ich hold zu schauen sein, denn
du hast das Rätsel gelöst, das der böse Ritter allen Fremden
stellt: 'Was ist es, das sich eine Frau am meisten wünscht?'*
Es ist *ihr eigener Wille.«*

*Und von da an lebten Gawain und seine entzückende Dame
glücklich und froh bis ans Ende ihrer Tage.*[18]

Diese Geschichte muß Sigmund Freud entgangen sein, glaube
ich, denn auch er fragte: »Was will eine Frau?« Hätte er mehr
Geschichten wie diese zu lesen bekommen anstatt der Froschkö-
nig-Sorte, wäre uns vielleicht eine Menge Verwirrung erspart geblieben.

Das fabrizierte Vorbild

Heute haben Medienexperten einen weit größeren Einfluß als
diejenigen, die zur Weihnachtszeit 1812 die Werke der Brüder
Grimm ausstellten. Die moderne Technologie kann so lebensna-
he Bilder erstehen lassen, daß sie oft mit der Wirklichkeit verwechselt werden.

Helene Deutsch, die bekannte Freudsche Analytikerin und Autorin, stellte fest, daß junge Mädchen aus Gründen angeborener
Weiblichkeit »auf weitere intensivierte Entwicklung der Aktivität
und vor allem auf die Aggressionen« zu verzichten bereit sind,
um die Anerkennung ihres Vaters zu erlangen. Deutsch wählte
Judy Graves, die Heldin von *Junior Miss* (1939), einem beliebten
Roman von Sally Benson, später Rundfunkserie, Broadwaystück
und Kinofilm, als Beispiel für vorpubertäres Verhalten:

*Keine klinische, wissenschaftliche, statistische Studie wird uns
so viel über die Psychologie der Vorpubertät aussagen können
wie die kleinen Geschehnisse um Judy... So agiert sie zum Bei-*

spiel vor ihrem Vater die Rolle eines Mädchens, das seinen Vater über alles liebt, nachdem sie ein Theaterstück gesehen hat, dessen Heldin eine aufopfernd liebende Tochter war [Die kleine Prinzessin mit Shirley Temple.] Sie ist dann ganz enttäuscht über das prosaische Verhalten ihres Vaters.[19]

Judy aus *Junior Miss* avancierte vom offenen, humorvollen, plumpen Kind zu Kurven, Make-up und Jungen, vom witzigen, aggressiven Kind zum gestellten »kleinen Fräulein«, vom häßlichen Entlein zum Schwan. Sie wurde die Vorläuferin einer regelrechten Klein-Fräulein-Epidemie. Judy ist jedoch eine Erfindung der Medien, ein Stereotyp, und trotzdem will uns die intelligente Helene Deutsch glauben machen, daß sie durch die Aufgabe ihrer Individualität und die Annahme der Rolle eines schick gekleideten Sexualobjekts die Anerkennung ihres Vaters und damit Selbstvertrauen und Reife erlangen wird.

In einem anderen, recht rührseligen Beispiel pries Deutsch die »dichterische Hellsichtigkeit« in der dänischen Erzählung »Das Kind«, dank der »eine tiefe Einsicht in die seelischen Vorgänge des jungen Mädchens«[20] gewonnen werden könne. Andrea, sechzehn Jahre alt (wenn nicht biologisch, so doch emotional präadoleszent) liegt im Sterben und findet bei niemandem außer ihrem Vater Trost:

Die kranke Andrea genießt alle Wonnen der Seligkeit in den Armen des Vaters: »Küß mich, mein Väterchen, mein herrlicher, prächtiger Vater, leg deine Hand auf meine Stirne, dann schweigen wir zusammen.« Die Krankheit droht ihr mit baldigem Erblinden: »Vater, wenn ich wirklich blind werde, so schadet das nicht viel... können wir beide nicht mit einem Paar Augen auskommen?«[21]

Am Beispiel der komischen Judy und der tragischen Andrea, die alles andere als einen »tiefen Einblick in die seelischen Vorgänge des jungen Mädchens« bieten, offenbart sich eher eine ziemlich banale Vorstellung dessen, was ein Mädchen fühlen *sollte* anstatt was sie *tatsächlich* fühlt. Was hier vorgesetzt wird, ist nicht Einblick, sondern Propaganda, und die Macht dieser Propaganda ist nicht zu unterschätzen.

Ich selbst war als Kind eine eifrige Leserin, und zusammen mit meinen Freundinnen schluchzte und bebte ich über die bittersüssen Leiden von Heidi, Sara Crewe und Elsie Dinsmore. Wir konnten ihre Qualen nachempfinden, denn wir wußten, daß irgendwo, irgendwie, ein Vater, Bruder, Großvater, Onkel, Stiefvater oder sonstiger männlicher Erwachsener wie ein Wunder auftauchen, das betreffende kleine Mädchen in seine starken Männerarme schließen und sie bis in alle Ewigkeit vor den Härten des Lebens beschützen würde. Jede Seite versprach: Wenn ein kleines Mädchen selbstvergessen Leiden auf sich nahm, würde ein Mann auftauchen und sie in einem Rausch der Liebe mit sich fortreißen. Diese Geschichten spiegelten nicht, sondern *erzeugten* die Träume eines Mädchens, und da der Weg zur Freude mit Leid gepflastert war, waren Selbstverleugnung, Selbstaufopferung und Schmerz die Voraussetzung für Glück.

Zu den über hundert Werken der amerikanischen Jugendromanautorin Martha Finley zählten die äußerst erfolgreichen *Elsie Dinsmore*-Bücher, die in den Jahren um 1900 entstanden. Jedes Buch erzählte im großen und ganzen die gleiche Geschichte. Die achtjährige Elsie, fromm, tapfer und mißverstanden, war ständiger Pein ausgesetzt. Ihre Mutter starb bei der Niederkunft, und die Strenge ihres jungen, gutaussehenden, reichen Vaters grenzte an Grausamkeit. Elsie, die sich nichts so sehr wünschte wie die Liebe ihres Vaters, schluchzte achtundzwanzig Bände lang: »Oh, Papa, sei nicht böse mit mir, lieber Papa.« Wenn Papa sie zu Unrecht bestrafte (Ich schäme mich für dich, geh sofort auf dein Zimmer und ins Bett), war Elsie außer sich vor Gram und Scham, gehorchte aber, und ihr Kissen war naß von den vielen bitteren Tränen, die sie vergoß, bevor der Schlummer ihre müden Augen erlöste. Von Zeit zu Zeit wurde Elsies ausgedehntes Leiden durch die ersehnte Zuneigung gnädig unterbrochen, und wenn sie kam, hatten sich die ganzen vorausgegangenen Qualen restlos bezahlt gemacht:

Dann schloß er sie zum ersten Mal in seine Arme, küßte sie und sagte zärtlich und bewegt: »Aber ich liebe dich doch, mein Schatz, mein kleines Töchterchen.«

Ach, die Worte hatten für Elsie einen süßeren Klang als die köstlichste Musik. Ihre Freude zu beschreiben, reichten Worte nicht aus, nur Tränen.
»Warum weinst du so, mein Liebling?« fragte er, und dabei strich er ihr beruhigend übers Haar und küßte sie immer wieder.
»Ach, Papa! Weil ich so glücklich bin, so schrecklich glücklich,« schluchzte sie.
»Bedeute ich dir wirklich so viel, mein Liebling?« fragte er.
»Dann mußt du nicht zittern und erbleichen, mein Herz, wenn ich dich anspreche, als wäre ich ein grausamer Tyrann.« »O Papa Ich kann nicht anders, wenn du so streng dreinschaust und sprichst. Ich liebe dich so inniglich, Papa, ich ertrage es nicht, wenn du mir zürnst; aber jetzt habe ich keine Angst.«

Und später:

Hin und wieder bedachte er sein kleines Mädchen mit einem gütigen Blick und achtete sorgfältig auf all ihre Wünsche, und Elsie war sehr glücklich.[22]

Frances Hodgson Burnetts *Sara Crewe* ist die unverdorbene siebenjährige Tochter eines wohlhabenden, gutaussehenden, gütigen, zärtlichen, liebevollen Vaters. Als Mr. Crewe nach Indien abreist, sitzt Sara auf Papas Knien und blickt ihm lange und intensiv ins Gesicht, während sie sich zum letzten Mal Lebewohl sagen.

»Lernst du mich auswendig, kleine Sara?« fragte er und strich ihr über das Haar.

»Nein,« erwiderte sie, »Ich kenne dich schon auswendig. Du bist in mir drin«, und sie legten die Arme umeinander und küßten sich, als würden sie nie mehr voneinander lassen.[23]

Als aber der Vater stirbt, bleibt Sara ohne einen Pfennig zurück, in den Klauen einer grausamen Lehrerin. Nach zwei Jahren Gesindearbeit und Entbehrung und dem Hungertod nahe, erweist sich Sara durch ihren fortgesetzten Mut, ihre Würde und Großzügigkeit als eine echte Adlige, eine »Prinzessin«. Sie wird alsdann mit einer treuen Kopie ihres Vaters belohnt, Mr. Crewes Partner, der die ganze Zeit nach Sara gesucht hat, sie nun endlich findet, und sie entdeckt in seinem Gesicht

den Ausdruck, den sie von den Augen ihres Vaters kannte - der Blick, der ihr sagte, daß er sie liebte und sie in seine Arme schließen wollte. Sie kniete sich unwillkürlich neben ihn, wie sie sich neben ihren Vater zu knien pflegte, als sie die treuesten Freunde und Liebenden der Welt waren.[24]

Johanna Spyris *Heidi* und George Eliots Eppie aus *Silas Marner* wurden beide die Gefährtinnen und Retterinnen verbitterter, zynischer Männer. Heidis sonniges Gemüt, ihre Güte und ihr Mitgefühl lehren den Großvater Demut und Liebe.

Es lag da mit gefalteten Händen, denn zu beten hatte Heidi nicht vergessen. Auf seinem rosigen Gesichtchen lag ein Ausdruck des Friedens und seligen Vertrauens, der zu dem Großvater reden mußte, denn lange, lange stand er da und rührte sich nicht und wandte kein Auge von dem schlafenden Kinde ab. Jetzt faltete auch er die Hände, und halblaut sagte er mit gesenktem Haupte: »Vater, ich habe gesündigt gegen den Himmel und vor dir und bin nicht mehr wert, dein Sohn zu heißen!« Und ein paar große Tränen rollten dem Alten die Wangen herab.[25]

Als Silas Marners Gold gestohlen wurde, erschien ein Kind als Ersatz für den Schatz. Eppie vermenschlichte den exzentrischen Einsiedler und Geizkragen und führte Silas zu Menschenwürde, Geselligkeit und zum Leben zurück:

Jetzt war kein Kind vor Silas bange, wenn Eppie bei ihm war; jung und alt hatten ihn gern; das Kind hatte ihn mit der Welt wieder vereinigt. Zwischen ihm und dem Kind bestand Liebe, und sie waren darin eins, und zwischen dem Kind und der ganzen Welt war Liebe - von Männern und Frauen mit elterlich freundlichem Blick und Wort bis zu den kleinen roten Marienkäfern und den runden Kieseln im Bach.[26]

Diese Bilder sind verführerisch, und es ist für ein Kind (oder eine Frau) außerordentlich schwierig, der Verheißung einer Belohnung als Gegenleistung für die Aufopferung für einen alten Mann zu widerstehen.*Die viktorianische Idealisierung des weiblichen Kindes als so vertrauensvoll und rein, daß sie selbst den heruntergekommensten Lump zu retten vermochte, setzte sich bis ins frühe 20. Jahrhundert und dann in der aufblühenden Filmindustrie fort.

Das laufende, sprechende Vorbild

Über eine Zeitspanne von gut siebzig Jahren, von Mary Pickford über Shirley Temple bis hin zu Tatum O'Neal, mag das kleine Mädchen der flimmernden Leinwand vielleicht ihr Kostüm gewechselt, ihre Locken abgeschnitten, ihr Haar geglättet und das Rauchen gelernt haben, aber ihre Beziehung zu Männern ist die alte geblieben. Ob sie eine Frau war, die zu einem Kind gemacht, oder ein Kind, das zur Frau gemacht wurde, oder wie aktuell sie auch immer gewesen sein mag - immer noch galt es, sich für eine Vaterfigur zu opfern, unablässig nach ihr zu streben oder sie zu bekehren. Die Paarung kleines Mädchen/erwachsener Mann erwies sich als so gelungen, daß *Daddy Langbein* - die Geschichte von einem Waisenkind, das aufwächst, um seinen reichen Wohltäter reiferen Jahrgangs tatsächlich zu heiraten - viermal erfolgreich verfilmt wurde, und zwar mit Mary Pickford, Janet Gaynor, Shirley Temple (unter dem Titel *Lockenköpfchen)* und Leslie

---

*Das Kind als rettender Engel eines Mannes umfaßte gelegentlich männliche wie weibliche Kinder. Im Lauf der Zeit wurde das männliche Kind gerettet - zwar nicht vor der Ausbeutung in Fabriken und Bergwerken, aber immerhin vor der Verewigung seines Opferstatus in der Literatur. Die Federn von Robert Louis Stevenson, Mark Twain, Sir Walter Scott und anderen ermöglichten es dem Jungen, ein Held zu werden, belustigenden Untaten, Abenteuern und Unabhängigkeit beherzt nachzugehen, doch das kleine Mädchen blieb weiterhin zu ewigen Leiden, Opfern und Vaterliebe verdammt.

Caron. Ob die fünfunddreißigjährige Mary Pickford in ein Kind verwandelt oder die fünfjährige Shirley Temple über ihr Alter hinaus dimensioniert wurde, das Wohl der Film-Kindfrau, die sich nie mit Gleichaltrigen oder weiblichen Erwachsenen zusammentat, hing ausschließlich von Männern ab. Für Hollywood erwies sich die Kombination von Kindlichkeit und Sex als äußerst populär und lukrativ. Die unabhängige Leinwandfrau (wie die entschlossene Märchenheldin) wurde von Männern, die von Richard Burton (*Der Widerspenstigen Zähmung*), John Wayne (*Der Sieger*) oder Clark Gable *(Es geschah in einer Nacht)* dargestellt wurden, in ihre Schranken verwiesen. Jeder »richtige« Mann konnte aus einer selbstbewußten Frau das »kleine Mädchen« herauslocken. Die beliebte Hollywoodsexbombe brauchte nicht auf das rechte Maß zurechtgestutzt werden. Ihre neurotische Angst, Unsicherheit, Kindlichkeit und Handlungsunfähigkeit, wie am Hollywoodimage von Marilyn Monroe und Jayne Mansfield veranschaulicht, deckte sich bestens mit dem Bild der hilflosen, bedürftigen Kindfrau. Monroe und Mansfield wurden nicht allein wegen ihres üppigen Busens geschätzt, sondern weil ihre kindliche Zerbrechlichkeit in einem gut entwickelten Körper äußerst wirkungsvoll war. Unschuld bei einem Kind oder einer Frau ist sexy, nicht etwa, weil sie die Kraft, die in der Reinheit liegt, vermittelt, sondern weil sie die Schwäche, die in der Abhängigkeit liegt, verrät. Für den Mann, der sich an dem Gefühl der Macht über seine weiblichen Gefährtinnen labt, ist es eine Frage des persönlichen Geschmacks, ob Kindlichkeit auf natürliche Weise aus einem kleinen Mädchen oder auf unnatürliche Weise aus einer erwachsenen Frau strahlt.

Da ergebene Willfährigkeit bevorzugt wird, werden in der starken Frau der Leinwand gewöhnlich die negativen Züge hervorgehoben. Eine Frau mit Macht ist eine Würgerin (June Allyson in *In all diesen Nächten*), eine geisteskranke Mörderin (Bette Davis in *Was geschah wirklich mit Baby Jane?*), eine raubende, grausame Mutter (Shelley Winters in *Träumende Lippen*) oder eine krankhaft possessive Ehefrau (Rosalind Russell in *Craig's Wife*). Die Hexe und böse Stiefmutter aus dem Märchen wurde zur Würgerin, zur Xanthippe und zur Rabenmutter der Leinwand.

Und da kleine Mädchen, egal wie herrisch, selbstbewußt und frech sie sein mögen, offenkundig machtlos sind, können diese Züge an ihnen ohne Risiko »süß« und unbedrohlich sein.

Mary Pickford und Shirley Temple

Mary Pickford begann ihre Karriere 1909 als Sechzehnjährige unter den Fittichen von D.W. Griffith.*Je älter Amerikas Liebling im Leben wurde, desto jünger wurde sie auf der Leinwand. Mit achtundzwanzig und zweiunddreißig spielte sie die zwölfjährige Pollyanna bzw. die zwölfjährige Annie Ronnie. Und da Amerika nicht wollte, daß sie erwachsen wurde, schnitt sie erst mit vierzig ihre Locken ab und ging in den Ruhestand. Amerika blieb jedoch nicht lange ohne kleines Mädchen: Shirley Temple füllte die Lücke, als sie vier Jahre alt war. Obwohl Pickfords Karriere fünfundzwanzig Jahre überspannte und Temples in den sechs Jahren zwischen ihrem vierten und zehnten Lebensjahr aufblitzte und wieder abklang, versorgten sie das Publikum mit dem gleichen Traum: Beide waren in *Poor Little Rich Girl, Daddy Langbein, Rebecca of Sunnybrook Farm* (die Temple-Version hieß *Shirley auf Welle), Die kleine Prinzessin* und *Die kleine Annie Ronnie* zu sehen. Es machte keinen Unterschied, ob die Phantasie von einer Frau ausgefüllt wurde, die sich wie ein Kind benahm, oder von einem Kind, das sich wie eine Frau benahm; das Ergebnis war auf gleiche Weise befriedigend.[27]

Im Jahr 1932 stolzierte die vierjährige Shirley Temple in mehreren Kurzfilmen mit dem Titel »Baby Burleskes« aufreizend über die Leinwand, und zwei Jahre später hatte sie bereits in fünf Fil-

---

Griffith sammelte noch andere Teenager wie z.B. Lillian und Dorothy Gish, Blanche Sweet und Mae Marsh, doch Mary Pickford erklomm als ewiges kleines Mädchen den höchsten kinematographischen Gipfel.

men kleinere Rollen gespielt, darunter eine recht beachtliche Nebenrolle in *Stand Up and Cheer*. Von 1934 bis 1938 stellte sie mit Hauptrollen in neunzehn Kassenschlagern die meisten Erwachsenen in den Schatten. Zusätzlich zu ihrem mimischen Talent, ihrem sicheren Auftreten und ihrer Ausgeglichenheit beruhte ihr Erfolg auch auf einem äußerst zuverlässigen Handlungskonzept: Ein Kind, dessen Mutter starb oder sonstwie verschwand, wurde von einem Vater, Großvater oder anderen männlichen Wohltäter gerettet, wobei das Kind nicht selten seinen Retter rettete oder besserte, welcher in den meisten Fällen ein greiser Griesgram, ein Krösus, ein Gangster oder gar ein Einfaltspinsel war. Selten von dieser Formel abweichend, war Temple mit einer beeindruckenden Anzahl männlicher Erwachsener zu sehen, die sie umarmte, küßte, ermahnte oder mit denen sie trällerte, tanzte und (nötigenfalls) schimpfte.

In *Lockenköpfchen* war Shirley Temple mit sieben Jahren zu jung, um den Bedarf an Liebesszenen angemessen zu decken, und so wurde eine große Schwester für diese Aufgabe erfunden. Nachdem der romantische Teil anstandshalber Rochelle Hudson (die große Schwester) und John Boles (reicher Wohltäter mittleren Alters) übertragen worden war, schrumpfte Hudson, die damit ausgedient hatte, zur Bedeutungslosigkeit von Lolitas Mutter herab. Nun, da Hudson in den Hintergrund gedrängt war (bis sie am Ende Boles heiratete), konnte sich der Film ungehindert auf die exquisit gekleidete Shirley Temple und John Boles, den Empfänger ihrer Umarmungen, Küsse und Liebkosungen, konzentrieren. In *Poor Little Rich Girl* ergoß die mutterlose achtjährige Shirley, deren Gouvernante überfahren wurde, ihr sonniges Gemüt, außer über ihren Papa, auch über Henry Armetta, den mürrischen Claude Gillingwater und »Schwachkopf« Jack Haley. Sowohl Armetta wie Haley hatten Bilderbuchehefrauen, doch Shirleys Aufmerksamkeit galt nur den männlichen Erwachsenen. Carole Lombard und Gary Cooper waren gleich groß angekündigt in *Treffpunkt: Paris!*, doch Lombard hatte kaum eine Chance gegen Temple und Cooper, die in Freud und Leid und ähnlichen publikumswirksamen Zeitvertreiben traut vereint waren.[28]

Diese beständige Kombination von kleinem Mädchen und erwachsenem Mann unter Ausschluß von Frauen kann nicht als harmlose Unterhaltung abgetan werden. Mit einem regelmäßigen wöchentlichen Kinopublikum von über 60 Millionen Menschen bestimmte Hollywood den Trend in Kleidung, Haarfrisuren, Moral und Wunschträumen. Das Shirley-Temple-Modell war so erfolgreich, daß Eltern Temple-Dauerwellen kauften, um ihren kleinen Töchtern die begehrten Korkenzieherlocken zu drehen; sie schickten sie zum Tanz-, Sprech- und Schauspielunterricht, damit sie Männer betören lernten und denselben Weg zu Ruhm und Reichtum einschlagen konnten. Das Image wurde durch andere attraktive junge Darstellerinnen weiter verewigt. Edith Fellows wurde mit Leinwandvater Richard Dix gepaart, der sie in *His Greatest Gamble* (1934) aus den Klauen einer überanspruchsvollen Mutter entführte. Die fünffährige Sybil Jason vergnügte sich in *Little Big Shot* (1935) mit Taugenichts Edward Everett Horton und Robert Armstrong. Und Jane Withers gesellte sich in *Keep Smiling* (1938) zu ihrem verrufenen Onkel. Bevor Baby Sandy laufen konnte, wurde sie in *East Side of Heaven* (1939) vom singenden Taxifahrer Bing Crosby beschützt; später, in *Sandy Gets Her Man* verteilte sie ihre Aufmerksamkeit zu gleichen Teilen auf Stu Erwin und Jack Carson; in *Sandy Is a Lady* (1949) sonnte sie sich in der Gesellschaft von Billy Gilbert und Mischa Auer, und in *Bachelor Daddy* (1941) wurde sie von Edward Everett Horton, Donald Woods und Raymond Walburn adoptiert.[29]

Gelegentlich gab es leichte Abwandlungen von diesem starren Schema, doch wie diese Variationen auch immer aussahen - die Einstellungen der Hollywoodkameras zeigten nie Kinder in positiven Beziehungen zu Frauen.* Wenn kleine Mädchen hin und wieder mit Frauen zu tun hatten, bildeten sie meistens den Hintergrund für die Geschichte einer sich aufopfernden Mutter, wie in *Solange es Menschen gibt* und *Das Opfer der Stella Dallas*. In dem Film *Böse Saat* (1956) hatte die achtjährige Patty McCormack hauptsächlich weibliche Partnerinnen, doch als psychopathische Kindermörderin war ihre Beziehung zu ihrer Mutter - um

---

Es gibt natürlich immer Ausnahmen, wie z.B. Geheimnis einer Mutter *(1948).*

nur das mindeste zu sagen - furchterregend. Obgleich es zur Genüge männliche Kinderstars gab, hatte die Mädchen/Mann-Formel kein Junge/Frau-Gegenstück. Frauen zählten für kleine Jungen ebenso wenig wie für kleine Mädchen. Die einzigen positiven Bezugspersonen waren Männer. Lange vor Shirley Temple waren der kleine Jackie Coogan und Charlie Chaplin (Stummfilm) und später Jackie Cooper und Wallace Beery unschlagbare Teams. In der Folge wurden auch andere Kinderdarsteller mit Männern gepaart, doch sofern mir nicht irgendeine homosexuelle Botschaft entgangen ist, waren reife und unreife Mimen immer Freunde und Gefährten. Überdies waren Jungen, denen ein größerer Spielraum zugestanden wird, Hauptdarsteller in vielen Heldengeschichten, Abenteuer-* und Tierfilmen.** Aber kleine Mädchen kamen nie vom vorgeschriebenen Weg ab. Shirley Temple spielte die Hauptrolle in Rudyard Kiplings *Wee Willie Winkle* (deutscher Filmtitel *Rekrut Willi Winkie*), einer Geschichte um den umkämpften Khyber-Paß, die für einen Jungen geschrieben war. Obwohl Shirley ein Regiment rettete und einen Krieg verhinderte, mußte sie - ewig weiblich - laut Drehbuch C. Aubrey Smith, Cesar Romero und Victor McLaglen auftauen. Graham Greene, der den Film in England besprach, fand Shirley so verführerisch, daß seine Besprechung eine Verleumdungsklage nach sich zog. Seine Ausführungen können hier nicht abgedruckt werden, doch er sagte von Shirley Temple, daß »ein Teil ihrer Popularität sich auf ihre Koketterie zu gründen scheint, die durchaus der [Claudette] Colberts ebenbürtig ist, und auf ihren merkwürdig frühreifen Körper, der in den grauen Flanellhosen so sinnlich wirkt wie der der Dietrich.«[31]

Zwar ist Temples Frühreife nicht zu leugnen, aber ich glaube, ihre »Koketterie« könnte besser ausgelegt werden als ihre Fähigkeit, zu imitieren und sich lenken zu lassen (bevor sie

---

* *Abenteuerfilme wie* Die Schatzinsel, Manuel, Entführt, Tom Sawyer, Huckelberry Finn, Mit eiserner Faust, Kim - Geheimdienst in Indien *usw.*
** *Tiergeschichten wie* Sein Freund Jello, Der unheimlich Zotti, Flicka, Heimweh, Gabilan, mein bester Freund *usw.*[30]

irgendeiner selbständigen Unterscheidung fähig war) und nicht als eine angeborene sexuelle Charakteristik. Shirley Temples Körper war eindeutig der eines robusten, gesunden, pausbäckigen kleinen Mädchens. Ihr Benehmen mag Reife gezeigt haben, ihr Körper nicht. Und da sie eher jünger als älter aussah, mutet die Beschreibung »sinnlich« merkwürdig deplaziert an; in ihrem Alter konnte sie kaum eine unabhängige Einschätzung gehabt haben, so daß sie die herrschende Mode in Sex-appeal ganz klar nachahmte.

Doch Shirleys starke Persönlichkeit - wenn schon nicht ihre Mimfähigkeit - überlebte ihre Kindheit, und da sie nicht mehr »darstellen« bzw. jemand anders als sie selbst sein konnte, schwand das Interesse an ihr. Die Selbstbehauptung und Unabhängigkeit, die bei dem Kind so attraktiv waren, waren bei der Frau unattraktiv. Shirley Temple war jedoch nicht allein mit ihrem Schicksal. Die unbezähmbare Deanna Durbin und die kratzbürstige Jane Withers, ebenfalls Kinderstars, ereilte das gleiche Los, während die unveränderte zittrige Unsicherheit, Schüchternheit und Überempfindlichkeit von Kinderstars wie Judy Garland und Elizabeth Taylor diesen auch als Erwachsenen Leinwanderfolge bescherte.

Tatum O'Neal spielte 1973 die Hauptrolle in *Paper Moon* - laut Filmwerbung ein krasser Gegensatz zu den zuckersüßen Temple-Schnulzen -, der im wesentlichen dem Schema der Shirley-Temple-Filme folgte. Es ist die Geschichte des umherziehenden Schwindlers Moses Pray, genannt Long Boy, der das uneheliche Waisenkind Addie am Hals hat (ihre Mutter, eine Prostituierte, ist tot). Beide schlagen sich in den von der Depression heimgesuchten Ebenen von Kansas durch, indem sie von Witwen und kleinen Händlern stehlen, wobei die fixe kleine Addie zur Überlistung potentieller Opfer eingesetzt wird. Addie, die cleverer und praktischer veranlagt ist als Long Boy, sorgt für ihn, liebt den Gauner und entledigt sich sogar kaltschnäuzig einer erwachsenen Rivalin. Nach einer Reihe von lumpigen Diebstählen und hautnahen Begegnungen mit dem Gesetz bietet sich ihr die Gelegenheit, ein ruhiges, gesichertes Leben bei einer Tante zu führen (die wir nie zu Gesicht bekommen), doch obwohl sie sich nach

»cinem Zuhause und einem Klavier« sehnt, entscheidet sie sich für ein zwielichtiges Dasein von der Hand in den Mund und auf ständiger Flucht vor der Polizei, um bei Long Boy bleiben zu können.*Auch hier werden wieder die Mutter und alle anderen weiblichen Gestalten unter den Teppich gekehrt. Die Botschaft lautet unmißverständlich, daß für ein Mädchen ein Mann, jeder Mann, besser ist als irgendeine Frau. In *Die Bären sind los* ist Tatum O'Neal (deren Mutter zwar erwähnt, aber nie gesichtet wird) zuerst ein draufgängerischer, streitsüchtiger Noch-nicht-Teenager.Sie wehrt sich und behauptet sich gegen Walther Matthau, der sie als Werfer in einer Jugendbaseballmannschaft einsetzen will. Mit der Zeit jedoch, fügt sie sich nicht nur seinem Willen, sondern löst sich in völliger Unterwerfung unter diesen entschieden unattraktiven, unzuverlässigen Alkoholiker - wie ihn Matthau darstellt - auf. Genau wie die Königstochter, die zunächst selbstbewußt und stark ist, ergibt sie sich dem abstossenden Frosch.

Die Tragik ist, daß sich diese Bilder und Botschaften über Märchen- und Filmphantasie hinaus auf uns auswirken. Die Macht ihres Einflusses ist so weitreichend, daß sogar Personen vom Kaliber einer Helene Deutsch oder eines Bruno Bettelheim Erfindung mit Realität verwechseln. Die schmerzlich realistische Dichterin Anne Sexton war vom Einfluß des Märchens außerordentlich beeindruckt und hält uns in ihrer Gedichtsammlung *Transformations* vor Augen, daß die Prinzessin, die sich einem Frosch beugt, vielleicht schon allzu bald dahinterkommt, daß er sich nie in einen Prinzen verwandelt und gar nicht so furchtbar charmant ist:

---

*Obgleich vielen der in diesem Kapitel genannten Filme Romane und Erzählungen als Vorlage dienten, beziehen sich alle Angaben auf die Leinwandversionen.

Es ist gar nicht der Prinz,
sondern mein Vater,
trunken über mein Bett gebeugt,
der über dem Abgrund kreist wie ein Hai,
mein Vater drückend über mir
wie ein Quallenpolyp.[32]

Was die Prinzessin bei ihrem Erwachen dann erwartet, ist vielleicht grauenvoller als jeder Alptraum.

9. DAS LOCKENDE NYMPHCHEN

Was ich so wahnsinnig besessen hatte, war nicht sie, sondern meine eigene Schöpfung einer anderen, einer Phantasie-Lolita - vielleicht wirklicher noch als Lolita -, die über sie hinausreicht und sie umschließt, die zwischen ihr und mir schwebt, willenlos, unbewußt - mehr noch: die kein eigenes Leben hat.

Humbert Humberts Beschreibung der chimärischen Natur seiner Eroberung in Vladimir Nabokovs *Lolita*[1]

Medienbilder sind synthetisch. Da sie geschaffen werden, um ganz bestimmte Eindrücke zu erwecken und ganz bestimmte Gefühle hervorzurufen, hüllen sie tatsächliches Wissen, Erfahrung und Wirklichkeit in Nebel. Das Bild des kleinen Mädchens, wie es heute fachmännisch verpackt und vermarktet wird, benebelte jedoch schon vor dem Aufkommen der modernen Technologie die Menschheit. Die amerikanische Indianerprinzessin Pocahontas zum Beispiel, die im 17. Jahrhundert John Smith das Leben rettete, den christlichen Glauben annahm, die achtbare Braut des Kolonisten John Rolfe wurde und in England königlich empfangen wurde, wurde nichtsdestoweniger in einer Kostprobe frühamerikanischer Zotenliteratur beschrieben als »ein wohl gestaltetes Flittchen, das mit elf oder zwölf Jahren Knaben mit sich auf den Marktplatz schleppte und sich, nackt wie sie war, durch das ganze Fort rollte.«[2]

Die Künstler

Jedes Jahrhundert hat zur Lieferung künstlerischer Darstellungen des sinnlichen Kindes beigetragen. John Dryden, englischer Dichter des 17. Jahrhunderts, ließ ein weniger als fünfzehn Jahre altes Mädchen ungeduldig flehen: »Nimm mich; nimm mich, Teil von dir.[3] Im 18. Jahrhundert ließ Robert Burns eine Jungfrau darum betteln, sie von ihrer »Jungfernschaft« zu erlösen.[4] Im 19. Jahrhundert ließ der bekannte Photgraph O.D. Rejlander sein elfjähriges Modell Charlotte Baker nackt und halbnackt posieren, und zwar so, daß ihr unreifer Körper völlig unpassend Sexualität signalisierte.[5] Zur selben Zeit porträtierte Dostojewski seine weiblichen Kindergestalten als bizarr verdorben und dirnenhaft. In *Die Dämonen* wurde die mit Füßen getretene zwölfjährige Matrjoscha, zuerst angsterfüllt, als Stawrogin sie verführte, schon bald unangenehm aufdringlich:

Schließlich geschah etwas Sonderbares, das ich niemals vergessen werde und was mich in Erstaunen setzte: Das Mädchen umhalste mich auf einmal und gab mir leidenschaftliche Küsse. Sein Gesicht war in Verzückung. Es fehlte nicht viel, so wäre ich aufgestanden und weggegangen - solch ein Mitleid empfand ich plötzlich mit dem kleinen Geschöpf.[6]

In *Schuld und Sühne* träumt der fünfzigjährige pädophile Swidrigailow von einer lüsternen Fünfjährigen:

Etwas Freches und Herausforderndes spricht aus diesem gar nicht kindlichen Gesicht; das ist das Laster; das ist das Gesicht einer Kokotte... jetzt öffnen sich beide Augen... sie lachen... etwas unendlich Widerliches und Beleidigendes liegt in diesem Lachen, in diesen Augen... »Wie! Eine Fünfjährige!« flüsterte Swidrigailow entsetzt. »Das... was ist denn das?« Schon wendet sie sich ihm mit brennenden Gesichtchen ganz zu, streckt die Arme aus.[7]

In den Kindertagen des Films produzierte D.W. Griffith *Gebrochene Blüten,* worin eine Zwölfjährige einen gläubigen, friedliebenden Buddhisten zu Begierde, Mord und Selbstmord anstachelte. Jules Pascin malte seine weiblichen Kinder als billige, leicht zu habende Mädchen (in seinem Portrait »Lesendes Mädchen« beglückt er die Betrachter mit einem Kinder-»Spreizschuß«) In der Folge entdeckte Balthus, daß eine Art, die erotische Wirkung zu verstärken, in der aufreizenden Zurschaustellung des unentwickelten weiblichen Körpers lag, welcher

»noch nicht reif für sexuelle Erfahrung« war.[8] Mitte der fünfziger Jahre nahm Arthur Miller in seinem Stück *Hexenjagd* einen Anlauf, die Hexenverfolgungen von Salem (Massachusetts) im Jahr 1692 mit der finsteren McCarthy-Epoche gleichzusetzen. Zu diesem Zweck ließ er die historisch elfjährige Abigail Williams als siebzehnjährige Nymphomanin wiederauferstehen. In Millers Salem waren es die Verleumdungen einer Dirne anstelle des Fanatismus der theokratischen Gründerväter, die den Auftakt zu den grausamen Hexenverfolgungen gaben.[9] In *Gigi* sang ein alternder Lebemann, gespielt von Maurice Chevalier, geil glotzend und grinsend »Dem Himmel sei Dank für die kleinen Mädchen«, und heute läßt der populäre Photograph David Hamilton pubertäre und präpubertäre Mädchen ausdruckslos vor der Kamera posieren, in tranceartigem Liebesspiel mit sich selbst oder miteinander. Alain Robbe-Grillet, Romancier und Bewunderer von Hamiltons Werk, beschrieb die Mädchen wie folgt:

Sie ist eine Idiotin. Sie versteht nichts, sie schläft wie eine überreife Frucht. Dann komm wieder zurück zum Bett und flüster ihr leise und deutlich ins Ohr: »*Du bist nichts weiter als eine Hure, eine Schlampe, eine feuchte Wiese, eine halboffene Schale.*«[10]

Die Werbemacher

Weil so viele Männer Kinder attraktiv finden, verwandelt die Werbung, die sich dieses lukrative Geschäft nicht entgehen lassen will, auch die geschlechtslosesten Produkte in einen Garten kindlicher Wonnen. Die amerikanische Telefongesellschaft warb einmal mit dem Bild einer Zwölfjährigen, die auf einem Telefonbuch stand und nach etwas Unsichtbarem langte. Der dazugehörige Spruch: »Verwenden Sie ihr Telefonbuch auch richtig?« macht darauf aufmerksam, daß das Telefonbuch zum Nummernsuchen gedacht war, nicht als Trittunterlage. Doch durch die provokative Entblößung des Kinderpopos sprach das Bild auch direkt das männliche Sexualinteresse an Kindern an.* Darüberhinaus bemerkt Wilson Bryan Key, Autor mehrerer Bücher über Medienmanipulation, daß in einigen Anzeigen, die mit Kindern werben, die Worte *Sex* und *Ficken* unterschwellig enthalten sind.[11]

Heutzutage sind unterschwellige Texte kaum nötig. Kinder und Teenager werben ganz offen mit »züchtigen Schlüpfern« und »sinnlichen Lederriemen« für Unterwäsche, während Caress Seife sein Produkt mit einem T-Shirt vermarktet, auf dem das Wort *caress* (liebkosen) einladend einen jugendlichen Busen ziert. Die Koppelung von direkt angepeilter Erwachsenensexualität mit kindlicher Unschuld ist ein derartiger Publikumsschlager, daß Frauen nun nicht mehr nur ewige Jugend, sondern gar Rückkehr zur Kindheit vorgegaukelt wird. Elaine Powers verkauft ihre Schönheitssalons mit einem entblößten Kinderpopo. Love's Baby Soft Kosmetika protzt mit einer ganzseitigen Anzeige in den größten Zeitschriften, auf der eine Sieben- oder Achtjährige wie Marilyn Monroe aufgemacht ist und einen Teddybär hält, um potentielle Käuferinnen davon zu überzeugen, daß »Unschuld sexyer ist als du glaubst.«[12]*Die Schallplattenfirma Stax Records stellte die zehnjährige Lena Zavorini als die Supersensation vor, die »Ma, He's Making Eyes at Me« (Mama, er zwinkert mir zu) im Stil von Midler hinausgröhlt, während Gilbert O'Sullivan in seiner beliebten Ballade »Claire« (bei Atlantic erschienen) eine sexuelle Neigung zu seiner fünfjährigen Nichte durchblicken läßt.

Im Sog der Befreiungswelle der sechziger Jahre zielte die Modeindustrie sehr direkt auf erwachsene Männer, indem sie Lolitas als Spielgefährtinnen anbot. Die vierzehnjährige Romaina Power (Tyrones Tochter) und die siebzehnjährige Twiggy (die 1.68m groß war, aber nur knapp 40 Kilo wog) waren Topmodelle. Klein und kindlich war schön,[13]und Frauen, die sich in den Modezentralen Bloomingdale's und Lord & Taylor einkleideten, fanden kaum einen Rock, der ihre Geschlechtsteile bedeckte.

Der Teddybär wird häufig als Symbol für die sexy Kindfrau herangezogen. Schon Elvis Presley verrenkte sich seinerzeit wollüstig zu den Klängen von »Let me be your teddy bear.«

Nach Protesten seitens einer Gruppe von Anwältinnen wurde diese Anzeige aus dem Verkehr gezogen. (Siehe S. 195)

Als in den siebziger Jahren Madison Avenue den Weg vom Kinder- ins Schlafzimmer einschlug, zogen Frauen mit, und Töchter und kleine Schwestern zottelten hinterher. Calvin Klein kreierte für seine zehnjährige Tochter Marci einen extravaganten schwarzen Smoking aus Samt und Seide, und die Modeschöpferin Betsey Johnson prahlte damit, daß ihre neun Monate alte Tochter Schleifen und Hüte liebe »und nicht mal ein Paar Jeans besitzt.[14] B.Altmann & Co. belehrten, daß Papa nicht »Daddy Warbucks« zu sein braucht, um sein kleines Mädchen immer chic zu halten, denn »Jean Cacharel, Frankreichs feinster Couturier, hat eine Modekollektion für die Kleinen entworfen... seine Kreationen haben den gleichen Charme und die gleiche hinreißende Verarbeitung im Detail, die ihn bei Erwachsenen zur Nummer Eins gemacht haben.«[15] Zur Ergänzung der Kindermode sind Schönheitssalons und »Charmeschulen« überglücklich, Kinder von drei an aufwärts darin zu unterweisen, wie sie attraktiv aussehen, ihre Gliedmaßen richtig bewegen und charmant sein können, auch wenn ihnen nicht danach zumute ist, und im ganzen Land schießen »Miß-Halbe-Portion«-Schönheitswettbewerbe aus dem Erdboden. Bei einer dieser »Mißwahlen« stach eine Fünfjährige ihre dreiundfünfzig Mitbewerberinnen aus, als sie »die Hände auf ihre 35cm hohen Hüften legte, sich wiegte und ihren Kopf a la Betty Grable über die Schulter warf.«[16] 1977 lenkte die Modezeitschrift *Harper's Bazaar* unseren Blick nach Hollywood, wo die zwölfjährige Tatum O'Neal und Jodi Foster bereits »Femmes fatales« waren und Hosenmatz Chastity Bono auf dem besten Weg war, die »heißeste Kleine der Mattscheibe« zu werden.[17]

Theater, Kino und Fernsehen

Dem Schein nach wird die Erotisierung von Kindern allgemein mißbilligt. Wenn das kleine Mädchen also als sexueller Gebrauchsartikel zur Schau gestellt werden soll, muß die Kluft zwischen öffentlicher Moral, männlichem Interesse und Profitgier irgendwie überbrückt werden. Medienexperten sind Meister in

der Überwindung solcher krassen Widersprüche. Eine erfolgreiche Werbestrategie ist zum Beispiel, ein kleines Mädchen sexy
im Bild einzufangen, während ihre männlichen Bewunderer
unsichtbar bleiben. Wenn ein Drehbuchautor oder Regisseur
einen Pädophilen ins Bild rücken möchte, wird die umgekehrte
Taktik angewandt. In diesem Fall wird das kleine Mädchen, das
nie zu sehen ist, zu einem nebensächlichen Klischee reduziert,
dessen Leiden, Erniedrigung und sogar Tod niemanden erschüt-
tert. In dem 1931 von Fritz Lang gedrehten Filmklassiker *M* über
Sexualmorde an Kindern werden tatsächliche sexuelle Handlungen und Mord nie gezeigt, sondern nur durch das beklemmende
Davonfliegen eines Luftballons angedeutet, während das Kind
mit seinem Mörder entschwindet. In den späteren Filmen
Gebrandmarkt und *Short Eyes* werden die Sexualtäter, nicht aber
ihre Verbrechen gezeigt. Bei der Besprechung von *Gebrandmarkt* fragte sich die Filmkritikerin Pauline Kael, ob das Mitgefühl für den Verbrecher wohl gemindert worden wäre, wenn »wir
ihn tatsächlich über ein Kind herfallen sehen hätten.«[18]Die Antwort liegt meines Erachtens auf der Hand, doch Sidney Buchman, Autor und Regisseur von *Gebrandmarkt,* beantwortete ihre
Frage äußerst zutreffend. *Gebrandmarkt* beruhte auf der wahren
Geschichte eines Mannes, der ein Kind vergewaltigt hatte. Hätte
er die Wahrheit dargestellt, sagte Buchmann, hätte er »keinen
Film gehabt«, denn »ich hätte bei den Leuten kein Mitleid für ihn
erwecken können.«[19]Buchman hatte natürlich ins Schwarze
getroffen. Wenn wir einen tatsächlichen Überfall auf ein Kind
gezeigt bekämen, ihre Angst *sähen,* ihr Flehen und ihre Schreie
hörten, dann wäre jegliches Mitgefühl für den Täter ausgeschlossen.

Eine weitere Methode ist die Ablenkung von dem sexuellen
Überfall selbst auf eine versehentliche oder falsche Anschuldi-
gung oder ungerechte Bestrafung. Die Autoren sowohl von
Gebrandmarkt als auch von *Short Eyes* präsentierten uns Täter,
die eigentlich niemanden belästigt hatten. Der Mann, den
Buchman erfand, fühlte sich zu Kindern hingezogen, führte ein
Mädchen mit sich fort, und obwohl er sie nicht einmal anrührte,
stellte er sich freiwillig der Polizei, weil er ein ziemlich schlechtes

Gewissen hatte - nicht wegen seines Verhaltens, sondern wegen seiner Motive. In *Short Eyes* wird der verurteilte Kindesschänder von seinen Mitgefangenen gehetzt und schließlich ermordet; erst nachher erfahren seine Mörder und die Zuschauer, daß er das Verbrechen, für das er eingesperrt und verachtet wurde, nie begangen hatte. In einer *Kojak*-Folge im Fernsehen setzt eine Gruppe von Müttern einem zu Unrecht als Kindesschänder Verdächtigten so zu, daß er Selbstmord begeht. In einem anderen Fernsehstück bezichtigt eine verstörte Schülerin einen unschuldigen Lehrer fälschlicherweise der Belästigung. Und in dem englischen Film *John Christie - der Frauenwürger von London* wird die Aufmerksamkeit von einer Reihe brutaler Sexualmorde (diesmal an Frauen) ab- und auf die Hängung des falschen Mannes hingelenkt. Offensichtlich wird uns nicht gestattet, negativ auf den Sexualtäter zu reagieren, doch da es andererseits unmöglich ist, ihn zu bewundern, haben unsere Medienüberredungskünstler Bewunderung gegen Mitleid ausgetauscht, um das Bild des »kranken« Kindesschänders entstehen zu lassen.

Als wir schließlich in *M* mit dem Kindessexualmörder konfrontiert werden, wird jede aufkommende Wut beim Anblick eines zu Tode erschreckten kleinen Mannes (Peter Lorre), der pathetisch »Ich konnte nichts dafür!« schreit, im Keim erstickt. Sollte bei uns der Groschen nicht sofort gefallen sein, klärt uns eine Person in dem Film auf, daß der Mörder krank ist und einen Arzt braucht - nicht einen Polizisten. Einer Frau, mit der ich sprach, half *M* angeblich, die schrecklichen Qualen eines Menschen, der mordet, zu verstehen. Zum Zeitpunkt, da wir in *Gebrandmarkt* mit dem Pädophilen (gespielt von Stuart Whitman) bekannt gemacht werden, hat er schon drei Jahre Gefängnis hinter sich und ist bei einem charmanten Psychiater (Rod Steiger) in Behandlung, der sowohl den Patienten als auch die Zuschauer davon überzeugt, daß die horrende Mutter des Mannes die eigentliche Ursache für seinen Hang zu kleinen Mädchen ist. Und während der Schänder in *Short Eyes* von seinen Mithäftlingen gequält wird, gibt ein weiser Knastbruder zu bedenken, daß dieser schwache, verstörte Mann krank ist.

Gemütskrankheit wird oft zur Erklärung männlicher Feindseligkeit und Ausschreitungen gegen Frauen herangezogen. In seinem Buch *The Other Victorians* verglich Steven Marcus den Pornographen mit einem »Säugling, der nach der Mutterbrust schreit, von der man ihn weggerissen hat.« In seinen frauenfeindlichen Erzeugnissen - schreibt Marcus - »spiegelt sich die Rache an einer Welt - und den Frauen in ihr -, die solche kosmischen Ungerechtigkeiten zuläßt.«[20] Aber wenn wir »die schrecklichen Qualen eines Menschen, der mordet«, nachempfinden können, Kindesschänder von ihrer Schuld befreien, weil sie »krank« sind, und Pornographen vergeben, weil sie sich an der Welt der Frauen rächen wollen, die »kosmische Ungerechtigkeiten zuläßt«, dann können wir alle diejenigen, die Frauen vergewaltigen, überfallen und ermorden für ihr Verhalten gerade so verantwortlich machen wie ein Erdbeben für die Verheerung, die es anrichtet.*

Hannah Arendt sagte - und ich stimme darin mit ihr überein -: »Die biologischen Rechtfertigungen der Gewalt hängen aufs engste mit den verderblichsten Traditionsbeständen politischen Denkens zusammen.«[21]

---

* *Der einzige Film, den ich kenne, in dem diese Problematik mit etwas Einsicht angegangen wurde, war de Sicas* Und dennoch leben sie. *In diesem Drama überstehen eine Dreizehnjährige und ihre Mutter mit Mühe und Not die Gefahren der Kriegszeit in Italien, ohne etwas von ihrer Fähigkeit zu Liebe und Verständnis für ihre Mitmenschen einzubüßen. Als jedoch Mutter und Tochter von Soldaten vergewaltigt werden, wird das Kind verbittert, zynisch, verkauft sich für ein Paar Nylonstrümpfe an einen Soldaten. De Sica zeigte, daß das sexuelle Vergehen an dem Mädchen mehr zu ihrer emotionalen Zerstörung beitrug als sämtliche Grausamkeiten des Krieges.*

Kleine Femmes fatales

Die Medien können nicht nur der Ungerechtigkeit den Stachel nehmen; sie können auch Böses entstehen lassen, wo keines ist. Ein kleines Mädchen, das sexy zurechtgemacht wird, kann auch als »la belle dame sans merci« porträtiert werden. In dem unglaublichen Kassenschlager *Der Exorzist* wurde Regans Körper nicht nur vom Teufel heimgesucht, sondern auch von Meistern der Technik und Tricks. Durch die Kombinierung von abstoßendem Verhalten mit vulgärer Sprache, Selbstbefriedigung und Zurschaustellung der Geschlechtsteile wurde ein direkter Zusammenhang zwischen dem Bösen und Sexualität hergestellt. In dem gleich populären Thriller *Carrie* schuf Regisseur Brian de Palma eine bewußte Verbindung zwischen Carries erster Monatsblutung und ihren zerstörerischen telekinetischen Kräften. Durch Telekinese vernichtete sie die Hälfte der Bevölkerung einer Kleinstadt, und nach de Palma war diese Kraft »der verlängerte Arm ihrer Gefühle« und »ein Ausdruck ihrer Leidenschaften.«[22] Frank de Felita, der das Buch *Audrey Rose* schrieb (das später auch verfilmt wurde) wählte ein »sinnliches«neunjähriges Mädchen, um es von einer gräßlichen übernatürlichen Macht heimsuchen zu lassen, obwohl es sein eigener unbegabter sechsjähriger Sohn war, der, eines Tages bei meisterhaftem Klavierspiel ertappt, an die Geschichte der Reinkarnation erinnerte.[23]

Communion ist die Gruselgeschichte von einer Dreizehnjährigen, die erschreckende Mordlust und Wut an den Tag legt, und in *Suffer the Little Children* tötet eine »aufreizende« Elfjährige eine Katze und drei Kinder. *Ruby* wird als die sechzehnjährige Tochter Satans und der Sünde eingeführt. In *Death Knell* erzählt der Körper der kleinen Pamela von den Nazigreueln; und die schöne Frau in *The Killing Gift* machte in der Kindheit von ihrer verhängnisvollen Gabe ausgiebigen Gebrauch.*

---

*Es gibt auch einige wenige Beispiele von todbringenden männlichen Kindern, wie z.B. in Das Omen. *In diesen Fällen steht das Unheil, das sie anrichten, jedoch nie im Zusammenhang mit ihrer Sexualität.*

In den Filmen *Lolita, Taxi Driver* und *Das Mädchen am Ende der Straße* sind vorpubertäre Mädchen in einem Genre zusammengefaßt, in dem das Böse und die Verdorbenheit ihnen direkt entspringen anstatt einem Dämon in ihnen. Der von sinnloser Gewalt triefende Film *Taxi Driver* ist als eine Metapher für das Leben von heute gerühmt worden. Ein Beispiel für dieses Gleichnis ist eine zwölfjährige Prostituierte, die jeden sexuellen Wunsch ihrer Kunden freudig erfüllt, um ihren ekelhaften Zuhälter zufriedenzustellen. Jodi Foster gefiel in dieser Rolle so gut, daß sie bald für die Hauptrolle in *Das Mädchen am Ende der Straße* verpflichtet wurde. In diesem Film ermordet sie als dreizehnjähriges Bündel knospender Sexualität ihre habgierige Mutter, eine engstirnige Grundstücksmaklerin und höchst unwahrscheinliche Kindesschänderin.

Das »lockende Nymphchen« blickt auf eine lange Tradition koketter, ruchloser junger Mädchen zurück. In ihrem Eifer, eine moderne Ausgabe davon zu präsentieren, stürzte sich die Gesellschaft auf das »Lolita-Syndrom« und setzte sich dabei achtlos über die eigentliche Absicht ihres Schöpfers hinweg.

Lolita

Im Jahr 1954, bevor das sexy kleine Mädchen in Mode kam, lehnten fünf Verlage das Manuskript von *Lolita* ab. Es wurde als obszön, lüstern und pornographisch verworfen. Vladimir Nabokov vermutete, daß die Ablehner des Buches nie über die ersten einhundertfünfzig Seiten hinausgekommen waren, denn »ihre Weigerung, das Buch zu erwerben, gründete sich nicht darauf, wie ich mein Thema abhandelte, sondern auf das Thema selbst.«[24] Als Olympia Press *Lolita* 1955 herausbrachte, nahmen einige an, daß die Leser sich von einer lasziven Liebesbeziehung zwischen einem alternden Europäer und einem zwölfjährigen amerikanischen Kind angesprochen fühlten. *Lolita* wurde von mehreren öffentlichen Bibliotheken verschmäht und Nabokov als alter Lustmolch abgestempelt. Ein paar Jahre später wurde das Buch von dem seriösen Verlag Putnam neu aufgelegt und als aufrichtiger, mutiger, bedeutender literarischer und psychologischer Beitrag gewürdigt. Aber ich vermute, daß die Lobpreiser des Werks, ebenso wie diejenigen, die es verworfen hatten, nie über die ersten einhundertfünfzig Seiten hinausgekommen sind. Auch sie interessierte der Sex mit Kindern mehr als Nabokovs Behandlung des Themas.

Nabokov hat ganz offensichtlich in psychiatrischer Fachliteratur nach Beschreibungen Pädophiler und inzestuöser Väter geforscht. Humbert Humbert ist fast ein getreues Spiegelbild des »normalen Perversen« nach der Beschreibung des Psychiaters Benjamin Karpman - d.h. ein Mann, der in fast allen Lebensbereichen gut funktioniert, jedoch »*eine* unorthodoxe, unakzeptable Neigung« hat.[25] Als solche schilderte Karpman William K., einen achtbaren Schulrektor, dessen einzige unortodoxe Neigung es war, mit seiner fünfzehnjährigen Tochter und ihren kleinen Schwestern zu schlafen. Humbert Humbert, ein Englischprofessor, der sich durch einige Veröffentlichungen einen Namen gemacht hatte, hatte ebenfalls eine unorthodoxe Neigung: Er fühlte sich sexuell zu kleinen Mädchen hingezogen. Obwohl sich Nabokov bei der Charakterisierung seiner inzestuösen Vaterfigur auf anerkannte psychologische Literatur stützte, war sein Humbert eine Karikatur, eine Erfindung, ein Hirngespinst. Humbert Humbert, das Hirngespinst, und nicht Nabokov, erfand das »lockende Nymphchen«. Dieser »normale Perverse« entführte Lolita, setzte sie unter Drogen und stachelte sie dann - ihr kindliches Prahlbedürfnis ausnutzend - dazu an, mit einer nichtvorhandenen Erfahrenheit auf sexuellem Gebiet anzugeben. (Ihre tatsächliche sexuelle Erfahrung hatte sich auf sexuelle Spielereien mit Gleichaltrigen beschränkt.) Als es Humbert schließlich gelingt, mit ihr zu kopulieren, gibt er zu, daß Lolita »auf gewisse Mißverhältnisse zwischen dem Leben eines Kindes und dem meinen nicht gefaßt« ist.[26]

Den meisten von uns ist weisgemacht worden, Lolita habe Humbert verführt, doch nur vier Seiten nach der Verführungsszene ist Humbert hell entzückt, als sein »Liebling« ihn einen Kindesvergewaltiger schimpft und zu ihrer Mutter will. Als sie erfährt, daß ihre Mutter tot ist, kommt sie weinend zu Humbert, aber er weiß sehr wohl, daß sie es nur tut, weil sie »ja auch sonst nirgends hingekonnt« hätte.[27] Von Seite 152 an ist Lolita in einer Geschichte des Grauens Humberts Gefangene. Zwei Jahre lang mißt sich der vierzigjährige Professor mit einer ganz gewöhnlichen, Kaugummi kauenden, Heftchen lesenden Zwölfjährigen. Als sie insgeheim zu fliehen plant, plant er insgeheim, ihr die Flucht zu verwehren. Als sie es schafft, etwas Geld zu sparen, konfisziert er ihre magere Hoffnung. Sie droht ihm, ihn als Kindesvergewaltiger anzuzeigen. Er droht ihr mit der Einweisung in eine Besserungsanstalt. Er beobachtet jeden ihrer Schritte, grenzt ihren Lebensraum so ein, daß sie in der Schule nachläßt, einen Tic bekommt und merklich depressiv wird. Humbert erkennt, daß es ihm gelungen ist, »Lo zu terrorisieren«. Wenn sie ihm nicht »Ich verachte dich« an den Kopf wirft (besonders wenn er sexuelle Ansprüche stellt), fleht sie: »Bitte, laß mich gefälligst sein... um Gottes Willen, laß mich sein.«[28] Als sie schließlich so krank wird, daß sie ins Krankenhaus muß, nutzt sie die Gelegenheit, um zu fliehen, und zieht mit Quilty, einem anderen Pädophilen davon.

Diesen verläßt sie bald, um einen ganz gewöhnlichen Mechaniker zu heiraten, und entscheidet sich für ein ganz gewöhnliches Leben. Später, als Humbert darüber nachdenkt, räumt er ein, »daß selbst das erbärmlichste aller Familienleben besser gewesen wäre als die Parodie des Inzests, die auf lange Sicht das einzige war, was ich der Heimatlosen zu bieten hatte.«[29]

Nabokov sagte, er habe »keine Moral im Schlepptau«[30] gehabt, als er *Lolita* schrieb. Ich glaube ihm. Ich habe sogar den Verdacht, daß er weder von Humbert noch von Lolita besonders angetan war. Er hatte viel größeres Vergnügen an seiner eigenen Art von Humor, an der Sinnlichkeit seiner Worte und an der Schöpfung sowohl grotesker als auch romantischer Wortgemälde. Seine Freude an der Kunst ließ Gemeinplätze wie »nette Leute« oder »Moral« weit hinter sich. Was Nabokov dachte oder meinte war unwesentlich, denn die Welt würde ihre Lolita so oder so haben: Lolita, die Kindnutte, die wie eh und je in den Köpfen herumspukt und die Männern, die auf Sex mit Kindern abfahren, für einen bestimmten Preis das gibt, was sie wollen; Lolita, das Flittchen, die Verführerin, die anständige Papis und alte Männer mit tragischem Hang zu kleinen Mädchen in die Falle lockt und verdirbt.

Die Vorstellung von dem »lockenden Nymphchen« ist heute so allgegenwärtig, daß es mich ein klein wenig tröstet, zu wissen, mit meiner Meinung nicht ganz alleine dazustehen. Die Filmkritikerin Molly Haskell sagte: »Wird die Existenz von Schmerz und Leiden einmal anerkannt, wie in Nabokovs *Lolita*... dann wird es zum Schluß so ausgelegt, daß der Schmerz von einem Kind zugefügt wurde, dessen Unschuld nichts als Illusion ist, ein Schleier, hinter dem eine boshafte Göre darauf lauert, einen Mann zu ködern.«[31] Und von dem Soziologen Edgar Z. Friedenberg hören wir:

Lolita ist in jeder Hinsicht eine ebenso tragische Jugendheldin wie Holden [Der Fänger im Roggen] ein Held ist... Beide sind Opfer der gleichen Verlogenheit in der Erwachsenengesellschaft und der gleichen Unmöglichkeit, als sie selbst aufzuwachsen... Doch wird Lolita - die Gestalt, nicht das Buch - im allgemeinen nicht so aufgefaßt. Im Gegensatz zu Holden hat sich um sie kein Kult gebildet und wird ihr keine Würde zugestanden. Man hält es für komisch, daß sie mit vierzehn schon eine Hure ist.[32]

Die Auffassung von dem Kind als Hure ist so erfolgreich verinnerlicht worden, daß ein Richter im Fall eines Fünfzehnjährigen, der eine Gymnasiastin vergewaltigt hatte, diesen nicht als jugendlichen Wüstling bestrafte, sondern einräumte, er habe sich ganz »normal« gegenüber Mädchen verhalten, die Jungen in Versuchung führten, indem sie sich »spärlich und aufreizend kleiden.« Dies ist eine weitverbreitete Ansicht. Als Vergewaltigungsdelikte an jungen Mädchen in Kanada erschreckend zunahmen, erklärte ein Mann gegenüber der Presse:

Teenagermädchen in engen Jeans und so, die sich Vorbeifahrenden aufdrängen, sind doch bestimmt auf irgendein Abenteuer aus, das dann auch mit hoher Wahrscheinlichkeit eintritt, wenn ein Mann anhält. Diese Mädchen wissen Bescheid; manche werden vergewaltigt, einige werden ermordet, im allgemeinen haben sie's doch provoziert.[33]

Wenn die jungen Mädchen das Böse verkörpern und als böse beurteilt werden können, dann ist es auch zu rechtfertigen, wenn sie verachtet, vergewaltigt und sogar ermordet werden.

Gegen Ende der siebziger Jahre läuterten die Medien zunehmend das Bild vom grundauf schlechten weiblichen Kind, um Sex zwischen Kindern und Erwachsenen romantisch verklären zu können. Der Film *Bambina,* eine Liebesgeschichte zwischen einem erwachsenen Mann und einer Jugendlichen (leicht zurückgeblieben, glaube ich), wurde als bezaubernd, offenherzig, schlicht, unschuldig und fundamental gepriesen. Auch der französische Regisseur Louis Malle beschönigte unschuldigen Sex zwischen einem Mann und einem Kind in dem populären Film *Pretty Baby.*

Pretty Baby

Pretty Baby ist die Geschichte einer zwölfjährigen Prostituierten, die Anfang des 20. Jahrhunderts in einem Bordell in New Orleans zur Welt kam und aufwuchs. An ihrem zwölften Geburtstag wird die Jungfräulichkeit des Kindes vor einer Gruppe sichtlich erregter Männer an den Meistbietenden versteigert. Im Film reagiert Violet auf ihre Einführung ins »Milieu« durch den Mann, der sie für 400 Dollar ersteigerte, mit Freude, Gelassenheit und Stolz. Als das Bordell von zornigen Bürgern geschlossen wird, erscheint sie an der Tür des bärtigen Photographen Bellocq und macht sich sogleich daran, ihn mit einer aggressiven Begeisterung und Kunstfertigkeit zu verführen, die ihrem Alter völlig unangemessen ist. Später sehen wir Bellocq, wie er sie sorgfältig in allen Einzelheiten photographiert, mit und ohne Bekleidung. Der Kritiker Vincent Canby sah in dem Film eine Gegenüberstellung von Leben und Kunst. Trotz seiner Begeisterung brachte er es fertig, die schauspielerische Begabung (oder deren Fehlen) von Brooke Shields, der zwölfjährigen Hauptdarstellerin, zu ignorieren. »Ich habe keine Ahnung, ob Brooke Shields in irgendeinem echten Sinn spielen kann,« kommentierte er. Aber für ihn, wie für Malle, war ihr Können belanglos. Shields war ganz einfach ein Sexualobjekt. »Sie hat das Gesicht, das die Notwendigkeit, zu spielen, transzendiert.«[34]sagte Canby. Die Kritikerin Judith Christ fand *Pretty Baby* schön fürs Auge, aber »witzlos« - besonders das unnötige ständige Ablichten der »präpubertären Nacktheit der Heldin.«[35]Ich fand den Film, ungeachtet all seiner künstlerischen Finessen, nichts weiter als eine Vorschubleistung für pädophile Interessen.

Vorlage zu dem Film war die wahre Geschichte einer Kindprostituierten, die in einem wirklichen Bordell lebte. Doch der rauhen Tatsache, daß diese Prostituierten den verheerenden Folgen von Geschlechtskrankheiten und körperlichem Mißbrauch ausgesetzt waren, schien Malle eine zuckersüße Phantasie vorzuziehen. Nach seiner Deutung gab es in der Bordellwelt weder Opfer noch Täter. Wenn aber das Portrait einer Kindprostituierten ohne Opfer und Täter dargestellt werden kann, dann kann diese Aussage, wie künstlerisch sie auch immer sein mag, nur als eine Legitimierung des Rechts eines Mannes angesehen werden, ein Kind zum sexuellen Gebrauch zu kaufen.

Die Dichterin Christina Rossetti sagte vom Künstler, daß er die Frau nicht male, wie sie wirklich sei, sondern wie er sie sich erträume.[36]Wenn der Schöpfer des weiblichen Kindes sich weigert, die Macht des einen Geschlechts über das andere und die der Erwachsenen über Kinder anzuerkennen, dann kann die Darstellung des kleinen Mädchens, ob sie nun von einem Künstler oder von einem Hersteller von Serienpornographie, als *object d'art* oder als Schlampe porträtiert wird, nicht mehr als eine abgeschmackte Spiegelung des inneren Auges ihres Schöpfers sein.

10. VÄTER UND TÖCHTER

Nach einer Untersuchung zeigen sich Väter, wenn sie entdeckt werden... oft überrascht, daß Inzest gesetzlich strafbar ist, und bestehen häufig darauf, daß sie nichts Unrechtes getan hätten. Einige Väter halten sexuellen Zugang zu ihren Kindern für eines ihrer elterlichen Rechte.

Sexual Assault: The Target Is You[1]

Mädchen, die von ihren Vätern vergewaltigt wurden, benehmen sich »aufreizend« - oder die Mütter sind schuld, weil sie die Vergewaltigung bzw. Blutschande nicht verhindert oder sie gar insgeheim »gewollt« haben. Wie dem auch sei, der Tenor lautet, es sei »ohnehin kein großer Schaden angerichtet worden.«

Phyllis Chesler, *Frauen - das verrückte Geschlecht?*[2]

Es hat nie feste Tabus gegen den sexuellen Gebrauch oder Mißbrauch von Kindern durch Erwachsene, noch gegen Inzest gegeben. Das »Grauen« vor sexuellen Beziehungen oder Ehen zwischen Blutsverwandten war nie eine Barriere für erotisches Verhalten. Die Ehe zwischen Familienangehörigen ist kein universelles Verbrechen, und Inzesttabus sind nichts weiter als ungeschriebene Gesetze zur Regelung von Paarbeziehungen. In frühen kleineren Gemeinschaften, wo alle miteinander verwandt waren, wurde zur Kontrolle von Verbindungen festgelegt, wer mit wem sexuelle Beziehungen haben oder eine Ehe eingehen durfte. In manchen Gesellschaften war die Ehe zwischen Vettern und Kusinen, zwischen Geschwistern und sogar zwischen Eltern und Kindern gestattet. In anderen waren Personen ohne irgendwelche gemeinsamen Vorfahren einander verboten. Der einzige gemeinsame Nenner ist, daß alle uns bekannten Gesellschaften Paarbeziehungen mit mehr oder weniger Nachdruck regeln und bestimmte sexuelle Verbindungen als widerrechtlich erachten.[3]

In Kleinasien wurde im Altertum die Ehe zwischen nahen Verwandten sogar gefördert. Um sich die Unterstützung seiner Brüder und Söhne zu sichern, gab ein Stammesvater ihnen seine Töchter zur Ehe. Auch war es im vorislamischen Arabien nicht unüblich, daß ein Vater, wenn er es sich leisten konnte, eine Lieblingstochter nicht zu verkaufen - weder für Geld noch für Verbündete -, diese selbst heiratete.[4] Mosaisches Gesetz, das sich von der Rechtsprechung des Mittleren Ostens ableitete, erlaubte ebenfalls die Geschwisterehe (nur vom selben Vater), die Ehe zwischen Vetter und Kusine und zwischen Onkel und Nichte.*[5] In dem apokryphen Buch Tobit wurde Männern sogar nahegelegt, »eine Frau aus dem Geschlecht deiner Väter [zu nehmen und] kein fremdes Weib, das nicht dem Stamm deines Vaters angehört,«[6] um zu verhindern, daß sie dem jüdischen Glauben abtrünnig wurden.

Dem Mosaischen Gesetz lag weit mehr daran, das sexuelle Eigentum eines Mannes zu schützen, als Beischlaf zwischen Angehörigen einer Sippe zu verhindern. Der Begriff der Unerlaubtheit, der in der biblischen Wendung »die Scham entblößen« enthalten ist, zielte darauf ab, Männer unter Androhung der Todesstrafe an der gegenseitigen Verletzung ihrer Eigentumsrechte zu hindern. Zum Beispiel wurde einem Mann geboten: »Mit deiner Schwiegertochter darfst du nicht verkehren«, denn »sie ist die Frau deines Sohnes«[7] Und obgleich Männern im allgemeinen geraten wurde, nicht ihren »Blutsverwandten zu nahen«,[8] waren Geschwisterehen mit elterlicher Erlaubnis nicht ungewöhnlich. Abraham, unser erster Stammesvater, und seine Frau Sarah waren Halbgeschwister, und ehe Amnon seine Halbschwester Tamar vergewaltigte, flehte sie: »Aber rede doch einmal mit dem König [David, beider Vater]; denn er wird mich dir nicht versagen.«[9] Ihr Vater hätte ihm zweifellos die

---

* *Die Ehe zwischen Tante und Neffe war verboten. Einige Gelehrte vertreten die Ansicht, dieses Tabu habe bestanden, weil in einem patriarchalischen System der Altersunterschied wahrscheinlich zur Vorherrschaft der weiblichen Partnerin führen würde.*

Erlaubnis erteilt. Ehebruch oder eines anderen Mannes Frau zu nehmen, war ein schweres Verbrechen, und eines Mannes Tochter ohne Erlaubnis zu nehmen, forderte finanzielle Entschädigung und die Ehelichung der entwerteten Tochter. Absalom tötete seinen Bruder Amnon nicht wegen des Verbrechens der Blutschande, sondern weil Amnon ihre Schwester ohne väterliche Erlaubnis genommen und sich dann geweigert hatte, sie zu heiraten.[10]

Als Eigentumsrechte, wie in kleinasiatischem und jüdischem Gesetz, vorrangig und Frauen lediglich ein Besitz waren, beging ein Sohn, der seine Mutter, Stiefmutter oder die Ehefrauen oder Konkubinen seines Vaters nahm, das schwerste aller Verbrechen. Jakob enterbte seinen erstgeborenen Sohn Ruben, weil »du das Lager deines Vaters bestiegen hast«[11]und seine Konkubine Billah genommen hatte. Und als der rebellische Absalom, der Sohn König Davids, »vor den Augen von ganz Israel«[12]zu den Konkubinen seines Vaters ging, war dies eine offene Herausforderung an Davids Königswürde und führte zum Krieg zwischen den Heeren von Absalom und David. Erst als Absalom getötet und sein Heer geschlagen war, war Davids Herrschaft wieder gesichert. Nahm ein Mann die Frauen seines Vaters, so stellte dies eine Bedrohung nicht nur für einen Vater, sondern für das gesamte patriarchalische System dar. Mutter-Sohn-Inzest erregte daher »Entsetzen« und war das am nachdrücklichsten forcierte Tabu.

Angesichts der ernsten politischen Tragweite ist das Verbot sexueller Beziehungen zwischen Mutter und Sohn oder Stiefmutter und Stiefsohn verständlich, doch warum sollte dasselbe Tabu für Sex zwischen Vater und Tochter gelten? Ein Mann könnte einer verheirateten Tochter verboten sein, weil sie ihrem Ehemann gehörte, oder seinen Enkeltöchtern, weil sie ihrem Vater gehörten; aber eine ledige Tochter gehörte allein ihrem Vater! Logischerweise durften die gleichen Verbote und Strafen nicht für sexuelle Beziehungen zwischen Vater und Tochter gelten. Und logischerweise galten sie auch nicht. *Ja, in der Bibel gibt es sogar kein ausdrückliches Tabu gegen Vater-Tochter-Inzest.*[13]Als

Lots Töchter nach der Zerstörung von Sodom und Gomorrha überzeugt waren, daß die gesamte Menschheit ausgerottet war, und daraufhin ihren Vater trunken machten und ihm beiwohnten, um sein Geschlecht fortzuführen, erregte dieser Beischlaf nicht den mindesten gesellschaftlichen oder überirdischen Unmut,[14]ja, nicht einmal einen kleinen Familienfluch. Ganz im Gegenteil, der Nachwuchs der ersten Tochter, Moab, wurde und ist »bis heute« der Stammvater der Moabiter. Die zweite Tochter gebar Ammon, der »bis heute« der Stammvater der Ammoniter ist.[15]Und bis heute ist Vater-Tochter-Inzest die vom Tabu der Blutschande am wenigsten betroffene Beziehung.

Obwohl das Verhalten eines inzestuösen Vaters nie ausdrücklich gutgeheißen worden ist, so ist es doch auch nie verurteilt worden.Der griechische Geschichtsschreiber Herdot (5. Jahrhundert v. Chr.) erzählte von dem König von Ägypten, der, »in seine eigene Tochter entbrannt« war »und ihr Gewalt angetan« hatte. Die entehrte Tochter erhängte sich, und die Mutter ließ den Dienstboten die Hände abschlagen, weil sie »die Tochter ihrem Vater überliefert« hatten, doch niemand bestrafte den Vater.[16]Plutarch (100 v. Chr.) hielt fest, daß der König von Persien seine Tochter heiratete.[17]Papst Alexander VI. (15. Jahrhundert) verkündete öffentlich, er sei der Vater der Kinder seiner Tochter.[18] Ebenfalls im 15. Jahrhundert ließ Beatrice Cenci ihren Vater Francesco ermorden, der für seine abscheulichen Verbrechen allgemein bekannt war und sie vergewaltigt hatte. Trotz der Beweislast ihrer Aussagen und ungeachtet der ungeheuren öffentlichen Sympathie und Unterstützung für sie wurde Beatrice Cenci enthauptet.*[19]Das bekannte Volksmärchen von der duldsamen »Griselda«, das sowohl von Chaucer[20]als auch Boccaccio[21]erzählt wird, veranschaulicht die ritterliche Einstellung zu Vater-Tochter-Inzest im Mittelalter. Es handelt vom Marquis von Saluzzo, dessen Wahl bei der Suche nach einer Ehefrau auf das Bauernmädchen Griselda fällt. Nach einigen Jahren beschließt

---

Diese tragische Geschichte erlangte sowohl durch Shelly als auch Stendhal literarische Unsterblichkeit.

er, ihre Ergebenheit auf die Probe zu stellen. Er lügt Griselda vor, er habe ihre Kinder, eine Tochter und einen Sohn, töten lassen. Obwohl es ihr das Herz zerreißt, beugt sie sich seiner ehelichen und väterlichen Verfügungsgewalt. Noch immer nicht zufrieden, gibt der Marquis vor, sich neu verheiraten zu wollen, und die Braut sollte ihre gemeinsame, inzwischen zwölfjährige Tochter sein, die das Schönste war, das man je gesehen hatte. Griselda (es ist nie klar, ob Griselda wußte, daß die Braut ihre Tochter war) heißt sie demütig willkommen und bittet den Marquis lediglich, gut zu dem Kind zu sein, da es, im Gegensatz zu ihr, jung sei und zart aufgezogen worden. Jetzt, da er endlich von ihrer Loyalität überzeugt ist, bescheinigt der Marquis der »duldsamen Griselda«, daß sie alle Prüfungen bestanden habe, und wenn sie nicht gestorben sind, dann leben sie noch heute. Die Moral der Geschichte ist, daß eine gute Ehefrau alle Greueltaten ihres Mannes, einschließlich Blutschande mit der eigenen Tochter, geduldig hinnimmt.

Heute findet der bekannte Sexualforscher R.E.L. Masters die Kombination junge Frau/älterer Mann so selbstverständlich, daß die Häufigkeit von Vater-Tochter-, verglichen mit Mutter-Sohn-Inzest, »nichts zu tun hat mit dem Meiden von Müttern«; es sei »lediglich eine Frage der Ästhetik.«[22]Wardell Pomeroy, ein Mitglied des Kinsey-Teams und Autor von mehreren Werken über menschliches Sexualverhalten, sagt, wenn eine reizende junge Tochter ihren Papa umarme, küsse und sich gegen ihn drücke, »würde nur ein äußerst abgestumpfter Vater nicht erregt sein und die Situation nicht fortführen wollen.«[23]Eine Frau, die sich an die Ratgeberkolumne »Dear Abby« wandte, hatte entdeckt, daß ihr Mann ihrer Tochter Annäherungsversuche machte, war jedoch vom Hausarzt beruhigt worden, daß der Brauch ziemlich verbreitet sei.[24] Und die angesehene Margaret Mead fand das Interesse von Vätern an ihren kleinen Töchtern so alltäglich, daß »die Gesellschaft« einen Weg finden müsse, um ihn »vor der Versuchung zu schützen.«[25]»Die Gesellschaft« kann in diesem Fall nur die Mutter sein, der es in vielen Kulturen obliegt, ihre kleine Tochter bedeckt zu halten, sie zur Züchtigkeit zu erziehen, und sonst dafür verantwortlich gemacht wird, wenn ein inzestuöser Vater in Versuchung geführt wird.[26]Und obgleich derzeit alle Staaten Inzest unter Strafe stellen (von sechs Monaten bis zu 50 Jahre Gefängnis), bestrafen Richter und Geschworene nur sehr zögernd einen inzestuösen Vater.

Zu Beginn des 20. Jahrhunderts verklagte die fünfzehnjährige Lulu Roller ihren Vater, der sie vergewaltigt hatte. Der Oberste Gerichtshof des Staates Washington wies die Klage ab mit der Begründung: »Die Gesetzesvorschrift, nach der Gerichtsverfahren zwischen Eltern und Kindern untersagt sind, liegt in dem Interesse der Gesellschaft an der Bewahrung harmonischer Familienverhältnisse begründet.«[27] In ihrer Untersuchung *The American Jury* schilderten Harry Kalven und Hans Zeisel einen Fall, in dem ein wegen Vergewaltigung seiner zehnjährigen Tochter angeklagte Mann schuldig gesprochen und zu lebenslangem Freiheitsentzug verurteilt worden war. Er legte Berufung ein, und die Geschworenen im neuen Verfahren waren anderer Meinung. Nachdem der Angeklagte dreizehn Monate im Gefängnis verbracht hatte, kam sein Fall wieder vor Gericht. Diesmal sprachen ihn die Geschworenen nach halbstündiger Beratung frei, nicht weil sie neues Beweismaterial gefunden hatten, sondern weil sie der Ansicht waren, der Mann habe »genug gelitten.« Aus Mitgefühl sammelten sie 68 Dollar, die sie dem Angeklagten nach der Verhandlung überreichten.[28]

In Anbetracht solcher Absegnungen ist es kein Wunder, daß Vater-Tochter-Inzest die verbreiteste Form von Inzest ist. Dr. S. Kirson Weinberg stellte in seiner Untersuchung *Incest Behavior* fest, daß von 204 untersuchten Fällen 164 Vater-Tochter-, 76 Bruder-Schwester- und 2 Mutter-Sohn-Inzest waren.[29] Herbert Maisch kam in seiner Arbeit über dieses Thema zu einer Typisierung, wonach 85% der Inzesttäter Väter oder Stiefväter waren,[30] und in Kinseys Studie von inhaftierten Sexualtätern waren die wenigen, die wegen Inzest einsaßen, entweder Väter oder Stiefväter.[31] Doch weil die Handlung ungesetzlich ist und - äußerlich zumindest - auf allgemeine Ablehnung stößt, wird sie im Verborgenen ausgeführt. Die *New York Times* brachte einen Bericht über drei Mädchen im Teenalter, die von zuhause weggerannt waren, weil ihr Vater sie zu Sex gezwungen hatte. In dem Artikel wurde zugegeben, daß eine solche Offenlegung selten sei, da

»Inzest zwischen Vätern und Töchtern aus allen Gesellschafts- und Einkommensgruppen weit häufiger vorkommt als je gemeldet wird.«[32] Wir hören vielleicht öfter von solchen Vorfällen unter den Armen, die ja besonders sorgfältig unter die Lupe genommen werden. Aber wenn das Problem in Mittelschichtsfamilien überhaupt entdeckt und angegangen wird, wird es gewöhnlich in den Privatakten einer Psychiaterpraxis begraben.

Doch trotz aller Heimlichkeit erfahren wir immer wieder von seiner Existenz. Ann Landers gestand, daß es ihr angesichts der zahlreichen Briefe von jungen Mädchen, die ihr von sexuellen Angriffen seitens der Väter erzählten, »eiskalt über den Rücken lief.«[33] Die Rubrik »Dear Abby« (Abigail van Buren) enthält unter anderem eine Beschwerde über einen »Papa,« der ins Schlafzimmer seiner Tochter kam und sexuelle Spielereien mit ihr einleitete, und einen Brief von einer Mutter, die entsetzt war, als sie erfuhr, daß ihr Mann ihre junge Tochter »belästigt« habe.[34] Es gibt kaum eine Untersuchung über weibliche Prostitution, Delinquenz, Drogenabhängigkeit, Mißhandlung von Ehefrauen und Kindern, ausgerissene Mädchen und sogar Sorgerechtskonflikte, die nicht irgendwelche Fälle von Vater-Tochter-Inzest ans Tageslicht fördert. Diejenigen, die derzeit für das Abtreibungsrecht für Minderjährige ohne elterliche Zustimmung kämpfen, protestieren, weil jede Gesetzesvorlage, die auf der Zustimmung der Eltern beharrt, *einen Teenager zwingen würde, die Einwilligung ihres Vaters einzuholen, der zugleich der Vater ihres ungeborenen Kindes ist.*[35]

Zu Recht fragten Judith Herman und Lisa Hirshman in ihrer Untersuchung von Vater-Tochter-Inzest:

Warum kommt Inzest zwischen Vätern und Töchtern so viel häufiger vor als Inzest zwischen Müttern und Söhnen? Warum ist, obwohl dieser Befund aus den verschiedensten Quellen ständig belegt wird, nie zuvor ein Versuch gemacht worden, ihn zu erklären? Warum findet das Inzestopfer so wenig Beachtung oder Mitgefühl in der Literatur, während sie so viele Stimmen findet, die ihr nur allzu gerne einreden wollen, daß der Inzest nie

stattgefunden habe, daß er ihr keinen Schaden zugefügt habe
oder daß sie dafür verantwortlich zu machen sei? [36]

Ein Blick zurück beleuchtet klar die tragende Rolle, die die Kultur bei der Förderung männlicher Zügellosigkeit in der Sexualität und bei der Unterdrückung jeden Ausdrucks weiblicher Sexualität spielt. Unkeusche Ehefrauen und Töchter wurden gesteinigt, und im sogenannten repressiven viktorianischen Zeitalter waren es die Frauen, nicht die Männer, von denen man eine Verleugnung ihrer sexuellen Bedürfnisse erwartete. Im Jahr 1886 behauptete Richard von Krafft-Ebing, sexuelles Verlangen bei der Frau müsse »die Vermutung pathologischer Bedeutung erwecken.« [37] Und knapp hundert Jahre später lehrt ein psychiatrisches Handbuch für Medizinstudenten, daß »das Vorkommen von Mutter-Sohn-Inzest auf eine gravierendere pathologische Ursache schließen läßt, als Vater-Tochter-Inzest.« [38] Wenn der Ausdruck weiblicher Sexualität nicht durch tatsächliche körperliche Bestrafung in Schach gehalten wird, erzielt das Urteil der Gesellschaft die gleiche Wirkung. Vielleicht war es diese allgegenwärtige Doppelmoral, die die Anthropologen Clelland Ford und Frank Beach zu der Empfehlung veranlaßte, alle Inzesttabus »im Rahmen der allgemeinen Bestrebungen von Männern« zu betrachten, »die sexuelle Freiheit der Frau durch gesellschaftlichen Druck auf ein Mindestmaß zu beschränken.« [39]

Unter dem Einfluß gesellschaftlicher Verurteilung in Vergangenheit und Gegenwart sind Frauen selbst zu der Überzeugung gelangt, daß sie sexuell gefährlich seien, und haben ein äußerst strafendes Über-Ich entwickelt, das wirksamer als jede Strafandrohung von außen ihre Zurückhaltung gewährleistet. Krafft-Ebing schilderte eine Mutter, die aus Verzweiflung über ihren stürmischen Sexualtrieb einen Selbstmordversuch beging und, als dieser fehlschlug, um Einweisung in eine Anstalt flehte. [40] Und Wardell Pomeroy, der einen Vater, welcher den Reizen seiner Tochter widersteht,, für »abgestumpft« hielt, konnte lediglich den folgenden armseligen Fall als ein Beispiel für Mutter-Sohn-Inzest anführen: Er erzählte von einer geschiedenen Frau, deren ängstlicher achtjähriger Sohn darum bat, nachts bei ihr im Bett schlafen zu dürfen. Eines Nachts merkte sie, wie er gegen sie masturbierte. Zu ihrem Entsetzen stellte die Frau fest, daß sie sexuell erregt war, und entfernte den Jungen schleunigst aus ihrem Bett. Ihre Erregung hatte sie jedoch so aus der Fassung gebracht, daß sie flugs einen Therapeuten aufsuchte, da sie überzeugt war, »nicht normal« zu sein.[41]

Inzestopfer finden nicht nur wenig Aufmerksamkeit oder Mitgefühl in der Literatur, sondern werden meistens auch noch für das Verhalten inzestuöser Väter verantwortlich gemacht. In einem Brief an »Dear Abby« klagte ein Leser, wenn Mutter und Töchter Kleider wählten, die »schöne junge Körper« betonten, könnten manche Väter nichts dafür, wenn sie erregt würden.[42] Diese Ansicht beschränkt sich nicht auf den Mann von der Straße, sondern wird von Medizinern reproduziert:

Bei Vater-Tochter-Inzest... wird der Vater durch die bewußte oder unbewußte Verführung seitens seiner Tochter und das geheime Einverständnis seiner Frau begünstigt. Die Mutter bürdet ihrer Tochter eine schwere Last auf, indem sie sie veranlaßt, gegenüber ihrem eigenen Vater die Rolle der Ehefrau und Geliebten zu spielen und die Mutter so von dieser unliebsamen Rolle befreit.[43]

Die obengenannte Vorstellung von der sexuellen Schuld der Frau ist so weit verbreitet, daß die wenigen gefaßten inzestuösen Väter sich oft beschweren, sie seien von ihren Töchtern verführt worden, selbst wenn die Töchter erst neun Jahre alt sind, und hätten nicht widerstehen können, weil ihre Frauen »einfach nicht beikamen«. Töchter, die Opfer wurden, sind sogar überzeugt, daß sie für die sexuellen Vergehen an ihnen verantwortlich sind; sie nehmen oft die Schuld auf sich, die den Vätern zukommt.

Vater-Tochter-Inzest kommt häufiger vor als Mutter-Sohn-Inzest, weil er toleriert und entschuldigt wird, während letzterer so uneingeschränkt verurteilt wird, daß sich eine Mutter beim leisesten Anzeichen von Erregung lieber selbst bestraft als daß sie diesem Impuls gegenüber ihrem Kind nachgibt. Ich empfehle hier nicht, Männer mit der gleichen allgemeinen sexuellen Grausamkeit zu bestrafen, die Frauen erleiden müssen, aber anstatt zu vergeben und zu vergessen, würde es schon weiterhelfen, wenn der inzestuöse Vater bloßgestellt würde und für sein Handeln einstehen müßte. Wenn er für das »Grauen«, das wir zu erleben behaupten, verantwortlich gemacht werden könnte und wenn die Bloßstellung genug Schuldbewußtsein in ihm hervorriefe, um ihn zu zügeln, dann wäre dies in der Tat ein Fortschritt.

11. SEXUALAUFKLÄRUNG
UND DER KINDESSCHÄNDER

Und obgleich sie [Mary Calderone] die mit der Doppelmoral ein-
hergehende Ausbeutung der Frau zutiefst bedauerte, schien sie
der äußerst viktorianischen Auffassung beizupflichten, daß der
männliche Sexualtrieb im allgemeinen leichter zu entfesseln und
schwieriger zu bändigen sei als der weibliche.

Mary Breasted, *Oh! Sex Education*[1]

Fachmännischer Rat über Kindererziehung ist bestenfalls ein
Sammelsurium von Widersprüchen. Einerseits wird uns gesagt,
Kinder müßten diszipliniert werden, und andererseits legt man
uns nahe, flexibel zu sein und auf ihre Ansprüche einzugehen.
Doch wenn die Anleitung für allgemeine Kindererziehung schon
verwirrend ist, so tragen Sexualaufklärer, die sich weigern, sich
mit der herrschenden Doppelmoral auseinanderzusetzen, nur
noch weiter zu der bestehenden Konfusion bei und festigen die
Märchen von der Überlegenheit des Mannes und der Minderwer-
tigkeit der Frau. In *What To Tell Your Children About Sex* (Was
Sie Ihren Kindern über Sex erzählen sollten), das von der Child
Study Association of America zusammengestellt wurde, wird die
Frage »Warum hat ein Mädchen keinen Penis?« folgendermaßen
beantwortet:

*Es kann passieren, daß Ihr Kind Schwierigkeiten hat, die grund-
legenden körperlichen Unterschiede zu akzeptieren. Was auch
immer Sie sagen, Ihr kleines Mädchen - oder Junge - mag zu dem
Schluß kommen, daß jeder Mensch einen Penis haben sollte und
daß Mädchen ihren irgendwie verloren haben. Ein Mädchen mag
über diesen eingebildeten Verlust verärgert sein und sich irgendwie bestraft vorkommen. Ein Junge befürchtet vielleicht, seinen
zu verlieren. Es ist unmöglich vorauszusagen, worauf ein Kind
alles kommen und sich versteifen kann.*

Erklären Sie, daß eine Vagina oder ein Penis einfach zu den Din-

*gen gehören, die ein Kind zu einem Mädchen oder einem Jungen
machen, und daß es völlig in Ordnung ist, so zu sein. Versichern
Sie dem Kind, daß es so ist, wie es hatte sein sollen, und sich
nicht ändern wird. (Wenn das kleine Mädchen darüber bestürzt
scheint, daß es keinen Penis hat, wird es vielleicht helfen, sie zu
beruhigen, daß nur Frauen Babys haben könnten.)*[2]

Frage wie Antwort gehen davon aus, daß »Penisneid« unbestrit-
ten dem Wesen der Frau innewohnt. Zur Frage der sexuellen Unterschiede stellte ein Berater arrogant fest, daß doch wohl jedes
Kind wisse, es sei besser, etwas zu haben als es nicht zu haben.
Etwas zu haben, wie zum Beispiel sechs Finger und zwei Köpfe,
ist gewiß nicht immer besser. Als meine Tochter zum ersten Mal
den Penis ihres kleinen Bruders sah, dachte sie - von wegen
Neid - daß irgendwas nicht stimmte und fragte erschreckt: »Was
hat er denn für'n Zeug da zwischen den Beinen?« Ich mußte sie
beruhigen, daß ihm absolut nichts fehlte. Doch Eltern, unter dem
deutlichen Einfluß des Märchens von der männlichen Überlegenheit und dem biologischen Vorteil des Mannes, ziehen männliche Kinder weiblichen Kindern vor, wie aus Umfragen hervorgeht. Und weibliche Kinder, die sensibel, wachsam und schnell
im Erfassen von Ungereimtheiten sind, können noch so »beruhigt« sein - mit der Zeit gewinnen sie den Eindruck, daß sie biologisch benachteiligt auf diese Welt gekommen sind.

In einer Kultur, die unterschwellig oder sonstwie männliche
Überlegenheit propagiert, ist es nicht weiter verwunderlich, daß
das Problem der Kindesschändung, ein klarer Ausdruck männlicher Macht, entweder heruntergespielt, verzerrt oder so ausgelegt wird, daß der Täter freigesprochen und dem Opfer die
Schuld zugeschoben wird - vorausgesetzt, es kommt überhaupt
zur Sprache. Ungeachtet häufiger Presseberichte über erfolgreiche und wohlhabende Athleten, Politiker, Akademiker, Filmstars
und Regisseure, die sich sexuell an Kindern vergangen haben,
behauptet zum Beispiel Dr. Benjamin Spock, Amerikas maßge-
bende Autorität auf dem Gebiet der Kindererziehung, daß
»Männer, die gelegentlich kleine Mädchen belästigen, ... oft ein-
same, erfolglose Menschen in mittleren Jahren oder darüber

[sind], die sich im Umgang mit Erwachsenen meist nicht zurecht-
finden.«Allerdings warnt Dr. Spock Jungen, die babysitten, daß
»ein Mädchen in der Phase zwischen drei und sechs Jahren sehr
verführerisch werden kann, wenn sie beispielsweise beim
Herumtoben errregt wird.« »Ein Jugendlicher mit eigenen starken sexuellen Gefühlen,« fährt Dr. Spock fort, »mag es schwierig
finden, einer derart entwaffnenden Einladung zu sexuellen Spielereien zu widerstehen, wenn er nicht schon irgendwie darauf
vorbereitet ist.« »Überhaupt,« faßt er abschließend zusammen,
»ist es besser, wenn ältere Jungen-Babysitter aufreizende Spiele
mit kleinen Kindern meiden.«[3] Das Bild von dem harmlosen
Pädophilen und dem sexuell gefährlichen weiblichen Kind wird
von unseren angesehendsten Erziehern verbreitet.

Wenn sie groß genug ist, ist sie auch alt genug

Weil die Frau körperlich früher als der Mann reift und mit Einsetzen der Menstruation gebärfähig wird, sind sich Laien wie
Fachleute darin einig, daß ein Mädchen mit Erreichen der Pubertät reif für Sex ist. In *Normal Adolescence*, das vom Committee
on Adolescence, Group for the Advancement of Psychiatry,
verfaßt wurde (mit einer Einleitung des stellvertretenden amerikanischen Gesundheitsministers), erfahren wir:

*Von der Geburt bis zur Geschlechtsreife sind Mädchen Jungen
physiologisch voraus, und ihre frühere Pubertät ist lediglich der
Höhepunkt ihrer allgemein schnelleren Entwicklung... Mit dem
Einsetzen der Menstruation signalisiert das Mädchen seinen
Eltern und Gleichaltrigen, daß es sexuell reif geworden ist.*[4]

Und weiter:

*Bei Mädchen drückt sich die früh erworbene Reife meist in der
Art, sich zu kleiden und zu schminken, aus, was ihre Eltern sehr
wahrscheinlich »sexy« und unangebracht finden, während Jungen das Auto geliehen haben wollen und nachts zu lange ausbleiben. Bei Mädchen ist der äußerste Schritt der Auflehnung sexu-*

*elle Promiskuität, während es bei Jungen wahrscheinlich eher
ein aggressiver Akt wie Stehlen ist.* [5]

Diese Assoziation zwischen Menstruation und sexueller Neugier
ist äußerst irreführend, zumal Mädchen heute schon sehr früh
ihre Regel bekommen. Im 19. Jahrhundert lag das Durchschnitts-
alter der Menarche zwischen dem 15. und 17. Lebensjahr; heute
dagegen (aus Gründen, über die es nur Mutmaßungen gibt),
liegt es bei zwölf, mit einer abfallenden Tendenz von etwa vier
Monaten pro Jahrzehnt.*[6] Es ist daher nicht ungewöhnlich, wenn
ein Kind mit acht, neun, zehn oder elf Jahren die erste Monatsblutung hat. Diese frühe Gebärfähigkeit geht wohl kaum mit
einem Verlangen nach Geschlechtsverkehr einher, doch man
lehrt uns nichtsdestoweniger, daß ein Mädchen mit Beginn der
Pubertät, wie jung sie auch immer sein mag, reif für sexuelle
Beziehungen sei. Als Folge kann ein Ausdruck von Zuneigung
von seiten einer Neunjährigen von einem männlichen Erwachsenen, der sich zu kleinen Mädchen hingezogen fühlt, als Einladung zu sexueller Aktivität ausgelegt werden. Wie schon früher
erwähnt, rechtfertigt sich der selten gefaßte Kindesschänder
vorzugsweise mit: »Die Kleine hat's doch provoziert.«

Das erstaunlichste Beispiel für die Zwiespältigkeit und Widersprüchlichkeit der Sexualaufklärer zu diesem Thema liefert der
Amerikanische Rat für Sexualinformation und -erziehung,
genannt SIECUS. Seine Ausführungen sind besonders ärgerlich,
weil sich die Organisation seit ihrer Gründung im Jahr 1964, trotz
starken Widerstandes, immer in ihrem Bemühen um die Verbreitung offener, direkter Sexualinformation an Kinder, Eltern und
Lehrer ausgezeichnet hat, egal, ob es um »Angenehmes oder
Schmerzliches« ging.[7] SIECUS hat mit Entschlossenheit auf die
Gefahren von Geschlechtskrankheiten, ungewollter Schwangerschaft und verantwortungslosen sexuellen Beziehungen hingewiesen, das Recht jedes Einzelnen auf menschenwürdige Behandlung in der Sexualität hervorgehoben und jeden Akt des

---

*Dieser Trend scheint sich jetzt einigermaßen stabilisiert zu
haben.*

Zwangs, der Ausbeutung oder sexueller Gewaltanwendung verurteilt. Doch nach der Aufklärung darüber, daß 20-40% aller Mädchen zwischen vier und sechzehn Jahren sexuelle Opfer von Erwachsenen werden, daß die meisten Vergehen von Familienangehörigen, Freunden oder Bekannten verübt werden und daß Kinder auf ein solches Erlebnis in der Regel negativ und mit Angst reagieren, werden diese erdrückenden Informationen zugunsten des Täters und zu Lasten des Kindes ausgelegt. SIECUS belehrt uns, daß Kinder selten zuverlässige Berichterstatter seien, daß sie an dem Vorfall manchmal beteiligt seien oder ihn begünstigten und daß die meisten Vorfälle von Betasten und Exhibitionismus »minimalen Schaden anrichten«.[8] Und da der Schänder ohne Vorwarnung zuschlägt, erfahren Eltern, daß vorbeugende Erziehungsmaßnahmen in diesem Bereich nur geeignet seien, das Vertrauen eines Kindes in Erwachsene zu erschüttern und »Monster« zu kreieren. Der schlimmste Schaden - mahnt SIECUS - werde nicht unbedingt vom Täter angerichtet, sondern eventuell von Eltern, die dazu neigten, einen belanglosen Vorfall aufzubauschen, was nur ihre eigenen »ungelösten sexuellen Konflikte« offenbare.[9] Sollte ein Kind jedoch übermäßig verstört sein, weil ein Mann ihre Genitalien berührt oder seine eigenen entblößt habe, dann sollten ihre Eltern, anstatt Aufhebens davon zu machen und den Belästiger zu kompromittieren, das Problem bei dem Kind suchen. Da das Kind »*nicht so in sexuelle Ängste verstrickt sein sollte, daß es eine solche Begebenheit gleich demoralisiert*«[10] wird professionelle Hilfe für das Kind empfohlen.

Man kann Eltern nicht vorwerfen, daß sie ihre Fürsorgepflicht vernachlässigen; sie sind einfach konfus. Zunächst wird ihnen gesagt, in sexuellen Fragen sei »Ehrlichkeit weniger traumatisch als Heuchelei«; dann wird ihnen geraten, für den Fall, daß ihr Kind belästigt wird, am besten gar kein Wort über Sex zu verlieren, damit das Kind Sex nicht mit etwas »Schmutzigem« in Verbindung bringe. Sie werden angehalten, ihrem Kind verstehen zu helfen, daß ihr Belästiger ein einsamer, emotional verarmter oder, wie ein Autor es formulierte, freundesbedürftiger Mensch sei.

Der Blick wird zusätzlich durch eine Kultur getrübt, in der eine sexuell attraktive Tochter ein Grund zu vermehrtem Elternstolz ist. Ob am Strand, auf dem Spielplatz oder in jemands Wohnzimmer - stolze Eltern und sogar Großeltern prahlen regelmäßig: »Sie ist erst neun, und wir können ihr die Jungen schon kaum vom Leibe halten«; »Junge, ist die Kleine gut gebaut, das Telefon klingelt den ganzen Tag, sogar Männer verschlingen sie mit den Augen!« usw. usf. Wird ihre Tochter belästigt, so fürchten Eltern, die auf diese Weise sexuelle Frühreife begünstigt haben, daß sie zu dem Verbrechen beigetragen haben und daß die Verantwortung auf sie zurückfallen könnte. Sie ziehen es daher vor, ihrer Tochter nicht zu glauben, wenn sie von einem solchen Vorfall erzählt. Wenn sie nicht umhin können, ihr zu glauben, spielen sie das Problem herunter. Und wenn es nicht bagatellisiert oder verheimlicht werden kann, wenden sie sich aus Schuldgefühl und Verzweiflung nicht selten gegen ihre Tochter, die gestern noch eine goldige, sexy kleine Göre war, aber heute plötzlich zum Flittchen abgestempelt wird.

Eltern werden zu oft und schon zu lange für Dinge verantwortlich gemacht, die sie nicht durchschauen und die nicht in ihrer Hand liegen. Aber ob ihnen der Schwarze Peter zugeschoben wird oder nicht - was ändert sich für das belästigte Kind? Ihr wird der Eindruck vermittelt, daß sie nicht schützenswert ist und daß ihr Körper und seine empfindlichsten Stellen jederzeit zum Vergnügen anderer betatscht und benutzt werden dürfen. Und wenn die Erwachsenen, an die sie sich zur Verifizierung ihrer eigenen Realität und ihres Selbstwertgefühls wendet, sie im Stich lassen, kommt sie zu der Überzeugung, daß sie tatsächlich minderwertig ist und nichts Besseres verdient als sexuell benutzt zu werden. Eine Frau, die als Kind in einem Kino belästigt wurde, sagte:

Ich bin in dem Glauben aufgewachsen, daß Männer nichts dafür können, wenn sie durch Frauen erregt werden, und daß es unsere Schuld ist. Wir sind fleischige, sexy Wesen, um arme Männer aufzugeilen, die sich nicht beherrschen können. Ich fühle mich einfach nur fleischig und schmutzig.

Eine Frau, die vom Freund ihres Vaters belästigt wurde, formulierte es so:

Ich wünschte, ich wäre damit fertig geworden. Als ich erwachsen wurde, entdeckte ich, daß ich mich Männern hingab, die ich überhaupt nicht mochte. Später lernte ich, nein zu sagen, aber wenn ich früher jemanden gehabt hätte, mit dem ich hätte reden können, hätte ich mich vielleicht nicht so geschämt und wäre nicht so unsicher gewesen. Ich hätte dann vielleicht schon früher nein sagen können.

Wenn sich solche Vorfälle wiederholen - und das tun sie meistens - wird ein Mädchen so verunsichert, daß sie, wenn sie dann erwachsen ist, nicht mehr weiß, ob sie überhaupt Anspruch auf anständige sexuelle Behandlung hat. Sie mag sich sexuellen Vergehen an ihr widerstandslos ergeben, weil sie nie gelernt hat, daß sie das Recht hat, einen Sexpartner frei zu wählen, einen Partner, der ihr zusagt, sie befriedigt und sie mit Würde und Respekt behandelt.

Wovor haben wir also Angst? Heute wird in der Schule wie zuhause konkret über Tod, Krieg, Luftverschmutzung, atomare Vernichtung und gar die Ausrottung der Menschheit diskutiert, doch von den Gefahren sexuellen Mißbrauchs wird kaum gesprochen. Warum dieses krampfhafte Schweigen zu diesem Thema? Warum die zwingende Notwendigkeit, dem Schänder zu verzeihen und dem Kind und ihrer Familie die Schuld zuzuschieben? Glauben wir etwa immer noch, daß Kinder einem nicht einzudämmenden männlichen Sexualtrieb geopfert werden müssen? Befürchten wir, daß der Tatbestand der Kindesschändung kleine Mädchen aufhetzen wird, sogar gegen ihre eigenen Väter? Wenn es zuträfe, daß *alle* Männer Kinder sexuell belästigten und dieses Verhalten von Natur aus unvermeidlich wäre, dann wären solche Bedenken berechtigt. Doch wenn hinter dem paradoxen Umgang mit dem Problem heute derartige Befürchtungen stecken, dann haben Feministinnen größeres Vertrauen in die Fähigkeit von Männern, sich zu ändern, als all diejenigen, die in der Vorstellung von unveränderlichen, biologisch vorbestimmten Geschlechtsrollen verhaftet sind. Frauen haben in ihrem jahrhundertelangen Kampf gegen ihren Zweite-Klasse-Status immer daran festgehalten, daß die sexuelle Ausbeutung der Frau durch den Mann kulturell erworbenes Verhalten ist und daß dank unserer aller Fähigkeit, logisch zu denken, zu lernen und uns zu ändern, die sexuelle Ausbeutung mit ihren verheerenden Folgen abgeschafft werden kann.

Wird der sexuelle Mißbrauch und Gebrauch anerkannt und die erlittene Kränkung erkannt, wachsen nach meinen Beobachtungen das Selbstwertgefühl und die Liebe des Kindes zu seinen Eltern. Als Cathy sexuell belästigt wurde, glaubten ihr ihre Eltern und waren empört. Das Ergebnis war erstaunlich positiv:

Es war um die Weihnachtszeit. Ich war zehn Jahre alt und wollte eine Tante besuchen. Auf dem Weg begegnete mir ein Mann, um die achtzehn, und sagte, er wolle mir etwas zeigen. Ich war ziemlich naiv und folgte ihm. Wir kamen zu einem Keller, wo er mir die Hosen runterzog. Ich bekam schreckliche Angst. Er schob mich in eine Ecke und entfernte sich, um einen Strick zu holen. Ich zog meine Hosen hoch und rannte. Als ich nach Hause kam, war ich völlig durcheinander. Zuerst war es mir peinlich. Meine Eltern sollten nicht wissen, daß Männer so etwas taten. Aber sie bestanden darauf, daß ich ihnen erzählte, was passiert sei. Und so kam alles raus.*

Mein Vater und ich gingen zur Polizei und berichteten, was passiert war. Eines Tages, als ich mit meinem Vater zu Fuß unterwegs war, sah ich den Mann. Mein Vater jagte hinter ihm her, aber er entwischte. Danach besorgte mir mein Vater einen großen Hund, weil in der Nachbarschaft eine Menge passierte. Im folgenden Winter ging ich einmal mit dem Hund spazieren, als ich merkte, wie er stehen blieb und zu knurren anfing, und irgendwie wußte ich genau, was ich sehen würde - da war derselbe junge Mann, der meine Unterhosen runtergezogen hatte. Ich ließ den Hund los, der ihm nachsetzte, und rannte nach Hause. Mein Vater fragte, in welche Richtung sie gelaufen seien, rannte ihnen nach, und als er zurückkam, sagte er: »Der Mann wird dich nie wieder belästigen.«

---

* *Diese Reaktion ist nicht ungewöhnlich. Viele Kinder meinen, sie müßten ihre Eltern vor Wahrheiten schützen, von denen sie glauben, sie würden die Eltern stören.*

*Ich war sehr stolz auf meinen Vater. Ich hatte immer Vertrauen
zu ihm. Weder meine Mutter noch mein Vater haben mich je gefragt: »Warum bist du überhaupt mit ihm gegangen?« Sie haben
mir nie die Schuld gegeben. Sie waren nur wütend auf den Mann.*

*Als ich dreizehn war, begann mein Onkel, mich zu belästigen. Ich
hatte ihn immer sehr gemocht, aber als er anfing, sich gegen
mich zu reiben, wurde ich fuchsteufelswild. Ich sagte sofort:
»Mach das ja nicht nochmal, ich sag's meinem Vater.« Und ich
fügte hinzu: »Sag bloß nicht, ich hätte es mir eingebildet, denn
das habe ich nicht.« Mein Onkel erschrak und hat es auch nie
wieder versucht. Er wußte, daß ich es ihm nicht durchgehen lassen würde.*

Das obige Beispiel bezieht sich auf ein Eingreifen der Eltern im
Falle eines Fremden. In der schwierigeren Situation, wenn der
Täter ein Verwandter ist, führt eine Unterstützung des Kindes
zum gleichen positiven Ergebnis:

*Da wir kein Geld hatten und meine Eltern krank waren, wurden
mein Bruder und ich bei einem Onkel und einer Tante untergebracht. Ich war zehn. Wenn meine Tante nicht zuhause war,
spielte mein Onkel ein Spiel mit mir. Er kitzelte mich. Bald
bedeutete kitzeln, auf der Couch eingeengt zu werden, die Hosen
runtergezogen zu bekommen und seinen Penis auftauchen zu
sehen. Ich versuchte, ihm aus dem Weg zu gehen. Ich wurde
sehr listig. Jedes Mal, wenn er zuhause war, fädelte ich es so ein,
daß ich das Haus verließ. Ich war ständig dabei, Wege zu finden,
um nicht mit ihm alleine zu sein. Jedes Mal, wenn ich nach
Hause kam, hatte ich Angst.*

*Eines Tages kam mein Vater zu Besuch. Mit meinem Vater
konnte ich immer über alles reden. Schließlich habe ich ihm von
meinem Onkel erzählt. Er sagte: »Da gehst du mir nicht mehr
hin.« Er brachte mich zu meiner Großmutter, und bald wußte die
ganze Familie von der Sache. Er ging zur Polizei. Sie fragten
mich, ob ich mir das Ganze nicht vielleicht eingebildet hätte, ob
ich meinen Onkel haßte, was ich angehabt hätte, und benahmen
sich so, als hätte ich versucht, ihn dazu zu verleiten. Ich war erst*

zehn Jahre alt.

Ich hatte das Gefühl, die Polizei glaubte mir nicht, aber meine Mutter und mein Vater schon. Es kam zu einer Gerichtsverhandlung, doch das Urteil wurde ausgesetzt. Nach der Verhandlung nannte mich seine Frau eine »kleine Misthure«. Meine Tante war gegen mich, aber meine Mutter und mein Vater hielten zu mir. Das hat mir sehr geholfen. Als mich später einmal ein Mann auf der Straße zu belästigen versuchte, sagte ich ihm: »Nimm deine dreckigen Pfoten von mir.« Danach wußte ich, daß sie dich nur in Ruhe lassen, wenn du deiner sicher bist. Wenn du schüchtern bist und der Sache nicht ins Gesicht sehen willst, dann haben sie dich.

Zwei Jahre später ließen sich meine Tante und mein Onkel scheiden. Er hatte zwei andere Kinder belästigt. Sie sahen in der Kartei nach, und er war schon mehrmals wegen Belästigung angezeigt worden. Schließlich wurde er weggeschickt.

Wenn ein Vater akzeptieren kann, daß seine Tochter sexuell benutzt worden ist, dann ist er auch in der Lage, für sich selbst mit dieser Realität fertig zu werden, und wird das Recht seiner Tochter auf Schutz vor sexuellem Mißbrauch sowie ihr Recht darauf, sich gegen jeden zu verteidigen, stärken und damit ihre Achtung vor sich selbst fördern können. Bei einem solchen Vater wird ein heranwachsendes Mädchen lernen, sich in späteren sexuellen Beziehungen mit nichts weniger als Gleichheit und gegenseitigem Respekt zufriedenzugeben. Bei einem solchen Vater wird ein heranwachsendes Mädchen mit einer positiveren Einstellung zu Männern ins Leben gehen als ein mißbrauchtes, verletztes Kind, das kein männliches Vorbild hat, von dem sie Glauben und Verständnis erhoffen und dem sie vertrauen kann.

Tausende von Büchern über Sexualaufklärung überschwemmen derzeit den Markt. Durch ihre mangelnde Unterscheidung zwischen sexuellem Ausdruck und sexueller Unterdrückung sind sie bestenfalls geeignet, die Polarisierung und Feindseligkeit zwischen den Geschlechtern zu fördern. Wenn wir unseren Kindern klar machen könnten, daß in den verbreiteten Auffassungen von menschlicher Sexualität Sex bisher immer als Machtinstrument eingesetzt worden ist, könnten wir uns einem Programm für sexuelle Gleichheit widmen und lehren, daß Sex nicht gleichbedeutend ist mit Zwang, Gewalt und Feindseligkeit. Ist dies erst einmal erkannt, dann werden wir das Verhalten von Kindesschändern und inzestuösen Vätern unerschrocken und uneingeschränkt verurteilen können.

Kinder zieht es so selbstverständlich und natürlich zu sexuellen Spielen mit sich selbst und Gleichaltrigen wie es sie zu Essen, Spiel mit Wasser, Teddybären, einer molligen Decke oder sonstigem zieht, das ihnen durch den Kontakt damit ein physisches Vergnügen bereitet. In dieser Welt, wo Sex Ausbeutung heißen kann, ist es die Aufgabe der Sexualaufklärung, zusätzlich zur Information über den physiologischen Ablauf der Fortpflanzung und die Gefahren von Geschlechtskrankheiten, unsere Kinder gegen reale Fallen zu wappnen und ihnen beizubringen, daß man nicht »zur Macht nein sagt, indem man zum Sex ja sagt.«[11]

12. DAS GESETZ —
UNTER DIE LUPE GENOMMEN

Gesetze über Sexualverhalten zielen zum größten Teil nicht auf die »Erhaltung der öffentlichen Ordnung« ab, wie die meisten Strafgesetze. Sie geben vielmehr einer sittlichen Betrachtungsweise des Sexualverhaltens konkrete Gestalt.

H.A. Katchadourian und D.T. Lundy, *Fundamentals of Human Sexuality*[1]

Schuld kennt kein Geschlecht, und doch
mich heute die Schande verrät,
während er erhobenen Hauptes
unter fröhlichen Menschen geht.

Wen wundert's, wenn dein Lasterhaß
sich für mich wie eine Lügenmär liest,
nachdem du mich so kalt zertratst
und dann dem Mann verziehst?

Aus dem Gedicht »Doppelmoral«, geschrieben von Frances E.W. Harper, geboren 1825 als Tochter freier Neger und gestorben 1911.[2]

Jeder Staat in diesem Land verfügt über irgendwelche Gesetze zum Schutz von Kindern vor sexuellem Mißbrauch. Verderben der Moral von Minderjährigen, unzüchtige Handlungen, Obszönität und unsittliche Entblößung sind Vergehen. Entführung Minderjähriger zu unsittlichen Zwecken, körperlicher Mißbrauch, Genitalkontakt, Vergewaltigung oder Vergewaltigung Minderjähriger* sind Verbrechen.[3] Doch bietet diese Gesetzgebung, wie jede sexistische Gesetzgebung, kaum mehr als eine akademische Rechtstheorie.

Geschlechtliche Diskriminierung in der Rechtsprechung ist keineswegs ein Überbleibsel aus der Vergangenheit oder nur eine geschichtliche Kuriosität; sie ist ein alltäglicher Tatbestand. Der bloße Verdacht sexueller Promiskuität reicht Jugendrichtern aus, um ein junges Mädchen ins Gefängnis zu stecken, als hätte sie geraubt oder gemordet. Über die Hälfte der Mädchen, die vors Jugendgericht gestellt werden, müssen sich wegen Ausreißens von zuhause, Schuleschwänzen, »Schwererziehbarkeit« oder Handlungen verantworten, die nicht strafbar wären, hätten Erwachsene sie begangen. Dagegen müssen sich nur ein Fünftel der Jungen, die vors Jugendgericht kommen, für derartiges Verhalten verantworten. Wenn Jungen festgenommen werden, dann weil sie ein tatsächliches Verbrechen begangen haben. Obwohl Jungen weit mehr zu sexueller Promiskuität neigen als Mädchen, werden sie mit geringerer Wahrscheinlichkeit wegen eines »Sexualdelikts« in Gewahrsam genommen als Mädchen, und trotz der Tatsache, daß Mädchen weniger zu Delinquenz tendieren als Jungen (auf fünf verhaftete Jungen kommt ein Mädchen), haben Jungen ihre Gefängnisstrafen im Durchschnitt mit sechzehn Jahren, Mädchen dagegen mit achtzehn Jahren abgesessen. Es besteht eine gewaltige Kluft zwischen dem, was männliche, und dem, was weibliche Delinquenz ausmacht.

Schlechtes Benehmen gilt bei Jungen als »normale Auflehnung«, als ein Versuch, Freiheit, Unabhängigkeit und männliche Identität zu erwerben, doch das gleiche Verhalten wird bei Mädchen als »delinquent« oder als Beweis für »tiefe emotionale Störungen« gewertet.[4] Ein Fachmann auf dem Gebiet jugendlicher Delinquenz formulierte es so:

Männliche Delinquenz tritt bei ungestümen, überschwenglichen Jungen auf, die sich mit eher aufsässigen Gleichaltrigen angefreundet haben, während auf die schiefe Bahn geratene Mädchen häufiger unglückliche Kinder mit Anpassungsschwierigkeiten sind.[5]

---

* Geschlechtsverkehr mit einem nichtwiderstrebenden oder gar willigen Kind unter dem gesetzlichen Mindestalter. Das gesetzliche Mindestalter schwankt je nach Staat zwischen zwölf und achtzehn Jahren.

(Anmerkung zu Seite 229)

Und da es Männer sind, die Kinder sexuell gebrauchen und miß-brauchen, neigt das - von Männern geschriebene und vollstreck-te - Gesetz zu äußerst milder Behandlung des Sexualtäters.

Im 16. Jahrhundert belehrte der prominente Jurist Sir Matthew Hale, sich auf die Aussage einer vierzehnjährigen Klägerin in einem Vergewaltigungsprozeß beziehend, die Geschworenen: »Vergewaltigung ist eine Beschuldigung, die leicht zu erheben, schwer zu beweisen und noch schwerer zurückzuweisen ist von seiten des Beklagten, der noch so unschuldig sein kann.«[6] Er ermahnte die Geschworenen, sich nie fortreißen zu lassen, »wo so viel dafür spricht, daß eine Person durch manchmal böswillige und falsche Aussagen dessen beschuldigt wird.« Von diesem sel-ben Matthew Hale jedoch wußte man, daß er »Gerichtsverfahren manipulierte« und »meineidige, vom Hörensagen überlieferte Aussagen zuließ,«[7] um die Überführung von Hexen zu erwirken.

Heute ist Hales »unehrenhaftes« Benehmen vergessen, während jeder Gerichtssaal von seiner Behauptung widerhallt: »Vergewal-tigung ist eine Beschuldigung, die leicht zu erheben ist.« Im Jahr 1832, als die Altersgrenze für Vergewaltigung Minderjähriger zehn war, wurde in England ein Mann von diesem Verbrechen freigesprochen, weil die Tat dem Taufschein des Kindes zufolge nach ihrem zehnten Geburtstag erfolgt war.[8] Das gesetzliche Mindestalter* in England ist heute sechzehn Jahre. Allerdings wird heute körperliche statt chronologische Reife zur Rechtferti-gung mildernder Umstände oder Freispruchs herangezogen. Im Jahr 1976 gestand ein zweiundzwanzigjähriger englischer Zim-mermann, sexuelle Beziehungen mit einer einwilligenden Fünf-zehnjährigen zu haben. Der Richter Neil McKinnon, der dem Zimmermann ein Jahr auf Bewährung gab, sagte:

Manche Mädchen sind mit sechzehn nicht reif, doch andere sind mit dreizehn oder sogar zwölf schon völlig ausgereift. Soll er [ein Mann] aufgrund ihres Alters anstatt ihrer Reife als Verbrecher abgestempelt werden?[9]

Ob einem Mann aus formal-technischen Gründen oder wegen der

individuellen Auffassung von weiblicher Reife verziehen wird, hängt nicht vom Gesetz ab, sondern ganz willkürlich davon, was zu irgendeiner gegebenen Zeit dem Gericht paßt.

Vergewaltigung Minderjähriger

Vergewaltigung Minderjähriger zählt zu den ältesten Verbrechen in den Jahrbüchern der anglo-amerikanischen Geschichte. Der Tatbestand geht von der Voraussetzung aus, daß Minderjährige weder erfahren, verantwortungsbewußt, noch reif genug sind, um wissentlich ihre Einwilligung zum Geschlechtsverkehr zu geben. Außerstande, die Gefahren von Geschlechtskrankheiten, verlorenem Ruf und Schwangerschaft zu erfassen, wird ihre Einwilligung als rechtlich unerheblich angesehen, und daher trifft den erwachsenen männlichen Partner alleine die strafrechtliche Verantwortung. Viele Rechtsgelehrte argumentieren heutzutage, daß das biologische Alter unwesentlich sei. Worauf es ankomme, sei, ob ein Mädchen zu dem Zeitpunkt, da sie sich auf Sex eingelassen habe, gewußt habe, was sie tat oder nicht bzw., einer

---

»Gesetzliches Mindestalter« dient zur Widergabe des englischen »legal age of consent«, das in der deutschen Rechtsterminologie keine Entsprechung hat. Der Begriff der Einwilligung (consent) wird im nächsten Abschnitt (Vergewaltigung Minderjähriger) näher erläutert. (Das StGB spricht von Sexualdelikten - unabhängig vom Alter des Opfers - als »Straftaten gegen die sexuelle Selbstbestimmung« [§§ 174ff]. Innerhalb dieser Kategorie unter die z.B. Vergewaltigung, Sexueller Mißbrauch von Kindern, Förderung der Prostitution, Menschenhandel, Erregung öffentlichen Örgernisses und Verbreitung pornographischer Schriften fallen, wird zwar klar zwischen Erwachsenen [über 18] und Kindern [unter 14] unterschieden, doch schwankt der Minderjährigkeitsbegriff je nach Tatbestand zwischen »unter 16« und »unter 18«, bei Anwerbern zur Prostitution gar bis »unter 21«. »Vergewaltigung Minderjähriger« ist kein Tatbestand des StGB.) (Anm. d. Übers.)

Äußerung in einem juristischen Fachblatt zufolge: »Es bedarf keiner allzu großen Einbildungskraft, sich eine Situation vorzustellen, in der ein relativ unerfahrener Mann an eine Minderjährige gerät, die nicht besser als eine Prostituierte ist.«[10]

Technisch wird zur Überführung eines Mannes wegen Vergewaltigung Minderjähriger lediglich der Nachweis der Penetration und des Alters des Mädchens benötigt. Aber in einem Klima, wo der »Lolita-Komplex« gedeiht und eine Minderjährige als »nicht besser als eine Prostituierte« betrachtet werden kann, achten Gerichte weniger auf den Buchstaben des Gesetzes als auf den Ruf eines Mädchens. Wenn der Ruf, gekoppelt mit der Einwilligung, ins Gewicht fällt, dann hat das Alter des Kindes keine vorrangige Bedeutung mehr. Wenn die Geschworenen zu dem Schluß kommen, daß das weibliche Kind unerzogen und schamlos ist, einen anstößigen Sprachgebrauch hat, keine Jungfrau ist, schon einmal schwanger war oder gar eine liederliche Mutter hat, neigen sie zu Freispruch.

In vielen Staaten gilt mangelnde Keuschheit als zulässiges Beweismaterial. Der Nachweis, daß ein Mädchen sich verkauft, sich aushalten läßt, ein unkeusches Leben führt oder einen schlechten Ruf hat, kann entweder Freispruch oder eine mildere Strafe zur Folge haben. Heute, wo Mädchen schon früh zu sexueller Aktivität gedrängt werden, überrascht es nicht, daß Kalven und Zeisel in ihrer Untersuchung *The American Jury* keine einzige »keusche« Minderjährige in ihrer Besprechung von Vergewaltigung Minderjähriger finden konnten.[11]

Es ist eine bittere Ironie, daß die Gesetze, die zum Schutz von Kindern vor sexueller Ausbeutung gemacht wurden, es schaffen, die am meisten Gefährdeten eben dieses Schutzes zu berauben. Ein Teenager, der es gelingt »keusch« zu bleiben, nein zu sagen, kann auf eine außergewöhnlich starke Persönlichkeit, Urteilsvermögen, eine beschützende Familie oder Gemeinschaft bauen und würde wahrscheinlich nie in einen solchen Vergewaltigungsprozeß verwickelt werden. Die sexuell benutzte, einmal schwangere, vergewaltigte Nichtjungfrau ist es, das unsichere Mädchen, das unter männlichem Druck leicht nachgibt und auf die unrealistischen Phantasien, die die allgegenwärtigen Medien verbreiten, leicht hereinfällt, ist es, die den Schutz der Gesetze über die Vergewaltigung Minderjähriger brauchen. Aber jeder Freispruch von der Anklage der Vergewaltigung Minderjähriger aufgrund des »unkeuschen Charakters« eines Mädchens signalisiert, daß dieses Mädchen Freiwild für weitere sexuelle Benutzung ist.

Einige Rechtsgelehrte sind der Ansicht, unsere Gesetze über Vergewaltigung Minderjähriger verweigerten Jungendlichen die sexuellen Rechte, »die Erwachsenen normalerweise zugestanden werden,«[12]und kämen sexueller Aktivität zwischen gleichaltrigen Jugendlichen in die Quere. Überdies: »Wenn Geschlechtsverkehr für Menschen in zartem Alter schädlich ist, müßte er für Jungen wie für Mädchen gleich schädlich sein.«[13]Allerdings ist Sex für männliche und weibliche Jugendliche keineswegs gleich schädlich. Er ist weitaus schädlicher für Mädchen, die bekanntlich schwanger werden und in Verruf geraten können. Diese verbreitete Auffassung von Gleichheit hat viele Staaten dazu veranlaßt, männlichen Angeklagten unter einer bestimmten Altersgrenze bei Vergewaltigung Minderjähriger Straffreiheit zu gewähren. In Maryland kann sich niemand unter achtzehn Jahren der Vergewaltigung Minderjähriger schuldig machen. Alabama, Maine und Oklahoma haben die Straffreiheit auf alle Männer unter fünfundzwanzig Jahren ausgedehnt, und einige Staaten haben sich darauf geeinigt, daß ein Mann, der Geschlechtsverkehr mit einem Mädchen unter sechzehn hat, eines leichteren Vergehen wie zum Beispiel »Verderben der Moral Minderjähriger«[14]nicht schuldig sein kann, wenn er höchstens vier Jahre älter ist als das Mädchen.

Wäre das Gesetz nicht zugunsten des Mannes und zu Lasten der Frau voreingenommen, wären Korrekturen bezüglich des Alters des Mannes vielleicht angebracht. Doch es bleibt die Tatsache, daß es praktisch unmöglich ist, dem Mann ein Unrecht zuzufügen. Nach dem Kriminalbericht des FBI aus dem Jahr 1975 scheint die Zahl der Verhaftungen, ebenso wie der Überführungen, wegen Vergewaltigung Minderjähriger fast bei Null zu liegen. Vergewaltigung Minderjähriger macht nur einen Bruchteil der insgesamt 37 000 Verhaftungen aus, die unter der allgemeinen Kategorie »Sexualdelikte« erfolgt sind. Sexualdelikte (zu denen Vergewaltigung unter Anwendung von Gewalt und kommerzieller Sex nicht zählen) sind ein Potpourri von Verhaftungen, die für Vergehen oder versuchte Vergehen wie Vergewaltigung Minderjähriger, Verstöße gegen die Keuschheit, gegen Sitte und Anstand und ähnliches gemacht wurden. Es gibt keine Unterteilung in dieser Kategorie, aus der die Anzahl von Verhaftungen wegen Vergewaltigung Minderjähriger hervorgeht, doch in Anbetracht der Tatsache, daß jedes eine Million minderjähriger Mädchen - ohne die 30.000 unter vierzehn mitzurechnen - schwanger werden, ist es völlig gleich, wie man die 37 000 Verhaftungen wegen »Sexualdelikten« aufschlüsselt: Die wegen Vergewaltigung Minderjähriger sind so verschwindend gering, daß sie nichts weiter als »akademische Theorie« darstellen.[15]

Gerichtspsychiatrie

Im frühen 20. Jahrhundert drängte der angesehene deutsche Arzt, Psychotherapeut und Sexualforscher Albert Moll, Autor von *Das Sexualleben des Kindes,* mit Nachdruck darauf, daß alle rechtlichen Schritte unternommen werden müßten, um Kindesschänder zu fassen und ihnen das Handwerk zu legen, und daß es Schändern nicht mehr möglich sein sollte, auf »mildernde Umstände« zu plädieren.[16] Kaum hatte sich Moll jedoch gegen mildernde Umstände ausgesprochen, da begann er, für den Kindesbelästiger eine Reihe von medizinischen und psychlogischen mildernden Entschuldigungen zu suchen. Naive Männer, die glaubten, Sexualverkehr mit Kindern heile Geschlechtskrankheiten, unglückselige, die an Trunksucht, Epilepsie, Syphilis und Schwachsinn litten, Männer, die so unsicher seien, daß sie sich einer reifen Frau nicht zu nähern vermochten, andere, die so liebesbedürftig seien, daß irgend etwas »Lebenswarmes« wie ein Tier oder ein kleines Kind ihnen schon genüge, unglücklich verheiratete Männer oder solche, die ohne ihr Verschulden frühreifen, unbeaufsichtigten, vernachlässigten kleinen Mädchen ausgesetzt worden seien, könnten - so Moll - für ihr Verhalten weder verantwortlich gemacht noch belangt werden, noch könnten sie als echte Kindesschänder eingestuft werden.[17]

Und kaum hatte Moll festgestellt, daß Kinder, selbst Kleinkinder, Opfer sexueller Ausschreitungen Erwachsener waren, da beeilte er sich, der Öffentlichkeit zu versichern, daß das kindliche Opfer meistens »gar nicht [merkt], daß es zu perversen Zwecken benutzt wird«[18]und daher keinen Schaden davontrage. Außerdem hätten sich schon kleine Mädchen »den Tripper durch den von ihnen provozierten Geschlechtsverkehr zugezogen«[19], und darüberhinaus brächten es hübsche, lächelnde, charmante kleine Mädchen fertig, zum Zweck der Erpressung Richter und Beamte mit falschen Beschuldigungen über sexuellen Mißbrauch erfolgreich hinters Licht zu führen.[20]

Im Einklang mit fest verwurzelter psychiatrischer Theorie schlug die American Bar Association etwa vierzig Jahre später vor, eine Klägerin - ob Frau oder Kind - in einem Sexualdelikt sollte auf »moralische Wahnvorstellungen« hin untersucht werden, die eine »verzerrte Phantasie in Sexualfällen« herbeiführen könnten.[21]Im Jahr 1954 verabschiedete der Oberste Gerichtshof ein Gesetz (sogenannter »Durham Rule«), nach dem »ein Angeklagter für seine ungesetzliche Tat nicht verantwortlich ist, wenn die Tat eine Folge von Geisteskrankheit oder -schwäche war.«[22]Wenn Alkoholismus und emotionale Unreife, wie heute, als Krankheiten eingestuft werden, sieht man in dem trunksüchtigen oder emotional unreifen Kindesschänder eher ein bedauerliches Opfer eines »Zwangs«als einen Kriminellen. Im Jahr 1959 stieß das Verhalten des Kindesschänders inzwischen auf so viel Toleranz und das kindliche Opfer auf so viel Argwohn, daß der Oberste Gerichtshof entschied, die unbestätigte Aussage eines Kindes unter zwölf Jahren habe »keine ausreichende Beweiskraft für eine Überführung wegen unsittlicher Handlungen.«[23]Die Auswirkungen der Psychiatrie auf die Rechtsprechung sind eine Verstärkung des Vorurteils gegen die Opfer von sexueller Gewalt und eine Einschränkung ihres Schutzes.

Lügende Kinder

Wer je mit Kindern gearbeitet hat, kann bestätigen, daß ihre Einschätzung ihrer Umwelt und Erfahrung weit mehr konkret als imaginär ist. In der umfangreichen Literatur über gestörte Kinder wird das Problem des »Lügens« fast nie besprochen. Jede Kindergärtnerin oder Grundschullehrerin wird bestätigen, daß Kinder oft genauer zwischen »So-tun-als-ob« und Realität unterscheiden als Erwachsene.

Ab drei Jahren... ist sich ein Kind sehr wohl des imaginären Charakters seiner Phantasien bewußt. Selbst wenn es seinen phantastischsten Projektionen nachhängt, bleibt es in emotionalem Kontakt mit seiner tatsächlichen Umwelt [Realität]... Dies zeigte sich bei einer Untersuchung, bei der frei spielende Kinder einem dazukommenden Beobachter... den »Verstellungs«-Charakter enthüllen konnten...[24]

Kenneth S. Carpenter, Leiter einer Sonderabteilung im US-Justizministerium, stellte und beantwortete die folgende Frage bezüglich der Erfindung von Belästigungsgeschichten:

Frage: Neigen manche Kinder dazu, sich sexuelle Belästigung durch einen Erwachsenen einzubilden, und können nicht zwischen Faktum und Phantasie unterscheiden - oder ist die Behauptung eines Kindes, es sei sexuell mißbraucht worden, fast immer zutreffend?
Antwort: Es gibt keinen Hinweis in der Literatur oder von seiten der in diesem Bereich Beschäftigten, daß Kinder in einer solchen Situation nicht zwischen Faktum und Phantasie unterscheiden können. Je jünger das Kind, desto unwahrscheinlicher ist es natürlich, daß sich das Kind solche Dinge einbilden würde oder gar könnte, wenn man bedenkt, mit welcher Genauigkeit im Detail Kinder von solchen Vorfällen berichten.[25]

Werden Kinder bei einem Verhalten ertappt, das bei Erwachsenen auf Mißbilligung stoßen könnte, so lügen sie eventuell, um sich zu schützen: »Ich hab' das Plätzchen nicht geklaut,

237

Johnny war's!« Um im Ansehen ihrer Freunde zu steigen, mögen einige auch prahlen: »Wir haben zehn Autos und sechs Fernseher.« Aber Kinder können keine Geschichten außerhalb ihres tatsächlichen Erfahrungsbereiches erfinden und tun es auch nicht. Wenn Sex mit Erwachsenen offen gebilligt und gefördert würde, könnte ein Kind wohl zu seiner Selbsterhöhung eine Unwahrheit erzählen, doch das Gegenteil trifft zu. Kleine Mädchen schämen sich über eine sexuelle Begebenheit mit einem Erwachsenen und neigen eher dazu, den Vorfall zu verheimlichen als ihn bekannt zu machen. Kindertherapeuten haben sexuelle Begegnungen nicht durch direkte Mitteilung, sondern durch die Analyse von Verhaltensstörungen aufgedeckt:

Ein achtjähriges Opfer malte ein Bild von dem Schänder zwischen ihren Beinen, mit seinem Gesicht auf ihren Genitalien, und eine lächelnde Frau, die ebenfalls im Zimmer stand. Das Kind nahm anschließend einen Radiergummi und radierte den Mann weg. Bei der näheren Ausführung ihrer Zeichnung erklärte sie, daß die andere Frau zusah und lachte. Diese Angaben ermöglichten es dem Kind außerdem zu beschreiben, wie unerträglich und peinlich dieser Vorfall für sie war, und sie »wollte ihn aus ihrem Kopf ausradieren.«[26]

Der Kriminologe Fred E. Inbau, Professor der Rechtswissenschaften an der Northwestern University und ehemaliger Leiter des Police Scientific Detective Laboratory von Chicago, und sein Kollege John E. Reid kamen zu dem Ergebnis, daß es »außerordentlich selten [vorkommt], daß ein Kind einen Bericht über Sexualvergehen fälscht,« und daß »Mädchen sich im allgemeinen stark sträuben, Einzelheiten des Vergehens mitzuteilen.«[27]

Als Folge der mangelnden Bereitschaft, den sexuellen Mißbrauch von Kindern als schweres Vergehen anzuerkennen, und der allgemeinen Tendenz, dem Schänder zu verzeihen und dem Opfer die Schuld zu geben, haben das Gesetz und seine Vollstreckungsorgane die Verfolgung von Sexualdelinquenten so erschwert, daß sie in den seltensten Fällen gefaßt, überführt, verurteilt oder inhaftiert werden. In einer Untersuchung von 256 bekannten Fällen sexuellen Kindesmißbrauchs mit 250 Tätern, die die Brooklyn Society for the Prevention of Cruelty to Children durchführte, fanden Eltern und Familie die polizeilichen Ermittlungen so qualvoll und beängstigend für die Kinder, daß 76 davon fallengelassen wurden, worauf 174 Fälle für die strafrechtliche Verfolgung übrig blieben. Nachdem die Klagen offiziell eingereicht waren, erwiesen sich die endlosen Verhöre und Gerichtstermine als so traumatisch für die Kinder und ihre Familien, daß weitere 77 entmutigt die Anklage fallen ließen. Es blieben somit 97 Fälle. Hiervon machten sich 39 Täter entweder aus dem Staub, wurden freigesprochen oder ihr Verfahren wurde anhängig, was 58 zur Aburteilung übrig ließ. Von dieser Zahl plädierten 49 schuldig, um ein geringeres Vergehen auf sich zu nehmen, wie Körperverletzung, anstatt Vergewaltigung oder Inzest. Vier wurden in allen Punkten der Anklage für schuldig befunden, und fünf wurden in Nervenheilanstalten eingewiesen. Von den 53 schuldig Gesprochenen (ohne die 5 in Anstalten Eingewiesene) entgingen 30 dem Gefängnis durch Aussetzen der Strafe zur Bewährung oder durch Geldbuße, 18 wurden zu sechs Monaten bis zu einem Jahr Gefängnis verurteilt, und 5 erhielten unbegrenzte Freiheitsstrafen.[28]

Als Mr. Bumble in Dickens' *Oliver Twist* gesagt bekam, er sei für das Benehmen seiner Frau verantwortlich, weil »das Gesetz annimmt, daß ihre Gattin nach ihren Weisungen handelt,« stotterte Mr. Bumble, der fest davon überzeugt war, daß seine Frau ihn in der Hand hatte und nicht umgekehrt, empört: »Wenn das Gesetz das annimmt, dann ist das Gesetz ein Esel - ein Idiot!«[29]Aber Mr. Bumble irrte. Das Gesetz ist weder ein Esel noch ein Idiot. Wenn das Gesetz davon ausgeht, daß Frauen und Kinder unter männlicher Kontrolle stehen müssen, wie seltsam oder abwegig diese auch sein mag, dann vollbringt das Gesetz - weit davon entfernt, ein Esel oder Idiot zu sein - genau das, was es auszog zu vollbringen.

13. KINDERPROSTITUTION
UND KINDERPORNOGRAPHIE

Kein Mädchen... zieht aus, um Prostituierte zu werden. So viel Dummheit wäre unvorstellbar. Wer will schon ein Paria, eine Ausgestoßene sein... mit Verachtung gestraft, in den Knast geworfen, geschlagen, ausgeraubt und schließlich mit einem Fußtritt in die Gosse befördert werden, wenn man nichts mehr einbringt? Eine Prostituierte kann höchstens mit zehn einträglichen Jahren rechnen. Dann ist sie am Ende... Kein Wunder, daß die Leute sich fragen, was ein Mädchen zu diesem kurzen, unglücklichen Leben treibt.

Zweifellos gibt es auf diese Frage so viele Antworten, wie es Soziologen, Psychiater, Philosophen und Gottesgelehrte gibt. Doch meiner Meinung nach ist der ausschlaggebende Einzelfaktor - und der gemeinsame Nenner in einer überwältigenden Mehrheit von Fällen - die Armut.

Polly Adler, *A House Is Not a Home*[1]

Im ersten Abschnitt dieses Jahrhunderts wunderte sich die nicht klein zu kriegende Emma Goldmann, warum Reformierer plötzlich entsetzt über die Entdeckung des ältesten Gewerbes der Welt waren[2] - die Prostitution. Die alten Griechen und Römer haben ihre Existenz bereits hinreichend dokumentiert, die Bibel ist voll von Bezugnahmen auf »Dirnen« und »Huren«, und im Mittelalter und danach waren autorisierte Bordellbetriebe sowohl für Kirche als auch Staat lukrative Einkommensquellen. Ich stimme mit Emma Goldmann überein. Es ist recht naiv, auf einmal über diesen unerhörten Zustand zu erschrecken.

Mädchenhandel gehört angeblich der Vergangenheit an. Tracers Inc., eine amerikanische Privatdetektei, will jedoch festgestellt haben, daß jährlich eine Million amerikanischer Bürger als vermißt gemeldet werden, wobei sich die Zahl der verschwundenen Kinder im Alter von über fünf Jahren verzehnfacht habe. Etwa fünfzig Fälle von Mädchenhandel werden jedes Jahr in den USA gemeldet, doch kommen diese selten vors Gericht. Hin und wieder erreichen uns irgendwelche Informationen über nationale und internationale Prostitutionsringe, die natürlich nur die »Spitze des Eisbergs« sind, und wir hören Gruselgeschichten von Entführungen, Folterungen und erzwungener Kinderprostitution. Gelegentlich lesen wir von Agenturen, die Modelle oder Tänzerinnen anwerben, und nachdem Tennager so von zu Hause weggelockt worden sind, erwartet sie kein Job. Ohne Geld und Freunde, werden sie »ermuntert«, sich zu prostituieren. Organisierte Unternehmen werden gewöhnlich straff geführt und operieren im Untergrund. Erwachsene, die Sex verkaufen, sind Geschäftsleute; sie wissen, wem sie trauen, wen sie ködern und manipulieren können. Aber wenn ein Kind eine Prostituierte wird, läuft sie - ohne Geld, Erfahrung, Beziehungen, Knowhow oder gesellschaftlichen Schutz - Gefahr, aufzufallen, geächtet, verhaftet, ins Gefängnis gesteckt, belästigt und bestraft zu werden.

Kinderprostitution

Ähnlich wie die Straßenkinder von vor hundert Jahren ist die Kindprostituierte von heute ein verstoßenes, verlassenes oder vernachlässigtes Kind (oft von Erwachsenen, die genauso hilflos und machtlos sind wie sie selbst) oder eines, das vor der Brutalität Erwachsener geflohen ist. Kinder, die wegen eines Streits oder aus Abenteuerlust eine verhältnismäßig gute Umgebung verlassen, kehren meist binnen einer Woche zurück. Die eher wohlhabenden Blumenkinder der sechziger Jahre auf der Suche nach Liebe und Freiheit waren um die achtzehn Jahre alt, älter als die Nomaden der siebziger Jahre, die sich altersmäßig zwischen dreizehn und sechzehn bewegten. Die Ausreißer von heute können oder wollen nicht zurück nach Hause, weil sie hinausgeworfen, vergewaltigt, geschlagen wurden oder am Verhungern waren, und die Straße ist, mit all ihrem Elend, immer noch besser

als das, was sie hinter sich gelassen haben.[3] Eine Sozialarbeiterin
erzählte mir von einer Dreizehnjährigen, die von zuhause wegge-
laufen war, um den Verstand nicht zu verlieren. Sie war auf der
Suche nach einer Bleibe, einem »Ort, wo dich nicht alle durch-
ficken können«, wie sie es formulierte. In einem Brief an Ann
Landers, der das Problem auf einen Nenner bringt, sagt eine
Mutter, sie sei mit fünfzehn unehelich schwanger geworden. Der
Mann, den sie später heiratete, der aber nicht der Vater des Kindes war, habe das Kind, Anna, belästigt, als sie elf Jahre alt war.
Anna sei schließlich von zuhause weggelaufen. Ihre Mutter ha-
be später erfahren, daß die Vierzehnjährige »jetzt eine Prostituierte« sei.[4]

Doch Kinder haben nicht die Voraussetzungen, um mit der Welt
draußen fertig zu werden. Als Minderjährige, ohne gesetzlichen
Vormund oder feste Anschrift, haben sie keinen Anspruch auf
Lehrstellenvermittlungs-, Ausbildungsförderungs- oder Arbeits-
beschaffungsprogramme für Jugendliche, noch auf Sozialfürsorge. Ohne Erwachsenenstatus bzw. -schutz oder eine Familie sind
sie einfach jugendliche Delinquenten, die festgenommen werden
können. Werden sie von der Polizei aufgegriffen, so können sie nach Hause zurückgeschickt werden (nur um wieder wegzulaufen), in eine Besserungsanstalt eingewiesen oder in
eine unzulängliche, überfüllte, unter Personal- wie Geldmangel
leidende »Rehabilitationsanstalt« für straffällige Jugendliche
eingeliefert werden. Ein 1973 verabschiedetes Finanzierungsge-
setz zugunsten weggelaufener Jugendlicher stellte acht Millionen Dollar zur Einrichtung von Unterkünften für Straßenkinder
bereit, aber bei einer Million hilfsbedürftiger Minderjähriger pro
Jahr deckt diese Summe nur einen Bruchteil des Bedarfs. Diese
jungen Leute, ohne Nahrung, ohne Unterkunft und ohne Schutz,
sind eine leichte Beute für Drogenhändler, Zuhälter, Pornographen und Männer, die auf Sex mit Kindern scharf sind. Im Gegensatz zu früheren Jahren sind heute 70% aller Kinder, die auf
der Straße leben, weiblich. Wenn ein obdachloses Mädchen
Hunger hat, schnorrt sie oder stiehlt; wenn sie müde ist, schläft
sie auf einer Parkbank oder in der U-Bahn; und aus Verzweiflung
wird sie sich bald an Männer verkaufen, die auf der Lauer nach

Teenagern und jüngeren Mädchen sind.[5] Der obdachlosen weiblichen Jugendlichen ist der Weg zu jeder Beschäftigung versperrt - außer der Prostitution.

Stephanie war eine Teenager-Prostituierte. Sie rannte von zuhause weg, weil ihr Vater ein Mann war, »der mir in einem Augenblick an den Brüsten herumspielen und im nächsten Augenblick am Eßtisch sitzen konnte, ohne sich dabei das Geringste anmerken zu lassen,« und weil ihre Stiefmutter sie so verprügelte, daß »ich manchmal dachte, sie würde mich umbringen.«

Ich fing an, von zuhause abzuhauen, als ich noch sehr jung war, wurde aber jedesmal wieder zurückgeschleppt. Wegrennen war das einzige, was mir ein persönliches Gefühl von Macht gab. Aber ich habe es so oft getan, daß sie sagten, ich wäre »schwererziehbar«, als ich vierzehn war, und sollte in eine Besserungsanstalt kommen. Da bin ich endgültig abgehauen.

Das Leben auf der Straße war grauenvoll. Ich hatte nichts zu essen, versuchte, auf Parkbänken zu schlafen, und an einem kalten Abend ging ich in eine Bar. Ein Mann kam zu mir und sagte, er würde mir zwanzig Dollar geben, wenn ich mit ihm schliefe. Ich hatte noch nie mit einem Mann geschlafen. Ich wußte nicht, ob es mir gefallen würde oder nicht, aber die zwanzig Dollar konnte ich verdammt gut gebrauchen; also bin ich mit ihm ins Bett gegangen. Ich hatte nicht die leiseste Ahnung, wie ich mich verhalten sollte, aber ich habe es gelernt. Ich war keine Prostituierte in dem Sinn, daß ich mich aufputzte und Männer anzumachen versuchte. Ich habe nur an der Bar herumgesessen und eine Menge Angebote gekriegt, weil ich so jung war.

Bald kam ich ganz gut damit zurecht und konnte sagen: »Du hast dir jetzt soundsoviel Zeit erkauft, und wenn du bis dahin nicht soweit bist, zahlst du entweder mehr oder läßt es sein.« Einmal habe ich das bei einem Typ versucht, aber er zog eine Pistole und vergewaltigte mich. Einmal kam ich ins Kittchen, aber ich habe mich mit den Bullen arrangiert. Es hat mich 250 Dollar gekostet.

Ich fand andere Wege, um zu Geld zu kommen. Es sprach sich

243

immer schnell herum, wenn irgendwo eine »Party« stattfand, wo wir dann für Pornoaufnahmen und -filme posierten und 100 Dollar bekamen. Je jünger, desto besser.

Viele, die von zuhause abgehauen waren, sind gestorben. Alle nehmen Drogen. Ich habe immer Speed genommen, um wach zu bleiben, besonders wenn ich nicht wußte, wo ich schlafen sollte. Ich wäre vielleicht heroinsüchtig geworden, wenn nicht ein Freund von mir, ein netter Kerl, an einem heißen Schuss* gestorben wäre. Keiner von uns wußte genug über Drogen Bescheid, daß wir uns nicht umbrachten. Aber nach seinem Tod habe ich keine Drogen mehr angerührt.

Manche Mädchen wurden schwanger. Wir hatten nichts zur Verhütung, und einige wurden von Kurpfuschern versaut oder getötet. Ich wurde auch schwanger, aber meine katholische Erziehung hielt mich von einer Abtreibung ab. Ich wußte nicht einmal, wie eine Entbindung vor sich ging, und als die Wehen kamen, wäre ich vor Angst fast gestorben. Ich wollte mein Baby behalten, aber ich war erst fünfzehn. Alles war so verrückt, daß ich sie schließlich zur Adoption weggab.

Als ich achtzehn wurde und die Bullen mich nicht mehr aufgabeln konnten, fand ich einen Job. Ich arbeitete in einer Fabrik, dann in einer Reinigung, und fühlte, daß ich ruhiger wurde. Ich wollte nicht mehr auf der Straße leben. Als ich älter wurde, wurde mir klar, daß mir nichts übrig geblieben war, außer Prostituierte zu werden, weil ich keine Ausbildung hatte und nicht Chemikerin oder sowas werden konnte.

Stephanie hat mehr Glück gehabt als die meisten. Sie wurde nicht drogensüchtig, fand eine Anstellung, sobald sie volljährig wurde, und blieb am Leben. Karen Baxter, die mit zwölf anfing, sich zu prostituieren, wurde im Alter von fünfzehn ermordet aufgefunden,[6] und Veronica Brunson, die mit elf Prostituierte wurde, starb nach einem mysteriösen Sturz aus dem zehnten Stock eines schäbigen Hotels, in dem hauptsächlich Prostituier-

---

**tödlich, da unrein bzw. gepantscht (A. d. Ü.)*

te und Zuhälter verkehrten. Veronicas Geschichte, die nach ihrem Tod in der Presse erschien, ist ein klassisches Beispiel dafür, wie ein Kind durch unser Polizei- und Rechtssystem dahingleiten kann - ohne den Beistand, der eigentlich für ein Kind zu erwarten wäre. Sie wurde mehrmals verhaftet, ging durch Vernehmungen, erkennungsdienstliche Behandlung usw., doch niemand machte sich über ihre offenkundige Jugend Gedanken. Hätte sie allerdings versucht, sich als Achtzehnjährige auszugeben, um einen Job zu bekommen, hätte ihr kindliches Gesicht genug Verdacht erregt, um eine Anstellung zu verhindern.[7] Es ist offensichtlich einfacher, eine minderjährige Prostituierte zu sein als eine minderjährige Angestellte. Stephanie hat in der Tat Glück gehabt! Sie ist nicht einmal einem Zuhälter in die Hände gefallen. Ein Zuhälter ist ein Geschäftsmann, der »hungrige Augen« sofort ausmachen kann. Mit einem Zimmer für die Nacht und einer Mahlzeit als Köder wird ein Kind sein freundliches Angebot dankbar annehmen. Sobald sie untergebracht ist und zu essen bekommen hat, wird sie erfahren, daß er ein Zuhälter ist. Er wird ihr sagen, sie sei eine Gesetzesbrecherin, die der Polizei übergeben werden könne, und damit ist der Grundstein für die Herr-Sklavin- bzw. Zuhälter-Prostituierte-Beziehung gelegt.

Zuhälter sitzen jedoch nicht tatenlos herum und warten darauf, daß hungrige Augen auftauchen. Angesichts eines Reservois von 700 000 obdachlosen ausgerissenen Mädchen suchen sie sich ihre Ware. Sie kämmen die Straßen von San Francisco, Los Angeles, Boston, Chicago, New York, Minneapolis oder die Elendsviertel der größeren Städte durch, wo »junges Blut« *en masse* gedeiht. Sie machen die Notleidenden, die Hungrigen und die Obdachlosen ausfindig, versprechen ihnen ein wöchentliches Einkommen von 1000 Dollar, unterziehen sie einem Nuttenlehrgang, und wenn sie sich ihr Flugticket verdient haben, verabreden sie, sich mit ihnen in einer anderen Stadt zu treffen. Zuhälter reisen nie mit »Knastködern« - die Beförderung Minderjähriger von einem Staat zum anderen zu sexuellen Zwecken ist ein Verbrechen. Es sind jedoch schon so viele von Minneapolis, dem Ausreißerzentrum des amerikanischen Mittleren Westens mit Erfolg nach New York importiert worden, daß die Zone der

8th Avenue zwischen der 40. und 49. Straße als »Minnesota-Strip« bekannt ist.[8]

Polly Adler war eine russische jüdische Einwandererin, die von 1920 bis 1945 ein »Etablissement« leitete, und ihre Beschreibung des Verhältnisses von Zuhälter zu Prostituierter gilt bis heute:

Ein Zuhälter sucht ein Mädchen und lockt sie ins Milieu. Es liegt ihm nicht nur fern, sie von Drogen zu entwöhnen, sondern er ist es überhaupt, der sie dazu verführt. Er unternimmt nichts, um sie vor Kunden zu schützen (da der Kunde für den Zuhälter König ist). Er tut alles, was in seiner Macht steht, damit sie eine Prostituierte bleibt, denn wenn sie den Strich verläßt, würde das sein Einkommen schmälern. Und anstatt ihr zu helfen, Geld zu sparen, nimmt er ihr jeden Pfennig ab und prügelt sie dazu, mehr zu verdienen.[9]

Die ihnen versprochenen 1000 Dollar die Woche bekommen die Mädchen nie zu sehen; ihr gesamter Verdienst geht an den Zuhälter. Eine Vierzehnjährige, die mindestens 150 Dollar pro Nacht verdiente, gab an, ihrem Zuhälter über einen Zeitraum von achtzehn Monaten an die 100 000 Dollar gegeben zu haben. Die meisten Mädchen wollen ausbrechen, aber ohne eine Zuflucht und mit hautnahen Beispielen von Schlägen, Knochenbrüchen und sogar Mord an denen, die es versucht haben, vor Augen, sind sie völlig eingeschüchtert. Ein Kind flehte einen Kunden um Hilfe an. Der Kunde war ein Spitzel ihres Zuhälters. Sie wurde geschlagen, verunstaltet und weggejagt. Da sie weder einen Job finden noch Sozialfürsorge erhalten konnte, kehrte sie zurück. Und weil sie jetzt durch Narben entstellt war, wurde sie gezwungen, für weniger Geld zu arbeiten.[10] Selbst wenn ein Mädchen ihren Sklavenstatus enthüllen und ihren Zuhälter anzeigen wollte, wäre eine Überführung, die Unterstützung erfordert, äußerst unwahrscheinlich und körperliche Gefahr für sie selbst eine Gewißheit. Ein Straßenmädchen hat keinen Grund, dem Gesetz zu trauen. Im Jahr 1977 wurde ein großer Wind um die Bemühungen der New Yorker Polizei gemacht, Zuhälter, die von Kindern leben, zu fassen. Judy Klemesrud, Berichterstatterin der *New York Times*, fand ihre Aktivität nicht sonderlich ermutigend:

Trotz der gewaltigen Worte der Beamten, die »jeden Zuhälter
der Stadt zusammenschlagen, zermalmen und zertreten« woll-
ten, haben auch sie anscheinend ihre Grenzen...Sie hielten einen
Zuhälter namens Rufus an und warnten ihn, daß... ein 15 000-
Dollar-Kopfpreis auf ihn ausgesetzt worden sei, weil er ein paar
Spielschulden nicht bezahlt habe... Er bedankte sich bei den Be-
amten und brauste in seinem El Dorado die 55. Straße hinunter...
der Sergeant sagte... der Kerl tut uns vielleicht eines Tages
einen Gefallen - er liefert vielleicht einen Zuhälter aus.[11]

Ungeachtet der konkreten Belege dafür, daß fast alle Prostituierten sich verkaufen, um überleben zu können, haben viele Autoren - um jedem öffentlichen Schuldbewußtsein vorzubeugen -
uns unbedingt weismachen wollen, daß die Prostituierte, zusätzlich zu den finanziellen Gründen, ihrem Gewerbe auch deswegen
nachgehe, weil sie faul sei, sich amüsieren und ein bequemes Leben haben wolle, eine Nymphomanin (oder frigide, je nachdem)
sei, ihre Mutter, ihren Vater oder alle Männer hasse und ihrem
Haß durch ihre Arbeit Luft mache. Selbst wenn die Prostituierte
nur neun oder zehn Jahre alt ist, wird uns erzählt, daß »sie für
ein paar Pfennige und Bonbons unsittliche Behandlung über sich
ergehen lasse,[12] während die Verschlageneren unter ihnen, die
»Profigören« oder »Strichlolitas« im Alter zwischen zehn und
fünfzehn »sich teure Kongresse und Hotels aussuchen«, ein sehr
hohes, steuerfreies Einkommen hätten und sich allen materiellen
Freuden des Lebens hingäben.[13] Simone de Beauvoir erzählt von
zwei Mädchen unter zwölf, die in einem Bordell aufgelesen wurden. Als sie vor Gericht gerade die Namen ihrer Kunden angeben
wollten, mahnte sie der Richter: »Beschmutzen Sie nicht den Namen eines Ehrenmannes!« Ein Mann, der ein Mädchen entjung-
fert, bleibt ein Ehrenmann - sagt Beauvoir -; das sexuell benutzte
Mädchen hingegen ist »pervers, auf Abwege geraten, lasterhaft
und gehört in eine Besserungsanstalt.«[14]

Kinderpornographie

Diejenigen, die ihren Profit mit Kinderprostitution machen, werden auch den Nebenzweig Kinderpornographie in klingende Münze verwandeln. Organisierte Prostitutionsringe verfügen in der Regel über gute Photo- und Filmausrüstung, und wenn ein Kind erst einmal gelernt hat, sich mit Prostitution durchzuschlagen, ist es nicht allzu schwer, sich durch Posieren für Pornobilder und -filme noch ein paar Mark dazuzuverdienen. Pater Ritter, der das Covenant House in New York, ein Asyl für weggelaufene Kinder, leitet, sagte, die ersten zehn Kinder, die zu ihm gekommen seien, hätten durch Mitwirkung in Pornofilmen ihr Geld verdient. »Diese Kinder können nicht nach Hause gehen, können weder Arbeit finden noch sich selbst versorgen,« sagte er. »Erst wird ihnen ein Job als Nacktmodell angeboten, und von da bis zur Mitwirkung bei sexuellen Aktivitäten vor der Kamera oder in Striplokalen entlang der 8th Avenue - für 100 Dollar für vier Vorstellungen - ist es nicht mehr weit.«[15] Doch in erster Linie verdienen die Unternehmer an dieser 2,4-Milliarden-Dollar-Industrie. Ein Ehepaar, das in einer Schickeriavorstadt auf Long Island wohnte, bot in einer Anzeige in der Pornozeitschrift *Screw* Mädchen zwischen acht und vierzehn Jahren 200 Dollar für einen Tag Arbeit als Nacktmodell. Mütter und Väter kamen zusammen oder einzeln mit ihren Töchtern an. Die Bezahlung ist gut, das Geld leicht verdient, und, wie jedes andere Geschäft, wird Pornographie bald zum Routinebusiness. Der Schriftsteller Ron Sproat beschrieb nach einem kurzen Gastspiel in einer »Pornofabrik« die Formel, an die er sich bei Kinderpornos zu halten hatte:

Ich bekam ein Blatt mit Richtlinien: »Unschuld von Kindern, Geilheit von Erwachsenen betonen. Jungen von acht bis dreizehn, Mädchen sechs bis fünfzehn. Hervorhebung von Unbehaartheit, winzigen Geschlechtsteilen, fehlenden Titten«, usw.[16]

Je mehr wir der Pornographie ausgesetzt werden, desto unempfindlicher werden wir für ihren entmenschlichenden Einfluß, wie das bei allen Formen von Brutalität der Fall ist. Die viktorianische Ära, die von pornographischem Material überschwemmt war, führte das Sammeln von »Erotika« (manchmal als »Anthropologie« beschönigt) als ehrenwerten Zeitvertreib für wohlhabende Müßiggänger ein.[17] Ein Beispiel eines solchen Sammlers war James Campbell Reddie, der sich auf diesem Gebiet so gut auskannte, daß ihm kaum ein obszönes Buch, in welcher Sprache auch immer, entging. Er schrieb *The Amatory Experiences of a Surgeon* (Die Liebesabenteuer eines Chirurgen), worin ein Chirurg unter seinen Patienten ein bezauberndes dreizehnjähriges Mädchen mit einem Rückenleiden fand, um »es zu streicheln, mit ihm zu liegen, es zu lecken.«[18] William S. Potter, Eigentümer einer eindrucksvollen Sammlung erotischer Bücher, Stiche und Photographien, verfaßte (anonym) *The Romance of Lust*, worin sich ein sexueller Abenteurer nach 600 Seiten schließlich einem glücklichen inzestuösen Familienleben mit seiner zehnjährigen Tochter hingibt.[19]

Einige anerkannte Schriftsteller haben gleichfalls zu diesem beliebten Sport beigetragen. In *Venus und Tannhäuser* schilderte Aubrey Beardsley eine Orgie mit Kindern.[20] In den *Memoiren der Josephine Mutzenbacher,* die dem *Bambi*-Autor Felix Salten zugeschrieben werden, weiht die präpubertäre Prostituierte Josephine die Leser graphisch in alle Einzelheiten ihres Gewerbes ein.[21]

Pornographie und Gewalt

Ein Kausalzusammenhang zwischen Pornographie und Gewalt ist mit Sicherheit nicht nachzuweisen (noch zwischen Gewalt und sonst etwas, um es genau zu sagen). Aber man kann ebenso wenig mit Sicherheit behaupten, daß ein solcher Zusammenhang nicht bestehe. Pamela Hansford Johnson, die 1966 über den Prozeß in England gegen Ian Brady und seine Gehilfin Esther Hindley wegen Mordes an einem Jugendlichen und zwei Kindern Bericht erstattete, war beeindruckt, daß man in Bradys Zimmer über fünfzig Bände sadomasochistischen Materials fand, wobei der Marquis de Sade sein uneingeschränkter Held war. Die »Moormörder« (man fand die entstellten Leichen im Moor begraben) brachten eine hitzige internationale Diskussion - pro und contra - über die Gefahren der Pornographie in Gang. Nach Meinung von Johnson, auch nach meiner und der vieler anderer. wird die in der Pornographie zu findende Gewalt »uns suggeriert, ja geradezu aufgedrängt.«[22] Der Einfluß de Sades, der eine Begabung dafür hatte, Niederträchtiges gewichtig, fast moralisch klingen zu lassen, ist besonders gefährlich, zumal er als »Philosoph« zu neuem Leben erweckt worden ist und seine Abart von Philosophie Grausamkeit rechtfertigt:

Das Laster besteht nur... um diese geistige und physische Beschwingung fühlen zu lassen, die eine Quelle der köstlichsten Wollüste ist... ich bin völlig sicher, daß es nicht das Objekt der Ausschweifung ist, das uns reizt, sondern die Idee des Bösen.[23]

De Sade verlieh seiner Ideologie lebhaften Ausdruck. Er ließ ehrenwerte Herren kleine Mädchen zwischen drei und sieben Jahren »dépuceler« (entjungfern), Mädchen über einer Feuerstelle festbinden und sie »leicht rösten«, bis sie das Bewußtsein verloren, sie pausenlos anal penetrieren, während Väter gezwungen wurden, ihre eigenen kleinen Töchter vor aller Augen zu vergewaltigen. Ich werde der Leserin weitere Beschreibungen solcher »Vergnügungen« ersparen, die sich in den *120 Tagen von Sodom* über vierhundert Seiten ergießen.[24]

Zwar geben die meisten Psychiater, Psychologen und Sexualforscher zu, daß Pornographie hauptsächlich Feindseligkeit gegenüber der Frau zum Ausdruck bringt, doch sie verharmlosen diese Frauenfeindlichkeit, indem sie die Pornographie ins Reich der Phantasie einordnen, die »nichts weiter ist als ein Abbild infantilen Sexuallebens.«[25] Sie ziehen es vor zu glauben, Pornographie diene zur gesunden Entladung, als ein Sicherheitsventil, das Feindseligkeit und Phantasien freisetzt und tatsächliche sexuelle Aggressionen eindämmt. Andere Experten jedoch sind der Auffassung, daß »es zwischen der 'totalen Freiheit' der unzensierten erotischen Vorstellung und der totalen Freiheit des

Sadisten tiefere Zusammenhänge geben mag als wir heute erkennen können.«[26]Ich neige zu letzterer Ansicht. Es haben schon so viele von denen, die hemmungslos sadistische Phantasien pflegen, diese auch tatsächlich ausgelebt und damit einen »starken Zusammenhang« zwischen ihrer Vorstellung und ihrem Verhalten bewiesen. Wenn zum Beispiel de Sades Sexualleben nicht mit seiner Phantasie übereinstimmte, dann gewiß nicht aus mangelndem Bemühen. Nach mehreren Eskapaden wurde er schließlich verhaftet, weil er Jugendliche aus seiner näheren Umgebung mit Messern stach, sie auspeitschte, ihnen gefährliche Aphrodisiaka gab und ähnliche solcher »Scherze«.Bei Frederick Hankey, einem »Erotomanen« und Pornographievertreiber des 19. Jahrhunderts, zeigte sich der gleiche enge Zusammenhang: Anstelle der Zahlung lieferte er seinem Buchbinder kleine Mädchen.[27]Und von Leonard Smithers, angesehenem Verleger und Pornographiesammler, sagte Oscar Wilde: »Er war schon immer ein Liebhaber von Erstausgaben; kleine Mädchen sind seine Leidenschaft.«[28]

Nach dem Moormörderprozeß und der Verurteilung von Brady und Hindley zu lebenslanger Freiheitsstrafe fragte Pamela Hansford Johnson einen Freund:

Glaubst du, man wird sich jetzt, nachdem sich gezeigt hat, daß ein junger Mann und eine Frau eventuell die Phantasien schmutziger Bücher durch den Mord an einem Jugendlichen und zwei Kindern ausgelebt haben, umsehen und fragen, ob dieser ganze modische Trend zu Gewalt und sexueller Grausamkeit nicht vielleicht einfach mal überprüft werden sollte?[29]

Düster erwiderte er: »Ganz und gar nicht. Sie werden versuchen, alles unter den Teppich zu kehren, und zwar so schnell, wie nur irgend möglich.«[30]Und er hat recht behalten. Fünfzehn Jahre danach genügt ein Blick auf die Zeitungsstände, und uns wird klar, daß der Trend zu Gewalt und sexueller Grausamkeit keineswegs überprüft worden ist. Die Beziehung zwischen Pornographie und Gewalt ist nicht zu jedermanns Befriedigung festgelegt worden, aber selbst, wenn nur der Verdacht besteht, ist Johnsons Frage berechtigt: »Welchen Preis wären wir zu zahlen bereit, um die

Folterung nur eines hilflosen Kindes zu verhindern?«[31]

Gesetze gegen Obszönität und Pornographie existieren zwar, und man könnte sich fragen, warum sie nicht durchgesetzt werden. Aber diese Regelungen, die aus dem England des 18. Jahrhunderts stammen, wurden selten ernstgenommen. John Cleland, Autor von *Fanny Hill,* schrieb die Geschichte einer fünfzehnjährigen Prostituierten und wurde wegen Obszönität verklagt. Als er erklärte, daß ihn die Armut dazu getrieben habe, den Roman zu schreiben, bewilligte ihm der Staatsrat eine jährliche Rente von 100 Pfund unter der Bedingung, daß er den Verstoß nicht wiederhole. Er nahm die Rente und schrieb ein weiteres pornographisches Werk, wurde aber nie wieder vom Gesetz behelligt.[32] Prozessen wegen Blasphemie oder Obszönität lagen fast immer politische statt moralischer Erwägungen zugrunde. John Wilkes wurde angeblich wegen seines »obszönen« *Essay on Women* zu 500 Pfund Geldstrafe verurteilt, doch in Wirklichkeit wurde er vor Gericht gestellt, weil seine politischen Agitationen König George III. nicht paßten.[33] In der Tat wurden erst im 19. Jahrhundert, als Frauen für die weibliche Emanzipation kämpften und Schriften verbreiteten mit der Forderung nach Gleichberechtigung und dem Recht für Frauen, über ihren eigenen Körper und ihre Fortpflanzungsfunktionen zu bestimmen, die Obszönitätsgesetze ernsthaft durchgesetzt. Margaret Sanger in Amerika, Annie Besant in England und Marie Stopes in Schottland wurden alle wegen Abfassung und Verbreitung »obszöner« Literatur über Empfängnisverhütung verhaftet.[34] Aber während viele Frauen und einige Männer wegen der Forderung nach geschlechtlicher Gleichberechtigung verfolgt wurden, verhinderte niemand, daß der amerikanische und europäische Markt mit harter Pornographie überschwemmt wurde.

In den wenigen Jahrzehnten, da in Amerika die literarische Zensur blühte, wurden Schriftsteller wie D.H. Lawrence und Frank Harris wegen ihrer sexuell anschaulichen Schriften verurteilt. Als jedoch klar wurde, daß die Porträtierung von »sexy« Frauen in ihren und den Werken anderer nicht auf sexuelle Gleichberechtigung abzielte, beruhigten sich die Zensoren. Schon Mitte der fünfziger Jahre ließ eine Reihe von Entscheidungen des Obersten Gerichtshofs eine zunehmend nachsichtigere Haltung gegenüber sexuell anschaulichem Material erkennen,[35] und nur fünfzehn Jahre später veröffentlichte die Kommission für Obszönität und Pornographie (National Commission on Obscenity and Pornography) einen Bericht, der zu dem Schluß kam, daß Pornographie harmlos sei. Stattdessen wird sie als erzieherischer Faktor gesehen, der offene Gespräche zwischen Eltern und Kindern fördere und »Hemmungen« abbaue. Sie sei »kein Faktor bei der Verursachung von Verbrechen« und daher »kein Gegenstand öffentlichen Interesses.«[36]

Nichts könnte das mangelnde moralische Interesse der Kommission besser illustrieren als ihre Weigerung, sich mit der Ausbeutung und dem Opferstatus von Kindern auseinanderzusetzen. Dadurch, daß die Kommission die Benutzung von Kindern in der Pornographie bestritt, machte sie sich grober Nachlässigkeit schuldig und setzte ihre Glaubwürdigkeit aufs Spiel. Es wird behauptet, Pädophilie habe mit den Interessen der Pornographie an Männerfilmen nichts zu tun; »das Tabu gegen Pädophilie ist jedoch nahezu unangetastet geblieben, die Verwendung präpubertärer Kinder ist praktisch inexistent.«[37] Es gehört wirklich nicht viel dazu, zu wissen, daß der Photoapparat kaum erfunden war, als schon überall schmutzige Ansichtskarten von brustlosen, unbehaarten Kindern und von nackten schwangeren Kindprostituierten auftauchten. Und seit den enthemmten sechziger Jahren hängen überall an Zeitungsständen Publikationen aus, die für Filme mit Titeln wie *Kinderliebe, Kinder und Sex, Kleine Mädchen* usw. werben und in denen man Aufnahmen von Kindern zwischen sechs und dreizehn bei der Ausführung oralen Sexes sehen kann. Ich brauchte für meine Nachforschungen nicht einmal in den Sex Shops auf der 42. Straße herumzuschmökern. Auf jedem Flughafen, Bahnhof oder Busbahnhof zwischen San Francisco und New York führen die seriösesten Buchhandlungen und Zeitungskioske bis zum Erbrechen Taschenbücher mit Titeln wie *Onkel Harry und Paula, Der Kinderpsychiater, Geil nach jungen Mädchen, Erwachsene bumsen Kinder.* Man kann mühelos *Lollitots** erwerben, worin wir die Bekanntschaft Pattys machen, die - wie wir erfahren - die exotischste Zehnjährige deines Lebens ist, oder *Kleine Mädchen,* das Aufnahmen von Zehn- und Zwölfjährigen beim Geschlechtsakt mit erwachsenen Män- nern bietet. Für 45 Dollar kann man einen Farbfilm kaufen und sehen, wie eine Neunjährige von zwei arabischen Jungen und anschließend einem Erwachsenen benutzt wird.

Die Tatsache, daß es die Kommission fertig brachte, über Kin- derpornographie geflissentlich hinwegzusehen, konnte nur einem bewußten oder unbewußten Willen entspringen, das sexuelle Interesse von Männern an Kindern zu tolerieren und einer lukrativen Industrie nicht ins Handwerk zu pfuschen. Die Kommission schaffte es, diese Entschlossenheit zu rationalisie- ren: Sie behauptete, gesetzliche Beschränkungen der Pornogra- phie seien nur zu rechtfertigen, wenn nachteilige Auswirkungen auf den Verbraucher nachgewiesen würden. Zugegeben, Porno- graphie fügt ihrem ausschließlich männlichen Verbraucherpubli- kum keinen Schaden zu. Sie schadet den Artikeln, die konsumiert werden. Im Gegensatz zu Haarfärbemitteln und Zigaretten sind die Verbrauchsgüter der Pornographie nicht leblose Objekte, sondern lebende Frauen und Kinder, die dabei noch entwürdigt und mißbraucht werden. In ihrer »Vorsicht, Kunde!«-Haltung zeigte sich die Kommission jedoch darüber befriedigt, daß Jugendliche selten explizites Material kaufen. Sobald solches Material also mit dem Stempel »Nur für Erwachsene« oder »Elterliche Anleitung empfohlen« versehen war, sah der Aus- schuß seine Verpflichtung gegenüber der Jugend als erfüllt an.

Einige Mitglieder des Ausschusses legten Untersuchungsberich- te, Aussagen und Sachverständigenmaterial vor, wonach Porno- graphie körperliche Gefahren für Kinder mit sich bringe, Kin- desbelästigung und Vergewaltigung fördere, das öffentliche Image und private Selbstimage von Kindern zerstöre und vor Kindern kaum verborgen werden könne, wenn sie überall sicht- bar feilgeboten würde.[38] Die Kommission schenkte der Minder-

---

Zusammengesetzt aus lollipop *(Lutscher) und* tots *(kleine Kinder) unter Anspielung auf »Lolita«. (A. d. Ü.)* (Siehe S. 253)

heit ihrer Mitglieder keine Beachtung und empfahl die Aufhebung der Gesetze gegen den Verkauf von Pornographie.[39]

1973 trennte sich dann der Oberste Gerichtshof vom Konzept der
einheitlich-nationalen Definition von Obszönität und gestattete
den einzelnen Staaten, ihre eigenen Richtlinien aufzustellen.[40]
Angesichts der wachsenden juristischen und akademischen
Kritik strich die US-Regierung 1975 ihre Subventionen für das
Anti-Pornographie-Zentrum in Kalifornien. Die Proteste gegen
das Zentrum kamen von der Amerikanischen Union für Bürger-
freiheit, dem Amerikanischen Büchereiverband und dem Verband der Professoren wegen Verletzung der akademischen
Freiheit - wie sie es nannten -, da es die Gefahr staatlicher
Zensur heraufbeschwöre und das neue Gesetz über die Informa-
tionsfreiheit verwässere.[41]

Viele schwangen sich im Namen der Freiheit auf diesen seltsa-
men Zug, und zur Zeit ziehen es unsere radikalsten Elemente vor,
Pornographen zu verteidigen, anstatt sich gegen sie zu organisieren. Nach einer anderen Auffassung würde, wenn »verbotene
Früchte« frei zur Verfügung stünden, geiles Material bald langweilig werden und das Interesse daran schwinden. Nichts widerlegt dies besser, als unsere augenblickliche Schwemme von
Kinderpornographie. Im Jahr 1977 startete Judianne Densen-
Gerber einen Feldzug gegen den übermächtigen Ansturm und
legte 250 Publikationen vor, die Sex mit Kindern im Alter von
drei, vier und fünf gewidmet waren.[42] Sie mußte jedoch feststel-
len, daß es kein leichtes war, diese Industrie lahmzulegen. Die
Entscheidung des Obersten Gerichtshofs, nach der die Gemeinden bestimmen dürfen, was obszön ist, ermöglicht es einzelnen
Richtern, die sexuelle Benutzung von Kindern als befreiend und
erzieherisch auszulegen. Die Kinderpornoindustrie erfreut sich
heute bester Gesundheit.

Man schätzt, daß 1,2 Millionen Kinder unter sechzehn Jahren
jedes Jahr in kommerziellen Sex verwickelt sind, entweder Prostitution, Pornographie oder beides.[43] Diejenigen, die für das
Recht der Frau auf legale Abtreibung gekämpft haben, haben
gesagt, wenn Männer schwanger werden könnten, wäre die Ab-

treibung ein Sakrament. Wenn Frauen und Kinder die Haupt-
konsumenten von Pornographie und Männer die entwürdig-
ten und gefährdeten Objekte wären, hätte dann die Kommission
für Obszönität und Pornographie Pornographie nicht zum Verbrechen erklärt? Ich glaube schon.

14. DER SEXUELLE MISSBRAUCH VON JUNGEN

> Innerhalb der Machtbeziehungen gehört die Sexualität nicht zu den unscheinbarsten, sondern zu den am vielseitigsten einsetzbaren Elementen: verwendbar für die meisten Manöver, Stützpunkt und Verbindungsstelle für die unterschiedlichsten Strategien.
>
> Michel Foucault, *Sexualität und Wahrheit*[1]

Frauen und Kinder (männlich wie weiblich) werden seit jeher in einen Topf geworfen. Beiden ist die Mündigkeit abgesprochen worden, beide sind gleichermaßen als Haus- und Lohnsklaven ausgebeutet worden, und sie haben sogar in der Geschichte überwiegend die gleiche Kleidung getragen, um sich von erwachsenen Männern abzuheben. Zusammen sind sie idealisiert, romantisiert, infantilisiert, trivialisiert, sexualisiert und entsexualisiert worden. Da Frauen und Kinder als hilflos, abhängig und machtlos zusammengewürfelt wurden, gehören sie sogar zum selben »femininen« Geschlecht und sind folglich beide von Männern sexuell gebraucht und mißbraucht worden.

Geschlecht ist ein dehnbarer Begriff. Männlich und weiblich deckt sich nicht unbedingt mit denen, die Männer und Frauen sind. Frauen und männliche wie weibliche Kinder werden oft geduldig, nachsichtig, herablassend oder ärgerlich als schwach, abhängig und hilflos betrachtet. Der soziale Geschlechtsunterschied beinhaltet, im Gegensatz zum biologischen Unterschied, die Überlegenheit des Mannes und die Minderwertigkeit der Frau, und da der Prototyp einer romantischen oder sexuellen Liebe einen beherrschenden und einen beherrschten Partner vorsieht, wählen Männer manchmal einen Angehörigen desselben biologischen Geschlechts, aber des entgegengesetzten sozialen Geschlechts als Sexpartner. Ein Mann im Gefängnis wird, ohne daß seine Männlichkeit darunter leidet, einen anderen Insassen vergewaltigen, der jung, schmal, zierlich und empfindsam genug ist, um als »weiblich« zu gelten. Ein Soldat wird bisweilen nicht nur Frauen und Kinder, sondern auch besiegte Männer vergewaltigen, um sich als Sieger herauszustreichen. Und seit dem Altertum machen Männer Gebrauch von männlichen wie weiblichen Kindern. Selbst Freud, der der Meinung war, »Anatomie ist Schicksal«, konnte sexuelle Beziehungen zwischen Angehörigen desselben biologischen, doch entgegengesetzten sozialen Geschlechts tolerieren. Er hatte zum Beispiel Verständnis für die Knabenliebe der alten Griechen, weil »nicht der männliche Charakter des Knaben, sondern seine körperliche Annäherung an das Weib sowie seine weiblichen seelischen Eigenschaften, Schüchternheit, Zurückhaltung, Lern- und Hilfsbedürftigkeit die Liebe des Mannes entzündeten.«[2] Liebe zwischen Gleichgestellten wurde jedoch entweder verabscheut, lächerlich gemacht oder nicht ernst genommen.

In den vierziger Jahren rauschten Katharine Hepburn und Spencer Tracy durch mehrere Filme, deren Heiterkeit auf Konflikten beruhte, die sich nach allgemeiner Ansicht in einer Beziehung zwischen zwei gleich reifen Partnern automatisch ergeben. Als Walt Whitman sich eine Bruderschaft von Liebenden ausmalte, die einander auch über die Lebensmitte hinaus zugetan blieben, konnte sich John Addington Symonds bei der Vorstellung von »aufeinanderprallenden Bärten und klirrenden Uhrenketten«, wenn sich erwachsene Männer umarmen, ein Lächeln nicht verkneifen.[3] »Vive la différence« bejubelt nicht notwendigerweise den genitalen Unterschied. Ein Paar desselben oder entgegengesetzten Geschlechts aber ungleichen Status und Alters, mag ernster genommen werden als ein Paar desselben oder entgegengesetzten Geschlechts, aber gleichen Status und Alters. Thomas Manns Klassiker *Der Tod in Venedig*, Die Geschichte eines Mannes mittleren Alters, der an unerwiderter Liebe zu einem Sechzehnjährigen starb, mit dem er nie ein Wort gewechselt hatte, hat als herausragende Tragödie die Zeiten überdauert. Liebesgedichte an Knaben wie auch an Frauen zeichnen sich durch ebensoviel Leidenschaft wie Herablassung aus. In beiden Fällen werden Lippen, Haare, Haut, Taille und andere passiven anatomischen

Teile bewundert, während die veränderlichen, komplexen Aspekte der menschlichen Persönlichkeit wie Begabung, Ehrgeiz, Verstand oder Humor bei den angeblich Angebeteten unter den Tisch fallen. Edvard Westermark, der finnische Philosoph und Anthropologe, der das Monumentalwerk *Geschichte der menschlichen Ehe* schrieb, sagte:

Es ist anzumerken, daß die geläufigste Form der Inversion, zumindest in islamischen Ländern, die Liebe zu Knaben und Jugendlichen ist, die die Pubertät noch nicht erreicht haben, d. h. zu männlichen Individuen, die physisch Mädchen gleichen.[4]

Das Buch *Greek Love* von J. Z. Eglington ist auschließlich sexuellen Beziehungen zwischen Männern und Knaben gewidmet. Eglington zufolge ist die Asymmetrie, die die Ehe kennzeichnet, wo der Bräutigam älter, reicher, stärker ist und eine bessere Ausbildung hat, auch in der Knabenliebe gegeben. Darüberhinaus werde diese zeitlich begrenzte Erfahrung einen Jungen auf die normale Heterosexualität im späteren Leben vorbereiten. »Ein Mann, der an seinem Knabengeliebten Fellatio vollzogen hat, hat hiermit oft die Erziehung des Jungen gefördert, insofern als er ihn gelehrt hat, was ihn in der heterosexuellen Erfahrung erwartet.«[5]

In seiner Untersuchung *The Gay World* faßte Martin Hoffmann die Arbeit des Kinsey-Teams wie folgt zusammen:

Diejenigen, die wegen Sexualvergehen an Jungen unter 12 Jahren verhaftet wurden, zeigen von allen wegen homosexueller Handlungen verhafteten Männer die geringste Orientierung zu ihrem eigenen Geschlecht. Sie sind im allgemeinen bisexuell. Von denen, die sexuelle Beziehungen mit Jungen unter 12 Jahren hatten, werden letzten Endes fast ⅔ heiraten. Von denen, die sexuelle Beziehungen mit Jungen im Alter zwischen 12 und 15 hatten, werden knapp über die Hälfte heiraten... Mit anderen Worten, man kann wohl sagen, je jünger der männliche Partner des Sexualtäters ist, desto höher ist die Wahrscheinlichkeit, daß er bisexuell anstatt ausschließlich homosexuell ist... Die meisten erwachsenen Männer, die sexuelle Beziehungen mit Jungen

unter 12 haben, weisen eine relative Prädisposition zu hetero-
sexuellen Vergehen an Mädchen unter 16 auf. Kurzum, die
meisten sind an jungen Menschen interessiert.[6]

Das kanadische Schwulenblatt *Body Politic* lancierte einen Appell
für John Roestad, der im Gefängnis sitze, weil er mit hunderten
von Jungen im Alter von acht bis vierzehn Jahren »Sex hatte«. In
einem Leitartikel argumentierte *Body Politic*, wenn heterosexuel-
les Verhalten nicht als gefährlich angesehen werde, dann »müßt
ihr bedenken, daß John Roestads sexuelle Vorlieben genauso
legitim und potentiell befriedigend sind wie eure eigenen.«[7]

In Anbetracht einer tatsächlichen Geschichte, Tradition und
anerkannter Stimmen, die Sex mit Jungen absegnen, weil er
heterosexuellen Beziehungen gleiche, ist der Aufruf von seiten
des *Body Politic* gar nicht so weit hergeholt. Knabenliebhaber
oder Päderasten behaupten heute wie im alten Griechenland, sie
würden ihre jungen Geliebten zu mutigen, aufrechten Bürgern
erziehen, die vor der Reife zur Ehe freigegeben würden. Sie
verweisen auf eine lange Liste geschätzter Kaiser, Könige, Politiker, Feldherrn, Schriftsteller, Künstler u.ä., die sich an jungen
Knaben ergötzt hätten, und auf andere Kulturen, wo bis heute
kraftvolle, kühne Männer bartlose Knaben wie Frauen gebrau-
chten.[8] Bestärkt durch Geschichte, Tradition und Experten haben
sich Päderasten organisiert, um Gleichgesinnte zu finden, und,
ermutigt durch unsere sexuelle Revolution, haben sie sich eine
Lobby geschaffen, um die Rücknahme der Gesetze zu erwirken,
die Sex mit Minderjährigen verbieten, um das gesetzliche Mindestalter herabzusetzen oder abzuschaffen und um der Festnahme und Inhaftierung von Knabenliebhabern ein Ende zu setzen.

Es trifft unzweifelhaft zu, daß in unserer homosexuellenfeindli-
chen Welt Päderasten öfter im Gefängnis landen als Männer, die
ähnliches mit Mädchen machen. Doch während ich mit Opfern
von Vorurteilen mitfühle, befremden mich Versuche, unakzeptables Verhalten in einer Gruppe für normal zu erklären, weil es
unakzeptables Verhalten in einer privilegierten Gruppe wider-
spiegelt. Wenn die männliche Schwulengemeinschaft der Be-

schützung von Kindern einen höheren Stellenwert einräumen könnte als der einseitigen Verteidigung ihres Rechts auf freie Wahl des Geschlechtspartners, würde sie sich der Verteidigung der »Bürgerrechte« von Pädcrasten vielleicht nicht ohne weiteres anschließen. Als NAMBLA - die nordamerikanische Vereinigung der Päderasten - 1979 um Unterstützung warb, protestierten viele schwule Männer, aber mir ist keine Gruppe bekannt, die eine eindeutige öffentliche Stellungnahme abgegeben hätte. Die größte Spaltung über dieses Thema erfuhr die Schwulengemeinschaft, als sich organisierte Lesben öffentlich und einhellig dagegen aussprachen, die von NAMBLA aufgestellten Forderungen zu unterstützen oder mit ihnen in Verbindung gebracht zu werden.* Im März 1979 gaben Mitglieder der Lesbian Feminist Liberation von New York eine Presseerklärung ab, in der es hieß:

Die sogenannten Man/Boy Lovers versuchen, sexuelle Beziehungen zwischen Kindern und Erwachsenen zu legitimieren und verwechseln dabei die wirklichen Bedürfnisse schwuler Jugendlicher mit der Forderung nach Abschaffung aller Gesetze zum Schutz von Minderjährigen. Feministinnen sehen hierin klar einen neuen Anlauf, die sexuelle Ausbeutung von Kindern schmackhaft zu machen.

Die Gruppe verabschiedete eine Resolution, in der sie bekräftigte:

1. Daß das Thema des gesetzlichen Mindestalters einen Keil in unsere Koalition und unsere Bewegung treibt.

2. Daß es eine Abweichung von den Hauptanliegen der Lesben- und Schwulenbewegung darstellt.

3. Daß die Koalition sich gegen den sexuellen Mißbrauch von Kindern durch Heterosexuelle wie durch Homosexuelle wendet.

Diese Resolution wurde mit überwältigender Mehrheit angenommen.[9]

---

* Hierauf wird im nächsten Kapitel näher eingegangen.

Der Zwiespalt unter schwulen Männern ist bedauerlich. Als Verfechter der sexuellen Rechte gleichgestellter Erwachsener könnten sie ein sittliches Modell für menschliche Beziehungen anbieten. Aber so, wie sich die Sache verhält, fällt es mir schwer, für jemandes Recht auf sexuelle Beziehungen mit Ungleichen einzutreten, ob hetero- oder homosexueller Prägung. Es ergäbe viel mehr Sinn, wenn sie Kindesschändung kategorisch verurteilten. Am einleuchtendsten erscheint mir dazu folgende Stellungnahme einer Sozialarbeiterin und Therapeutin: «Ein Kindesschänder ist weder heterosexuell noch homosexuell. Er ist ein *Kindes*schänder.»[10]

Daraus folgt jedoch, daß ein Junge, der als Mädchenersatz dient, ebenso leicht Opfer von Ausbeutung wird wie ein Mädchen. Aufrüttelnde Schlagzeilen wie *Lehrer wegen Mißbrauchs von kleinen Jungen vor Gericht, Vergewaltiger fällt über männliche Kinder her, Fünfjähriger von sadistischem Sexamokläufer zu Tode gepeitscht, Texas' Opfer bei größtem Sexmassaker der USA* sind ebenso häufig wie solche, die an Mädchen verübte Greueltaten verkünden. Auf dem Sklavenmarkt wird sowohl mit Mädchen als auch mit Jungen großzügig Handel getrieben. Im Libanon, Irak und in Südostasien, Zentralasien und Afrika sind in den Bordellen genauso viele Jungen wie Mädchen zu sehen. In Bombay kann man kleine Jungen in Käfigen finden, denen die Augen geschwärzt und die Lippen angemalt wurden, damit sie wie kleine Mädchen aussehen. Sobald sie älter als dreizehn oder vierzehn sind, werden sie ausrangiert und sich selbst überlassen; als einzige Überlebensmöglichkeit bleibt ihnen weiterhin die Prostitution, oder sie werden Zuhälter und werben andere kleine Jungen an.[11] Wir wollen aber nicht vergessen, daß die westliche Zivilisation auch nach den Kriterien von Angebot und Nachfrage funktioniert. Männer bei uns wie in Übersee profitieren vom Verkauf kleiner Jungen. Im Jahr 1972 kam die Polizei im Hinterland von Mineola auf Long Island einer Gruppe von Männern der Mittelschicht auf die Spur, die seit zehn Jahren Jungen mit teuren Kleidern und Geld in die Prostitution lockten.[12] Ein Jahr später flog ein ähnlicher Ring in Suffolk County auf.[13] Besonders aufschlußreich ist die berufliche Stellung der Männer, die diese Operationen leiteten. Unter ihnen befindet sich zum Beispiel ein Psychiater,der mit einem renommierten Krankenhaus in Verbindung stand, ein Athletenausbilder einer angesehenen Universität und ein ehemaliger Vermittler für die Big Brothers Organisation.* 1974 flog ein weiterer Ring in der wohlhabenden Westchester County auf.[14]Und von Zeit zu Zeit erfahren wir aus den Medien, daß sich in Chicago ein Gerichtsausschuß mit Fällen von Pornographie und Prostitution befassen wird, in die kleine Jungen verwickelt sind; daß in New York bei einer Razzia in einem vermutlichen Prostitutionsring und »Callboy-Service« drei Personen verhaftet wurden; daß in einem Ring der Bostoner Gegend zwölf Männer als Kindesschänder verhaftet wurden.[15]

Männer mit einem gemeinsamen Interesse an Jungen sind so zahlreich, daß sie als Gruppe, genannt »chickenhawks« (Hühnergeier), identifizierbar sind. Die Jungen sind natürlich die »Hühner«. »Hühnergeier« sind in jeder Gesellschafts- und Einkommensschicht anzutreffen; sie können Politiker, Lehrer, Geistliche, Sportler, Arbeiter sowie Delinquenten und Landstreicher sein. Die Kinder, die vorwiegend aus Familien kommen, die arm sind, zu den ausländischen Minderheiten gehören oder von der Fürsorge leben, mögen kein Interesse an Sex haben, können aber dem Geld nicht widerstehen. In jeder Stadt, in der es arme Kinder gibt, klappern Strichjungen im Alter von acht bis vierzehn Jahren die Straßen nach Kunden ab; und »Hühergeier« hängen dort herum, wo die Kinder sind. Wenn diese Jungen erst einmal über vierzehn sind, weg vom Fenster, wenden auch sie sich der Zuhälterei zu. Dank der ständigen Nachfrage nach frischen Lieferungen jungen Fleisches grasen Zuhälter ärmliche Viertel, Bahnhöfe und Busbahnhöfe nach Ausreißern ab. Diese Kinder, von denen viele verstoßen, verlassen oder ohne Freunde und Geld auf der Strecke geblieben sind, gehen vielleicht freiwillig mit Anwerbern mit. Wenn sie sich widersetzen, werden sie nicht

---

* *Die Big Brothers Organisation vermittelt Jungen mit beschränkten Freizeitmöglichkeiten an - oft alleinstehende - Männer, die solchen Jungen Spiele, Sport, Ausflüge u.ä. ermöglichen wollen. (A. d. Ü.)*

selten entführt, vergewaltigt oder auf andere Weise zur Prostitution gezwungen.[16]

Manche »Hühnergeier« ziehen es vor, ihre Kontakte nicht auf der Straße, sondern woanders zu knüpfen. Rundschreiben und Publikationen wie *Hermes* oder das Päderastenblatt *Straight to Hell* haben Privatrubriken, durch die man andere finden kann, die einen wiederum an Gruppen von Jungen weiterleiten können, vorzugsweise zwölf bis sechzehn, die sich an »Nacktheit und knabenhafter Freiheit« erfreuen. Für alle diejenigen, die ihre Transaktionen lieber per Telefon arrangieren möchten, bietet jede größere Stadt mit einem Callgirlservice auch Callboys, zehn bis sechzehn, die stundenweise vermietet werden oder auch für den Tag, die Nacht, eine Woche oder länger. Für gehobenere Ansprüche stehen etwas ältere, gebildete, ehrgeizige Jünglinge zur Verfügung, die auf der Suche nach Männern sind, die ihnen eine Ausbildung finanzieren oder ihnen eine gute Anstellung besorgen können. Diese Kategorie von Callboy wird, wie das Callgirl, versuchen, Kontakte zu knüpfen, solange er noch jung und attraktiv ist. Wo Geld, Einfluß und Macht ist, sind Jungen wie Mädchen bereit, sich zu verkaufen.

Natürlich muß sich auch gleich die einträgliche Pornoindustrie Männern mit einem Faible für Jungen anbiedern. *Boy Howdy*, »für alle, die jung denken,« strotzt vor Photos von nackten Jungen in allen erdenklichen sexuellen Stellungen. Wer seine Knaben lieber sehr jung hat, findet in *O Boy* Bilder von nackten sechs- bis zwölfjährigen Jungen in aufreizenden Positionen, die mitleiderregend unbeholfen und ausgeliefert wirken. Sogar das konservative Blatt *The Gay Advocate* hat für Filme aus der »lollypop«-Sammlung geworben, mit Wayne und Carl, zwei Dreizehnjährigen, und Greg und Mickey, beide vierzehn: Auf einer Großanzeige sind zwei Lutscher lutschende, von der Taille abwärts nackte Knaben mit kindlichen Zügen abgebildet.[17] In ihren Heften machen organisierte Päderasten Reklame und geben Tips für harte und sanfte Pornodias, -filme und -bücher. *Boys will be Boys* ist ein über 200-seitiger Photoband mit Bildern von Jungen - bekleidet, halbnackt, nackt. *The Sex Book* ist ein

Lexikon mit einem sachdienlichen Text und Nacktphotos von Kindern. *Legend of Paradise, The Boy, Chicken, The Asbestos Diary* usw. zielen alle auf Männer mit sexuellem Hang zu Kindern, insbesondere Jungen ab.

Nicht alle »Hühnergeier« beschränken sich auf kommerziellen Sex. Einige finden ihr Vergnügen unweit von zuhause und völlig umsonst. Zu Beginn der siebziger Jahre wurde geschätzt, daß von allen angezeigten Fällen von Belästigung ein Junge auf zehn Mädchen kam. Diese Zahl ist inzwischen auf drei Jungen pro zehn Mädchen hochgeschnellt. Einige Studien sagen voraus, daß ebenso wie 25% aller Frauen vor ihrem dreizehnten Lebensjahr belästigt werden, 10% aller Männer als Kinder eine sexuelle Begegnung mit einem Erwachsenen erleben werden.[18] Zur Zeit werden auch zunehmend Fälle von Vater-Sohn-Inzest beobachtet. Aus einer im *American Journal of Psychiatry* veröffentlichten Studie geht hervor, daß innerhalb einer kleinen Testgruppe (sechs Familien) zehn Söhne in Vater-Sohn-Inzest verwickelt waren. Die Forscher sagten: »Wir haben in derselben klinischen Personengruppe keine Fälle von Mutter-Tochter- oder Mutter-Sohn-Inzest beobachtet.«[19] Man hat erst kürzlich geschätzt, daß ungefähr zwei Drittel aller Schänder von männlichen Kindern Familienangehörige oder Freunde sind. Manche Fachleute glauben, Jungen sträubten sich vielleicht noch mehr als Mädchen, davon zu berichten. Ein Junge wollte nicht von seinem Erlebnis erzählen, weil »ich nicht wollte, daß mich jemand für einen Schwulen hält.« Man hat auch die These aufgestellt, daß Jungen, weil sie größere sexuelle Freiheit genießen, größere sexuelle Selbstachtung haben und weniger gehemmt sind, sich im allgemeinen bereitwilliger mit Männern einlassen. Da könnte etwas dran sein. Die achtundzwanzig männlichen Aussagen, die ich bekommen konnte, förderten die unterschiedlichsten Reaktionen zu Tage, obwohl die Testgruppe relativ klein war. Sie gingen von Vergnügen, Stolz, Zwiespältigkeit über Scham, die später durch Erlangen der Geschlechtsreife abgemildert wurde, bis hin zu Demütigung, Frustration und Wut. Von den 150 befragten Mädchen hatten alle bis auf eine sehr starke negative Reaktionen. Dies könnte eine Folge der unterschiedlichen gesellschaftlichen Einstellung zu männlichen und weiblichen Kindern und damit der unterschiedlichen subjektiven Reaktionen sein. Wenn sich ein Junge durch das Erlebnis »verweichlicht« vorkam, fühlte er sich gedemütigt. Hatte seine männliche Selbstachtung dadurch, daß er sich mit seinem Belästiger identifizierte, keinen Rückschlag erlitten, war die Erfahrung entweder wertfrei oder positiv. Und wenn er sich als Kind beschämt gefühlt hatte, als Erwachsener jedoch seine kindliche Hilflosigkeit kompensieren konnte, konnte er mit belustigter Gleichgültigkeit auf den Vorfall zurückblicken.

In einer Kultur, in der männliche Sexualität Stärke, Überlegenheit, Beherrschung und Erfolg verkörpert, in einer Welt, wo das männliche das erstrebenswerte Image ist, überrascht es nicht, daß ein männliches Kind auf ein sexuelles Erlebnis anders reagiert als ein weibliches Kind. Das männliche weiß, daß seine Sexualität eines Tages Stärke und Überlegenheit bedeuten wird, wohingegen für das weibliche Sex mit einem männlichen Erwachsenen ihren traditionell minderwertigen Status unterstreicht. In der Kinsey-Untersuchung über *Das sexuelle Verhalten des Mannes* berichteten so wenig Männer von sexuellem Mißbrauch in ihrer Kindheit, daß die Studie zu dem Schluß kam:

Die Anatomie und Funktion der männlichen Genitalien interessieren den jüngeren Knaben in einem Maß, das von älteren Männern nicht mehr richtig eingeschätzt wird, die heterosexuell geprägt worden sind und in Abwehr gegen Reaktionen stehen, die als homosexuell gedeutet werden könnten.[20]

Im Vergleich dazu betrachte man die Reaktion der 4000 befragten Frauen in *Das sexuelle Verhalten der Frau*. Eine von vier berichtete von sexuellen Erlebnissen mit Männern vor der Adoleszenz, und alle Reaktionen waren negativ. Die Forscher standen vor einem Rätsel:

Es ist schwer zu verstehen, warum ein Kind darüber verstört sein sollte, daß man seine Genitalien berührt oder daß es die Genitalien anderer Personen zu sehen bekommt... es sei denn auf Grund kultureller Prägung.[21]

Die Forscher haben die nachhaltigen Folgen einer tief verwurzelten Doppelmoral außer Acht gelassen. Danach sind Frauen und Männer nicht nur unterschiedlich, sondern auch sexuell ungleich. Da das weibliche Kind als kastriert, organlos, unvollkommen und sexuell minderwertig angesehen wird, wird es auf eine scheinbar gleiche Erfahrung anders reagieren. In den Auslegungen, die Männer ihrer eigenen Belästigung geben, spiegelt sich diese Ungleichheit.

Für Ray, einen Mann Anfang dreißig, Vater von zwei Kindern, hatte seine Belästigung eine erhöhte Selbsteinschätzung zur Folge. Er identifizierte sich so positiv mit seinem Belästiger, daß er, als er aufwuchs, wiederum selbst Kinder belästigte:

Mein Bruder war zehn Jahre älter als ich und mein Vorbild. Als ich neun war, war ich bei einem Freund von ihm zuhause, der um die zwanzig war. Er bat mich, in sein Zimmer zu kommen. Er hatte eine Erektion. Er sagte: »Steck' ihn dir doch mal in den Mund.« Ich tat es und fand es sehr interessant. Ich erinnere mich nicht, irgend etwas Sexuelles dabei empfunden zu haben, aber es machte mir Spaß. Später gab er mir Geschenke und war wirklich sehr nett zu mir.

Ich hatte nie irgendwelche Schuldgefühle darüber. Ich habe die ganze Sache sogar vergessen, bis ich einmal homosexuelle Phantasien hatte und es mir plötzlich wieder einfiel. Ich konnte nachvollziehen, wie es war. Ich konnte es direkt fühlen.

Das einzig Schlechte daran war, daß wir nie darüber gesprochen haben. Es wäre besser gewesen, wenn wir darüber gesprochen hätten. Aber ich kann es verstehen - ich meine, was er mit mir gemacht hat. Ich kann es verstehen, weil ich selbst kleine Mädchen belästigt habe. Es fing an, als ich fünfzehn war - da war so ein kleines Mädchen, die über uns wohnte. Sie war ungefähr sechs, und ich tat immer so, als würde ich mit ihr raufen, aber dann rieb ich mich gegen sie und holte mir so einen runter. Sie wußte nicht einmal, was ich tat. Warum sollte ich Schuldgefühle haben? Es schadet den Kindern doch nicht, und mir macht's Spaß.

Sam, Anfang zwanzig, meinte, er habe zu dem Erlebnis ebensoviel beigetragen wie sein Schänder. Die Erfahrung bestätigte ihn in seiner Männlichkeit und in seiner Neigung zu Männern.

Als ich acht war, schickten mich meine Eltern zum Boxunterricht. Ich war hingerissen vom Bizeps meines Lehrers. Eines Tages baten ihn die Kinder, seine Muskeln zu spannen, und ich glaube, er hat gemerkt. wie ich darauf abgefahren bin. Ich weiß nicht mehr, wann es zum ersten Mal passierte, aber er nahm mich oft mit ins Hinterzimmer, und wir waren ziemlich schnell bei den Genitalien angelangt. Es hat mir riesigen Spaß gemacht. Ich ermunterte ihn, soviel ich konnte. Ein interessantes Erlebnis war, als er mich beim Gewichteheben mit dem Mund befriedigte. Es war wie eine neue Übung. Es gefiel mir.

Mit vierzehn wußte ich, daß ich schwul war. Ich habe mich immer sehr zu älteren Männern hingezogen gefühlt, aber neuerdings mag ich auch jüngere. Ich habe dieses Erlebnis geheimgehalten. Ich habe meinen Eltern nichts gesagt, denn sonst hätten sie mich aus dem Boxunterricht genommen. Nachdem ich mein erstes Erwachsenenerlebnis hatte, ich war etwa siebzehn, sagte ich meinen Eltern, daß ich schwul sei. Ich hatte dabei ein wirklich gutes und sehr befriedigtes Gefühl darüber. Meine Eltern waren ziemlich außer sich. Ich hörte, wie meine Mutter im Nebenzimmer weinte. Es klang seltsam, aber es berührte mich nicht.

Wenn abweichendes Verhalten das Selbstwertgefühl fördert und das eigene Gewissen sich nicht meldet, ruft die Abweichung an sich nicht unbedingt Schuldgefühle hervor. Daher waren Ray, ein Kindesschänder, und Sam, ein Homosexueller, durch ihre sexuellen Begegnungen eher befriedigt als verstört. Ihr abweichendes Verhalten erwies sich lohnender als die Anpassung an Tabus oder als die Schuldgefühle, die aus der mißbehaglichen Identifikation mit den Ängsten und der Verstörtheit eines Kindes oder einer Mutter entstehen, die »im Nebenzimmer weinte.« Was mich hierbei stört - jenseits von Abweichung, Tabus und gesellschaftlicher Zensur - ist, daß in beiden Fällen das angeblich so lebenswichtige männliche Image ohne Rücksicht auf den anderen zugefügten Schaden und Schmerz erworben wurde.

Paul, Ende zwanzig, wurde in seiner Kindheit belästigt. Im Gegensatz zu Ray und Sam erschreckte und beschämte ihn der Vorfall:

Eines Tages, als Neunjähriger, war ich auf dem Weg zur Musikstunde. Zwei Jungen - Teenager - erklärten mich zu ihrem Gefangenen und brachten mich in einen leeren Schuppen. Ich hatte schreckliche Angst und fing an zu weinen. Einer von ihnen schob mir seinen Penis ins Gesicht und befahl mir, ihn in den Mund zu nehmen. Ich war sehr verängstigt und tat, was er mir sagte.

Dann sagte er mir, ich solle meine Hose ausziehen, aber diesmal hechtete ich zur Tür und rannte zu meiner Stunde und heulte den ganzen Weg. Mein Lehrer fragte mich, was passiert sei. Ich sagte ihm, ein paar Jungen hätten mich geschlagen, erzählte ihm aber nichts von dem sexuellen Teil.

Im Rückblick jedoch, nachdem Paul die mit der Reife verbundene Körperkraft, gesellschaftliche Macht und den entsprechenden Erfolg erworben hatte, schien das Erlebnis nicht mehr so schädigend gewesen zu sein. Als Erwachsener wurde er ein stadtbekannter Junggeselle, gewann Trophäen für sein Können im Golf und im Tennis und brachte es zu ungewöhnlichem finanziellen Erfolg. Zur Zeit des Vorfalls reagierte Paul mit der gleichen Hilflosigkeit und Scham wie ein weibliches Kind, doch anders als bei einem kleinen Mädchen störte ihn nicht die sexuelle Erniedrigung, sondern seine kindliche Ohnmacht. »Ich schämte mich nicht wegen dem Sex, sondern weil ich Angst gehabt und mich wie ein Baby benommen hatte,« gab er an.

Sobald die zeitlich begrenzte Kindheit vorüber war, blickte er ohne ein Gefühl der Demütigung, der Wut oder innerer Zerrissenheit auf den Vorfall zurück.

Ich würde sagen, die Erfahrung hat mich gelehrt, nie Angst zu zeigen und nach körperlicher, gesellschaftlicher und wirtschaftlicher Macht und Selbstvertrauen zu streben. Sie hat mich in dem Wunsch bestärkt, sportlich erfolgreich zu sein, und, um die

Wahrheit zu sagen, ich habe so ziemlich alles erreicht, was ich wollte, bei Frauen, im Sport und im Beruf. Ich denke, ich habe ziemliches Glück gehabt.

Ralph, neununddreißig, war der Erfolg, der seine Demütigung vielleicht hätte kompensieren können, versagt geblieben. Im Gegensatz zu Paul hat er sich nie von der Entwürdigung erholen können. Die Beschädigung seines Selbstimages ist nie geheilt und der Vorfall, Symbol seiner kindlichen Hilflosigkeit, verfolgte ihn ins Erwachsenenleben.

Als ich sieben oder acht Jahre alt war, pflegte ein Mann im Candy store* seine Hand auf meinen Penis zu legen. Später, als ich dreizehn war und in einer kleinen Vorstadt wohnte, war ich in einem Jungen-Sportverein. Der Trainer belästigte uns sexuell. Keiner hat jedoch darüber gesprochen, bis eines Tages alles rauskam.

Er war verheiratet und hatte Kinder und war Sportreporter bei einer großen Zeitung. Er lud mich ein, mit ihm ins Kino zu gehen, und das war für mich eine Mordssache. Während des Films faßte er mich an und küßte mich. Es war pervers, sehr peinlich.
Ich war so verlegen, daß ich nicht mitmachte. Daraufhin wurde ich nicht mehr bei Spielen eingesetzt und konnte nicht mehr Ball spielen, aber viele Jungs, die nicht so gut waren wie ich, durften spielen. Eines Tages, als einer von den Jungs und der Trainer nicht zum Training erschienen, sagte einer: »Ob er mit dem wohl das gleiche macht, was er mit mir gemacht hat?« Da kam alles raus. Jeder hatte eine Geschichte zu erzählen, aber diejenigen, die nicht mitmachten, durften nicht Ball spielen.

Ich bin kein Homosexueller. Ich bin verheiratet und habe selbst zwei Kinder. Ich arbeite jetzt in einem Theater und weiß, daß du nie weiterkommst, wenn du bei gewissen Leuten nicht »mitspielst«.

---

* *Früher ein Laden, der dem Drugstore ähnelte. (A. d. Ü.)*

Männer sind meistens entsetzt, wenn sie für eine Frau gehalten werden. In einem Vortrag vor einer Gruppe von Oberschülern wies ich einmal auf die Ähnlichkeiten in der Behandlung und Diskriminierung von Frauen und Minderjährigen hin. Ich war überrascht, als die männlichen Schüler ungestüm, fast ausfallend dagegen protestierten, mit Frauen eingestuft zu werden, ganz gleich, aus wieviel Mitgefühl. Desgleichen als Jackie, mein elfjähriger Nachbar, von einem entblößten Mann angemacht wurde; seine erste Reaktion war: »Warum ich? Ich bin doch kein Mädchen!« Ein Gruppenarbeiter berichtete, viele sexuell belästigte Jungen machten sich Sorgen, daß irgend etwas in ihrem Auftreten und in ihrer Haltung weibliche Züge verrate und den Vorfall heraufbeschworen habe. Für Tom, sechzehn, bedeutete, für eine Frau gehalten zu werden, den Kernpunkt seiner Erniedrigung.

Ich weiß, daß Frauen vergewaltigt werden, aber ich bin keine Frau, ich bin ein Junge. Ich bin sechzehn und bin trotzdem mehr als genug belästigt worden. Als ich mit neun Jahren auf dem Heimweg von der Schule war, lud mich so ein Junge, ein Teenager, ein, in seine Wohnung mitzukommen. Als wir dort ankamen, war keiner zuhause. Er setzte mich aufs Bett, zog meine Hose runter und machte es. Es hat furchtbar wehgetan, und ich hatte Angst, aber während er dabei war, sprach er unentwegt. Er erzählte die ganze Zeit von seinen Hobbys und anderen Dingen.

Vor ein paar Jahren erzählten im Ferienlager ein paar Jungen von ähnlichen Erlebnissen, und als ich ihnen meine Geschichte erzählte, sagten sie, ich wäre vergewaltigt worden. Ich war geschockt. Ich habe nie meinen Eltern etwas gesagt. Gott bewahre, das Wort Sex in ihrer Gegenwart auszusprechen.

Jetzt bin ich sechzehn, und ich bin weder eine Jungfrau noch homosexuell. Ich bin Platzanweiser in einem Kino, und es vergeht kein Tag, wo ich nicht jemands Hand an mir spüre. Ich sitze ganz harmlos da, und ehe ich mich versehe, hat irgendein Mann seine Hand in meinem Schritt. Das bringt mich völlig durcheinander; ich weiß nicht, was ich machen soll. Eine Szene machen und alles unterbrechen? Ich fühle mich beschämt. Wieso fummeln Männer an mir rum? Ich weiß, ich bin jung, aber ich sehe doch nicht aus wie eine Frau.

Ralph und Tom wurden beide zu kindhafter, verweiblichter Ohnmacht reduziert. Vielleicht werden Tom, wenn er etwas wächst, etwas zunimmt und einen Bart bekommt, weitere Kränkungen erspart bleiben. Obwohl Ralph nicht mehr sexuell belästigt oder schikaniert wird, hat seine Reife - wie bei Frauen, die als Kinder belästigt wurden - die Beschädigung seines Ego nicht auslöschen können.

Bei der Zusammenstellung meiner Forschungsunterlagen konnte ich nichts über Männer, die von Frauen benutzt worden waren, herausbekommen, aber in *The First Time*, einer Sammlung von ersten sexuellen Erlebnissen, fand ich einige Beispiele von Männern, die sehr früh sexuelle Beziehungen zu Frauen hatten. Diese Erfahrung hatte die Männer jedoch so elektrisiert, daß sie, selbst wenn sie gezwungen worden waren, sich nicht als Opfer fühlten. Den schauspieler Joseph Cotten lehrte, als er acht war, eine Neunzehnjährige die »Fakten des Lebens«, und er prahlte: »Wenn es ein Schock war, dann war es ein hinreißender Schock.« Und er war stolz bei dem Gedanken: »Ich war ihr Starschüler.«[22] Der Fernseh- und Nachtklubconférencier Liberace verlor mit dreizehn seine Unschuld an »eine große aufgeblasene Biene... Ich hatte keine Ahnung, was los war, aber mir gefiel's«[23] Ob diese Männer auf ihre Erlebnisse tatsächlich wie angegeben reagierten oder nicht - im Rückblick hielten sie es jedenfalls für angebracht, sich damit zu brüsten. Dem Sänger Lou Rawls war es peinlich, als ihm mit dreizehn eine ältere Frau die Unschuld raubte. Er tröstete sich jedoch mit dem Gedanken: »Die Unschuld zu verlieren, war bei uns nichts weiter;[24] Hauptsache, man verlor sie nicht an einen warmen Bruder.« Wie unwohl ihm dabei auch zumute gewesen sein mag, er war immer noch ein überlegener Mann. Die wirkliche Gefahr lag darin, als Frau benutzt zu werden - und dazu konnte ihn nur ein anderer Mann degradieren.

Sogar die weibliche Verführerin eines weiblichen Kindes hat nicht den gleichen Stellenwert wie der männliche Verführer. In dem einzigen Fall eines Mädchens, das von einer Frau belästigt wurde, empfand das Kind ihre Mißbraucherin als weniger bedrohlich als einen Mann. Carol, heute sechsundzwanzig, erzählte von vier Vorfällen in ihrer Kindheit, darunter einer mit einer Frau:

Sie war eine Lehrerin. Was ich machen mußte, kam mir äußerst befremdlich vor, aber nicht schrecklich beängstigend. Manchmal glaube ich, ich habe es mir eingebildet, aber ich weiß, daß es keine Einbildung war, weil sie es auch mit meiner Schwester gemacht hat. Es war wirklich nicht angenehm, und ich konnte es nicht ausstehen, aber es war nur einmal. Von Männern belästigt zu werden, ist unheimlich, weil dich ein Mann umbringen kann, und außerdem ist es etwas, was dein ganzes Leben lang weitergeht.

Wenn sich ein männliches Kind doch von einer Frau sexuell ausgebeutet fühlt, gelingt es ihm später, die Kränkung auszutreiben und seine Männlichkeit unter Beweis zu stellen, indem er sich an allen Frauen rächt. Iceberg Slim, Zuhälter unserer Tage, und Lord Byron, englischer Dichter des späten 18. Jahrhunderts, wurden beide von Frauen sexuell mißbraucht. Slim wurde als Dreijähriger zu Cunnilingus gezwungen, und in seiner Autobiographie legte er Zeugnis ab von seiner späteren Grausamkeit gegen Frauen im allgemeinen und Prostituierte im besonderen.[25] Byron, von dem seine Biographen behaupten, er sei im Alter von ungefähr acht Jahren über ein Jahr lang von seiner Kinderschwester gebraucht worden,[26] war berüchtigt für seine Frauenfeindlichkeit und seine Peinigung des anderen Geschlechts. Virginia Woolf hingegen wütete nach ihrer fortgesetzten Belästigung durch George Duckworth nicht gegen Männer, sondern gegen sich selbst und starb durch ihre eigene Hand. Man sagt, depressive Frauen, die in ihrer Kindheit vergewaltigt wurden, hätten die aus dem Vergehen an ihnen resultierende Wut gegen sich selbst gerichtet.[27]

Ich behaupte nicht, daß Frauen keine Sexualdelikte an Kindern verüben können. Die wenigen hier angeführten Beispiele zeigen, daß es möglich ist. Aber da Frauen von der Gesellschaft darauf getrimmt werden, sich zu ergeben, verlangen oder erzwingen sie von anderen selten die Erfüllung ihrer sexuellen Wünsche oder

Zwangsvorstellungen. Die Sexualtäterin ist eine Seltenheit.* Ich würde David Finkelhor beipflichten, der in seiner Untersuchung *Sexually Victimized Children* sagt: »Das offenkundigste Merkmal sexueller Mißbraucher ist das, was am wenigsten analysiert worden ist: Es sind fast immer Männer. Ältere Männer sind es, die sexuelle Begegnungen mit jüngeren Kindern einleiten... Dieser Befund trifft auf Jungen wie Mädchen zu... Frauen unternehmen keine sexuellen Annäherungsversuche an Kinder.«[28]

Pädophilie betrifft praktisch weder Lesbierinnen noch heterosexuelle Frauen. Wenn wir durch die Geschichte zurückblättern, waren es stets Männer, nicht Frauen, die Kindern sexuell nachstellten. Männer stellen die Nachfrage, nach der sich das Angebot richtet, und auf jenem Strich Land, der als Times Square bekannt ist, gäbe es keine Hühner, wenn es keine Geier gäbe.

Ich behandle hier nur offenkundige sexuelle Handlungen zwischen Erwachsenen und Kindern. Phantasien oder verführerisches Verhalten, sei es von Männern oder von Frauen, zu ergründen, wäre ziemlich fragwürdig und undurchführbar.

15. VON DER SINNLICHEN FRAU ZUM SINNLICHEN KIND: BEFREIUNG ODER RÜCKSCHLAG?

Wer sich dem trügerischen Glauben hingibt, etwas völlig Neues und Revolutionäres zu tun, mag todunglücklich sein, wenn er erfährt, daß er lediglich der jüngste Ausdruck einer inzwischen uralten Tradition ist.

Bennett Berger, »Hippie Morality - More Old Than New«[1]

Diana Russell, Autorin von *The Politics of Rape,* sagt warnend, daß »eine sexuelle Befreiung ohne die Befreiung von Geschlechterrollen tatsächlich zu einer noch größeren Unterdrückung der Frau führen« kann.[2] Im Hinblick auf gewisse modische Einstellungen heutzutage möchte ich hinzufügen, daß die sexuelle Befreiung von Kindern ohne Rücksicht auf geschlechts- und altersbedingte Ungleichheiten eine Gefahr für unsere Kinder darstellt. Nichtsdestoweniger wird das vermeintliche »Recht« von Kindern, mit Erwachsenen sexuelle Beziehungen zu haben (und umgekehrt) derzeit als harmlos oder als revolutionäre Bürgerrechtsforderung verkauft.

In den dreißiger Jahren kamen Dr. Lauretta Bender und Dr. Abram Blau nach ihren Beobachtungen an mißbrauchten Kindern zu folgendem Schluß: Da das Märchen von der kindlichen Unschuld im wesentlichen widerlegt zu sein scheine, habe die sexuelle Belästigung von Kindern durch Erwachsene keine besonders nachteiligen Auswirkungen auf das künftige Verhalten des Kindes. Und weil die beobachteten Kinder ungewöhnlich attraktiv gewesen seien, sei es durchaus möglich, daß das Kind »eher die Verführerin als die Verführte« gewesen sei.[3] Dr. Karl Menninger baute auf dieser Untersuchung seine These auf, daß wissenschaftlichen Forschungen zufolge Kinder, die frühen sexuellen Erlebnissen ausgesetzt worden seien, sich oft zu ausserordentlich charmanten, attraktiven und emotional gesunden Menschen entwickelten.[4] René Guyon, der in den dreißiger Jahren *Ethics of Sexual Acts* schrieb, steht im Ruf, einen wichtigen Beitrag zur »neuen Moral« geleistet zu haben. Guyon ging in die Geschichte zurück zu der Zeit, als Mädchen mit zwölf verheiratet waren und das gesetzliche Mindestalter zwischen sechs und zehn lag - nach Bombay, wo 74000 Kinder vor ihrem fünften Lebensjahr und 350 000 im Alter von sechs bis zehn Jahren verheiratet waren, und nach China, wo es üblich war, daß Kinder beiderlei Geschlechts Gäste, die zum Essen kamen, unter dem Tisch diskret befriedigten. Guyon führte diese Praktiken als Beispiele für sexuelle Freiheit ins Feld.[5]

Wenn Verfechter der neuen Moral die Vergangenheit bemühen, scheinen sie sich nach der guten alten Zeit zurückzusehnen, als Kinder ganz legal ausgebeutet und vergewaltigt werden konnten.

Das zur Zeit Neros verfaßte *Satiricon* von Petronius schildert eine Orgiennacht, an der sich Petronius und sein junger Freund Giton ergötzten. Als Giton die Defloration der siebenjährigen Pannychis in Aussicht gestellt wurde, war Petronius im Zweifel, ob es zulässig sei, ein so junges Mädchen zu nehmen. Eine erfahrene Prostituierte zerstreute alsbald seine Bedenken, indem sie sagte: »Wie, ist sie etwa jünger als ich war, als ich den ersten Mann hatte? Juno soll mich strafen, wenn ich mich überhaupt daran erinnern könnte, jemals Jungfer gewesen zu sein. Als Kind trieb ich es mit Gleichaltrigen.«[6]

Diejenigen, die heute gegen sexuelle Prüderie und Heuchelei kämpfen, fordern im Grunde, daß wir sexuelle Ausbeutung gestatten, sich offen anstatt im verborgenen abzuspielen, wie zu Petronius' Zeiten. Doch ob die Anhänger der sexuellen Befreiungsbewegung nun die vermeintliche Freiheit der Vergangenheit beschwören oder gegen die angebliche Unterdrückung der letzten 150 Jahre wettern, gemeinsam ist ihnen die Befürwortung von Sex zwischen verschiedenen Generationen. Mitte der sechziger Jahre war es schon so weit, daß das Kinsey-Team tierisches und menschliches Verhalten gleichsetzte und die niedere Gattung zur Rationalisierung sexueller Beziehungen zwischen Erwachsenen und Kindern heranzog. »Das Entsetzen der Gesellschaft über einen Erwachsenen, der sexuelle Beziehungen mit kleinen Kindern hat, verringert sich, wenn man das Verhalten der Säugetiere betrachtet,« hören wir. »Sexuelle Aktivität zwischen ausgewachsenen und Jungtieren kommt häufig vor und scheint biologisch normal zu sein.«[7] Nicht nur das. »Das Sichhinwegsetzen über Alter, Geschlecht und Rasse muß nicht als biologisch pathologisch angesehen werden; es ist genau das, was wir bei verschiedenen Tieren, besonders Affen beobachten.«[8] Ins gleiche Horn blies 1969 Dr. S. de Ropp, dem zufolge tierisches und menschliches Verhalten große Ähnlichkeit aufweist. »Der Heißhunger des älteren Mannes nach einer jungen Frau ist nicht unbedingt auf die Gattung Mensch beschränkt,« sagte er. »Alte Hirsche sind immer hinter jungen her, und junge Hirschkühe sind immer willig.«[9] De Ropp verglich dies mit Frank Harris' offen bekundeter Begierde nach halbflüggen Mädchen in seinen reiferen Jahren, und in ihrem Buch *Sex Without Shame* sah Dr. Alayne Yates 1978 »ein ungeheures erotisches Potential in Kleinkindern.« Sie warnte zwar davor, dieses Potential auszunutzen, fand aber, daß »nicht erzwungener Vater-Tochter-Inzest sogar kompetente und bemerkenswert erotische Frauen hervorbringen [kann]. Die Kindheit ist die beste Zeit zum Lernen.«[10] Dr. H. Wells, Autor von *The Sensuous Child*, ist der Ansicht, »Kinder haben ein Recht auf sexuelles Vergnügen,« aber »ein Großteil dieses Geredes über sexuelle Traumen ist Unsinn.« Wells hatte eine Patientin, die mit vierzehn von einer Bande vergewaltigt und dann später von einem älteren Bruder mißbraucht wurde, doch sie sei aufgewachsen, habe Kinder bekommen und »keine erkennbaren Probleme« gehabt.[11] Warren Farrel, der gerade ein Buch über Inzest abschließt, stellte fest, daß die Erfahrungen, über die Frauen berichteten, vorwiegend negativ waren. Er habe jedoch in den vier Jahren, in denen er sich mit hunderten von Inzestbeteiligten befaßt habe, folgendes festgestellt:

Ich stellte fest, daß sich eine Tochter den sexuellen Liebkosun-

gen des Vaters oft bereitwillig hingab, als sie jünger war. Doch als sie älter wurde und lernte, daß »Inzest etwas Unrechtes ist«, übertrug sie dies auf den Mißbrauch durch ihren Vater. Als die Gesellschaft sie zunehmend als Sexualobjekt behandelte, begann sie sich zu fragen, ob sie vielleicht nur als Sexualobjekt der Rede wert sei: »Schließlich beachtete mich Papa dann am meisten.«[12]

Farrel merkt an: »Unglücklicherweise beachtete sie Papa tatsächlich am meisten, wenn er sexuell aktiv war,« und schließt die fragwürdige Erklärung an: »Doch oft wußte er seine Zuneigung nicht anders auszudrücken als durch Sexuellsein.«[13]

Der für mich verwirrendste Beitrag zu diesem Thema kommt von Richard Farson, Autor von *Menschenrechte für Kinder*. Farson setzt sich für die Emanzipation von Kindern ein. »Kinder sollen auch etwas ablehnen können,« schreibt er. »Die Möglichkeit, sich nicht auf sexuelle Betätigung einzulassen, ist als Ausdruck sexueller Freiheit ebenso wichtig wie alles andere.« Aber, fährt er fort, »Kinder werden in dem Sinn erzogen, daß sie Erwachsenen nichts abschlagen dürfen.« Farson stellt sich daher bedingungslos gegen Erwachsene, die wehrlose Kinder unsensiblerweise hochheben, streicheln, herzen und küssen. Er erklärt, Kinder hätten wenig Erfahrung im Neinsagen. Sie hätten auch wenig Erfahrung darin, ihren eigenen Reaktionen auf andere Menschen zu trauen und dem Versprechen von Belohnungen zu widerstehen. Sie seien über sexuelle Dinge nicht informiert, verstünden weder ihre eigene Sexualität noch die anderer und tappten hier völlig im Dunkeln.

Ich stimme hiermit ganz und gar überein. Wenn es allerdings zu Genitalkontakten zwischen einem Erwachsenen und einem Kind kommt, räumt Farson widersinnigerweise ein, daß das Kind oft »freiwillig« mitmache.[14] Und obgleich die Kleinfamilie die Nachkommen seiner Ansicht nach schädige und unterdrücke, sei Inzest doch weniger traumatisch, als man uns habe glauben machen wollen. In einer Situation, wo die Mutter zum Beispiel behindert sei, könnte Vater-Tochter-Inzest den Vater vom Fremdgehen abhalten und zur Aufrechterhaltung der Familie dienen. Oder, in seinen eigenen Worten: »Manchmal hat Inzest für den Erhalt der Familie eine bestimmte Funktion.«*[15]

Außer für den Fall von Mutter-Sohn-Inzest, der durchweg als pathologisch angesehen wird, habe ich keine Arbeit über Kinderbefreiung, die Rechte von Kindern oder die sexuelle Befreiung von Kindern gefunden, die Sex zwischen Kindern und Erwachsenen vorbehaltlos ablehnt.

Meines Erachtens ist der Ausdruck *Befreiung* in seiner unbedachten Anwendung auf Kinder sowohl gefährlich als auch absurd. Hilf- und schutzlos geboren, haben sich die Kleinen zum Überleben schon immer auf die größeren Fähigkeiten von Erwachsenen verlassen. So oder so muß jede Gesellschaft mit dem Heranwachsen von der Kindheit zur Reife fertig werden, und jede Kultur setzt einen zeitlichen Rahmen fest, innerhalb dessen Kinder ernährt und geschützt werden, bis sie ihr Leben selbst in die Hand nehmen können. Die Unterdrückung von Kindern mit der Unterdrückung von Schwarzen oder Frauen gleichzusetzen, bedeutet, das Wesen der Kindheit zu verkennen. Selbst wenn sie die Gelegenheit hätten, könnten Kinder nicht für sich selbst sorgen, während die meisten Erwachsenen überleben und funtionieren können, wenn ihnen eine faire Chance geboten wird. Ich gebe zu, daß Erwachsene nur allzu oft die speziellen Bedürfnisse von Kindern nicht verstehen. Allerdings können Schäden nicht durch die Gleichsetzung dessen verhindert werden, was vielleicht die einzig wirkliche, naturbedingt asymmetrische menschliche Kondition ist. Kinder haben ein Recht, nicht auf Gleichheit mit Erwachsenen, sondern auf angemessenes Ver-

---

* *Der Begriff des »funktionalen Inzests« geht auf Dr. Christopher Bagley zurück, einem Soziologen am Institut für Psychiatrie in London. Seine Arbeiten zu diesem Thema haben viele »progressive« Denker zu der Annahme verleitet, daß die Gefahren des Vater-Tochter-Inzests in hohem Maße übertrieben worden seien.*

ständnis seitens der Erwachsenen, auf ihre Fürsorge und ihren Schutz. Sie haben ein Recht auf eine Alternative zu strafenden Eltern oder Vormunden, ein Recht auf gesetzliche Maßnahmen, die sie vor dem Mißbrauch jener Macht schützen, die Erwachsene unweigerlich über sie haben, und ein Recht darauf, sobald wie möglich zu früher Unabhängigkeit geleitet zu werden. Solange wir nicht anerkennen, daß alle Macht und daher alle Verantwortung (einschließlich der Verantwortung, »nein« zu sagen, ganz gleich, wieviel Überzeugungskraft ein Kind haben mag) in der Hand der Großen liegt, ist Kinderbefreiung ein leeres Wort. Solange wir nicht einsehen, daß Kinder - obwohl nicht leicht zu täuschen - außerstande sind, sich dem Druck Erwachsener zu widersetzen, bedeutet, einem Kind das sogenannte Recht auf die freie Wahl eines erwachsenen Sexpartners zuzugestehen, etwa soviel, wie ein Huhn aus seinem Stall zu befreien, um es dem lechzenden Fuchs zu überlassen.

Die Forderung nach sexueller Freiheit für Kinder - zum Wohl des Kindes, wie versichert wird - zielt nur allzu offensichtlich auf die Befriedigung von Erwachsenenbedürfnissen ab. Lars Ullerstam, ein skandinavischer Arzt und Philosoph, fand es »traurig, daß man den Pädophilen keine Sexualobjekte zur Verfügung stellen kann, aber ich wüßte nicht, wie das praktisch zu bewerkstelligen wäre. Ich opponiere jedoch dagegen,« sagte er, »daß diese Menschen ihren Geschlechtstrieb nicht befriedigen dürfen.[16] Infolge ihrer geflissentlichen Nichtbeachtung von macht- und altersbedingten Ungleichheiten haben Pädophile das legitime Recht auf Sex zwischen volljährigen Erwachsenen mit dem ungerechtfertigten Anspruch auf Sex zwischen Männern und Kindern verwechselt und organisieren sich nun, um ihre Neigungen im Namen des Bürgerrechts befriedigen zu können. PIE bzw. Pedophile Information Exchange und PAL bzw. Pedophile Action for Liberation operieren von England aus. Andere Gruppen haben ihren Sitz in der BRD oder in der Schweiz, während es in den USA den CSC bzw. Childhood Sensuality Circle gibt, der Sex zwischen Kindern untereinander und mit Erwachsenen fördert, und BL, das sowohl für Better Life als auch für Boy Love steht. Die René-Guyon-Gesellschaft fördert den heterosexuellen Sex zwischen Kindern untereinander und zwischen Kindern und Erwachsenen und verspricht, daß Sex in jungen Jahren Scheidung und Kriminalität verhindern werde. Das Motto der Gruppe ist: »sex by eight or else it's too late« (Sex mit spätestens acht, sonst ist es zu spät).[17] Mitglieder der Gruppe haben sich in Sacramento, Kalifornien, eine Lobby geschaffen und behaupten, sie hätten bei einigen Parlamentariern Unterstützung für ihr Vorhaben gefunden, die Gesetze, die den Sex mit Minderjährigen verbieten, zu ändern. Im September 1977 fand unter der Schirmherrschaft der Universität von Swansea in Wales und der British Pathological Society eine internationale Konferenz zum Thema »Liebe und Anziehung« statt, die gestört wurde, als sich organisierte Pädophile als eine unterdrückte Minderheit zu Wort meldeten.

Als sich die Pädophilen auf der Konferenz von Swansea für die Legalisierung von Sex zwischen Kindern und Erwachsenen und für die Herabsetzung des gesetzlichen Mindestalters auf vier stark machten, drohten die Köche, Kellner und das Aufsichtspersonal der Universität Swansea mit dem Ausstand. »Entweder räumt Tom O'Carrol, der Vorsitzende von PIE, das Feld,« sagte ein Sprecher der Gewerkschaft für Angestellte im öffentlichen Dienst, »oder wir legen die Arbeit im gesamten Universitätsbereich nieder.«[18]* Die Mißbilligung der Stadt war so stark, daß eine Frau O'Carroll, als er die Crockett Arms Bar betrat, ein Glas Bier überschüttete, »ihm drei Schläge versetzte« und seine Nase zum Bluten brachte.[19] O'Carroll war gezwungen, die Konferenz zu verlassen, und die Redezeit für Pädophile wurde drastisch gekürzt. Zwei Vertreter von PIE waren »gekränkt und schockiert« über ihren Empfang. In einem Interview mit Polly Toynbee vom

---

* Tom O'Carroll hat kürzlich ein Buch geschrieben, Pedophilia: The Radical Case, in dem er - laut Ankündigung - seine eigene Neigung zu Kindern beschreibt, den Irrglauben darlegt, wonach Pädophile Ungeheuer seien, Vorschläge für Gesetzesänderungen unterbreitet, die Rechte von Kindern und den Begriff der Einwilligung bespricht und eine detaillierte Geschichte der »Pädophilenbewegung« präsentiert.

Guardian Women, einer walisischen Zeitung, wandten sie ein, daß »Kinder in hohem Maße sexuelle Wesen sind, deren natürliche Sexualität von der Gesellschaft, in der wir leben, unterdrückt wird«; daß »liebevolle, herzliche Beziehungen mit Erwachsenen außerhalb der Familie für Kinder gut sein« können; und sie betonten, »obwohl fast alle Kinder weit mehr zu vaginalem und analem Geschlechtsverkehr befähigt sind, als man ihnen zutraut«, bezögen die meisten Pädophilen in ihren Beziehungen Penetration nicht ein, sondern nur gegenseitige Masturbation. Nach dem Interview hatte Polly Toynbee »das beklemmende Gefühl, daß in fünf Jahren oder so ihre Ziele vielleicht annehmbar sein könnten.« Ms. Toynbee hatte allen Grund zu diesem »beklemmenden Gefühl«. Sex zwischen Kindern und Erwachsenen wird mit zunehmender Aufgeschlossenheit betrachtet.*[20]

Kurz bevor dies geschrieben wurde, traf sich in Philadelphia eine Koalition für Schwulenrechte, um einen Protestmarsch auf Washington gegen die Diskriminierung von Homosexuellen zu planen. Zusätzlich zu dem Protest gegen berufliche Diskriminierung und Gesetze gegen Sex zwischen volljährigen Erwachsenen, schlug eine Gruppe von Männern vor, das Recht von Erwachsenen auf Sex mit Kindern zu fordern. David Thorstad, der Sprecher der Koalition sagte:

Unsere Taktik und Strategien dürfen sich nicht nur darauf gründen, die Rechte der Mitglieder unserer Gemeinschaft zu verteidigen... sondern auch auf den Kampf für die Rechte aller Menschen, ungeachtet ihres Geschlechts, ihrer Hautfarbe oder ihres Alters.

Wir befinden uns in einem Krieg zwischen den Kräften der sexuellen Befreiung auf der einen und den Kräften der sexuellen Unterdrückung auf der anderen Seite. Knabenliebe und Sex zwischen verschiedenen Generationen sind die blutige Front in diesem Krieg geworden.

---

* *Ich möchte mich bei Dorothy Tennov, Autorin von* Psychotherapy: The Hazardous Cure *für die Beschaffung aller Zeitungsberichte und Angaben über die Konferenz von Swansea bedanken.*

Aufhebung aller Gesetze über das Mindestalter!!!

Sexuelle Ausdrucksfreiheit für alle!!! [2]

Im Dezember 1978 wurden mehrere Männer in Boston ungesetzlicher Sexualhandlungen mit Knaben angeklagt. Es bildete sich ein Komitee zu ihrer Verteidigung, das eine Konferenz mit etwa 150 Teilnehmern abhielt. Zu dem Treffen erschienen auch ein Priester, ein Gewerkschaftler, ein Künstler, ein Sozialarbeiter und weitere Vertreter der intellektuellen Mittelschicht Amerikas. Dr. Richard Pillard vom Psychiatrischen Institut der Universität Boston erinnerte die Versammelten: »Freud hat schon vor siebzig Jahren darauf hingewiesen, daß die Sexualität in der Kindheit, ja sogar im Säuglingsalter einsetzt.«[22] Ein weiterer Sprecher verteidigte das Strichjungentum, weil es für ihn die einzige Möglichkeit darstelle, Sex mit Männern zu haben. Es sei »sehr erfüllend,« sagte er.[23] Obwohl die meisten Teilnehmer die Sache unterstützten, lief die Konferenz nicht glatt ab. Es kam zu einem Aufruhr, als die Radikalfeministin Jon Schaller ihre Mißbilligung aussprach. Sie sagte:

Noch leben wir in einer Gesellschaft, die von Erwachsenen beherrscht wird, wo Erwachsene die Gesetze und Vorschriften machen und wo junge Menschen keine Übung darin haben, selbst Entscheidungen über ihr Leben zu treffen. Jede Beziehung zwischen einem Erwachsenen und einem jungen Menschen, in der der Erwachsene nicht ganz bewußt auf einen Abbau des Machtungleichgewichts hinarbeitet, wird zwangsläufig unterdrückerischen Charakter haben. Und das ist der springende Punkt für jeden in einer derartigen Situation. [24]

Zum Abschluß der Konferenz taten sich zweiunddreißig Männer und zwei Teenager zusammen, gründeten die Man/Boy Lovers of America, entwarfen ein Flugblatt und setzten für März 1979 eine Konferenz in New York an. Ich ging zu der New Yorker Konferenz. Etwa hundert Männer und fünf Frauen waren gekommen. Von den fünf Frauen hatten vier, wie ich, ein Forschungsinteresse. Wie in Boston mutete die Gruppe wie ein Querschnitt durch die amerikanische Intelligenzia an. Ein Teilnehmer glorifizierte in einem Lehrvortrag die griechische Liebe. Ein weiterer trauerte darüber, daß er aufgrund seines fortgeschrittenen Alters sexuelle Freuden mit Knaben nur noch beschränkt genießen könne; er sei über den Widerstand einiger schwuler Brüder, fast aller Lesben und der Radikalfeministinnen sehr betrübt. Zwei Teenager, einer um die achtzehn, der andere vierzehn, ließen verlauten, daß sie es seien, die ältere Männer verführten. Der Vierzehnjährige habe sich schon immer zu reiferen Männern hingezogen gefühlt.

Nach der Scheidung seiner Eltern habe er sich dafür entschieden, bei seinem Vater zu bleiben. Sein Vater, der duldsamer als die Mutter sei, möge Mädchen, die ungefähr siebzehn Jahre jünger seien als er selbst. Vater und Sohn seien bald zu der Feststellung gekommen, daß Paps sie gern jung, Sohnemann hingegen sie lieber alt habe. Ein anderer Mann sprach sich gegen die Verwendung des Wortes *Liebe* in einer Beziehung zwischen Mann und Junge aus. Liebe, sagte er, sei ein Euphemismus für Sex. Sex sei das A und O des Lebens, fuhr er fort, denn Sex sei schön, gesund, gut und mache Spaß. Wir wollten keine Altersbeschränkungen. Kinder jeden Alters, fünf, sechs, sieben oder acht, hätten Anspruch auf sexuelle Freiheit. Sex zwischen Männern und Knaben beseitige die Altendiskriminierung, überbrücke die Kluft zwischen den Generationen und sei eine Herausforderung an autoritäre und patriarchalische Strukturen, weil er der »vollkommenste Ausdruck von Menschlichkeit« und die »einzig wahre Revolution« sei.

Da die Anhängerschaft von Päderastengruppen zahlenmäßig gering ist, möchte ich ihre Bedeutung nicht übermäßig betonen. Noch möchte ich mich an die Seite derer schlagen, die schwule Männer als Kindesschänder verfolgen; sie sind keine schlimmeren Kindesschänder als Heteromänner. Dennoch sehe ich in der obengenannten Häufung von Organisationen, Konferenzen, Büchern, Artikeln und Expertenansichten einen gefährlichen, anwachsenden Trend.

Freuds Theorien über Kindersexualität haben, wie wir gesehen haben, unsere Einschätzung der Sexualität von Kindern in der Tat beeinflußt. Freud hatte allerdings nie im Sinn, daß die sexuellen Impulse von Kindern direkt durch Erwachsene befriedigt werden sollten. Die sexuelle Triebkraft von Kindern sollte so gesteuert werden, daß männliche Erwachsene einst zum wirtschaftlichen und politischen Wohl der Gesellschaft beitragen, während Frauen ihr Soll als gute Ehefrauen und Mütter erfüllen würden. In den dreißiger Jahren dann trat Wilhelm Reich dafür ein, daß es Kindern erlaubt sein müsse, sich sexuell zu erforschen und zu befriedigen. Nach Reich erzeugt die Unterdrückung und Umleitung sexueller Energie sklavenhafte Erwachsene, die den Nährboden für Totalitarismus und Faschismus bilden. »Man muß die Triebe frei machen. Das ist die Voraussetzung der Gesundung«,[25] sagte er. In den Jahren seines geistigen Verfalls bestand der besessene Reich auf der Freiheit sexuellen Ausdrucks als Allheilmittel für alle individuellen und gesellschaftlichen Krankheiten.

Doch wie stark Reich sich auch für orgiastische Freiheit gemacht haben mag, bezüglich junger Menschen forderte er nichts weiter als Nichteinmischung in kindliche Masturbationshandlungen und sexuelle Spiele unter Gleichaltrigen. Er verurteilte scharf sexuelle Verführung, Zwang, Pornographie, Exhibitionismus, sexuelle Ungleichheit und Sex zwischen Kindern und Erwachsenen. Er hatte stets Angst, seine Theorien könnten falsch ausgelegt werden und zu sexueller Anarchie bzw. zum »Fickerchaos«,[26] wie er es nannte, führen. Er starb schließlich, nach grausamer Verfolgung, im Gefängnis.

Als die neue Linke unter ihrem Motto »make love, not war« ins Feld zog, versäumte sie zu fordern, daß zusammen mit dem Imperialismus auch der Sexismus zerschlagen werde. Sex sollte, wie Nahrung und Drogen, gratis verteilt werden - in einem imaginären, befreiten, aber Macho-Utopia. Die Bewegung riet ihren Anhängern, »keinem über dreißig zu trauen«, und wandte sich nicht nur an Blumenkinder und Studenten, sondern auch an Schüler aller Altersstufen. Ein Sprecher der weißen Panther faßte ihre Sexualdoktrin kurz und bündig zusammen:

Fick Gott in den Arsch, fick deine Alte, bis sie nicht mehr stehen kann. Fick alles, was dir über den Weg läuft. Unser Programm heißt Rock and Roll, Shit und Ficken auf der Straße und ist ein

Programm der totalen Freiheit für alle.[27]

Als diese jungen Radikalen jedoch auf die dreißig zugingen, entdeckten sie, daß ihre Love-ins und Fuck-ins weder die Armen noch die Parks noch Washington D.C. befreiten. Sie ließen sich die Haare schneiden, schlüpften in Geschäftsanzüge, traten etablierten Parteien und religiösen Gruppen bei, huldigten PSI und verbündeten sich für die Sache der sexuellen Befreiung mit bürgerlichen Liberalisten und Pornographen. Allen, die sexuelle Befreiung für einen radikalen Standpunkt halten, entgeht jedoch, daß es sich hierbei um einen uralten, reaktionären, ausbeuterischen Brauch handelt.

Das derzeitige Konzept der sexuellen Befreiung steht in absolut keinem Zusammenhang mit politischer Freiheit. Im Gegenteil. Da Sex ein billiger Zeitvertreib ist, haben Tyrannen und andere Herrscher Männer schon immer zum sexuellen Gebrauch von Frauen und Kindern ermuntert, um sie von ihrer Armut und Unterjochung abzulenken und so einer eventuellen Auflehnung vorzubeugen. Die Armen und Versklavten wurden nie daran gehindert, sich an ihren eigenen Frauen und Kindern zu vergehen.

Ein altes Sprichwort sagt:« Das Bett ist die Oper des armen Mannes.« In unserem zunehmend feindseligen, lieblosen Alltag wird Sex, als Ersatz für Liebe, fälschlicherweise für Intimität gehalten und als Heilmittel gegen Einsamkeit verkauft. Das Märchen, nach dem Freiheit im Bett beginnt, täuscht über die Tatsache hinweg, daß die meisten unserer begründeten Frustrationen in komplizierten gesellschaftlichen Mißständen wurzeln. Doch für die unzähligen Machtlosen in dieser Welt mag das »Bett« die einzige Arena sein, wo man ein angeknackstes Ego wieder aufpäppeln, angekratztes Selbstwertgefühl aufpolieren und sich selbst etwas beweisen kann. Außerstande, den verantwortungslosen Einsatz der Kernkraft zu verhindern, Armut und die Qualen hungernder, notleidender und mißhandelter Kinder aus der Welt zu schaffen, haben sich die radikalsten Elemente unserer Gesellschaft dafür entschieden, Vergewaltiger, Pornographen und Kindesschänder zu verteidigen.

Die vermeintliche sexuelle Befreiung als letzte Hürde im Kampf für die Freiheit bescherte uns zum Abschluß der sechziger Jahre *Die sinnliche Frau*. Zum Abschluß der siebziger Jahre bescherte uns die vermeintliche sexuelle Befreiung von Kindern *Das sinnliche Kind*. Wenn sexuelle Befreiung gleichbedeutend mit politischer Revolution wird, kann ein Film wie *Pretty Baby* als radikales, intelligentes Kunstwerk gelten, und die neue Avantgarde kann verkünden: »Jedes Kind hat ein Recht auf liebevolle Beziehungen, einschließlich sexueller, mit Eltern, Geschwistern oder anderen verantwortungsbewußten Erwachsenen oder Kindern.«[28] Die heutige Auffassung von sexueller Befreiung und der sexuellen Freiheit von Kindern ist ein Euphemismus für sexuelle Ausbeutung, und wenn wir so weiter machen, wird die sexuelle Freiheit von heute vielleicht schon bald zum »Opium fürs Volk« von morgen.

16. DER ERSTE SCHRITT

Auf einmal sehen wir den entscheidenden Unterschied zwischen dem Puppenspiel und unserem Drama. Was wir ihm voraushaben, ist, daß wir jetzt einhalten aus eigener Kraft. Wir wenden unseren Blick nach oben in die Maschinerie, die unsere Handlungen gelenkt hat. Diese Tat ist der erste Schritt zur Freiheit.

Peter L. Berger, *Einladung zur Soziologie* [1]

Der Zweck einer Revolution ist es, eine fest verwurzelte politische Macht zu entthronen. Doch kaum beginnen einige von uns, Frauen und Männer, den sexuellen Machtmißbrauch seitens der Männer offenzulegen und anzugreifen, da wird dieses Bemühen von der »sexuellen Befreiung« aufgesogen, einverleibt, verwässert. Von D. H. Lawrence bis zu Hugh Hefner sind es Lady Chatterly, das Superhäschen oder die Junggesellin - die es mit Nachdruck als »absolut ehrenwert« bezeichnen, ihren Körper zusammen mit einer Flasche Wein anzubieten -, die als Modell der befreiten Frau hingestellt werden. Ähnlich wird das kleine Mädchen, wenn es angeblich frei von sexuellen Frustrationen ist, über den Exhibitionisten kichern, weil er »einfach *zu* albern« ist, verstehen, daß Onkel Teddy sie überall angefaßt hat, weil er »freundesbedürftig« ist,* [2] und sich nicht weiter daran stören, wenn Papa zu ihr ins Bett kriecht und an ihr herumfingert. In diesem männlichen Utopia werden Männer nie unter der Last emotionaler Traumen, von Geschlechtskrankheiten, Schwangerschaft, Verpflichtungen, Verantwortung oder von Anklagen

---

Der Ausdruck »freundesbedürftig« (friend-sick) stammt von Frederick Storaska, einer selbsternannten Autorität auf dem Gebiet der Vorbeugung und Beschützung von Frauen und Kindern vor sexuellen Angriffen. Er hat sich zum »Retter« von Frauen und Kindern aufgeschwungen, in denen er unvermeidliche Opfer sieht.

wegen Vergewaltigung, Vergewaltigung Minderjähriger oder Kindesschändung als Folge ihres Verhaltens zu leiden haben.

Zum Glück gibt es genug Prüde, Aufdringliche und betroffene Erwachsene, die die Öffentlichkeit mit häufigen Berichten von Kindesschändung oder Kinderprostitution und -pornographie aufschrecken. Um einem abstoßenden männlichen Image etwas entgegenzusetzen, kommen dann Filme wie *La Luna* und *Herzflimmern* heraus, in denen Mütter auf ihre Söhne abfahren. Diese Manöver sind nicht das Produkt einer bewußten Verschwörung, sondern einer tief verwurzelten Einstellung und der altbewährten Strategie, Frauen für alles verantwortlich zu machen, was Männer tun; sie sind das Produkt einer langen Tradition weiblicher Archetypen wie Eva und Pandora, die das Übel in die Welt eingeführt haben. Einige moderne Therapeuten, Sexualforscher und Kriminologen, denen zufolge »der Ursprung pädophiler Neigungen im Menschen auf eine Mutter-Kind-Situation in früher Kindheit zurückverfolgt werden kann,«[3] »Opfer von Sexualverbrechen ein unterschwelliges psychologisches Bedürfnis haben, zum Opfer zu werden«[4] und Vater-Tochter-Inzest von der Mutter angezettelt werde, weil sie die sexuellen Bedürfnisse ihres Mannes nicht befriedigen wolle, bauen ihre Thesen auf dieser Tradition auf. Eine Forscherin erzählte von ihren Fällen inzestuöser Väter: Sie hätten ein Radio auf dem Kopf einer Mutter zerschmettert, die Kinder mit heißen Bügeleisen verbrannt, eine Mutter im Schrank eingeschlossen, während sie ihr Kind sexuell mißbrauchten. Dennoch kam sie zu dem Schluß, daß das inzestuöse Verhalten eines Vaters von dem »Versagen der Mutter, ihr Kind zu beschützen« herrühre.[5] Die unerbittliche Tendenz, Frauen für sexuelle Übertretungen von Männern verantwortlich zu machen, ermöglichte es den Doktoren Bell und Hall in ihrer Studie *The Personality of a Child Molester*, das Verhalten des von ihnen beobachteten Schänders seiner »früh erfolgten Fixierung in der psychosexuellen Entwicklung infolge der Intimität der Mutter« zuzuschreiben.[6] Die Doktoren kamen zu diesem Ergebnis, obwohl Norman behauptete, er hätte es vielleicht noch zum College, zu beruflichem Erfolg und zu einer Ehe gebracht, wenn sich sein Vater nicht sexuell an ihm vergangen hätte, als er vier war.[7]

Weil Müttern die Schuld an männlichen Überschreitungen gegeben wird, richten sogar die Kind-Opfer ihre ganze Wut auf ihre Mutter. Als Beispiel hierfür zitierte Adrienne Rich in ihrem Buch *Von Frauen geboren* die Beobachtungen eines Psychologen:

Wenn ein kleines Mädchen von Schoß zu Schoß gereicht wird, so daß alle Männer in dem Raum (Vater, Bruder, Bekannte) einen Steifen kriegen können, ist es die hilflose Mutter, die dasteht und zusieht, die im Kind Scham- und Schuldgefühle erweckt. Auf einer Konferenz zum Thema Vergewaltigung in New York City bezeugte eine Frau, daß ihr ihr Vater, als sie ein Kind war, eine Reihe von Wassermelonenschalen in die Vagina steckte, um sie nach seinem Geschmack zu weiten, und daß er sie schlug, wenn sie versuchte, sie zu entfernen. Doch diese Frau richtet heute ihre Wut darauf, daß ihre Mutter ihr sagte: »Sage niemandem etwas davon!«[8]

In dem Maß, in dem das Interesse an Sex zwischen Kindern und Erwachsenen zunimmt, häufen sich auch die Versuche, die Verantwortung von den Männern auf das Opfer, ihre Mutter oder die Frau und/oder Mutter des Täters zu verlagern.

Die Zeit ist reif, daß wir uns weigern, bei diesem toten Rennen mitzumachen. Es ist an der Zeit, daß wir aufhören zu glauben, daß in einer Welt, die Kinder erotisiert, die mit pornographischen, künstlerischen und kommerziellen Darstellungen sadistischer Männer und masochistischer Frauen bombadiert wird, in der von kleinen Jungen erwartet wird, daß sie kleine Mädchen »verachten«, und in der Frauenfeindlichkeit als Spiegelung natürlicher Unterschiede hingenommen wird - daß in einer solchen Welt Mütter, die fast alle Verantwortung für die Kinder, aber fast keine Entscheidungsgewalt haben, die Macht besitzen, Vergewaltiger, Kindesschänder und sogar Kind-Opfer zu erzeugen. Es ist an der Zeit, daß wir reaktionäre Programme, die sich als Fortschritt tarnen, ablehnen und uns weigern, unsere Kinder aus der Obhut, der Fürsorge, der Disziplinierung und dem Schutz der Erwachsenen zu »befreien«. Wir müssen anfangen zu begreifen, daß Mütter, wenn sie Kinder aufziehen und für ihr späteres Benehmen als Erwachsene verantwortlich sein sollen, zumindest den nötigen wirtschaftlichen und gesellschaftlichen Rückhalt haben müssen, um sie vor der Lawine von schädlichen Außenwelteinflüssen und vor direkten sexuellen Angriffen schützen zu können. Und natürlich müssen wir der Tatsache ins Auge sehen - und sie akzeptieren -, daß es Männer sind, nicht Frauen, die unsere Kinder tatsächlich verführen, vergewaltigen, kastrieren, verweiblichen und verkindlichen. Und es wird Zeit, daß sie, und nicht die Frauen, für ihr destruktives, ausbeuterisches Sexualverhalten verantwortlich gemacht werden. Vor allen Dingen aber ist es an der Zeit, daß wir das Schweigen brechen, das Schänder schützt und Kinder gefährdet, daß wir jene Geheimnisse enthüllen, die so viele Schränke mit Skeletten gefüllt und so viele Straßen und Städte ins Spießerparadies der Doppelmoral verwandelt haben.

Ich bin mir im klaren darüber, daß die Identifizierung von Männern als Kindesschänder lautstarken Protest ernten wird. Nicht alle Männer sind jedoch Kindesschänder; viele lieben Kinder und haben ihr Leben bereichert, und deshalb können viele Männer, die ein Gewissen haben, den Schmerz und die Erniedrigung, die in der Verletzung des menschlichen Körpers liegen, nachvollziehen und sie verhindern helfen. Wir alle, Frauen, Männer und Kinder gleichermaßen, werden von einer veränderbaren Kultur gesteuert, nicht von unabänderlicher Biologie. Im Gegensatz zu der niederen Gattung haben wir die Fähigkeit, uns zu verändern, uns umzusehen, zu erkennen, was um uns herum passiert, in Frage zu stellen, und uns aufzulehnen. Haben wir die Existenz sexuellen Kindesmißbrauchs erst einmal wahrgenommen, in Frage gestellt und dagegen Protest erhoben, ist der erste entscheidende Schritt getan im Kampf gegen die Herabwürdigung, die Demütigung und die Zersetzung unserer wertvollsten menschlichen Quelle: unsere Kinder.

NACHWORT

Das Ausmaß des sexuellen Mißbrauchs von Kindern ist, besonders wenn im geschichtlichen Rahmen gesehen, erschreckend. Hätte ich nicht vorgehabt, das Thema in verständlicher Form zu präsentieren, dann wäre aus jedem Kapitel ein Buch geworden, und dieses hätte sich zu Bänden entwickelt. Es bleibt immer noch viel zu tun hinsichtlich sexueller Beziehungen zwischen Erwachsenen und Kindern. Wenn wir die Entwicklung von der Vergangenheit zur Gegenwart nicht klar erkennen, neigen wir dazu, in einzelnen publik gewordenen Vorfällen dieses uralten Brauchs eine Reihe bizarrer, unerklärlicher, urplötzlicher Ausbrüche zu sehen. Infolgedessen werden Erwachsene mit sexueller Neigung zu Kindern von Einrichtungen, die den Betroffenen helfen sollen, als Kriminelle, Perverse oder als Kranke mit irgendwelchen Hormonstörungen oder sonstigen individuellen Anomalitäten betrachtet und behandelt. Meiner Meinung nach wäre ein totales Umerziehungsprogramm eher am Platz, eine Entprogrammierung von dem jahrhundertealten, weltweiten Glauben, ein Mann habe einen Anspruch auf die Ausübung sexueller Macht und Vorrechte.

Doch selbst wenn ein derartiges Programm wunderbarerweise zum Einsatz käme, würde es mehrere Generationen dauern, bis die eingefahrenen Indoktrination ausgemerzt ist. Inzwischen brauchen aber all diejenigen, die als »Spitze des Eisbergs« doch in Erscheinung treten, sofortige Hilfe. Wohin können sie sich wenden?

Die Tatsache, daß die Existenz von sexueller Körperverletzung und Gewalt in der Familie heute zunehmend zur Kenntnis genommen wird, hat dazu geführt, daß viele vorhandene Einrichtungen für das Familien- und Gesundheitswesen, für Kinderschutz und die Rehabilitation Straffälliger den erforderlichen Beistand zu leisten versuchen.

Im Lauf der letzten Jahre sind öffentlich und privat geförderte

Notrufgruppen für Opfer von Vergewaltigung und sexuellen Angriffen entstanden - unabhängig oder im Rahmen von Frauenzentren oder als Zusatzeinrichtungen in städtischen oder regionalen Zentren für Sexualverbrechen und in Krankenhäusern (genaue Adressen sind im Telefonbuch verzeichnet). Leider können viele Stellen, die etablierten Organisationen nicht angegliedert sind, trotz ihrer ausgezeichneten Arbeit, mit ihren begrenzten, mageren Mitteln meistens nicht auskommen. Sie sind daher oft gezwungen, ihre Dienste einzustellen oder nur sporadisch zu arbeiten.

In einer vom amerikanischen Gesundheitsministerium herausgegebenen Broschüre über »Sexuellen Kindesmißbrauch, Inzest, sexuelle Überfälle und sexuelle Ausbeutung« wird davor gewarnt, daß das Trauma des Kindes und der Familie durch wohletablierte professionelle Behandlungsstellen manchmal noch verschlimmert werden könne. Es wird darauf hingewiesen, daß die von einigen Krankenhäusern routinemäßig und gefühllos vorgenommenen ärztlichen Untersuchungen von dem Kind als eine weitere brutale Körperverletzung aufgefaßt werden könnten und daß Anschuldigungen seitens eines Kindes vor Gericht oft mit Argwohn aufgenommen würden. Darüberhinaus könne ein überfallenes Kind in manchen Gemeinden aus Sicherheitsgründen von seiner Familie getrennt werden, was in jungen Opfern den Eindruck erwecken könne, sie würden für die Verbrechen, die an ihnen begangen wurden, bestraft. Und wenn der Vater, der Hauptbrotverdiener, der Täter sei und ohne finanzielle Vorsorge für die Familie in Haft genommen werde, könne dies zu bitterster Armut führen.

In ihrem Buch *Kiss Daddy Goodnight*[1] empfiehlt Louise Armstrong allen, die einen Vorfall anzeigen wollen, sich vorsichtshalber erst anonym mit einer entsprechenden örtlichen Einrichtung in Verbindung zu setzen, um sich vorweg zu informieren (Notrufgruppen, Krankenhaus, Kinderschutzeinrichtungen). Die meisten Einrichtungen werden anonymen Anrufern eine Übersicht über die erhältlichen Hilfeleistungen und alle Stellen, an die man sich wenden kann, geben, aber es wird vielleicht eine

Menge Ausdauer nötig sein, um die geeignete Hilfe zu finden.

Wer bei der Suche Geduld hat, wird geschichtliche sowie gegenwartsbezogene Informationen über den sexuellen Mißbrauch von Kindern finden, wie aufreibend und entmutigend es auch sein mag, sie aufzustöbern. Dieses Buch wird hoffentlich eine hilfreiche Anregung für andere sein, die Untersuchung des Problems zu vertiefen und auszuweiten und die geeigneten Voraussetzungen zu schaffen, um es endgültig zu beseitigen.

KINDERSCHUTZ- UND BERATUNGSZENTREN
IN DER BRD UND WESTBERLIN

BERLIN:

Kinderschutzzentrum Berlin e.V.
Karl-Marx-Str. 262
1000 Berlin 44
030/684.30.64

Kindernotdienst im Hauptkinderheim
Alte-Jakob-Str. 12
1000 Berlin 61
030/259.73.33

Jugendnotdienst
Ollenhauerstr. 128
1000 Berlin 51
030/412.10.38

Mondo-X Jugendberatung e.V.
Jebensstr. 1 (Nähe Bahnhof Zoo)
1000 Berlin 12
030/313.60.21

Mädchenladen Wedding
Groningerstr. 4+6
1000 Berlin 65
030/455.22.94

Mädchenladen Neukölln
Briesestr. 70
1000 Berlin 44
030/621.20.43

Deutscher Kinderschutzbund
Liebenwalderstr. 35a
1000 Berlin 65
030/456.15.24

BREMEN:

Kinderzentrum Bremen
Prangestr. 21
2800 Bremen 1
0421/70.00.37

FRANKFURT/M:

Kinderschutzbund Frankfurt/M.
Beratungsstelle
Böttgerstr. 20-22
6000 Frankfurt/M.
0611/45.30.08

GÜTERSLOH:

Kinderschutzzentrum Gütersloh
Schulstr. 26
4830 Gütersloh 1
05241/14999

KASSEL:

Beratungsstelle für Kinderschutz und Frauenschutz
vom Kinderschutzbund
Hoheneicherstr. 14
3500 Kassel
0561/89.98.52

KÖLN:

Kinderschutzbund Köln
DKSBK
Spichernstr. 55
5000 Köln
0221/52.00.86

MÜNCHEN:

Kinderschutzzentrum München
DKSB
Pettenkoferstr. 10a
8000 München 2
089/55.53.56

WIEN:

Kinderschutzzentrum
Invalidenstr. 13 (Tür 54)
1030 Wien
0222/72.25.99

Rechtsanwältinnen

BERLIN:
Bruckermann-Kempfler, Renate, Potsdamer Str. 96, 1000 Berlin 30, Tel. (0 30) 2 61 65 61
Burgsmüller, Claudia / Hübner, Doris, Weimarische Str. 3, 1 Berlin 31, Tel. (0 30) 8 53 13 57
Goy, Alexandra / Lohstöter, Ingrid, Kottbusser Damm 72, 1000 Berlin 61, Tel. (0 30) 6 93 42 17
Franzen, Petra / Klein, Anne, Xantener Str. 8, 1000 Berlin 12, Tel. (0 30) 8 81 80 88
Grosse, Gudrun / Kubach-Elzner, Barbara / Neupert, Renate / Teichmann, Angelika, Hermannstr. 59/60, 1000 Berlin 44, Tel. (0 30) 6 21 40 35
Güttler, Elsa, Akazienstr. 17, 1000 Berlin 65, Tel. (0 30) 3 23 10 09
Hohmann, Jutta, Neckarstr. 1, 1000 Berlin 44, Tel. (030) 6 87 49 48
Holstiege, Christel / Wieland, Sabine, 1000 Berlin 10, Tel. (0 30) 3 42 24 42
Kolneder-Zecher, Ulrike, Carmerstr. 10, 1000 Berlin 12, Tel. (0 30) 3 12 44 04
Krieg, Gisela, Windscheidstr. 20, 1 Berlin 12, Tel. 3 24 42 32
Otto, Anke / Elsner, Gaby / Immelnkemper, Christa, Innsbrucker Str. 56, 1000 Berlin 62, Tel. (0 30) 7 82 40 91
Strahlke, Elke, Uhlandstr. 158, 1000 Berlin 15, Tel. (0 30) 8 81 36 70

BEVERSTEDT:
Dörrenberg, Susanne / Siegert, Dorothee, Logestr. 25, 2855 Beverstedt, Tel. (0 47 47) 4 81

BIELEFELD:
Grochtmann-Boersche, Sybille, Gerichtstr. 11a, 4800 Bielefeld 1, Tel. (05 21) 17 13 50

BOCHUM:
Frau Bode, Hernerstr. 370, 4630 Bochum, Tel. (02 34) 5 37 73

BONN:
Wiegmann, Barbelies, Villiperallee 58, 5300 Bonn-Röttgen, Tel.
(02 28) 25 11 62

BRAUNSCHWEIG:
Isermeyer, Jutta, Bohlweg 5–7, 3300 Braunschweig, Tel. (05 31)
1 88 81

BREMEN:
Bahr-Jendges, Jutta, Osterdeich 153, 2800 Bremen, Tel. (04 21)
7 45 55

Ebert, Gerlinde, In der Runken 14, 2800 Bremen 1, Tel. (04 21)
7 55 49

Seidler, Dorothea, Rembertisstr. 58, 2800 Bremen, Tel. (04 21)
32 52 18

Siegert, Dorothee, Frh.-v.-Stein-Str. 9, 2800 Bremen, Tel.
(04 21) 23 56 88

Soine, Brigitte, Zwickauerstr. 31, 2800 Bremen, Tel. (04 21)
35 36 13

Specht, Magdalene, Humboldstr. 3, 2800 Bremen 1, Tel. (04 21)
7 68 41

Weber, Gabriele, Graudenzerstr. 26, 2800 Bremen, Tel. (04 21)
55 26 69

DARMSTADT:
Reents, Traude, Wilhelm-Leuschner Str. 11, Tel. (0 61 51)
2 27 44

Schoen, Barbara, Magdalenenstr. 17, Tel. (0 61 51) 7 46 17

DÜSSELDORF:
Böttcher, Karin / Henke, Heidrun, Beethovenstr. 33, Tel.
(02 11) 67 40 79

ESSEN:
Frederking, Gisela /Vogel, Viola, Goethestr. 114, Tel. (02 01)
79 13 83

FRANKFURT:
Henrich, Barbara / Nimsch, Margret, Sophienstr. 46, Tel.
(06 11) 70 10 81 und 70 10 84
Flügge, Sybilla, Günthersburgallee 48, Tel. (06 11) 44 42 04
Hornischer, Inge, Parkstr. 18, (06 11) 59 80 78

Oberländer-Pohl, Gerlinde, Bergerstr. 87, 6000 Frankfurt 1, Tel. (06 11) 43 94 39

Ramser, Gabriele, Oberweg 29, Tel. (06 11) 28 36 17

FREIBURG:

Muser, Barbara, Marienstr. 11, 7800 Freiburg, Tel. (07 61) 3 33 43

Schaber, Regina, Marienstr. 11, Tel. (07 61) 3 33 43

Pasquay, Heide / Schwarzkopf, Barbara, Moltkestr. 19, Tel. (07 61) 3 63 33

GIESSEN

Grothe, Eve, Crednerstr. 38, 6300 Gießen, Tel. (06 41) 2 39 02

HAMBURG:

Brandt-Janczyk, Ursula / Nolte, Sigrid, Neuer Pferdemarkt 13, 2000 HH 6, Tel. (0 40) 43 80 04

Ewe, Petra / Plötz-Neuburger, Susanne, Kirchdorferstr. 84, 2102 HH 93, Tel. (0 40) 7 54 00 44

Goergens, Dorothea, Luisenweg 3, 2000 Hamburg 26, Tel. (0 40) 21 79 26

Jürgens, Christl, Blankeneserbahnhofstr. 29, 2000 Hamburg 55, Tel. (0 40) 86 02 94

Kraeher, Jeanette, Bei der Friedenseiche 6, 2000 HH 50, Tel. (0 40) 38 39 11

Müller-Fahron, Ursel, Hoheluftchaussee 121, 2000 HH 20, Tel. (0 40) 46 45 55

Pfeiffer, Bärbel, Efeuweg 14, 2000 HH 60, Tel. (0 40) 46 45 55

Rogge, Petra, Osterstr. 120, 2000 HH 19, Tel. (0 40) 49 24 55

Sagawe, Gudrun, Bornstr. 6, 2000 HH 13, Tel. (0 40) 44 41 36

Steininger, Brigitte, Rolfingstieg 27, 2000 HH 65, Tel. (0 40) 5 35 06 84

Vogel, Hedi, Kielerstr. 266, 2000 HH 54, Tel. (0 40) 54 50 41

Wagner, Heike, Fuhlsbüttlerstr. 402, 2000 HH 50, Tel. (0 40) 6 30 10 18

HANNOVER:

Klawitter, Barbara, Falkenstr. 30, 3000 Hannover 91, Tel. (05 11) 45 60 86

HRATH:
Semmler, Christa, Apolionieastr. 3, 5120 Hrath, Tel. (0 24 06) 20 18
KÖLN:
Fischer-Pohl, Erika / Lunnebach-Gnielka, Edith, Frankfurterstr. 30, 5000 Köln 80, Tel. (02 21) 61 99 90
Kempf, Dagmar, Lindenstr.16, 5000 Köln 1, Tel. (02 21) 23 16 86
Lütkes, Anne, Hauffstr. 1, 5000 Köln 30, Tel. (02 21) 55 70 21
LAHR-WETZLAR:
Egler, Beatrix, Langgasse 70, 6300 Lahn-Wetzlar, Tel. (0 64 41) 4 25 68
LUDWIGSHAFEN:
Konrad, Margret, Prinzregentenstr. 5, Tel. (06 21) 51 00 79
LÜBECK:
Müller-Horn, Brigitte, Rosenstr. 7, Tel. (04 51) 7 53 19
Zank, Erika, Roeckstr. 7, Tel. (04 51) 3 12 51
MARBURG:
Wendt, Sabine, Naumannstr. 118, 3550 Marburg, Tel. (0 64 21) 1 31 75
MÜNCHEN:
Aengenhyster, Ulrike, Nymphenburgerstr. 26, 8000 München 2, Tel. (0 89) 18 00 10
Jamrosy, Barbara, Kanalstr. 11, 8000 München 22, Tel. (0 89) 3 29 84 41
Niesel, Helga, Rheinstr. 1, 8000 München 40, Tel. (0 89) 33 13 44
Riedel, Ulrike, Pettenkoferstr. 31, 8000 München 2, Tel. (0 89) 53 47 71
Wolf, Roswitha, Hohenzollernstr. 110, Tel. (0 89) 3 08 10 36
Yschwilm-Prévot, Monika, Frauenhoferstr. 20, 8000 München 5, Tel. (0 89) 2 01 17 27
NIEDERAU:
Laforsch, Anita, Eugen-Kaiser-Str. 5, 6369 Niederau 2, Tel. (0 61 87) 12 33
OLDENBURG:

Tammling, Berga, Gartenstr. 3, 2900 Oldenburg i.O., Tel. (04 41) 7 50 66
SAARBRÜCKEN:
Weiß, Inge, Wiesenstr. 6, 3300 Saarbrücken, Tel. (05 31) 33 49 84
STUTTGART:
Tilgner, Brigitte, Schickardstr. 49, 7000 Stuttgart 1, Tel. (07 11) 64 56 72
Wagner, Uta, Hauptstätterstr. 39, 7000 Stuttgart 1, Tel. (07 11) 24 73 37
WIESBADEN:
Irmer, Liane, Brunhildenstr. 23, 6200 Wiesbaden, Tel. (0 61 21) 7 43 59
WUPPERTAL:
August, Elisabeth, Friedrich-Engels-Allee 191, 5600 Wuppertal 2, Tel. (02 02) 8 00 84

Die Liste der Rechtsanwältinnen entnahmen wir dem Buch »Sapphistrie«, sub rosa Frauenverlag Berlin.

BIBLIOGRAPHISCHE ANMERKUNGEN

1. EIN BLICK AUF DIE PROBLEMATIK

1. Carolyn Swift, »Sexual Assault of Children and Adolescents«. From testimony prepared for the Subcommittee on Science and Technology of the United States House of Representatives on January 11, 1978, in New York City.
2. Philip Nobile, Introduction to William Kraemer and others, **The Normal and Abnormal Love of Children** [Kansas City: Sheed Andrews and McMeel, Inc., 1976], S. x.
3. Ebenda, S. xi.
4. Ebenda, S. ix.
5. Ebenda
6. **The Report of the Commission on Obscenity and Pornography,** A New York Times Book [New York: Bantam, 1970], S. 611.
7. Lois Mark Stalvey, »The Child Molester,« **Woman's Day,** November 1973.
8. Tony Parker, **The Hidden World of Sex Offenders** [New York: Bobbs-Merrill, 1969], S. 23.
9. Vincent De Francis, **Protecting The Child Victim of Sex Crimes Committed by Adults** [Denver: The American Humane Society, 1969], S. vii.
10. Carolyn Swift, »Sexual Assault of Children and Adolescents.«
11. Alfred Kinsey und andere, **Das sexuelle Verhalten der Frau** [Fischer, Frankfurt/M., 1970], S. 135.
12. David Finkelhor, **Sexually Victimized Children** [New York: Free Press, 1979], S. 53.
13. Mary L. Keefe, »Police Investigation in Child Sexual Assault« in Ann Wolbert Burgess and others, **Sexual Assault of Children and Adolescents** [Lexington, Mass.: Lexington Books,1978], S. 159.
14. Paul Gebhard and others, **Sex Offenders** [New York: Harper and Row, 1965], S. 9.
15. National Abortion Rights Action League, »The Facts About Rape and Incest,« Washington, D.C.
16. Queens Bench Foundation, **Sexual Abuse of Children** [San Francisco: 1976], S.5.
17. »The Ultimate Violence,« KPFA radio station folio, San Francisco.
18. Brooklyn Society for the Prevention of Cruelty to Children, Annual Report, 1977.
19. Lucy Berliner and Doris Stevens, »Advocating for Sexually Abused Children in the Criminal Justice System« [Seattle, Washington: Sexual Assault Center, Harborview Medical Center].
20. »Sexual Abuse of Children, Common Study Finds«, **Bergen**

[N.J.] Record, 15. November 1977.

21. Margaret C. McNeese, M.D. and Joan R. Hebeler, M.D., »The Abused Child« Clinical Symposia, CIBA, New Jersey, vol. 27, No. 5, 1977, S.14-15.

22. »Medical Symptoms of Sexual Abuse in Children«, in **Medical Aspects of Human Sexuality**, S. 139.

23. Ann Wolbert Burgess and others, **Sexual Assault of Children and Adolescents**, S. 146-47.

24. Alan Guttmacher Institute, Research and Development Division of Planned Parenthood, **One Million Teenagers** [New York, 1976], S. 10.

25. Katherine B. Oettinger, **Not My Daughter:Facing Up to Adolescent Pregnancy** [Englewood Cliffs, N.J.: Prentice-Hall, Inc., 1979], S. 10-11.

26.Joseph J.Peters,»Children Who Are Victims of Sexual Assault and the Psychology of Offenders,« **American Journal of Psychotherapy**, vol. 30, No. 3. Juli 1976, S. 407-8.

27. Ebenda, S. 402

28. In a letter distributed by David Finkelhor, Ph.D., of the Family Violence Research Program of the University of New Hampshire and Judith Herman, M.D., of the Women's Mental Health Collective, Inc., Somerville, Mass.

29. Ann Wolbert Burgess, Lynda Lytle Holmstrom and Maureen Causland, »Divided Loyality in Incest Cases,« ed. Ann Wolbert Burgess and others, **Sexual Assault of Children and Adolescents**, S. 125.

30. Ebenda, S. 123.

31. Ebenda, S. 122.

32. Katherine Brady, **Father's Days: A True Story of Incest** [New York: Seaview Books, 1979], S. 58,59.

33. Inge K. Boverman and others, »Sex Stereotypes and Clinical Judgments of Mental Health,« **Journal of Consulting and Clinical Psychology**, 1970, vol. 34, No. I., S. 5-7.

34. Louise Armstrong, **Kiss Daddy Goodnight** [New York: Hawthorn Books, 1978], S. 24.

35. Shikibu Murasaki, **Die Geschichte vom Prinzen Genji** [Büchergilde Gutenberg, Frankfurt/M., 1966], S. 161.

36. Anonymous, »Young Girl's Song« in Louis Untermeyer **Collection of Great Poems** [New York: Permabooks, 1961], S. 32.

37. Charlotte Mews, »The Farmer's Bride«, in E.M. Cole, **Erotic Poetry** [New York: Random House, 1962].

38. Linda Brent, »The Trials of Girlhood.« in Nancy F. Scott, ed. **Roots of Bitterness** [New York: Dutton, 1972], S. 261.

39. Ruth Rosen and Sue Davidson, eds. **The Maimie Papers** [New York: Feminist Press, 1977], S. 193.

40. Agnes Smedley, **Tochter der Erde** [Frauenoffensive, München, 1976], S. 133.

41. Susan Brownmiller, **Gegen unseren Willen** [Fischer, Frankfurt/M., 1978], S. 189.

42. Quentin Bell, **Virginia Woolf** [Insel, Frankfurt/M., 1977 S. 84.

43. Claudia Dreifus, **Woman's Fate** [New York: Bantam, 1973], S. 75-81.

44. Ingrid Bengis, **Combat in the Erogenous Zone** [New York: Knopf, 1972], S. 11.

45. Kate Millet, **Flying** [New York: Knopf, 1974], S. 8,9.

46. Joyce A. Ladner, **Tomorrow's Tomorrow** [New York: Doubleday Anchor, 1972], S. 63.

47. Susan Griffin, **Rape: The Power of Consciousness** [Hagerstown, New York: Harper & Row, 1979], S. 4.

48. Robin Morgan, »The Father.« **Lady of the Beasts** [New York: Random House, 1976], S. 6.

49. Linda Marie, **I Shall Not Rock** [New York: Daughters Publishing, 1977], S. 24-25.

50. Nancy Gager and Cathleen Schurr, **Sexual Assault: Confronting Rape in America** [New York: Grosset and Dunlap, 1976], S.7.

51. Brownmiller, **Gegen unseren Willen**, S. 196-97.

52. Sandra Butler, **Conspiracy of Silence, the Trauma of Incest** [San Francisco: New Glide Publications, 1978], passim.

53. Armstrong, **Kiss Daddy Goodnight**, S. 234-35.

54. Ebenda, S. 235.

55. Linda Tschirhart Sanford, **The Silent Children** [New York: Doubleday, in press].

56. **The Discreet Gentlemen's Guide to the Pleasures of Europe** [New York: Bantam Books, 1975], S. 51.

57. Allan H. Mankoff, **Mankoff's Lusty Europe** [New York: Viking, 1973], S. 51-53.

58. »Peaches and Daddy Browning,« **Liberty**, Winter 1974, S. 48-51.

59. A. Nicholas Groth, »Guidelines for the Assessment and Management of the Offender.« In Burgess, ed., **Sexual Assault of Children and Adolescents**, S. 32.

60. A. Nicholas Groth, »Patterns of Sexual Assault Against Children and Adolescents.« In Burgess, ed., **Sexual Assault of Children and Adolescents**, S. 23.

61. Joseph J. Peters, »Children Who Are Victims of Sexual Assault,« S. 410.

62. Edward M. Brecher, **Treatment Programs for Sex Offenders** [Washington, D.C.: National Institute of Law Enforcement and Criminal Justice, U.S. Department of Justice, 1977], S. 29.

63. Ebenda, S. 55.

2. DIE BIBEL UND DER TALMUD: BEGINN EINER INFAMEN TRADITION

1. Samuel Noah Kramer, **Die Geschichte beginnt mit Sumer** [Büchergilde, Frankfurt/M., 1959], S. 74.
2. Ebenda, S. 74.
3. Ebenda
4. Buch Numeri, 31:18.
5. **The Babylonian Talmud**, cited from Allen Edwardes and R.E. I. Epstein].[London:The Soncino Press, 1935], S. 376.
6. Zitiert nach Allen Edwardes und R.E.L. Masters. **The Cradle of Erotica** [London:Odyssey Press,1970]S.76
7. Maimonides, **The Book of Women** [Book Four].[New Haven: Yale University Press, 1972], S. 18.
8. Exodus 20:17.
9. Eugene J. Lipman, ed. and trans., **The Mishna** [New York: W. W. Norton, 1970], S. 191 [Kiddishin 1:1].
10. David Feldman, **Marital Relations, Birth Control, and Abortion in Jewish Law** [New York: Schocken Books, 1974], S. 178.
11. Ebenda, S. 179.
12. Maimonides, **The Book of Women,** S. 20.
13. Feldman, **Marital Relations**, S. 67.
14. Deut., 22:29.
15. Exodus 22:15,16.
16. Louis M. Epstein, **Sex Laws and Customs in Judaism** [New York:KTAV Publishing, 1967], S. 182.
17. Ebenda
18. Ebenda
19. Ebenda, S. 183.
20. Ebenda, S. 164-65.
21. Ebenda, S. 167.
22. Ebenda, S. 166.
23. Lev., 21:9.
24. Deut., 22:20-22.
25. Genesis 20:2-21, 34.
26. Ezechiel 16:34.
27. Maimonides, **The Book of Women**, S. 335.
28. Ebenda
29. Ebenda
30. Epstein, **Sex Laws and Customs,** S. 158-59.
31. Maimonides, **The Book of Women,** S. 18.
32. Epstein, **Sex Laws and Customs,** S. 212-15.
33. Maimonides, **The Book of Women,** S.238-45.
34. Epstein, **Sex Laws and Customs,** S. 185.
35. Maimonides, **The Book of Women,** S. 68.

36. Fred Rosner, **Sex Ethics of Maimonides** [New York: Bloch Publishing, 1974], S. 122.

37. Hayyim Schneid, **Marriage** [Philadelphia: Jewish Publication Society of America, 1973], S. 95.

3. DIE CHRISTEN

1. Henry Charles Lea, **History of Sacerdotal Celibacy in the Christian Church** [Seacaucus, New Jersey: University Books, 1966], S. 526.

2. Eileen Power, **Medieval People** [New York: University Paperbacks, 1966], S. 97.

3. G.G.Coulton, **Medieval Panorama** [New York: W.W.Norton, 1974], S. 639.

4. Ebenda, S. 631.

5. Ebenda, S. 644.

6. John C. O'Dea, **The Matrimonial Impediment of Nonage** [Washington, D.C.: Catholic University of America Press, 1944], S. 6.

7. Ebenda, S. 46.

8. Ebenda, S. 69.

9. Ebenda, S. 69.

10. Rev. H.A.Ayrinhac, **Marriage Legislation in the New Code of Canon Law** [New York: Benzigner Brothers, 1919], S. 313.

11. Charles Edward Smith, **Papal Enforcement of Some Medieval Marriage Laws** [Baton Rouge, La.: Louisiana State University, 1940], S. 41.

12. V.H.H. Green, **Medieval Civilization in Western Europe** [New York: St. Martin's Press, 1971], S. 183-84.

13. O'Dea, **Matrimonial Impediment**, S. 101.

14. Ebenda, S.22.

15. Matthäus 19:5.

16. 1. Korintherbrief 6:16.

17. Ayrinhac, **Marriage Legislation**, S. 203.

18. John Fulton, **Laws of Marriage** [London: Weel, Gardner, Darton and Co., 1883], S. 111.

19. Smith, **Papal Enforcement**, S. 142.

20. Sir Matthew Hale, **The History of the Pleas of the Crown** [Philadelphia: Robert H. Small, 1847], S. 650.

21. Mortimer Levine, »A More Than Ordinary Case of Rape,« **The American Journal of Legal History**, Vol. 7, April 1963, S.162.

22. Hale, **The History of the Pleas of the Crown**, S. 631.

23. Ebenda, S. 633.

24. Lea, **History of Sacerdotal Celibacy**, S. 501-2.

25. Ebenda

26. Julia O'Faolain and Laura Martines, **Not in God's Image** [New York: Harper Torchbooks, 1973], S. 240; also Power,

Medieval People, S. 73-78.
27. Lea, **History of Sacerdotal Celibacy**, S. 533.
28. Ebenda
29. Heinrich Institoris und Jakob Sprenger, **Der Hexenhammer** [Barsdorf, Berlin, 1906], Bd. I, S. 96-109.
30. Ebenda, S.106-107.
31. Reginald Scot, **The Discoveries of Witchcraft** [New York: Dover, 1972], S. 4.
32. Institoris/Sprenger, Bd.II, S. 145.
33. Russell Hope Robbins, **The Encyclopedia of Witchcraft and Demonology** [New York: Crown, 1974], S. 55-56.
34. Ebenda, S. 56.
35. Nicholas Remy, **Demonalatry** [Seacaucus, New Jersey: Uni: versity Books, 1947], S. 95.
36. Montague Summers, **Geography of Witchcraft** [New York: Citadel, 1973], S. 153.
37. Ebenda, S. 302.
38. Robbins, **Encyclopedia of Witchcraft**, S. 462.
39. Ebenda, S. 555.
4O. Robbins, **Encyclopedia of Witchcraft,** S. 348.
41. Summers, **Geography of Witchcraft**, S. 5O2-3.
42. Remy, **Demonalatry**, S. 166.
43. Charles Kirkpatrick Sharpe, **Witchcraft in Scotland** [New York: Barnes and Noble, 1972], S. 152.
44. Margaret A. Murray, **The Witch Cult in Western Europe** [London: Oxford University Press, 1971], S. 36.
45. Ebenda, S. 37.
46. J.S.F. Forsyth, **Demonologia** [London: A.K. Newton, 1831], S. 259.
47. Julio Caro Barja, **World of Witches** [Chicago: University of Chicago Press, 1965], S. 193.
48. Robbins, **Encyclopedia of Witchcraft**, S. 395.
49. William W. Sanger, **History of Prostitution** [New York: Medical Publishing, 1899], S. 1O3.
50. Robbins, **Encyclopedia of Witchcraft**, S. 255-56.
51. Summers, **Geography of Witchcraft**, S. 5O9.
52. Robbins, **Encyclopedia of Witchcraft**, S. 412.

53. Zur Dokumentierung dieser Berichte habe ich drei Quellen benutzt: **Satanism and Witchcraft** von Jules Michelet, **Geography of Witchcraft** von Montague Summers und **The Encyclopedia of Witchcraft and Demonology** von Russel Robbins. Für den Vorfall in Loudon wurde auch **The Devils of Loudon** von Aldous Huxley benutzt. Diese Quellen widersprechen sich manchmal. Z.B. wird

in einer das Alter von Madeline in der Gaufridi-Affäre mit neun angegeben, während sie nach einer anderen Quelle dreizehn war, als sie zum ersten Mal verführt wurde.

54. Robbins, **Encyclopedia of Witchcraft**, S. 195.
55. Kurt Seligman, **Magic, Supernaturalism and Religion** [New York: Pantheon Books, 1971], S. 169.
56. Peter Blos, **Adoleszenz** [Klett, Stuttgart, 1973], S. 53.
57. Ebenda, S. 63-64.
58. Jakob Burckhardt, **Die Kultur der Renaissance in Italien** [Kröner, Stuttgart, 1976], S. 430.

4. GRIECHISCHE LIEBE

1. Plutarch, **Über die Liebe** [Hyperion, Freiburg], S. 24-25.
2. Arno Karlin, **Sexuality and Homosexuality** [New York: Norton, 1971], S. 130.
3. Horaz, **Satiren** I,2, aus: **Sämtliche Werke**, übers. von Wilhelm Schöne [Heimeran, München, 1979], Buch II, S. 21.
4. Willis Barnstone, Übers., **Greek Lyrik Poetry** [New York: Schocken Books, 1972], S. 40.
5. Platon, **Das Gastmahl**, übers. von Otto Apelt, aus: **Sämtliche Dialoge**, hrsg. von Otto Apelt, Bd. III [Meiner, Leipzig, 1926], S. 11.
6. Thukydides, **Geschichte des Peleponnesischen Krieges**, übers. von Georg Peter Landmann [Artemis, Zürich und München 1976] S. 142.
7. Ebenda, S. 141.
8. Hans Licht, **Sittengeschichte Griechenlands** [Rowohlt, Hamburg 1969], S. 249-274.
9. Morton Hunt, **Von Homer bis Kinsey. Eine Naturgeschichte der Liebe** [Büchergilde Gutenberg, Frankfurt/M. 1966], S. 51-53.
1O. Barnstone, **Greek Lyric Poetry**, S. 125.
11. **Anthologia Graeca**, hrsg. von Herman Beckby [Heimeran, München 1958], Bd. IV, Buch XII, Nr. 34.
12. Ebenda, Nr. 5.
13. Ebenda, Nr. 2O5.
14. Barnstone, **Greek Lyric Poetry**, S. 101.
15. **Anthologia Graeca**, a.a.O. Buch X, Nr. 20.
16. Licht, **Sittengeschichte Griechenlands**.
17. Hunt, **Von Homer bis Kinsey**, S. 54.
18. Plutarch, **Über die Liebe**, S. 122-123.
19. Polybius, **The Histories,** hrsg. von Hugh R. Trevor-Roper, übers. von Mortimer Chambers [New York: Twayne, 1966], S. 3O6.
20. Herodot, **Historien**, hrsg. von N.W. Haussig, übers. von A. Horneffer [Kröner, Stuttgart 1963], S. 564.

21. **Anthologia Graeca**, Buch XI, Nr. 51.

22. Platon, **Phaidros**, Kap. 18, übers. von Constantin Ritter, aus: **Sämtliche Dialoge, Bd II**, [Meiner Leipzig 1922], S. 51.

23. Karlin, **Sexuality and Homosexuality**, S. 56.

24. Suetonius, **The Twelve Caesars**, hrsg. von Robert Baldick und Betty Radice, übers. von Robert Graves [Baltimore: Penguin 1975], S, 131-141, S. 223.

25. **Rochester's Poems on Several Occasions**, hrsg. von James Thorpe [Copyright 1950 © 1978. Nachdruck mit Genehmigung der Princeton University Press], S. 59-60.

5. EINE VIKTORIANISCHE KINDHEIT

1. William Blake, »The Mental Traveller«, aus **English Romantic Writers**, hrsg. von David Perkins [New York: Harcourt, Brace and World, 1967], S. 112.

2. Graham Ovenden und Robert Melville, **Victorian Children** [New York: St. Martin's Press], S. 10.

3. Richard von Krafft-Ebing, **Psychopathia Sexualis** [Enke, Stuttgart 1907], S. 366.

4. August Bebel, **Die Frau und der Sozialismus** [Dietz, Berlin und Bonn 1977], S. 2O7.

5. Simone de Beauvoir, **Das andere Geschlecht** [Rowohlt, Hamburg 1968], S. 313.

6. Ronald Pearsall, **Worm in the Bud** [New York: Macmillan 1969],(Deutsche Ausgabe: **Sex im viktorianischen Zeitalter** [Diana, Zürich 1971]).

7. Ebenda, S. 361.

8. Peter Coveney, **The Image of Childhood** [Baltimore: Penguin, 1967], S. 81.

9. Thomas Swann, **Ernest Dowson** [New York: Twayne, 1964], S.32-39.

10. Desmond Flower and Henry Mans, **The Letters of Ernest Dowson** [London: Cassel, 1967], S. 116-18.

11. Edgar A. Poe, **Gedichte**, hrsg. und übers. von Theodor Etzel [Propyläen, Berlin 1921].

12. Charles Haines, **Edgar Allen Poe** [New York: Franklin Watts, 1975], S. 17.

13. Ada Nisbet, **Dickens and Ellen Ternan** [Berkeley, Cal.: University of California Press, 1952].

14. Peasall, **Worm in the Bud**, S. 359.

15. Joan Evans, **John Ruskin** [New York: Oxford University Press 1955], S. 317-34.

16. Helmut Gernsheim, **Lewis Carroll** [New York: Dover, 1969], S. viii.

17. Florence Brecher Lennon, **The Life of Lewis Carrol** [New York: Dover, 1972], S. 237-54.

18. Leslie Fiedler, Introduction to **Beyond the Looking Glass**, ed.

Jonathan Cott [New York: Stonehill, 1973], S. xx.

19. Lennon, **Life of Lewis Carroll,** S. 394.

20. Peasall, **Worm in the Bud.** S. 65.

21. Ebenda, S. 612.

22. Honoré de Balsac, **The Physiology of Marriage** [New York: Société des Beaux-Arts, n.d.: introduction written in 1829], S. 140. (deutsche Ausgabe: **Physiologie der Ehe** [Insel, Leipzig, 1908)].

23. Fernando Henriques, **Prostitution and Society**, vol. III, [London: Macgibbon and Kee, 1968], S. 280.

24. Anonymous [Walter], **My Secret Life**[New York: Grove Press, 1966], S. 383-84.

25. William Acton, **Prostitution** [New York: Praeger, 1968, first published 1857], S. 12, 116.

26. Ebenda, S. 71-73.

27. Ebenda, S. 136.

28. James Laver, **The Age of Optimism, 1848-1914** [New York: Harper and Row, 1966], S. 104-5.

29. Bebel, **Die Frau und der Sozialismus**, S. 201.

30. Abraham Flexner, **Prostitution in Europe** [New York: Century 1914], S. 78-79. (deutsche Ausgabe: **Die Prostitution in Europa** [Fiebig, Berlin 1921]).

31. Milton Rugoff, **Prudery and Passion** [New York: Putnam's, 1971], S. 321-39.

32. Edwin Seligman, **The Social Evil** [New York: Putnam's, 1972] S. 239.

33. **Pall Mall Gazette**, London, 6. Juli, 1885.

34. Vern L. Bullough, **The History of Prostitution** [New Hyde Park, New York: University Books, Inc., 1964], S. 176.

35. **Pall Mall Gazette**, London 6.Juli 1885.

36. Henriques, **Prostitution**, S. 285-87.

37. Laver, **Age of Optimism**, S. 105.

38. Theodore A.Bengham, **The Girl That Disappears** [New York: Gorham, 1911], S. 8.

39. **Pall Mall Gazette**, London 6. Juli 1885.

40. Reginald Wright Kauffman, **The House of Bondage**[New York: Grosset and Dunlap, 1912], S. 459-60.

41. Ebenda, S. 68-69.

42. Cathleen Barry, »Did I Ever Really Have a Chance?« **Chrysalis**, Los Angeles, No. 1.

43. Olive Banks and J.A. Banks, **Feminism and Family Planning** [New York: Schocken, 1972], S. 114.

44. Aileen S. Kraditor, **Up From the Pedestal** [Chicago: Quadrangle, 1968], S. 159.

45. Glen Petrie, **A Singular Iniquity - the Campaigns of Josephine Butler** [New York: Viking, 1971], S. 113.

46. Ebenda, S. 114.

47. Ebenda, S. 114.
48. Ebenda, S. 116.
49. David J. Pivar, **The Purity Crusade** [Westport, Conn.: Greenwood, 1973], S. 105.
50. Petrie, **A Singular Iniquity**, S. 149.
51. Die Berichte von Butler, Stead, den Abolitionisten und der Revolte der Frauen stammen aus verschiedenen Quellen: Petrie, **A Singular Iniquity,** op.cit.; Pearsall, **Worm in the Bud**, op.cit.; Banks and Banks, **Feminism and Family Planning**, op.cit. ; Henriques, **Prostitution and Society**, op.cit.; William O'Neil, **The Woman Movement** [Chicago: Quadrangle, 1969]; Michael Pearson, **Five Pound Virgins** [New York: Saturday Review Press 1972].

6. KINDEREHE IN INDIEN

1. Sarvepalli Radhakrishnan and Charles A. Moore, eds., **A Sourcebook in Indian Philosophy** [New Jersey: Princeton University Press, 1957], S. 190.
Irene H. Frieze and others, **Women and Sex Roles** [New York: W.W.Norton and Co., 1978], S. 128-34.
Julia O'Faolain and Lauro Martine, **Not in God's Image** [New York: Harper Torchbooks, 1973], S. 5.
2. Irene H. Frieze and others, **Women and Sex Roles** [New York:
3. Julia O'Faolain and Lauro Martine, **Not in God's lamge** [New
4. Ebenda, S. 48.
5. Katherine Mayo, **Slave of the Gods** [New York: Harcourt, Brace and Co., 1929], S. 256-57.
6. Ebenda, S. 259.
7. Cited from William J. Fielding. **Strange Customs of Courtship and Marriage** [New York: Hart Publishing Co., 1942], S. 194.
8. Vatsyayana, **Das Kamasutra** [Moewig, München 1980], S. 67.
9. Vatsyayana, **Das Kamasutram** [Schustek, Hanau 1966], S. 145, 153.
10. Walter T. Wallbank, **A Short History of India and Pakistan** [New York: A Mentor Book, 1965], S. 92.
Vera and David Mace, **Marriage East and West** [Garden City, New York: Doubleday and Co., Inc., 1960], S. 194-200.
11. Vera and David Mace, **Marriage East and West** [Garden City,
12. Katherine Mayo, **Mutter Indien,** [Frankfurter Societäts-druckerei, Frankfurt/M. 1928].
Ebenda, S. 56.
13. Ebenda, S. 56.
14. Ebenda, S. 69.
15. Louis Fischer, **Ghandi** [New York: A Mentor Book, 1960], S. 125.

16. Mayo, **Slave of the Gods**, a.a.O., S. 266.

17. Ebenda, S. 268.

18. Mace, **Marriage East and West**, a.a.O., S. 196.

19. Katherine Mayo, **The Face of Mother India** [New York: Harper and Brothers, 1936], S. 1-41.

20. Mary Daly, **Gyn/Ökologie** [Frauenoffensive, München 1981], S. 456.

21. Evelyn Sullerot, **Women, Change and Society** [New York: McGraw-Hill, 1971], S. 60.

22. Daly, **Gyn/Ökologie,**a.a.O., S. 456.

23. Bernard Weinraub, »Married at Ten, Deserted at Fifteen, She Lives in the Delhi Streets«, **The New York Times**, 14.April 1973.

24. Daly, **Gyn/Ökologie**, a.a.O., 456.

25. Wallbank, **A Short History of India and Pakistan**, a.a.O. S. 265.

7. EIN FREUDSCHES VERTUSCHUNGSMANÖVER

1. Dr. med Joseph J. Peters, »Children Who Are Victims of Sexual Assault and the Psychology of Offenders«, **American Journal of Psychotherapy**, Bd. XXX, Nr. 3, Juli 1976, S. 398-421.

2. Sigmund Freud, **Vorlesungen zur Einführung in die Psychoanalyse Und Neue Folge** [Fischer, Frankfurt/M. 1969], S. 551.

3. Ebenda, S. 551-552.

4. Marthe Robert, **Die Revolution der Psychoanalyse** [Fischer, Frankfurt/M. 1967], S. 21.

5. Sigmund Freud und Josef Breuer, **Studien über Hysterie** [Fischer, Frankfurt/M. 1970], S. 108.

6. Ebenda, S.139.

7. Sigmund Freud, »Bruchstück einer Hysterie-Analyse« in: **Hysterie und Angst** [Fischer, Frankfurt/M. 1971],

8. Walter A. Stewart, **Psychoanalysis: The First Ten Years: 1888-1898** [London: Allen and Unwin, 1969], S. 2.

9. Sigmund Freud, **Aus den Anfängen der Psychoanalyse, Briefe an Wilhelm Fließ, Abhandlungen und Notizen 1887-1902**, hrsg. von Marie Bonaparte, Anna Freud und Ernst Kris [Fischer, Frankfurt/M. 1962], Vorwort der Herausgeber, S. 8.

1O. Ebenda, S. 73.

11. Ebenda, S. 112.

12. Sigmund Freud, »Zur Ätiologie der Hysterie« in: **Hysterie und Angst**, S. 67-68.

13. Ebenda, S. 68.

14. Freud, **Aus den Anfängen**, S. 169.

15. Sigmund Freud, »Zur Geschichte der psychoanalytischen Bewegung« in: **Gesammelte Werke**, Bd. X [Fischer, Frankfurt/M. 1973], S. 59-60.

16. Freud, **Zur Ätiologie der Hysterie**, S. 68.
17. Ebenda, S. 69.
18. Freud, **The Complete Introductory Lectures of Psychoanalysis** [New York: Norton, 1966], S. 584-585.
19. Freud, **Aus den Anfängen**, S. 149.
20. Ebenda, S. 189.
21. Ernest Jones, **Sigmund Freud, Leben und Werk** [Fischer, Frankfurt/M. 1969], S. 283.
22. Freud, **Aus den Anfängen**, S. 179-180.
23. Ebenda, S. 186-188.
24. Ebenda, S. 193.
25. Hans Licht, **Sittengeschichte Griechenlands** [Rowohlt, Hamburg 1969], S. 92.
26. Freud, **Zur Geschichte der psychoanalytischen Bewegung**, S. 56.
27. Sigmund Freud, »Psycho-Analysis« in: **Collected Papers** [London: Hogarth Press, 1974], V, 118.
28. Janine Chassequet-Smirgel, »Die weiblichen Schuldgefühle« in: **Psychoanalyse der weiblichen Sexualität** [Suhrkamp, Frankfurt/M. 1974], S. 137-138.
29. Helene Deutsch, **Die Psychologie der Frau** [Huber, Bern 1948], Bd. I, S. 230.
3o. Karl Abraham, »Das Erleiden sexueller Traumen als Form infantiler Sexualbetätigung«, in: **Psychoanalytische Studien** [Fischer, Frankfurt/M. 1971], Bd, II, S. 173.
31. Ebenda, S. 180-181.
32. Freud, »Zur Geschichte der psychoanalytischen Bewegung«, S. 56.
33. Anonym, **Tagebuch eines halbwüchsigen Mädchens** [Int. Psychoanalytischer Verlag, Leipzig, Wien Zürich 1921],Geleitwort.
34. Paul Roazen, **Sigmund Freud und sein Kreis** [Lübbe, Bergisch-Gladbach 1976], S. 426.
35. John James, **The Facts of Sex** [Princeton, N.J.: Vertex 1970], S. 118.
36. Lindy Burton, **Vulnerable Children** [London: Routledge and Kegan Paul, 1968], S. 87-98.
37. Peter Blos, »Drei Typische Konstellationen in der Delinquenz des Mädchens« in: **Psyche**, Heft 11, 1964.
38. Freud, **Aus den Anfängen**, S. 189-190.
39. Max Schur, **Sigmund Freud - Leben und Sterben** [Suhrkamp, Frankfurt/M. 1973], S, 150-158.
40. Bronislaw Malinowski, **Sitte und Verbrechen bei den Naturvölkern** [Francke, Bern, 1951], S. 73-75.
41. Roazen, **Freud und sein Kreis**, S. 346.
42. Ebenda, S. 360.

8. MYTHEN, MÄRCHEN UND FILME

1. Lucy Larcom, **A New England Girlhood** [Magnolia, Mass.: Peter Smith, 1973], S. 106.
2. Simone de Beauvoir, **Das andere Geschlecht** [Rowohlt, Hamburg, 1968], S. 282.
3. Alle Geschichten aus: **Kinder- und Hausmärchen, gesammelt durch die Brüder Grimm** [Insel, Frankfurt/M. 1974].
4. Ebenda, S. 37-38.
5. Ebenda, S. 38.
6. Bruno Bettelheim, **Kinder Brauchen Märchen** [Deutsche Verlagsanstalt, Stuttgart 1977], S. 278.
7. Hans Christian Andersen, **Andersens Märchen**, hrsg. von R.W. Pinson, [Gondrom, Bayreuth 1979], S. 306.
8. Ebenda.
9. Barbara Standford, **Myths and Modern Man** [New York: Pocket Books, 1972]
10. Walter Harrelson, **From Fertility Cult to Worship** [New York: Doubleday, 1969], S. 68.
11. Susan Brownmiller, **Gegen unseren Willen** [Fischer, Frankfurt/M. 1978], S. 2O7.
12. Kurt Ranke, Hrsg., **Folktales of Germany** [Chicago: University of Chicago Press, 1968], Vorwort, S. XVII-XVIII.
13. **Kinder und Hausmärchen**, S. 112.
14. Kay Stone, »Things Walt Disney Never Told Us« in: **Journal of American Folklore** [Sonderheft über Frauen und Volksdichtung], Bd. 88, Nr. 374, Januar-März 1975.
15. Andrew Lang, Hrsg., **The Grey Fairy Book** [New York: Longmans, Green, 1900], S. 332-344.
16. Ebenda, S. 275-280.
17. Jean Corcoran, **Folktales of England** [Indianapolis: Bobbs-Merrill, 1968], S. 44-49.
18. Ebenda, S. 124.
19. Helene Deutsch, **Die Psychoanalyse der Frau** [Huber, Bern 1948], Bd. I, S. 15-16.
2O. Ebenda, S. 33.
21. Ebenda, S. 34.
22. Martha Finley, **Elsie Dinsmore** [New York: A.L. Burton, 1896], S. 170-171.
23. Frances Hodgson Burnett, **Sara Crewe** [New York: A Yearling Book, 1975], S. 17.
24. Ebenda, S. 222.
25. Johanna Spyri, **Heidi** [Insel, Frankfurt/M. 1978], S. 200.
26. George Eliot, **Silas Marner** [Fischer, Frankfurt/M. 1963], S. 126.

27. Robert Windeler, **Sweetheart** [New York: Praeger 1974] und Raymond Lee, **The Films of Mary Pickford** [New York: Castle Books 1970].

28. Jeanne Basinger, **Shirley Temple** [New York: Pyramid 1970]

29. Mark Best, **Those Endearing Young Charms** [New York: A.S. Barnes, 1971].

30. Ebenda.

31. Nora Sayre, »Graham Greene on Filme«, **The New York Times Book Review**, 17. Dezember 1972, S. 3.

32. Anne Sexton, **Transformations** [Boston: Houghton Mifflin, 1971], S. 112.

9. DAS LOCKENDE NYMPHCHEN

1. Vladimir Nabokov, **Lolita** [Rowohlt, Hamburg 1959], S. 66-67.

2. Hart Crane, **The Complete Poems of Hart Crane** [New York: Doubleday, 1958], S. 10.

3. John Dryden, »Song for a Young Girl« in: **Erotic Poetry,** hrsg. von William Cole, [New York: Random House, 1962], S. 418.

4. Ebenda, S. 37.

5. Graham Ovenden und Robert Melville, **Victorian Children** [New York: St Martin's Press, 1972].

6. Fedor Dostojewski, **Die Dämonen,** übers. von E.K. Rahsin [Fischer, Frankfurt/M. 1970], S. 430.

7. Fedor Dostojewski, **Schuld und Sühne**, übers. von E.K. Rahsin [Fischer, Frankfurt/M. 1970], S. 686-687.

8. Edward Lucie-Smith, **Eroticism in Western Art** [London: Thames and Hudson, 1972], S. 150, 182.
Athur Miller, **Hexenjagd** [Fischer, Frankfurt/M. 1970].

9. Arthur Miller, **Hexenjagd** [Fischer, Frankfurt/M. 1970]. Januar 1977, S. 111.

10. David Hamilton, **Sisters** [New York: William Morrow, 1974], S. 15.

11. Wilson Bryan Key, **Media Sexploitation** [Englewood Cliffs, N.J.: Prentice Hall, 1976], S. 55-56.

12. Werbeanzeigen in der Zeitschrift **Seventeen**, August 1977, und anderen Publikationen.

13. Marylin Bender, **Beutiful People** [New York: Dell 1967], S.229

14. Rosemary Kent, »Clothes Conscious Kids«, **Harper's Bazaar, Januar 1977, S. 111.**

15. **The New York Times**, 11. August 1977.

16. Mary Vespa, »The Littlest Vamp, **New York Daily News,** 9. Januar 1975, S. 27.

17. Kent, »Clothes Conscious Kids«, S. 110.
18. Pauline Kael, **I Lost It at the Movies** [Boston: Atlantic Monthly, 1965], S. 157.
19. Pauline Kael, **Kiss Kiss Bang Bang** [New York: Bantam, 1971].

20. Steven Marcus, **The Other Victorians** [New York: New American Library, 1974], S. 274 (deutsche Ausgabe: **Umkehrung der Moral** [Suhrkamp, Frankfurt / M. 1979)].
21. Hannah Arendt, **Macht und Gewalt** [Piper, München 1970] S. 74.
22. Mike Childs, »De Palma has the Power«, in **Cinefantastique, Bd. 6, Nr. 1**, S. 29.
23. Don Shay, »Robert Wise on Audrey Rose«, ebenda, S. 26.
24. Nabokov, **Lolita**, S. 332.
25. Benjamin Karpman, **The Sexual Offender and His Offenses** [New York: Julian Press, 1957], S. 416-457.
26. Nabokov, **Lolita**, S. 144.
27. Ebenda, S. 152.
28. Ebenda, S. 2O4.
29. Ebenda, S. 305.
30. Ebenda, S. 334.
31. Molly Haskell, **From Reverence to Rape** [New York: Holt, Rinehart and Winston, 1974], S. 346.
32. Edagr Z. Friedenberg, »The Image of the Adolescent Minority« in: **Youth and Sociology**, hrsg. von Peter K. Manning und Marcello Truzzi, [Englewood Cliffs, N.J.: Prentice Hall, 1972], S. 36-37.
33. **MS,** Oktober 1974.
34. Vincent Canby, »Pretty Baby by Louis Malle«, **The New York Times**, 5.April 1978.
35. Judith Crist, »Beauty in Baby«, **New York Post**, 5.April 1978.
36. Christina Rossetti, »In an Artist's Studio« in: **The World Split Open**, hrsg. von Louise Bernikow [New York: Vintage 1974], S. 125.

10. VÄTER UND TÖCHTER

1. **Sexual Assault: The Target Is You**, Broschüre, die vom Hennepin County Attorney's Office, Minneapolis, Minnesota, zusammengestellt wurde.
2. Phyllis Chesler, **Frauen - das verrückte Geschlecht?** [Neue Presse, Wien], S. 74.
3. Ruth Benedict, **Patterns of Culture** [Boston: Houghton Mifflin, 1959], S. 32-36.
4. Raphael Patai, **Sitte und Sippe in Bibel und Orient** [Ner-Tamid,

Frankfurt/M. 1962], S. 25.
5. Kirson S. Weinberg, **Incest Behavior** [New York: Citadel 1965] S. 14.

6. Patai, **Sitte und Sippe**, S. 35.
7. Lev., 18:15.
8. Lev., 18:6.
9. 2. Buch Samuel, 13:13.
10. Patai, **Sitte und Sippe**, S. 23.
11. Genesis, 49:4.
12. 2. Buch Samuel, 16:22.
13. Patai, **Sitte und Sippe**, S. 23, und Weinberg, **Incest Behavior**, S. 13.
14. Patai, **Sitte und Sippe**, S. 24.
15. Genesis, 19:30-38.
16. Herodot, **Historien**, hrsg. von N.W. Haussig, übers. von A.Horneffer, [Kröner, Stuttgart 1963], S. 156.
17. Herbert Maisch, **Inzest** [Rowohlt, Hamburg 1968], S. 14.
18. Ebenda, S. 20.
19. R.E.L. Masters, **Patterns of Incest** [New York: Ace, 1963], S. 34-35.
20. Geoffrey Chaucer, »The Canterbury Tales«, in: **The Portable Chaucer** [New York: Viking 1979], S. 259-264.
21. Giovanni Boccaccio, **Das Dekamerone** [Müller und Kiepenhauer, Bergen 1950], S. 91-103.
22. Masters, **Patterns of Incest**, S. 56.
23. Wardell B. Pomeroy, »A New Look at Incest«, **Forum**, November 1976, S. 12.
24. Abigail van Buren, »Dear Abby«, **New York Post**, 13. November 1977.
25. Margaret Mead, **Mann und Weib**, [Rowohlt, Hamburg 1963], S. 156-157.
26. Ruby Rohrlich Leavitt, **The Puerto Ricans** [Tucson: University of Arizona Press, 1974], S. 60.
27. Susan Brownmiller, **Gegen unseren Willen** [Fischer, Frankfurt/M. 1978], S. 197.
28. Harry Kalven and Hans Zeisel, **The American Jury** [Boston: Little, Brown, 1966], S. 304.
29. Weinberg, **Incest Behavior**, S. 40.
30. Maisch, **Inzest**, S. 71.
31. P.H. Gebhard and others, **Sex Offenders** [New York: Bantam, 1965], S. 207.
32. Barbara Campbell, »Incest Case Haunts Critics of City System«, **The New York Times**, 19. Januar, 1976.
33. Ann Landers, »Ann Landers«, New York **Daily News**, 8. Oktober 1975, S. 57.
34. Abigail van Buren, »Dear Abby«, **New York Post**, 13. Novem-

ber 1977, 14. April 1976.

35. »State Senate Passes Bill on Abortion«, **New York Post,** 31. März 1976, S. 32.

36. Judith Herman and Lisa Hirshman, »Father Daughter Incest« in: **Signs, Journal of Women and Culture in Society**, Juni 1977.

37. Richard von Krafft-Ebing, **Psychopathia Sexualis** [Enke, Stuttgart 1907], S. 58.

38. Alfred M. Freedman and others, **Modern Synopsis of Comprehensive Textbook of Psychiatry II** [Baltimore: The William and Wilkins Company, 1976], S. 772.

39. Clelland S. Ford and Frank A. Beach, **Patterns of Sexual Behavior** [New York: Harper Colophon Books, 1972], S. 123.

40. Richard von Krafft-Ebing, **Psychopathia Sexualis,** S. 59-60.

41. Pomeroy, »A New Look at Incest«, op.cit.

42. Abigail van Buren, »Dear Abby«, **San Francisco Chronicle,** 28. Juni 1976.

43. Freedman, **Modern Synopsis**, S. 770.

11. SEXUALAUFKLÄRUNG UND DER KINDESSCHÄNDER

1. Mary Breasted, **Oh! Sex Education** [New York: Praeger Publishers, Inc., 1970]. Reprinted by permission of Rinehart and Winston.

2. Child Study Association of America, **What to Tell Your Children About Sex** [New York: Pocket Books, 1970], S. 20-21.

3. Benjamin Spock, M.D., **A Teenager's Guide to Life and Love** [New York: Pocket Books, 1971], S. 107.

4. Committee on Adolescence, Group for the Advancement of Psychiatry, **Normal Adolescence** [New York: Scribner's, 1968], S. 22.

5. Ebenda, S. 25.

6. Herant A. Katchadourian and Donald T. Lunde, **Fundamentals of Human Sexuality** [New York: Holt, Rinehart and Winston, 1972], S.86.

7. Mary S. Calderone, M.D., »Sex and Social Responsibility,« in Pat G. Powers and Wade Baskin, **Sex Education: Issues and Directives** [New York: Philosophical Library, 1969], S. 101.

8. Sex Information and Educational Council of the United States, **Sexuality and Man** [New York: Scribner's, 1970], S. 83-98 passim

9. Ebenda, S. 98.

10. Ebenda, S. 97.

11. Michel Foucault, **Sexualität und Wahrheit** [Suhrkamp, Frankfurt/M. 1977], S. 187.

12. DAS GESETZ - UNTER DIE LUPE GENOMMEN

1. Herant A. Katchodourian and Donald T. Lunde, **Fundamentals**

of Human Sexuality [New York: Holt, Rinehart and Winston, 1972], S. 423.

2. Frances E.W. Harper, »A Double Standard,« ed. Loulse Bernikow, The World Split Open [New York: Random House, Inc. 1974], S. 213.

3. Vincent de Francis, Protecting the Child Victim of Sex Crimes Committed by Adults [Denver, Colorado: American Humane Association, Children's Division, 1969], S. 18-24.

4. Susan C. Ross, The Rights of Women [New York: Avon, 1973], S. 164-70.

5. D.J. West, The Young Offender [London: Penguin, 1967], S. 197.

6. Matthew Hale, History of the Pleas of the Crown [Philadelphia: R.H. Small, 1847], I, 634.

7. Russell Hope Robbins, The Encyclopedia of Witchcraft and Demonology [New York: Crown, 1974], S. 240-41.

8. Hale, History of the Pleas, S. 633.

9. »A Judge's Teen Shocker«, San Francisco Chronicle, 24. Juni, 1976, S. 26.

10. Earle Prevost, »Statuory Rape: A Growing Liberalization,« South Carolina Law Review, 1966, vol. 18, S, 259.

11. Harry Kalven, Jr. and Hans Zeisel, The American Jury [Boston: Little, Brown, 1966], S. 276-81.

12. Leo Kanowitz, Women and the Law [Albuquerque: University of New Mexico Press, 1971], S. 7.

13. Ebenda, S. 23.

14. Ebenda, S. 22.

15. Federal Bureau of Investigation, U.S. Department of Justice Uniform Crime Reports for the United States [Washington, D.C.: 1975], S. 6, 185.

16. Albert Moll, Das Sexualleben des Kindes [Walther, Berlin 1909], S. 212.

17. Ebenda, S. 199-212.

18. Ebenda, S. 204.

19. Ebenda, S. 173.

20. Ebenda, S. 207-208.

21. Frank S. Caprio and Donald R. Brenner, Sexual Behavior: Psycho-Legal Aspects [New York: Citadel, 1961], S. 213.

22. Alfred M. Freedman and others, Modern Synopsis of Comprehensive Textbook of Psychiatry II [Baltimore: William and Wilkins, 1976], S. 1213.

23. Caprio and others, Sexual Behavior, S. 211.

24. Louise J. Despert, The Emotionally Disturbed Child [New York: Doubleday Anchor, 1970], S. 128.

25. Kenneth S. Carpenter, »Children's Reliability in Sex Offense Accusations,« in Medical Aspects of Human Sexuality, Januar 1979.

26. Ann Wolbert Burgess and Anna T. Lazio, »When the Prosecutrix is a Child in Cases of Sexual Assault,« in Emilio C. Viano, **Victims and Society** [Washington, D.C.: Visage, 1976], S. 387.
27. Fred Inbau and John E. Reid, **Criminal Interrogations and Confessions** [Baltimore: Williams and Wilkins, 1976], S. 111.
28. Vincent de Francis, **Protecting the Child Victim**, S. 181-94.
29. Charles Dickens, **Oliver Twist** [Büchergilde, Frankfurt/M. 1950], S. 545.

13. KINDERPROSTITUTION UND KINDERPORNOGRAPHIE

1. Polly Adler, **A House Is Not a Home** [New York: Holt, Rinehart and Winston, Publishers, 1953].(deutsche Ausgabe: **Madame Polly und ihre Mädchen** [Heyne, München, 1966]).
2. Alix Kates Shulman, ed., **Red Emma Speaks** [New York: Vintage, 1972], S. 43.
3. Lillian Ambrosino, **Runaways** [Boston: Beacon Press, 1971], S. 3-4.
4. Ann Landers, »Treatment Center for Child Prostitutes,« New York, **Daily News**, 26. Februar 1979, S. 38.
5. Alton Slagle, »Chewed Up then Spat Out,« New York **Daily News**, 14. März 1977, S. 25.
6. Dick Bass, »The Short Little Life of a Prostitute, 15,« **New York Post**, 1. März 1975, S. 3.
7. Selwyn Raab, »Veronica's Short, Sad Life - Prostitution at 11, Death at 12,« **The New York Times**, 3. Oktober 1977.
8. Selwyn Raab, »Pimps Establish Recruiting Link to the Midwest,« **The New York Times**, 3. Oktober 1977.
9. Adler, **A House Is Not a Home**.
10. »Youth for Sale on the Streets,« **Time** magazine, 28. November 1977.
11. Judy Klemesrud, »Midtown Beat: Stalking the Pimp,« **The New York Times**, 2. Februar 1977.
12. Paul Tabori, **Secret and Forbidden** [New York: New American Library, 1966], S. 147-48.
13. Charles Winick and Paul M. Kinsie, **The Lively Commerce** [Chicago: Quadrangle, 1971], S. 53-54.
14. Simone de Beauvoir, **Das andere Geschlecht** [Rowohlt, Hamburg 1968], S. 581.
15. Barbara Campbell, »Officials Consider Child Pornography Hard to Prosecute,« **The New York Times**, 15. Januar 1977.
16. Ron Sproat, »The Working Day in a Porno Factory,« **New York Magazine**, 11. März 1974, S. 40.
17. Ivan Bloch, **The Sexual Extremities on the World** [New York: Award, 1964], S. 339-56.
18. Steven Marcus, **The Other Victorians** [New York: New American Library, 1974], S. 237. (deutsche Ausgabe: **Umkehrung der**

Moral [Suhrkamp, Frankfurt/M. 1979]).

19. Anonymous, **The Romance of Lust** [New York: Grove Press, 1972], passim.

20. Aubrey Beardsley, **Venus und Tannhäuser** [Heyne, München 1968], S. 65-66.

21. Paul Gillette, **The Encyclopedia of Erotica** [new York: Award, 1969], S. 309-16.

22. Pamela Hansford Johnson, **On Iniquity** [New York: Scribner's 1967], S. 125.

23. Marquis de Sade, **Die 120 Tage von Sodom** [Harenberg, Dortmund 1980], S. 11, 214.

24. Ebenda.

25. Marcus, **The Other Victorians**, S. 286.

26. George Steiner, »Night Words«, in **The New Eroticism,** Philip Nobile, ed. [New York: Random House, 1970], S. 130.

27. Ronald Pearsall, **The Worm in the Bud** [New York: Macmillan 1969], S. 386.

28. Ebenda, S. 289.

29. Johnson, **On Iniquity**, S. 132.

30. Ebenda, S. 132.

31. Ebenda, S. 136.

32. Vern Bullough and Bonnie Bullough, **Sin, Sickness and Sanity** [New York: New American Library, 1977], S. 166.

33. Ebenda, S. 166.

34. Ebenda, S. 171.

35. Ebenda, S. 173-74.

36. **The Report of the Commission on Obscenity and Pornography** A New York Times Book. Introduction by Clive Barnes [New York: Bantam, 1970], S. xi.

37. Ebenda, S. 139.

38. Ebenda, S. 456-700.

39. Ebenda, S. 75-85.

40. Bullough, **Sin, Sickness and Sanity**, S. 174.

41. Everett R. Holles, »Anti-Pornography Center Losing U.S. Aid«, **The New York Times**, 30. April 1975.

42. Barbara Campbell, »Aid Asked in Blocking Use of Children in Pornography«, **The New York Times**, 14. November 1977.

43. Mitchell Ditkoff, »Child Pornography«, **The American Humane Society**, vol. 16, No. 4, 1978.

ALLGEMEINE LITERATURANGABEN ÜBER ORGANISIERTE KINDERPROSTITUTION

Marin Arnold, »13 Accused Here of Torturing Girls to Force Them Into Prostitution,« **The New York Times,** 6. April 1971.

Marvin Smilon, »Hooker Pipeline Pair Indicted,« **New York Post,**

12. April 1978.

»Bust Teen Sex Ring: Arrest Couple in New Jersey,« New York **Daily News**, 13. Oktober 1977.

David Black, »The White Slave Trade in the East Village,« **The Village Voice**, 13. Januar 1972.

»9 Men Indicted in Los Angeles for Running an International Child Prostitution Ring that Allegedly Used Children as Young as Four«, **Gaysweek**, 21. August 1978.

James P. Sterba, »U.N.Aid Asks Inquiry on Forced Prostitution«

WEITERE QUELLEN ÜBER KINDERPROSTITUTION UND WEGGELAUFENE KINDER

Christine Chapman, **Americas Runaways** [New York: William Morrow, 1976].

Celeste MacLeod, »Street Girls of the 70's,« **The Nation**, 20. April 1974.

David Black, »Running Away,« **The New Ingenue**, Juli 1973.

Kathy McCoy, »The Runaways,« **Teen**, Juli 1976.

Jacob A. Goldberg and Rosamond W. Goldberg, **Girls of the City Streets** [New York: Foundation Books, 1940].

14. DER SEXUELLE MISSBRAUCH VON JUNGEN

1. Michel Foucault, **Sexualität und Wahrheit** [Suhrkamp, Frankfurt/M. 1977], S. 125.

2. Sigmund Freud, **Drei Abhandlungen zur Sexualtheorie** [Fischer, Frankfurt/M. 1977], S. 21.

3. Brian Reade, **Sexual Heretics** [New York: Coward-McCann, 1970], S. 8.

4. Arno Karlin, **Sexuality and Homosexuality** [New York: Norton, 1971], S. 240.

5. J.Z. Eglinton, **Greek Love** [New York: Oliver Layton, 1965], S. 151.

6. Martin Hoffman, **The Gay World** [New York: Bantam, 1971], S. 91-92.

7. »Opinion Outrage,« **The Body Politic**, Toronto, Canada, September/Oktober 1974.

8. Allen Edwardes, **Juwel im Lotos** [Heyne, München 1980], S. 238-253.

release, New York, März 1979.

1O. Linda Tschirhart Sanford, **The Silent Children** [New York: Doubleday, in press].

11. Sean O'Callaghan, **The White Slave Trade** [London: Robert Hale, 1965], passim.

12. »Six indicted in Sexual Club Using Boys«, **The New York Times**, 23. Mai 1972.

13. David A. Andelman, »8 Indicted in 'Boys-for-Sale' Ring,«

The New York Times, 4. Mai 1973, S. 45.

14. »Police Charge Boys Procured by Four Men,« **Standard Star** [New Rochelle], 1. Februar 1974.

15. **The New York Times,** 23. Mai 1977; 1. Dezember 1977; 9. Dezember 1977.

16. »The Chickenhawks,« **Newsweek** magazine, 30. April 1973; »Chickenhawk Trade Found Attracting More Young Boys to Times Square Area,« **The New York Times**, 14. Februar 1977.

17. **The Gay Advocate**, Juli 1976, S. 12.

18. Carolyn Swift, »Sexual Assault of Children and Adolescents,« Testimony prepared for subcommittee on Science and Technology of the U.S. House of Representatives, January 11, 1978. [Dr. Swift is Director of Prevention Projects, Wyandot Mental Health ·Center, Wyandot, Kansas].

19. Katherine N. Dixon and others, »Father-Son Incest: Underreported Psychiatric Problem?« **American Journal of Psychiatry,** Juli 1978, S. 835.

20. Alfred Kinsey u.a., **Das sexuelle Verhalten des Mannes** [Fischer, Frankfurt/M. 1970], S. 159.

21. Alfred Kinsey u.a. **Das sexuelle Verhalten der Frau** [Fischer Frankfurt/M. 1970], S. 137.

22. Karl Fleming and Anne Taylor Fleming, **The First Time** [New York: Simon and Schuster, 1975], S. 74.

23. Ebenda, S. 172.

24. Ebenda, S. 222.

25. Iceberg Slim, **Pimp, The Story of My Life** [Los Angeles: Holloway House, 1969], passim.

26. Bernard Grebanier, **The Unhibited Byron** [New York: Crown Publishers. Inc., 1970], S. 24-25.

27. Anna Katan, »Children Who Were Raped«, in **The Psychoanalytic Study of the Child,** Ruth Eissler and others, eds. [New Haven: Yale University Press, 1973], S. 208-24.

28. David Finkelhor, **Sexually Victimized Children** [New York: Free Press, 1979], S. 75.

15. VON DER SINNLICHEN FRAU ZUM SINNLICHEN KIND: BEFREIUNG ODER RÜCKSCHLAG?

1. Bennett Berger, »Hippie Morality - More Old Than New«, in **The Sexual Scene**, John H. Gagnon and William Simon eds.

2. Diana E.H. Russell, **The Politics of Rape** [New York: Stein and Day, 1975], S. 208.

3. L. Bender and Abram Blau, »The Reactions of Children to Sexual Relations with Adults,« **American Journal of Orthopsychi-**

atry, 1937, vol. 7.

4. Nancy Gager and Kathleen Schurr, **Sexual Assault:Confronting Rape in America** [New York: Grosset and Dunlap, 1976], S. 45.

5. René Guyon, **Ethics of Sexual Acts** [New York: Blue Ribbon, 1941], S. 44-72.

6. Petronius, **Satiricon** [Aufbau, Berlin 1978], S. 21).

7. Paul Gebhard, **Sex Offenders** [New York: Harper and Row, 1965], S. 54.

8. Ebenda, S. 276.

9. Robert S. de Ropp, **Sex Energy** [New York: Delta, 1969], S. 111-12.

10. Alayne Yates, **Sex Without Shame** [New York: William Morrow, 1978], S. 121.

11. Hal M. Wells, **The Sensuous Child** [New York: Stein and Day, 1978], S. 152.

12. Warren Farrel, »The Americanization of Oedipus«, **Cue** magazine, 1979.

13. Ebenda.

14. Richard Farson, **Menschenrechte für Kinder** [Desch, München 1975], S. 104-105.

15. Ebenda, 106.

16. Lars Ullerstam, **Die Abartigen** [Lichtenberg, München 1970], S. 100.

17. René Guyon, **Bulletin,** 1. September 1975.

17. Geoffrey Lakeman, »Union Strike Over Child Sex Leader,« **Daily Herald** [Wales], 7. September 1977.

19. «Child Sex, Man Attacked in Pub by Woman,« **Western Mail** [Wales], 9. September 1977.

20. Polly Toynbee, »Sex Offender Can Aid Child - Good Can Come from Pedophilia Priest Claims,« **Guardian Woman** [Wales] 12. September 1977.

21. David Thorstad, »A Statement to the Gay Liberation Movement on the Issue of Man/Boy Love,« **Gay Community News,** 6. Januar 1979.

22. »Men and Boys: The Boston Conference,« **Gaysweek,** 12. Februar 1979.

23. Ebenda.

24. Ebenda.

25. Wilhelm Reich, **Die sexuelle Revolution** [Fischer, Frankfurt/M. 1972], S. 35.

26. David Zane Mairowitz, **The Radical Soap Opera** [New York: Avon, 1974], S. 217-18.

27. Ebenda, S. 224-25.

28. Valida Davila, »A Child's Sexual Bill of Rights«, Sexual Freedom League Childhood Sexuality Circle.

16. DER ERSTE SCHRITT

1. Peter L. Berger, **Einladung zur Soziologie** [Walter, Olten und Freiburg, 1969], S. 190.
2. Frederick Storaska, **How to Say No to a Rapist** [New York: Warner, 1976], S. 199.
3. William Kraemer and others, **The Normal and Abnormal Love of Children** [Kansas City: Sheed Andrews and McMeel, Inc., 1976], S. 2.
4. Georgia Dullea, »Child Prostitution: Causes Are Sought,« **The New York Times,** 4. September 1979, S. C11.
5. Yvonne Tormes, **Child Victims of Incest**[Denver:The American Humane Association, Children's Division, 1969], S. 27.
6. Alan P. Bell and Calvin S. Hall, **The Personality of a Child Molester** [New York: Aldine, 1971], S. 93.
7. Ebenda, S. 76.
8. Jean Mundy, Ph.D., »Rape - For Women Only'« zitiert nach Adrienne Rich, **Von Frauen geboren** [Frauenoffensive, München 1979], S. 236.

NACHWORT

1.Louise Armstrong, **Kiss Daddy Goodnight** [New York: Hawthorn Books, 1978].

sub rosa
Frauenverlag

Roswitha Burgard
Wie Frauen »verrückt« gemacht werden
Der »normale« Psychiatrisierungsprozess von Frauen

Dagmar Schultz
»Ein Mädchen ist fast so gut wie ein Junge«
Sexismus in der Erziehung. Band 1
Interviews - Berichte - Analysen

Dagmar Schultz
»Ein Mädchen ist fast so gut wie ein Junge« Band 2
Schülerinnen und Pädagoginnen berichten.

Gaby Karsten
Mariechens Weg ins Glück?
Die Diskriminierung von Mädchen
in Grundschullesebüchern

Frauen gegen Männergewalt
Berliner Frauenhaus für mißhandelte Frauen.
Erster Erfahrungsbericht.

Gewalt und Zärtlichkeit
Lesbengedichte von L.

Roswitha Burgard / Gaby Karsten
Die Märchenonkel der Frauenfrage:
Friedrich Engels und August Bebel

Mathilde Vaerting
Frauenstaat/Männerstaat
Anne Koedt
Der Mythos vom vaginalen Orgasmus

Bestellungen an:
FBV Frauenbuchvertrieb GmbH
Mehringdamm 32-34, 1000 Berlin 61
Telefon (030) 251 16 66

sub rosa
Frauenverlag

Pat Califia
Sapphistrie
Das Buch der lesbischen Sexualität

»Dieses Buch ist ein Angriff auf die Unterdrückung und Kolonialisierung weiblicher Sexualität. Es soll uns stärken und uns auf den langen, schwierigen Kampf um unsere Befreiung vorbereiten.«   (Pat Califia)

HEXENGEFLÜSTER
FRAUEN GREIFEN ZUR SELBSTHILFE
Die überarbeitete und erweiterte Auflage von
Christiane Ewert, Gabi Karsten, Dagmar Schultz

Kathleen Barry
Sexuelle Versklavung von Frauen

Kathleen Barry legt weibliche Versklavung in all ihren Dimensinen offen - von der Zwangsprostitution mit entführten Mädchen bis zur ehelichen Vergewaltigung und zu den Auswirkungen von Pornographie. Sexuelle Versklavung von Frauen deckt die sozialen, politischen und ökonomischen Grundlagen sexueller Sklaverei auf. (Frühjahr 1983)

zu bestellen bei:
Frauenbuchvertrieb GmbH
Mehringdamm 34, 1000 Berlin 61
Telefon 030/251 16 66